湖南省社科规划重大项目"王夫之专题研究"[21ZDAZ03]即湘财文指[2021]63号湖南省"十四五"时期社科重大学术和文化研究项目"王夫之专题研究"结项成果。

日记中的船山学与湖湘文人研究

赵斌 著

东南大学出版社
SOUTHEAST UNIVERSITY PRESS
·南京·

图书在版编目(CIP)数据

日记中的船山学与湖湘文人研究 / 赵斌著. -- 南京：东南大学出版社，2024.12. -- ISBN 978-7-5766-1655-2

Ⅰ.B249.21;K825.6

中国国家版本馆CIP数据核字第2024B2L932号

责任编辑：陈　淑　　　　　责任校对：李成思
封面设计：王　玥　　　　　责任印制：周荣虎

日记中的船山学与湖湘文人研究
Riji Zhong De Chuanshanxue Yu Huxiang Wenren Yanjiu

著　　者	赵　斌
出版发行	东南大学出版社
出 版 人	白云飞
社　　址	南京市四牌楼2号
经　　销	全国各地新华书店
印　　刷	广东虎彩云印刷有限公司
开　　本	700mm×1000mm　1/16
印　　张	19.5
字　　数	329千字
版　　次	2024年12月第1版
印　　次	2024年12月第1次印刷
书　　号	ISBN 978-7-5766-1655-2
定　　价	89.00元

本社图书若有印装质量问题，请直接与营销部调换。电话(传真)：025-83791830

序　言

朱迪光

赵斌的《日记中的船山学与湖湘文人研究》一书是一部有运思、有视野、有功力的论著，这样一个独特视角的学术成果出版，一定会引起读者的阅读兴趣和湖湘文化研究者的广泛关注。

文史研究需要坚实可靠的史料，正如刘知几在《史通》中所说："征求异说，采摭群言。"（《采撰》篇）意思是说采集文献，范围力求广泛，同时还要鉴别文献真假。王国维也指出，新文献的出现，会拓展研究空间，可以改写或补正以往研究。中国文化源远流长，日记出现很早。王闿运曾说："简策之文，未有先于日记者也……自宋以后，人有其编……名人日记存者，不过百数十叶。"（《曾文正公手书日记·王闿运序》）实际上，唐代就留下了日记文献。近年，文人日记出版如火如荼，为本书的研究提供了契机。

一般来说，日记所述，大都是"鸡零狗碎"，述平常见闻，抒个我感慨。身处高位的政治文人日记显得非常重要，日记中可能涉及许多政坛秘闻，对文史研究特别有用。实际上，一般文人日记也很重要，有助于我们了解社会历史、政治经济及文化习俗等，这对文史研究也非常有用。那么，日记研究的最好办法是两者结合起来，能够更加全面地还原历史，赵斌在《日记中的船山学与湖湘文人研究》这本书采用的就是"两结合"的研究方法。赵斌把文人日记作为研究对象，梳理牵涉到"船山学与湖湘文人"这个论题的尽可能多的文人日记，再结合书信等其他文献做整体性的日记研究，有别于以往研究者零星地引用日记文献。这是赵斌关于本论题的最重要创新之处。

从本书内容来看，百余年来的船山学研究已进入多领域、多方法、多视域的"深耕细作"时期，换言之，船山学研究更需要研究方法上的创新来拓展学术空间，而赵斌的日记视域下的船山学与湖湘文人研究当属于这方面的创新。正如本书绪论所说："近现代文人经历了中国从传统社会向现代社会转型的巨变时期。社会动荡、思想变革等在近现代文人日记中有直接的反映或间接的折射……而近现代文人日记中有关船山学及湖湘文人的记录……无疑是近现代中国历史转型期的'一面镜子'。所以,深入分析文人日记中的船山学发生发展及其流变无疑是重要的时代命题,因为,其能够呈现近现代湖湘文人思想的现代性嬗变,进而呈现中国近现代文人思想的现代性嬗变。本论题把这两方面放在一起相互参照,也是一种研究视角……同时,本书厘清日记视域下的'船山学及湖湘文人'研究与前人研究的差异性,并且分析导致差异性的根源,以佐证以往研究的正确性或纠正其偏差。"从整本书来看,确实做到了这一点。

赵斌把日记作为"一面镜子",作为研究的工具方法,从而在三个方面做出了突出的成绩。第一,从日记视域系统梳理、总结了船山学的发生。他认为,"船山学的发生与近代《船山遗书》的出版、'顾黄王'(顾炎武、黄宗羲、王夫之)并称及王船山从祀孔庙等息息相关"。这一看法无疑是全面而又客观的。第二,从日记视域呈现了王船山作品阅读接受史。据我了解,学界对王船山作品阅读史研究很少。赵博士敏锐地抓住了这一论题,下了不少功夫。他认为:"晚清文人日记中有阅读、评议王船山的相关记录,多达 1000 多条,有 5 万多字。这些看似零星的繁多的片段记录,能够从一个侧面反映晚清文人的王船山阅读接受历程,能够投射出晚清几代文人的思想变化。"这一看法没有夸大,很客观,也很有说服力。他从日记视域阐释了《读通鉴论》《黄书》等船山作品的阅读接受史,从细节探寻船山学的发生发展,为船山学研究打开了一个窗口,很有见地。正如加拿大学者阿尔维托·曼古埃尔在《阅读史》所说:"甚至在那些对自身的发展变迁有所记录的社会中,阅读仍是先于书写;即将成为书写者的人必须能够先识别和辨读符号的社会系统,然后才可能将其记载于书页上。对大部分文字社会而言……对犹太教与吾人的基督教社会、对古代的玛雅人(Mayas)、对博大的佛教文化而言——阅读是在社会契约的初始。学会阅读便是我的通关仪式。"①王船山作品阅读背后蕴藏着时代变迁及文人思想的变动,也就直接推动了王船山思想的接受与传播。第三,从日记视域描述了曾国藩等近代湖湘文人形象。从大的

---

① [加拿大]阿尔维托·曼古埃尔:《阅读史》,吴昌杰译,北京:商务印书馆,2002 年版,第 7-8 页。

方面来看,王船山与曾国藩、王闿运、郭嵩焘等文人都是湖湘文人,他们对湖湘文化的发展都做出了重要贡献,对中国近代政治思想的革新、发展也做出了贡献。林增平在《近代湖南文化试探》一文写道:"侨居美国的华人主编的《北美日报》(纽约),在1986年7月1日的《社论》里还提到:'湘籍历史名人、学者、政治家人数之多,近百年一直居各省之冠。'"[①]近代湖南涌现出这么多重要人物,这与湖湘文化的近代转型密不可分。所以,这些对前面研究也是必要的补充。

[①] 林增平:《近代湖南文化试探》,湖南师范大学文史研究所:《麓山论史萃编》,长沙:湖南人民出版社,1988年版,第2页。

目　录

绪论 /001
 一、研究意义 /001
 二、研究现状 /002
 三、研究内容与方法 /003

第一章　近代文人日记的文体特征 /007
 第一节　近代文人日记的兴盛 /007
 第二节　使外日记：近代文人日记的政治化 /010
 第三节　《越缦堂日记》：近代文人日记的著述化 /014
 第四节　《星期日》：近代文人日记的艺术化 /016

第二章　文人日记中的船山学的发生 /021
 第一节　《船山遗书》出版及其传播 /021
  一、《船山遗书》出版的提倡者 /022
  二、《船山遗书》的编校 /025
  三、《船山遗书》出版之评价 /028
  四、《船山遗书》出版与船山思想的传播 /031
 第二节　"顾黄王"并称与船山学的发生 /033
  一、"顾黄"并称 /034
  二、"顾王"并称 /037
  三、"黄王"并称 /039
  四、"顾黄王"并称 /041
  五、结语 /044
 第三节　王船山从祀孔庙及其经典化意义 /045
  一、王船山从祀孔庙的发起 /045

二、王船山从祀孔庙的曲折历程 /050

三、王船山从祀孔庙后的经典化 /054

四、结语 /058

第三章 文人日记中的王船山作品阅读接受史 /059

第一节 晚清文人日记中的王船山阅读接受史 /059

一、船山作品阅读的兴起 /060

二、船山作品阅读旨趣的演变 /064

三、船山作品阅读与船山学的发生 /069

第二节 《湘绮楼日记》对王船山思想的接受与传承 /072

一、《湘绮楼日记》中的阅读王船山著作 /073

二、《湘绮楼日记》中的阅评王船山著作 /075

三、《湘绮楼日记》中的王船山思想之传承活动 /079

四、结语 /082

第三节 文人日记中的《读通鉴论》阅读接受史 /083

一、《读通鉴论》阅读史 /084

二、《读通鉴论》评价史 /090

三、《读通鉴论》传播史 /095

第四节 文人日记中的《黄书》阅读接受史 /098

一、《黄书》阅读史 /099

二、《黄书》评价史 /101

三、《黄书》传播史 /105

第四章 文人日记中的湖湘文人形象 /110

第一节 文人日记中的文学家曾国藩 /110

一、日记里的"幕府雅集" /111

二、日记里的《喜吴南屏至》及"酬和" /114

三、"近代文章并洗尘" /121

四、结语 /126

第二节 文人日记中的政治家曾国藩 /126

一、治军之才与《湘军志》 /127

二、治世之才与夷务 /134

三、曾国藩之死及其纪念 /138

四、结语 /146

第三节 狂士、《湘军志》与文人日记中的王闿运 /146

一、王闿运与郭嵩焘的早期交谊 /147

二、王闿运与曾国藩及其门人的隔阂 /148

三、《湘军志》及其评价 /152

四、结语 /158

第四节 文人日记中的郭嵩焘形象 /159

一、文人日记中的诗者郭嵩焘 /160

二、外交家郭嵩焘 /163

三、教育者郭嵩焘 /168

第五章 文人日记中的湖湘文人与文学转型 /172

第一节 《湘绮楼日记》中的诗词创作综论 /172

一、日记中的山水田园诗 /186

二、日记中的咏物诗 /186

三、日记中的题图诗 /187

四、日记中的节气诗 /188

五、日记中的宴游诗 /189

六、日记中的赠答诗 /190

七、日记中的行旅诗 /191

第二节 黄尊三日记中的小说观念的变迁 /192

一、西化观念：从中国到西方 /193

二、进步观念：从传统到现代 /198

三、"小说兴国"观：从消遣到革命 /203

四、结语 /206

第三节 湖湘文人日记中的戏剧观念的变迁 /207

一、文人日记中的观剧 /207

二、文人日记中的评剧 /211

三、文人日记中的戏曲艺人 /213

第六章　文人日记中的船山学文献汇编 /216
　　第一节　近代文人日记中的船山学文献汇编 /216
　　第二节　现代文人日记中的船山学文献汇编 /269
　　第三节　当代文人日记中的船山学文献汇编 /289

参考文献 /294

绪　论

一、研究意义

当前,文人日记研究已经成了学术热点。日记一般记录的是自己的见闻、感受,具有私密性、真实性特征,因此具有较高的史料价值。近现代文人喜欢记日记,甚至把写日记看成很重要的事情,因而留存的日记手稿也非常丰富。据张剑统计,近代文人日记多达一千余部。当前,日记研究成果也层出不穷。以往日记研究多集中于文献考据,近年日记研究视角开始多元化,考察更加立体、全面。近代文人日记记录了19世纪末20世纪初中国最动荡、思想变革最尖锐的时期,其对"新旧思想冲突、嬗变"等文学现象的记录也较为详细。

日记是一种非常个性化的文体,一般是写给自己看的。对于文人而言,作为文化人,他们往往敏感而多思,具有自我意识、忧患意识。近现代文人经历了中国从传统社会向现代社会转型的巨变时期。社会动荡、思想变革等在近现代文人日记中有直接的反映或间接的折射。当然,近现代文人日记牵涉的论题非常广泛,有些记录可能是只言片语。而近现代文人日记中有关船山学及湖湘文人的记录相当丰富,其无疑是近现代中国历史转型期的"一面镜子"。所以,深入分析文人日记中的船山学发生发展及其流变无疑是重要的时代命题,因为,其能够呈现近现代湖湘文人思想的现代性嬗变,进而呈现中国近现代文人思想的现代性嬗变。本论题把这两方面放在一起相互参照,也是一种研究视角。本论题从时代、文化等维度建构动态坐标体系,系统整理、分析日记资料,点面结合,描绘新旧思想的萌芽、生长的嬗变轨迹。同时,也揭示这种新的研究视角所能提供的方法论意义,并有助于学界重新认识近现代文学史内部、近现代文学之间的连续性和断裂性关系。

当然,本书在考察日记中的"船山学及湖湘文人"的总体演进的过程中,也关注日记本身的新旧嬗变所展现的思想演进的丰富性。系统阐发日记视域下的船山学、湖湘文人、文学转型等诸多问题都很复杂,需要厘清各自线索,追踪它们各自的演进足迹,不做强行归纳。同时,本书厘清日记视域下的"船山学及湖湘文人"研究与前人研究的差异性,并且分析导致差异性的根源,以佐证以往研究的正确性或纠正其偏差。另外,本书做好《文人日记中的船山学文献汇编》,以便为以后的日记及其他类型创作提供资源。本书也描述了日记中文人优雅的日常生活图景,对当下和谐社会的构建具有借鉴意义。

二、研究现状

国外研究如法国学者阿兰·吉拉尔的《日记与人的概念》(1963)、日本学者玉井幸助的《日记文学概说》(1982)等专著对日记文体有系统阐释;国内则从郁达夫、鲁迅、周作人发其端,《文教资料》杂志用三个"日记学研究专辑"(1988—1990)搭起了日记学框架,陈左高的《中国日记史略》(1990)与《历代日记丛谈》(2004)、古农主编的《日记漫谈》(2012)等系列图书、论文完善了日记学体系。

石琼生、陆耀东、任晓炜、甘智钢等学者补充、校勘了日记的文字、注释与版本;陈漱渝、商金林、欧阳健等学者则对日记中的人名、人物进行了考证。孔祥吉的《清人日记研究》(2008)、唐浩明的《唐浩明评点曾国藩日记》(2014)、田正平的《世态与心态——晚清、民国士人日记阅读札记》(2017)等专著揭示了日记作家的时代心声。张鑫洁的硕士论文《从〈曾国藩日记〉看曾国藩治学态度和治学思想》(2014)及傅宇斌的《〈湘绮楼日记〉与王闿运的性格和人格》(2007)、秦燕春的《厚道还是霸道:杨昌济与"湘中二杨"——读〈达化斋日记〉及其他》(2008)等论文也揭示了日记作家的思想变迁。

桑兵的专著《走进共和:日记所见政权更替时期亲历者的心路历程(1911—1912)》(2016)是对政权更替时期的历史研究,其思路很有参考价值。杜迈之的《一部富于史料价值的日记》(1982)、陈左高的《与洋务运动相始终的巨著——谈郭嵩焘日记》(1988)、杜康的《〈杨度日记〉中对维新派人士的态度变化》(2016)、何沛东的《一座有待发掘的史料宝库——读〈李星沅日记〉》(2015)等论文论述了日记的史学价值。王艳的《杨恩寿〈坦园日记〉之悲感与宣泄——论戏曲对杨氏的慰藉》(2010)、张园园的硕士论文《〈坦园日记〉中的戏曲史料研究》(2013)等论文论述了日记的文学价值。尹德翔的专著《东海西海之间:晚清使西日记中的文化观察、认证与选择》(2009)、张艳的硕士论文《晚清出使日记对西学的记载与传播(1875—1895)》(2012)以及[德]龚迎春的《晚清驻德使节日记中反映的文化碰撞》、林维红的《面对西方文化的中国女性:从〈曾纪泽日记〉看曾氏妇女在欧洲》等论文论述了日记对于研究西学的价值。艾红玲的博士论文《晚清湘籍名人日记中的礼制礼俗研究》(2010)论述了湘籍名人日记对于研究民俗学的价值。

在近现代文学研究领域,文人日记作为重要文献资料被广泛地运用。但把它作为独立的研究对象加以深入探讨这方面的研究还非常薄弱,还有很广阔的研究空间。

三、研究内容与方法

本书立足日记学、文化学、文献学、心理学等多角度,试图探讨近现代文人日记的文体特征、船山学、湖湘文人、文学转型等方面,建构起一个自足的阐释体系。具体为从日记视域出发,以"船山学及湖湘文人"为关节点,通过对近现代文人日记中的船山诗学、湖湘文人形象、文学转型等做整体的考察,描绘出近现代文人思想的嬗变轨迹。其研究内容如下:

第一章,近代文人日记的文体特征。中国近代文人日记文体的衍变与中国的近代化同步,处于从传统到现代的过渡阶段,其繁盛气象的出现不是偶然的,而是日记文体的政治化、著述化、艺术化等多种因素融合、重构的结果。日记的政治化、著述化是日记艺术化的基础,日记艺术化是日记的政治化、著述化的升华。

第二章,文人日记中的船山学的发生。船山学的发生与近代《船山遗书》的出版、"顾黄王"(顾炎武、黄宗羲、王夫之)并称及王船山从祀孔庙等息息相关。从文人日记看,金陵本《船山遗书》的出版是船山学发生的关键。《船山遗书》的重刻与欧阳兆熊、赵烈文的筹划及曾国藩兄弟的大力支持分不开;《船山遗书》的编校倾注了曾国藩、张文虎等文人的心血;《船山遗书》的出版对船山思想的传播及船山学的发生做出了重要贡献。船山学的发生与"顾黄王"并称也密切相关。"顾黄王"并称是很重要的近代思想史问题,而近代是一个思想动荡、文化转型的时代,"顾黄王"并称也会随着时代变化而变动。船山学是在"顾黄"并称与"顾王"并称之争议中形成的。另外,王船山从祀孔庙及船山学社、船山学报、船山书院等组织机构的建立,共同推动了船山学的发生发展,其中,王船山从祀孔庙对王船山著作的经典化产生了重要作用。

第三章,文人日记中的王船山作品阅读接受史。晚清文人日记中阅读、评议王船山的相关记录,多达1000多条,有5万多字。这些看似零星的繁多的片段记录,能够从一个侧面反映晚清文人的王船山阅读接受历程,能够投射出晚清几代文人的思想变化。其中,《湘绮楼日记》对王船山思想有所接受与传承。《湘绮楼日记》中记录了王闿运接受、传播王船山思想的56年历程,因此可以说这本日记见证了船山学的发生。作为一个有着建构思想的学术大师,王闿运对王船山思想是一种批判性的接受:一方面他对王船山的贬损近乎苛刻;另一方面他用王船山思想来评判各种生活现象,判断是非。另外,日记视域下的《读通鉴论》《黄书》等船山作品的阅读接受史,从细节探寻船山学的发生发展。

第四章,文人日记中的湖湘文人形象。文人日记中的曾国藩、王闿运、郭嵩焘等近代湖湘文人的形象非常丰富,而这些近代重要人物形象的形成、发展与中国近代政治思想的变迁是分不开的。近现代文人日记较为系统地阐释了曾国藩形象。曾国藩文人治军,一手运筹帷幄指挥千军万马,一手挥舞如椽之笔书写锦绣文章。曾国藩的文学才华、政治才华都非常突出,能够在文坛、政坛上呼风唤雨,是"关系一国的生命"的人物,因而他既是文坛领袖,也是"中国伟大的政治家"。文人日记中的王闿运则是近代"湖湘诗派"的领袖,王氏"诗名倾朝野"而论诗"标榜八代"(钱仲联语),妄评王船山、曾国藩等湖湘名人,备受世人诟病。王闿运一生很长,文人才情饱满,也特立独行,甚至狂妄至极,其早期的"名士"形象与后期的"狂士"形象在文人日记中都有所展现。而文人日记中的郭嵩焘与时人诗词酬和活动很多,其诗者形象很突出,而这一层面研究不多;郭嵩焘与同时代的士大夫相比,对域外的认知有其开放性,其大力推介西方文明具有开创性,对西洋文学却有其保守性;晚年的郭嵩焘不甘人后,勤于读书,热心于教育。

第五章,文人日记中的湖湘文人与文学转型。文人日记中对王闿运的诗词创作观、黄尊三的小说观、杨恩寿等湖湘文人的戏剧观等的记录较为丰富,能够反映湖湘文人的文学观念的近代转型。对《湘绮楼日记》中的诗词进行梳理,然后分门别类进行论述,从中可以看到王闿运作为诗人比较保守的创作观念。而相对而言,黄尊三小说观念具有进步性。近代是中国小说观念变动最大的时期,小说从不登大雅之堂的"小道"转变为"文学之最上乘"。然而小说观念就个体而言是复杂的,黄尊三的小说观念中的进步、迂回等掺杂不清,其小说观念摇摆于传统与现代、新与旧之间。具体言之,黄尊三一生对小说都有挥之不去的传统"娱情"观,但作为留学生,其对异域小说有一定接受度;作为动荡时代的爱国者,其小说观念具有"进步"性;作为宋教仁等革命派的密友,其对"新小说"的"革命"功能有一定认知。另外,观剧、评剧是杨恩寿等近代湖湘文人重要的精神生活。风云变幻的时代影响了近代湖湘文人戏剧思想的变化,促进了他们思想的现代转型。杨恩寿等文人的戏剧观相对还是比较传统的,而曾纪泽等后来的湖湘文人的戏剧观相对较为现代。并且,洋戏已经进入了文人的日常生活里,成了"五四"戏剧"革新"的先声。

第六章,文人日记中的船山学文献汇编。据现有资料,曾国藩、王闿运、郭嵩焘、张文虎、赵烈文、孙宝瑄、宋恕、张謇、夏敦复、刘人熙、文廷式、蔡克猷、谭献、罗文彬、姚永概、姚锡光、刘绍宽、朱峙三、翁同龢、王文韶、管庭芬、袁昶、周腾虎、莫友芝、林传甲、江瀚、缪荃孙、皮锡瑞、何绍基、李星沅、曾纪泽、叶昌炽、李棠阶、潘祖荫等文人日记都有阅读、评议王船山的丰富记录,所以有必要按照近代文人日记中的船山学文献资料、现代文人日记中的船山学文献资料、当代文人日记中的船山学文献资料三个部分进行分门别类的汇编。

本课题尽量发掘、整理、辨识日记文献资料,笔者多走访图书馆、档案馆及民间,尽量寻得第一手资料。围绕"船山学与湖湘文人"这个论题,以日记为主,辅以书信、年谱等其他文献,时段以近代(1840—1949 年)为限,必要时做背景式伸展,以便勾勒出"船山学的发生及近代湖湘文人的思想变迁"。当然,文人日记种类繁多,内容复杂,阅读、辨析这些文献资料工作量不小;同时,已经出版的日记有意的删削不少,无意的讹误也不少,对文献定性或定量分析不容易。要解决这些问题,应全面收集和研读相关资料,尊重原始的手稿本、影印版;不盲信日记,兼顾其他文献,从细微处找出因人而异的"心史",找到船山学发生及近代湖湘文人思想变迁的细节;要意识到"船山学的发生及近代湖湘文人的思想变迁"的呈现形式是生动而多样的,应当秉持知识考古的方法,有疑必究,努力保证课题研究的规范性。

本课题具体研究方法。① 借鉴法:立足文学,积极借鉴历史学、社会学、人类学等其他相关学科的观念视角、研究方法及最新研究成果。如,"局内人"与"局外人"的研究视角,"参与体验"理论,等等。② 日记与其他文献结合法:强调面世日记(包括未刊日记)、年谱、书信的有效融合,同时,还将对大量的日记文献进行整理统计和分类汇编。③ 多方位研究法:注重日记共时与历时相互结合,局部与整体相互关照,纵向与横向相互综合,以多重视角阐释研究对象的存在及文化意义。从共时角度,注重各个日记作者对同一事件、现象的描述、体悟的差异。从历时角度,重在研究日记中的新思想发生发展的脉络,并与已有的船山学史加以区别、辨析。④ 文学本体与历史脉络并重法:采取文学本体与历史脉络并重的研究方法,深入探索近代文人日记的本体状况,将其置于一个较为宏阔的文化语境之中加以考察,力求全面理解它的现实意义,厘清它的历史脉络。

第一章
近代文人日记的文体特征

我国日记文体的形成与嬗变源远流长。早在唐代元和四年(809年)就出现了真正的"排日记事"的日记作品——李翱的《来南录》。宋代以后,文人撰写日记蔚然成风。到了明清,日记写作达到鼎盛,日记内容异彩纷呈:记录日常琐事,记载政治时事,描绘名胜古迹,品评诗词戏文,考辨经史子集,纵谈文章掌故,抒写研究心得,等等。而处于鼎盛时期的近代文人日记无疑是中国"日记学"的最高峰。中国近代文人日记异常宏富,日记作品繁多,鸿篇巨制很多,形成独特的"日记学"景象。中国近代文人日记文体的衍变与中国的近代化同步,处于从传统到现代的过渡阶段,其繁盛景象的出现不是偶然的,而是日记文体的政治化、著述化、艺术化等多种因素融合、重构的结果。

第一节 近代文人日记的兴盛

西方具有"近代意义的日记起源于文艺复兴时期,流行于17世纪"[①]。中国具有近代意义的日记起源于清代中晚期(近代),也是中国文人日记最发达的时期。虽然说,近代时期已经开始敞开国门学习西方,翻译过来的西方日记,准确地说,应该是西方的日记体小说,只是在日记的写法与日记体小说的创作上起到了一定的作用,对中国近代文人日记的兴盛影响不大。否则,我们无法解释清代前期文人日记繁兴的景象。日记研究专家陈左高统计的资料表明,"除了明的遗民在清初所写日记外,顺康雍时期的作者,著称的有屈大均、王士禛、方象瑛、高士奇、陈奕禧、查慎行、戴名世、郁永河、程

---
① 陈漱渝:《时代的风云 生活的实录——读〈鲁迅日记〉》,《品读日记》,北京:人民日报出版社,2012年版,第1页。

庭、吴振臣、李绂、丁士一、允礼等"①。三个朝代就有这么多名人有存世日记,其日记写作的繁兴是不言而喻的。

到了近代,日记写作更是繁盛。1993年《中国近代文学大系：书信日记集2》书后所附的近代日记知见简目②收录了300多种文人日记,而实际上,中国近代文人存世日记,远远不止这些。这个"简目"收录了当时已经刊出的近代文人日记稿本,同时也收录了国家图书馆、北京图书馆、上海图书馆等几个大型图书馆珍藏的近代文人日记。但没有收录孙宝瑄、张㭎、刘大鹏、那桐、杨恩寿、李星沅、余肇康、蔡元培等名人日记,虽是一个缺憾,却也情有可原。近代文人存世日记浩如烟海,难以辨识,发掘、整理确实不易。可喜的是,近年来,日记文本的发掘、出版如火如荼,很多文人日记陆续公之于世,大批量的日记丛书层出不穷,如《中国现代作家日记丛书》(全10册)(1998)、《中国近代人物日记丛书》(1987—2023)、《国家图书馆藏抄稿本日记选编》(全60册)(2015)、《中国近现代稀见史料丛刊》(第一辑到第十辑日记近50册)(2014—2023)。特别是2018年《苏州博物馆藏近现代名人日记稿本丛刊》(全39册)出版,表明近代文人日记出版已经全面转向了地方文人日记的发掘和整理。

其实,日记稿本的发掘、整理是一种"现在进行时",地方图书馆、档案馆藏日记乃至散落在民间的未刊稿日记的发掘和整理还有很多的挖掘空间。这也表明,近代文人存世日记的数量可能比我们想象的要多。当然,中国近代文人日记不仅仅是数量多,也凭借其长篇巨著称誉于学界。就拿湖南近代文人日记为例,据现有的资料统计,王闿运、曾国藩、郭嵩焘、曾纪泽、皮锡瑞、李兴锐、李星沅、王之春、余肇康、杨度、杨恩寿、何绍基、刘人熙、瞿元霖、邹代钧、宋教仁、杨昌济等17位文人都有存世日记,日记在100万字以上的不少于5部,占了约30%比例。

中国近代文人日记的兴盛是很清楚的,兴盛背后的原因却不容易说清楚。陈左高认为,道光伊始,社会一直动荡不安,"日记作者身处各个历史阶段,各自有自己的处境和经历,不免要把他们日常的所见所闻所感,及时笔

---

① 陈左高:《中国日记史略》,北京:中国书籍出版社,2016年版,第75页。
② 郑逸梅、陈左高:《中国近代文学大系：书信日记集2》,上海:上海书店,1993年版,第833-847页。

之于日记"①。陈氏的看法是普遍的认识,也确实有道理。实际上,其原因很复杂,需要做些具体分析。

从日记书写的外部环境来看,近代确实是一个适合日记书写的时代。韩石山认为:"能不能记日记,敢不敢真实地记日记,是一个时代清明与否的标志。"②近代肯定不是一个政治清明的时代,但内忧外患的时代环境让清政府没有那么多精力管制这些文人,像清初文字狱之类的现象也很少有了,从这一角度看,近代也算是一个"清明"的时代。更为重要的是,近代时期,中西文化交流频繁,新旧冲突不断,文人想的比看的还要多,他们思维活跃,将所思所想行之笔端,也在情理之中。

从日记文体的发展来看,近代文人日记书写到了一个成熟阶段。文人阅读、品评、刊刻日记蔚然成风。王闿运、谭献、杨昌济等文人日记都记录了他们阅读他人日记的体会。如,1885—1886年间,谭献在日记中记道:"郑湛侯《蜀行日记》,有《水经注》意,思题诗还之……竹汀先生日记,不信《群书治要》,以为伪作,亦是有见……《复堂日记》六卷。讫丙戌五月,方自合肥调任宿松,在官半年,疾作请代……见倪米楼嘉庆十九年日记手书一册,文采斐然……阅陶子珍《巽裔斋日记》二卷……"③王闿运也读评"曾侯日记",认为"殊草草,不足观"④,同时,他也和朋友讨论日记,在光绪十六年五月三十日的日记中,他记道:"贺子来,俊臣来,为铸郎改课文,写扇四柄。俊论日记无事可记遂已之,此正不知日记之用,专防人每日无事也。无事而必记,则有事矣。"⑤这是很独到的日记创作观。杨昌济对日记也很执着,他在1899年8月3日的日记中写道:"余之日记间断久矣,将欲改过迁善,力求进境,非此末由。……余之自课凡有六焉:日记一也,皇朝经世文编二也,御批通鉴辑览三也,宋论四也,闱墨五也,英文六也。"他把日记写作排在第一位,并且,"坐言起行,日记不得草草"⑥。更值得一提的是,倭仁、曾国藩和李棠阶等文人日记中记录了他们把日记相互传看,然后互相批阅,直至通过这种方式达到

---

① 陈左高:《中国日记史略》,北京:中国书籍出版社,2016年版,第139页。
② 韩石山:《序一》,《日记序跋》,北京:人民日报出版社,2012年版,第11页。
③ 谭献:《复堂日记》,《中国近代文学大系:书信日记集2》,上海:上海书店,1993年版,第50-54页。
④ 王闿运:《湘绮楼日记》,长沙:岳麓书社,1997年版,第52页。
⑤ 王闿运:《湘绮楼日记》,长沙:岳麓书社,1997年版,第1646页。
⑥ 杨昌济:《达化斋日记》,长沙:湖南人民出版社,1978年版,第1页。

修身的目的。日记是具有私密性的文体。从根本上讲,"作为个体色彩最为鲜明的日记,如果完全没有了个人的隐私"①,它可能是伪日记。就因为日记的私密性特征,符合人猎奇的本性,尤其在个性解放的过渡时代,文人嗜读日记一点也不奇怪。就是今天的文人也是如此,叶兆言说:"我个人就是位日记爱好者,去书店买书,往往最热心的就是日记,见了自己中意的便爱不释手。"②这是文人的共性。就是这个共性对近代文人日记写作也产生了影响。

上面只是对中国近代文人日记的兴盛及其原因进行了较为简单的常态性分析。实际上,就中国近代文人日记的文体嬗变而言,其政治化、著述化与艺术化才是最深层的变化。所谓日记的政治化主要是指使外日记下的国家政治权力对日记写作的植入;所谓日记的著述化主要是指游离于主流意识之外的文人把日记写作著述化、学术化。日记的政治化与著述化是相辅相成的两个方面,它们都丰富了中国近代文人日记的文体写作,加强了日记文体的"量变";日记的艺术化促成日记向日记体小说的"异变",是日记文体的"质变"。同时,日记的政治化、著述化是日记艺术化的基础,日记艺术化是日记的政治化、著述化的升华。

第二节 使外日记:近代文人日记的政治化

中国文人的"立德""立功""立言"的"三不朽"可以在文人日记中找到蛛丝马迹。1936年2月,上海生活书店印的《文艺日记》本,在日记本的前面有郭沫若作的二月献辞《日记应该怎样写?》:

> 日记应该利用来作为自我生活之解剖台。
> 把自己解剖得血淋漓,五脏六腑都暴露。
> 但要留心,不要把胆石当成宝珠,不要把蛔虫当成了未上天的龙子。
> 日记是写给自己看,不是写给别人看。

---

① 黄波:《没有隐私的日记不是日记》,《日记漫谈》,北京:人民日报出版社,2012年版,第59页。
② 叶兆言:《日记的好处》,《日记漫谈》,北京:人民日报出版社,2012年版,第53页。

> 要写得来怕见人,甚且怕见自己。
> 要自己看了都觉得惭愧的日记,才是理想的日记。
> 能写这种日记的人,早迟也会成为理想的人。①

很显然,日记成为自我解剖的"一面镜子,天天照照,心里可以有个谱"②。实际上这种自我修炼的结果是成为"理想的人"。而"理想的人"主要还是"立功的人"。日记的德化也是日记的政治化。

在近代文人日记中,曾国藩日记的德化和政治化相交织。年轻时的曾国藩是个愤青,慢慢觉得不"修身"不能"治国""平天下"。曾国藩"其为日记,力求改过,多痛自刻责之言"。其在日记中"三省吾身",甚至时时警诫自己要"毋为禽兽"。曾国藩是传统文人,其传统思想决定了他和其他近代传统文人一样,希望通过"修身"达到自己的政治理想。曾国藩是很多近代文人的偶像,除了他的后世子孙,杨兴锐、杨昌济等文人对其也特别推崇且争相仿效。

近代文人日记的政治化还表现在日记对国家事实的政治叙述上。从整体上看,近代文人日记内容丰富,形式多样,日记已从传统的狭窄的叙述中突破出来,能够反映社会生活的全貌,能够呈现新旧历史的变迁。近代日记的取材广泛,国际、国内重大政治事件及家庭、个人生活琐事无所不包,而日记的政治叙事尤其突出。林则徐的《林则徐日记》、张喜的《抚夷日记》、汪士铎的《乙丙日记》、沈梓的《避寇日记》、李棠阶的《李文清公手书日记》、赵烈文的《能静居日记》、王闿运的《湘绮楼日记》、翁同龢的《翁文恭公日记》、曾国藩的《曾国藩日记》、郭嵩焘的《郭嵩焘日记》、曾纪泽的《曾纪泽日记》、薛福成的《出使英法义比四国日记》、志刚的《初使泰西记》、张謇的《张謇日记》、王韬的《扶桑游记》、张德彝的《航海述奇》、李圭的《东行日记》、唐景崧的《请缨日记》、张佩纶的《涧于日记》、吴汝纶的《桐城吴先生日记》、景善的《景善日记》、陆树藩的《救济日记》、杨度的《杨度日记》、那桐的《那桐日记》、居正的《梅川日记》、宋教仁的《宋教仁日记》、孙宝瑄的《忘山庐日记》、康有为的《欧洲十一国游记》、梁启超的《新大陆游记》等近代文人日记,记录了鸦片战争、太平天国运动、洋务运动、使外活动、中法战争、中日战争、戊戌变

---

① 郭沫若:《日记应该怎样写?》,《学生之友》,1940年第5期,第33页。
② 叶兆言:《日记的好处》,《日记漫谈》,北京:人民日报出版社,2012年版,第51页。

法、义和团运动、八国联军侵华战争、辛亥革命等各个时期的重大事件。因此,文人日记中存在政治化叙述是不言而喻的。

如果仅仅是上述日记的政治化,近代日记也没有什么特殊的。当使外日记作为近代日记中的一种特殊类型存在时,近代文人日记的文体得到了前所未有的拓展。近代是中国社会发展的一个特殊阶段。自1840年鸦片战争开始,帝国主义列强用大炮轰开了"天朝"的大门,随着各国交往的深入发展,使外日记空前发达。李圭的《东行日记》、王韬的《扶桑游记》、薛福成的《出使英法义比四国日记》、载泽的《考察政治日记》、戴鸿慈的《出使九国日记》、郭嵩焘的《郭嵩焘日记》、曾纪泽的《曾纪泽日记》、单士厘的《癸卯旅行记》、张德彝的《航海述奇》、康有为的《欧洲十一国游记》等,都是其代表作品。

使外活动起始于光绪四年(1878年)。为了了解国外的各种情况,使外活动有一个很特殊规定,"出使各国大臣应随时咨送日记",日记内容要记录详备,"凡有关系交涉事件,及各国风土人情,该使臣皆当详细记载,随事咨报"[1]。当时那些使外人员都按要求用日记录下了所见所闻,并呈交给朝廷"以备采择"[2]。使外日记对日记书写方式提出了挑战。日记本来是私人性质的创作,但国家政治权力的植入,使日记变成公开的写作。更为重要的是,国家权力牵制下的日记写作并没有明确日记写作的范式,而里面又有一套潜在的评价标准。这就给驻使人员造成游离于主流意识形态之外的危险,如驻英使臣郭嵩焘被弹劾事件。

郭嵩焘在使英途中,排日记述所见所闻所感,最后汇成一册,发寄总理衙门,将其题名《使西纪程》刊印。此书问世不久,清廷下诏毁版并将之列为禁书。郭嵩焘过后才明白"举国无知者"这个道理。在晚清官员中,郭嵩焘号为精通洋务之人,然到英国一年,初时为其工业生产所达到成就而惊奇;继而对其文化、教育、人才兴盛而叹服;随着对英国社会观察的深入,视角逐渐转向英国的政治制度。更为重要的是,朝廷心目中的使外日记只是客观描述国外的各种情况就可以了,但是郭嵩焘看到了国外的文明,溢出了很多主观的想法和评价,因而被指责"崇洋媚外","乃至被京师一时之诟毁",到了无法收拾的地步。在那个中体西用的过渡时期,郭嵩焘的进步超出一般

---

[1] 载泽:《考察政治日记》,上海:商务印书馆,清光绪三十一年(铅印本)。
[2] 康有为:《欧洲十一国游记:全2册》,北京:朝华出版社,2017年版,第89-96页。

人的理解范围,其悲剧是必然的。这一点被相对保守的王闿运看得清清楚楚。在《湘绮楼日记》中,王闿运于光绪三年(1877年)四月廿八日写道:"海翁来,松生送筠仙日记至,殆已中洋毒,无可采者。"王闿运用"中体西用"的保守思想绳之郭嵩焘的使外日记,得出"已中洋毒"的结论,预示着悲剧的发生。果不其然,一个半月之后他在日记中记道:光绪三年(1877年)六月十二日,"樾岑来,言何金寿本名何铸,昨疏劾郭筠仙有二心于英国,欲中国臣事之。有诏申饬郭嵩焘,毁其《使西记》版铸,本桧党而不附和议,甚可怪也。又言楚人好自相攻,张居正、杨嗣昌皆败于同乡"。而作为同行,薛福成在《出使四国日记》中为郭嵩焘翻了案,他在光绪十六年(1890年)三月十三日的日记中写道:"昔郭筠仙侍郎每叹羡西洋国政民风之美,至为清议之士所牴排。余亦稍讶其言之过当,以询之陈荔秋中丞、黎莼斋观察,皆谓其说不诬。此次来游欧洲,由巴黎至伦敦,始信侍郎之说,当于议院、学堂、监狱、医院、街道征之。同人有谈美国风俗之纯厚者,余谓泰西诸国,在今日正为极盛之时,固由气数使然;然开辟之初,户口未繁,元气未泄,则人心风俗自然纯厚。"①从薛福成所言来看,郭嵩焘虽言之过当,却颇有同感。

　　使外日记是日记学中的奇葩。使外日记的政治化对日记文体写作造成了一些影响。首先,它促使了长篇日记的涌现;其次,它为日记的艺术化打下了基础。使外日记要求叙述详备,这是日记篇幅加长的一个重要原因。而篇幅加长,叙述也必然要生动些,其艺术性便会得到加强。使外日记的书写内容有规定,其生产程序也有规定,写完要上交,是一种被动式写作。使外日记作为一种日记形式的公文,与一般日记创作截然不同,甚至相反。使外日记颠覆了日记的私密性,同时,受日常日记写作习惯的影响,其私人记述还是隐现在字里行间。

　　当然,郭嵩焘事件作为日记创作的教训成为后人的前车之鉴。当国家日记的公开性与个人日记的私密性发生冲突时,人的聪明才智会发挥出来,以避免悲剧的再次发生。这就形成了原始日记与上交日记两个版本。郭嵩焘、曾纪泽、薛福成等人平素即写有日记,可以推想,倘总理衙门无上交日记之规定,他们出国后一样要写日记。但恰恰因了这一规定,一些日记就有了

---

① 薛福成:《出使四国日记》,《中国近代文学大系·书信日记集2》,上海:上海书店,1993年版,第169页。

原始日记与上交日记的差别。最有代表性的例子是曾纪泽,他的《出使英法日记》是在手写日记的基础上增删改写的,原文很长,而之所以改写日记,是因为要供总理衙门作外交与政务的参考,把大量私人性的内容删掉了。而这种日记的删削会对日记内容及形式进行精化、润色,也是一种艺术化的过程。

第三节 《越缦堂日记》:近代文人日记的著述化

中国近代文人一直有两副面孔,也一直摇摆于政治化与著述化之间。对一般文人而言,政治是首选,当仕途走不顺时,又会回到著述上来。所谓日记的著述化有两层意思,一是日记作者把日记写作当作著述事业来做,二是日记内容涉及很多著述方面的内容。

晚清时期,李慈铭的《越缦堂日记》、翁同龢的《翁文恭公日记》、王闿运的《湘绮楼日记》、叶昌炽的《缘督庐日记》因独具特色而被金梁先生并称为近代"四大日记"。比较一下四部日记,会发现其"独具特色"的地方就是著述化特征。李慈铭的《越缦堂日记》是中国近代文人日记著述化的典范之作,受到很多文人的探究和效仿。除了"四大日记",皮锡瑞的《师伏堂日记》、俞樾的《曲园日记残稿》、杨恩寿的《坦园日记》、周星誉的《欧堂日记》、黄侃的《黄侃日记》、胡适的《胡适日记》等近代文人日记也记述了学术思想史等著述方面的内容。

和传统文人一样,李慈铭、王闿运、皮锡瑞等近代文人在"立功"无望时转向了著书立说,日记成了他们最后的理想归宿。如,李慈铭做了二十多年的户部候补郎中,自觉升迁无望,而且琐事缠身,对"官场"非常失望。李慈铭郁郁不得志,仕途不顺,只能"身处奇穷之境而怀高世之心"[①],其怀才不遇的愤懑与无奈充溢于字里行间。政治不顺,使他写得一手漂亮文章,在众多的日记作品之中独树一帜。《越缦堂日记》内容涉及咸丰、同治、光绪三个朝代约四十年间的朝野动向,以及李氏对史料的考证与古籍的品评,等等,被誉为"日记之大观,掌故之渊薮",为以日记研究晚清政治史、学术史提供了

---

① 李慈铭:《越缦堂日记》(第 15 册),扬州:广陵书社,2004 年版,第 11309 页。

珍贵资料。

皮锡瑞也和李慈铭一样,政治上无望之后,转而著书立说。梁启超到长沙讲学时,他非常兴奋,在光绪二十三年(1897年)八月十七日的日记中记道:"康门之论,欲尽改今日之政,予谓先尽易天下之人,改政乃可行……"①对康氏之说满心喜欢。以至于十月十六日:"阅所携《时务报》、《知新报》——江西寄来者,梁卓如痛言中国变法,止知讲求船只枪炮,徒为西人利;不知讲求学校、科举、官制,西人无所利于此,故不以此劝变法。其实此乃根本所在,可谓探源之论。刘桢卿所言亦近是,不及梁透彻。"②对梁启超特别佩服。十月二十八日下午:"赴黄公度廉防饮席,梁卓如、蒋少穆、熊秉三在,胡明蕴亦在。梁貌不甚扬,亦不善谭,已到馆……"③直到光绪二十四年(1898年)正月十三日:"叶焕彬、汪镜青在座,皆守旧党,劝我勿入学会,恐不能久,与求贤馆相似。"④此已经表明皮锡瑞已经动了入会的念头。向往康梁也使他付出了代价,光绪二十五年(1899年),皮氏被驱逐回籍,由地方官严加管教。从此心灰意冷,专力著述,撰写《五经通论》《经学历史》等。这些著述在他的日记中都有很详细的记录。

近代文人日记著述化很普遍。《缘督庐日记》的作者叶冒炽学问渊博,精通经史,兼长金石之学。张佩纶则个性鲜明,学识渊博,《涧于日记》涉及了经学、史学、子学、文学等诸多传统学术领域。《黄侃日记》中有"敦古求是"的著述精神:"起略晏。阅《唐诗》二卷(并卢照邻),四杰诗始是唐音之正。王士祯云'莫逐刀圭误后贤',乃妄论也。"⑤他认为"《忠经》出自马融,本不伪,特非南郡太守所为耳(讳民为人,讳治为理);《飞燕外传》,温公言其祸水灭火之说,亦误也。"⑥另外,杨恩寿的《坦园日记》有对戏曲的评论;吴汝纶的《桐城吴先生日记》把研究内容分为经学、史学、时政等多种类型;等等。

---

① 皮锡瑞:《师伏堂日记稿》,《中国近代文学大系·书信日记集2》,上海:上海书店,1993年版,第414页。
② 皮锡瑞:《师伏堂日记稿》,《中国近代文学大系·书信日记集2》,上海:上海书店,1993年版,第415页。
③ 皮锡瑞:《师伏堂日记稿》,《中国近代文学大系·书信日记集2》,上海:上海书店,1993年版,第415页。
④ 皮锡瑞:《师伏堂日记稿》,《中国近代文学大系·书信日记集2》,上海:上海书店,1993年版,第417页。
⑤ 黄侃:《黄侃日记》,北京:中华书局,2007年版,第361页。
⑥ 黄侃:《黄侃日记》,北京:中华书局,2007年版,第368页。

如上可见,近代文人日记的著述化十分常见,而李慈铭的《越缦堂日记》这样完美的著述化日记很少见,很多日记爱好者对其特别推崇。有人说:"在近代,日记写得最漂亮的是李慈铭……虽然鲁迅先生曾说:'我觉得从中看不见李慈铭的心,却时时看到一些做作,仿佛受了欺骗。'但这也不能据为定论,他的历史文献价值,还是要给以充分肯定的。"①也有人说:"对于文人名士的日记,也不要多抱幻想。王湘绮号称一代大家……他的日记极其平庸、琐碎,我几次都读不出兴趣来。倒是越缦堂的日记名不虚传,自成一格……评论时局、人物,喜怒无常,关起门来骂大街,然后用浓墨再涂去……可以说前无古人,后无来者。"②

另外,日记作者对日记稿本的删改、刊刻出版、再版也是一种著述化。如曾国藩、曾纪泽、谭献等文人有反复修改日记的情况。这样做,会导致日记神秘的面纱被层层揭开,逐步暴露在公众面前。这其实是日记艺术化的一次虚拟演示,因为,从日记到日记体小说就是这样一个从隐私到公开的过程。或者说,中国近代日记的著述化,目的是"把日记当文章做,允许夸张、想象、增删、取舍,这对于正宗日记来说自然是极大的损失;可未尝不是给日记体小说的输入准备了温床……"③

第四节 《星期日》:近代文人日记的艺术化

日记是散文的一种,它是一种内容广泛、形式多样的文体,好的日记会把叙述、描写、议论和抒情熔于一炉,其艺术性也很鲜明。像上文提到的日记的著述化也是一种日记的艺术化,使外日记中丰富的叙述、描写也是艺术化的一种。但日记的政治化、著述化只是一种浅层次的艺术化,还是基于对真实的摹写上。本文把日记的艺术化限定在从日记到日记体小说的过程,加入了虚构的成分。

---

① 邓云乡:《日记文学丛话》,《日记漫谈》,北京:人民日报出版社,2012年版,第20页。
② 孙犁:《日记总论》,《日记漫谈》,北京:人民日报出版社,2012年版,第11页。
③ 陈平原:《中国小说叙事模式的转变》,上海:上海人民出版社,1988年版,第209页。

第一章
近代文人日记的文体特征

有学者说:"实际上,中国古代就有所谓'文学日记'或'文学尺牍',但作家从不把它作为小说的一种文体,连作为道具或插曲嵌入故事的叙述中也很少见。"①那么中国的日记体小说发生于何时呢?1899 年,林纾所译的《巴黎茶花女遗事》面世,书中的马克日记成为小说的重要组成部分,给读者留下了深刻印象,此作遂被视为首部引入中国的"日记体小说"。而陈平原、伍大福、谢仁敏三位学者分别倾向于《玉梨魂》(1912)、《雪莲日记》(1912)和《星期日》(1906)。②

很显然,1906 年发表在《理学杂志》上的《星期日》是新发现的第一篇中国原创的日记体小说。《星期日》自《理学杂志》创刊号开始连载,时为清代光绪三十二年十月十五日,连载至第 7 期。由于至今没有发现第 7 期之后的杂志出现,谢仁敏认为:"按其主管机构小说林社当时的经营状况推断,该刊可能就此停办。由于第 7 期封面破损,标示时间不可见,而第 6 期标示的出版时间为'丁未八月',考虑到该刊时有愆期一个月出版的旧例,因此推断其出版时间大约为光绪三十三年(1907 年)九十月间。"③这一推断是错误的。因为,《理学杂志》第 7 期发行于"光绪三十三年(1907 年)十二月"。

从《巴黎茶花女遗事》到《玉梨魂》《雪莲日记》,我们很容易能够找到中国日记体小说模仿西方小说的路数。林纾翻译的《巴黎茶花女遗事》很受欢迎,其写作技巧也受关注。1901 年邱炜萲认识到《茶花女》"末附茶花女临殁扶病日记数页"的特点④,朱希祖也在 1906 年 1 月 7 日的日记中写道:"灯下阅《巴黎茶花女遗事》一册。此书系晓斋主人自法国归口述其事,冷红生记之,新出小说中,译笔最佳者也。其情甚凄惋,阅竟竟激动我之至性至情而竟夜为之不怿。《茶花女》马克临终时之日记,亦日记中独创一格者,缠绵悱恻,令人不忍卒读。"⑤小说家们都看到这种"日记中独创一格"的写法,不免

---

① 史加辉:《论现代文学史上日记体小说的文体特征》,《北华大学学报》(社会科学版),2004 年第 5 期,第 26 页。
② 陈平原:《中国小说叙事模式的转变》,北京:北京大学出版社,2003 年版,第 195 页;伍大福:《再现辛亥年间国人生活的第一部日记体长篇文言小说——浅谈李涵秋的〈雪莲日记〉》,《福建师范大学学报(哲学社会科学版)》,2005 年第 1 期,第 67 页;谢仁敏:《〈星期日〉:一篇被忽视的晚清日记体科普小说》,《南昌大学学报(人文社会科学版)》,2012 年第 3 期,第 145 页。
③ 谢仁敏:《〈星期日〉:一篇被忽视的晚清日记体科普小说》,《南昌大学学报(人文社会科学版)》,2012 年第 3 期,第 145 页。
④ 参见陈平原:《中国小说叙事模式的转变》,上海:上海人民出版社,1988 年版,第 205-206 页。
⑤ 朱希祖:《朱希祖日记·上》,北京:中华书局,2012 年版,第 3 页。

技痒，模仿之也在情理之中。

  应该说，《星期日》的作者徐念慈看到过《巴黎茶花女遗事》《鲁宾孙漂流记》等翻译的西方日记体小说。无论是作为翻译家、编辑，还是小说家，徐念慈都没有理由不关注这些译介的西方日记体小说。更何况，《鲁宾孙漂流记》"此事大动英伦之心，传为美谭。德氏乃着此书，而假名为鲁宾孙。出版之后，一时纸贵，爱读者至今不衰焉。原书全为鲁宾孙自叙之语，盖日记体例也，与中国小说体例全然不同。若改为中国小说体例，则费事而且无味。中国事事物物皆当革新，小说何独不然！故仍原书日记体例译之"①。有一个例证更能够说明问题。徐念慈作为杂志《小说林》的最高负责人期间，尽心尽力，发表了论文《小说林缘起》《余之小说观》，资料《丁未年小说界发行书目调查表》等等。《丁未年小说界发行书目调查表》更能够说明他对文坛的关注度。

  日记体小说《星期日》由8篇日记（严格地说应该是周记）组成，小说的主人公为高小学校的老师，"担任博物一科"，近日有感于科学盛行，从教育角度对小学生进行启蒙，于是"我打从今日起，便要利用这空闲（星期天）的日子，研究些自然界的现象"，采用日记的形式记录下来，为教育所用。

  我们认为，如果说，《星期日》受到西方日记体小说的影响，接受《鲁宾孙漂流记》的写法要多一些，而不是《巴黎茶花女遗事》，那么这与《玉梨魂》《雪莲日记》可以做以区别。当然，"中国日记体小说的诞生得益于中西方两个方面的合力"②。也正如罗娜·马丁斯所说："第一部日记小说是对先前非虚构的日记形式的模仿，即最早的日记体小说是对真正日记的模仿。"③《星期日》受到中国近代文人日记的影响也还是有的，中国近代文人日记的著述化给《星期日》的写作提供了资源，使外日记中的科学叙事给《星期日》的写作提供了参照。

  《星期日》有很强的"博物"叙事。这种叙事与使外日记中的旅行记事似乎一脉相承。近代使外旅行日记记事较详备，篇幅亦较长，描写、议论、抒情

---

① 陈平原、夏晓虹：《二十世纪中国小说理论资料》（第一卷），北京：北京大学出版社，1997年版，第66页。
② 刘俐俐：《日记何以成为小说——以施蛰存〈上元灯〉文本分析为例》，《西北大学学报（哲学社会科学版）》，2005年第3期，第101页。
③ Lorna Martens. The Diary Novel. Cambridge：Cambridge University Press，1985，p28.

熔于一炉。更为重要的是,使外旅行日记描述旅行地区的地理、风物和花鸟植物等,也有科学的空间场景,如单士厘的《癸卯旅行记》记录了日本"博览会",这类博物记录对《星期日》的写作应该有帮助。中国第一篇日记体小说《星期日》的发生与日记作者更是密不可分。其实,徐念慈对使外日记早有关注,也曾经想使用这些资料,他曾计划撰写《辽天一劫记》,小说林社于1906年正月出版的《一捻红》书后有相关广告:"新著述《辽天一劫记》(撰述中)东海觉我撰。本编记日俄甲辰之战,首尾完备。旅顺攻击,对马海战,奉天铁岭诸役,引据报章日记以及局外观战员之报告,成此一大集。我国民身受之惨祸,应留为一大纪念,不仅对岸观火已也。出书后再行广告。"这里的日记是使外日记的可能性很大。

更为关键的是,以上提供的只是小说格式方面的经验。《星期日》的内容则来自自身的科学实践。徐念慈是晚清小说家中的一个特例,他是晚清新小说家中几个懂外语的翻译家之一,也是很重要的文体家。"徐念慈的小说,既充满科学想象,又富有文学趣味,是晚清科学小说中最出色的。"[①]他"热心于介绍西方科学文化,尤对'科学小说'抱有浓厚兴趣,在翻译了科幻小说《黑行星》后,不觉手痒,牛刀小试地'戏撰'了《新法螺先生谭》。因此,他趁热打铁地创作科普小说《星期日》乃属情理之中。"[②]

另外,徐念慈一直是一个教育工作者,这和小说主人公有几分相像。《星期日》是自传性小说。徐念慈一直从事教育事业,在上海竞存公学、爱国女学、尚公小学等都曾兼职。1906年,他还坚持在小说林社增设宏文馆"专任发刊学校参考书",并亲自编写、出版博物图书,也"编辑教师学生需用各科学参考专门各书"[③]。先后出版了《植物学》《西洋史年表》《地文学》等参考书。而《理学杂志》也包括物理、化学、博物学、数学等科学内容,这与日记中的"博物"叙事是一脉相承的。另外,弘文馆多次刊登新出版博物图书的广告,如:

　　博物大辞典已出版
　　物理大辞典样本现送

---

① 杨联芬:《"新"之启蒙与公众舆论——论晚清新小说的价值》,《明清小说研究》,2003年第4期,第192页。
② 谢仁敏:《〈星期日〉:一篇被忽视的晚清日记体科普小说》,《南昌大学学报(人文社会科学版)》,2012年第3期,第145页。
③ 《谨告小说林社创设宏文馆之趣意》,《小说林》,1907年第2期。

法律大辞典售预约券

教育大辞典编辑中

数学大辞典样本现送

小学教材大辞典样本现送

理科大辞典编辑中

化学大辞典编辑中

植物学大辞典编辑中

世界历史大辞典编辑中①

博物大辞典：

最新颖、最详备、最适用

皮制大洋贰元八角

布制大洋贰元五角

洋装大洋贰元二角

本社编纂之趣旨因国民于博物学最少经验及研究，以致实业不兴理学滋味，本社延聘通士搜辑群书举凡植物学、动物学、矿物学、生理学所用名词学语一一加以注释……②

《星期日》虽是日记体小说，除了没有完成的小说之外，其写作素材来源于《理学杂志》本身，算是拼贴之作，与晚清小说家创作旨趣基本雷同。无论是"博物"叙事，还是自然科学的叙述大都来自编辑者薛凤昌发表在《理学杂志》上的文章。薛凤昌，号公侠。薛凤昌1889年至1901年赴日本留学，攻读理化和生物。他为该杂志撰写了多篇有关《星期日》的文章：《植物与日光之关系》《论动物之本能与其习惯》《我国中世代之植物》《二百六十年前理学大家方以智传》《昆虫采集之预备》等等。

---

① 广告：《帝国最新十大辞典出版》，《小说林》，1907年第1期。
② 广告：《博物学大辞典》，《小说林》，1907年第1期。

第二章
文人日记中的船山学的发生

船山学的发生与近代《船山遗书》的出版、"顾黄王"(顾炎武、黄宗羲、王夫之)并称及王船山从祀孔庙等息息相关。从文人日记看,金陵本《船山遗书》的出版是船山学发生的关键。《船山遗书》的重刻与欧阳兆熊、赵烈文的筹划及曾国藩兄弟的大力支持分不开;《船山遗书》的编校倾注了曾国藩、张文虎等文人的心血;《船山遗书》的出版对船山思想的传播及船山学的发生做出了重要贡献。船山学的发生与"顾黄王"并称也密切相关。"顾黄王"并称是很重要的近代思想史问题,而近代是一个思想动荡、文化转型的时代,"顾黄王"并称也会随着时代变化而变动。船山学是在"顾黄"并称与"顾王"并称之争议中形成的。另外,王船山从祀孔庙及船山学社、船山学报、船山书院等组织机构的建立,共同推动了船山学的发生发展,其中,王船山从祀孔庙对王船山著作的经典化产生了重要作用。

第一节 《船山遗书》出版及其传播

金陵本《船山遗书》的出版对王船山思想的传播至关重要。学者朱迪光认为:"曾国藩、曾国荃、彭玉麟、郭嵩焘、王之春等通过刻书或办书院等扩大船山学术思想的影响。……曾国藩对于船山学传播的最大贡献就是刻印《船山遗书》。"[①]王船山作品的出版是王船山学思想能够发扬光大的重要前提条件。学者王泽应也认为:"船山著作经邓显鹤、曾国藩等人的刊刻在学术界开始受到关注和传播,而对其思想的阐发和研究至此则逐渐由点及面、由浅入深、由低潮渐至高潮。"[②]这一看法无疑把问题引向了细密处。本文将立足于日记文献,对问题的诸多细节做进一步梳理,力图还原金陵本《船山

[①] 朱迪光:《湘军与船山学传播》,《衡阳师范学院学报》,2017年第4期,第1页。
[②] 王泽应:《船山著作刊印和思想传播的风雨历程》,《船山学刊》,2022年第4期,第28页。

遗书》刊刻前后及其传播的真实图景。

一、《船山遗书》出版的提倡者

关于欧阳兆熊与曾国藩是什么时候认识的,因资料不全,不少学者虽然做了考释,仍然是一个谜。《光绪湖南通志》记载:"曾国藩会试下第,时道病,势危甚,兆熊知医,为留逆旅月余诊治之,初不相识,后遂为布衣交。"①有不少学者引用这一文献,据此得出了"欧阳兆熊与曾国藩结交于道光十五年至十七年之间"②的结论。但是其中疑点颇多,需要进一步查证。

文献记录的"病危"之事发生于1840年。《曾国藩日记》写道:道光二十年(1840年)六月二十四日,"人渐有病,饮食少减,精神不振"。二十六日,"至'小有余芳'吃酒"。三十日,"梁玉臣请吃酒"。七月初一日,"见病势恐加……与湘潭欧阳小岑同住。是日服药除暑湿之剂,以后请刘午峰、黄兄峒诸医"。初四日,"头痛甚"。初五日,请吴竹如"诊视,知为疫症"。二十二日,"请许吉斋师来诊视,吃白术半杯,而邪火一发不可遏矣。由是病日加重……皆小岑经理护持。同年、同乡诸公来看者都以为难治,而吴竹如以为万无一失,多服犀角、地黄汤,以滋阴解邪热,又间服大黄、芒硝,以廓荡内热。势甚危急,甚赖服药不差,又有小岑时时检点,至八月初旬,渐有好机"③。从日记看出,欧阳兆熊(小岑)不是主治医生,其主要是照护之恩。说"初不相识"不准确,因为曾国藩日记从道光十九年(1839年)才开始记录,但据此可知至少在"病危"之前他们是相识的,关系也特别融洽。曾国藩日记写道:1840年7月11日,"出门至欧小岑、陈岱云处"。12日,"欧小岑来,长谈至三更"。14日,"小岑邀同去听戏,饭小岑处"④。可见,因"照护"而成"布衣交"应是无稽之谈,欧阳兆熊为道光丁酉年(1837年)举人,曾国藩也不是"白丁"。

欧阳兆熊与曾国藩的认识时间及他们之间的关系与《船山遗书》的出版有一定的关系。欧阳兆熊作为刊刻前版《船山遗书》的重要参与者,而咸丰四年(1854年),贼破湘潭,版焚毁灭之后,欧阳兆熊谋求重刻《船山遗书》的

---

① 李瀚章、曾国荃等:《光绪湖南通志》(第179卷),清光绪十一年刻本,第26页。
② 兰秋阳:《金陵本〈船山遗书〉谋刊过程考》,《船山学刊》,2019年第1期,第35页。
③ 曾国藩:《曾国藩日记》(第一册),长沙:岳麓书社,2015年版,第44页。
④ 曾国藩:《曾国藩日记》(第一册),长沙:岳麓书社,2015年版,第44页。

第二章
文人日记中的船山学的发生

愿望非常强烈。而重刻需要大量的费用,所以其把希望寄予老友曾国藩。1847年,其给曾国藩的信中写道:"船山遗老续刻有《读通鉴论》,融贯列代事迹,发为传论,深资治理,……惜卷帙稍繁,未付剞劂。"①这激起了曾国藩阅读《读通鉴论》的兴趣,随即请欧阳兆熊子欧阳勋为其代购一部,曾国藩信中写道:"王船山《通鉴论》已刷出未?告为代觅一部,行纳价付意城处也。"②令人非常奇怪的是,曾国藩没有让欧阳兆熊而是让其子代购,也可以看出曾国藩、欧阳兆熊的关系很微妙,后来通过赵烈文这个中间人来促成重刻之事也是有原因的。当然,这次"代购"并没有马上实现,当时购买王船山作品非常不容易,直到1861年欧阳兆熊才把"《通鉴论》一部奉呈"③。可见,《船山遗书》奇缺、供不应求是曾国藩重刻的重要原因。

随着湘军集团势力崛起,欧阳兆熊入曾国藩幕,其谋求重刻《船山遗书》的希望再次燃起,只是他"招之入营,不赴,偶客军中,去留听自便"④。这一段时间欧阳兆熊与曾国藩接触不太多,更主要的是二人性格迥异,待人处世之道差异大,对王船山的评价甚至截然相反。欧阳兆熊认为,王船山是"宋以后儒者之冠",而曾国藩则"疑其诋毁古人,持论过刻"⑤。以致欧阳兆熊与曾国藩关系时远时近,这可以从曾国藩日记看出一二来。欧阳兆熊与曾国藩关系最密切时段是1840年至1844年,是前面提到的所谓"布衣之交",短短四年间二人形影不离,甚至同吃住,曾国藩日记中提到欧阳兆熊有47次之多。可能就是依仗这种患难之交,欧阳兆熊咸丰元年(1851年)才怂恿曾国藩奏请王船山"从祀孔庙"⑥,作为能够审时度势的理学家,曾国藩自然会拒绝。而从此欧阳兆熊与曾国藩慢慢疏远,后来欧阳兆熊入曾国藩幕,关系有所缓和,但他感觉事关重大,还是拜托赵烈文提起重刻王船山作品的建议。

赵烈文与欧阳兆熊相识于1861年8月27日,赵烈文日记写道:"莫君子思、欧阳君晓岑(兆熊,教谕,督帅之友。)来见。晓岑手中扇为四川李君芋仙(士棻,今署彭泽县,其人向有才名,京师多知之。闻为人甚长厚易欺。)作,

---

① 欧阳兆熊:《六月与曾涤生讲学》,《清代诗文集汇编》(第629册),上海:上海古籍出版社,2010年版,第72页。
② 曾国藩:《曾国藩全集》(第22册),长沙:岳麓书社,2011年版,第40页。
③ 王夫之:《船山全书》(第16册),长沙:岳麓书社,2011年版,第579页。
④ 李瀚章、曾国荃等:《光绪湖南通志》(第179卷),清光绪十一年刻本,第26页。
⑤ 王夫之:《船山全书》(第16册),长沙:岳麓书社,2011年版,第577页。
⑥ 李瀚章:《曾文正公全集》(第5册),北京:中国书店,2011年版,第37页。

诗笔豪宕可喜,实俊才也。欧阳君精歧黄,湖南番刻黄氏医书,即其家。与莫君子思皆督帅老友。"①接下来,赵烈文、欧阳兆熊交往频繁。一个月后,欧阳兆熊返回老家湘潭,不久,赵烈文也"至长沙拜祭恭毅公祠"②,并专门去湘潭拜访欧阳兆熊,并在其陪伴下拜访了王船山族孙王世全,日记写道:"出城访王君半溪,(世全。)而农先生……属子孙藏其书,言二百年后乃可出……今复有重锓之志,此鹜学者有所乐闻也。在半溪处饭,识龙吉皆,(尔谦。)晓老称之为和而不介。"③可能是在这期间,欧阳兆熊拜托赵烈文怂恿曾国荃刻印《船山遗书》。另外,这个时期赵烈文认真阅读了一些王船山著作,加上这次游历,其对王船山博大精深的思想越来越感兴趣,其答应欧阳兆熊也是情理之中的事情。

　　赵烈文结束湘地之游,于1862年2月15日返抵安庆,欧阳兆熊急于重刻《船山遗书》。1862年3月18日,"欧阳筱岑信并寄洋书四种",在欧阳兆熊催促下,赵烈文第二天就"晤帅弟沅圃方伯",向曾国荃请求重刻《船山遗书》,经过赵烈文一番运作,曾国藩同意重刻《船山遗书》,并安排了湘乡知县刘子迎与欧阳兆熊共同主持重刻工作。于是,赵烈文3月23日"发刘子迎、欧阳晓岑、左孟辛、仲敏信",而6月3日收到"欧阳晓岑三月十九信",8月7日"接欧阳晓岑六月十九信"④。可能是对曾国藩的安排不太满意,欧阳兆熊连续给赵烈文寄去两封信。同治元年六月十九日是阳历1862年7月15日,也是在这一天,欧阳兆熊也给曾国藩寄去了一封信,信中写道:"前惠甫书来,云节相慨允倡刻船山遗书……嘱兆熊与刘子迎商之。子迎将往澧州,不名一钱,而乡人之意,以为湖南之书须湖南人捐刊为是。"⑤欧阳兆熊不满意刘子迎主持此事,并阐明需要湘籍人才能担此重任。但曾国藩有自己考虑,最主要的是重刻之事很复杂,他还没有理清楚,重刻《船山遗书》也只能暂时作罢了。

　　虽然曾国藩没有答应欧阳兆熊的重刻《船山遗书》的要求,但没有忘记

---

① 赵烈文:《能静居日记》,长沙:岳麓书社,2013年版,第351页。
② 陈乃乾:《阳湖赵惠甫先生年谱》,《陈乃乾文集》,北京:国家图书馆出版社,2009年版,第675页。
③ 赵烈文:《能静居日记》,长沙:岳麓书社,2013年版,第421页。
④ 赵烈文:《能静居日记》,长沙:岳麓书社,2013年版,第480-482、498、557页。
⑤ 王夫之:《船山全书》(第16册),长沙:岳麓书社,2011年版,第579-580页。

重刻之事。1862年5月9日,曾国藩日记写道:"涉阅广东新刻丛书两种……又涉阅《正谊堂丛书》……取《论语》二十篇之意,编采二程粹言,略分门类,颇为精当。……古人书籍,近人著述,浩如烟海,……人生才力之所能办者,不过太仓之一粒耳。"①这一段日记表明曾国藩对出版有了更深入的理解,并发出著述"浩如烟海",人生的价值有限的感慨,刊刻书籍还是非常有意义的。说明曾国藩对重刻《船山遗书》动心了。

"重刻"被搁置后,曾国藩将近一年的日记里几乎没有提到欧阳兆熊。直到1863年5月27日,曾国藩日记写道:"欧阳小岑来久坐";28日,"欧阳小岑搬至寓中,与之同饮久谈……灯后与小岑一谈……是日未刻与小岑围棋一局";29日,"与小岑围棋一局……与小岑久谈。"②突然间,欧阳兆熊与曾国藩关系特别密切,曾国藩可能已经答允欧阳兆熊重刻《船山遗书》的请求。不久,赵烈文也说服了曾国荃,让他答应了重刻《船山遗书》,赵烈文日记写道:1863年7月22日,"中丞来谭良久,允出资全刻王船山遗书。写欧阳晓岑信,告知中丞刊书之说。……中丞……许多出千金,为加工精刻之费";1864年1月15日,"胡藻庭来。(湘潭人,欧易小岑之戚,来因刊书事。)……接欧阳晓岑十一月二十六日信"③。可见,《船山遗书》的重刻由多方合力促成,与欧阳兆熊、赵烈文的积极谋划以及曾国藩、曾国荃的重视支持分不开。

二、《船山遗书》的编校

一般,学界只把曾国藩视作《船山遗书》出版的幕后主持者、组织者,实际上,我们忽视了曾国藩也曾经亲力亲为做了一些编校工作。其相关日记如下:

> 同治三年(1864年)四月初六日。欧阳小岑来谈刻书之事。
> 十三日,又至欧阳小岑书局一坐。
> 同治五年(1866年)五月初三日,沅甫弟捐资,全数刊刻……欧阳小岑经纪其事。四年冬毕工刷样本,来请予作序。余以《礼记章句》为先生说经之最精者,拟细看一遍,以便作序,因以考校对者之有无错误。

---

① 曾国藩:《曾国藩日记》(第二册),长沙:岳麓书社,2015年版,第279-280页。
② 曾国藩:《曾国藩日记》(第二册),长沙:岳麓书社,2015年版,第416-417页。
③ 赵烈文:《能静居日记》,长沙:岳麓书社,2013年版,第662、716页。

> 九月十七日,夜作《王船山全书序》约二百余字,未毕。
>
> 18日,作《船山遗书序》,申正毕,约六百余字。①

从曾国藩的日记看出,曾国藩一直关心书局工作,欧阳兆熊等编纂者也经常和曾国藩汇报工作。曾国藩花了很大工夫为《船山遗书》作序。此序被张文虎评价为:"节相寄示所撰《王船山遗书》序,从容详赡,复简洁不支,固是南丰世家。"②虽然有点溢美之词,但还是比较客观的,也是心里话,因为是写在日记里的。另外,曾国藩做了很多校阅工作,曾国藩在序里写道:"王船山先生遗书,……凡三百二十二卷。国藩校阅者,《礼记章句》四十九卷……订正讹脱百七十余事。"③这一点往往为研究者所忽视,单一强调曾国藩的牵头作用。总体上看,《船山遗书》由曾国荃策划重刻,欧阳兆熊主持,张文虎、刘毓崧等人分任校对,其中,曾国藩校阅了小半篇幅。当然,曾国藩在《船山遗书》出版前后系统阅读、点校王船山作品,是为了参与编校、删改工作,更是从政治家的眼光来审视王船山这笔文化遗产。作为思想敏锐的政治家,曾国藩校阅《船山遗书》书稿时,删除了很多反清复明的过激言论,表明曾国藩深知船山的"夷夏之防"思想在当时是不合时宜的。另外,曾国藩对图书编纂有很多研究,张文虎日记写道:

> 1864年11月11日,节相论刻书章程,谓十三经古注,惟《易》《书》《孝经》不足刻。固然,然相沿已久,不能废,且无他古注完本可补者,不能定也。
>
> 1865年2月14日,节相惠所刻何子贞《金陵杂感诗》。
>
> 1867年12月12日,节相欲以聚珍板印顾亭林《肇域志》。
>
> 12月26日,节相命刘伯山子恭甫(寿增)入书局,……书局凡七人:汪梅岑、唐端甫、刘叔俛(俯)、戴子高、周孟馀(舆)、恭甫、壬叔及予也。
>
> 1869年11月13日,谒节相,拟商《史记》第一卷重刊事。
>
> 12月5日,谒节相,盛称送行诗文及《〈史记〉凡例》之善。④

---

① 曾国藩:《曾国藩日记》(第三册),长沙:岳麓书社,2015年版,第39、42、287、328、329页。
② 陈大康:《张文虎日记》,上海:上海书店出版社,2009年版,第68页。
③ 李瀚章:《曾文正公全集》(第7册),北京:中国书店,2011年版,第323页。
④ 陈大康:《张文虎日记》,上海:上海书店出版社,2009年版,第6、21、113、116、156、159页。

第二章
文人日记中的船山学的发生

从日记看出,书局有张文虎等七名专职人员,实际上参与工作的还有莫友芝等文人,而这些人员大部分是曾国藩安排或需要曾国藩同意的。另外,曾国藩对刊刻书籍种类及刊刻细节等也有具体安排,其经常与张文虎等商讨图书编校事宜。《船山遗书》的出版是一项大工程,一个人完成不了,其编校工作也是几个人共同完成的。张文虎做了大量的工作,张文虎日记有15条相关记录,时间开始于1865年4月11日,结束于1865年8月17日,时间跨度4个多月,说明编校效率很高。从日记看出,张文虎编校了《礼记章句》《读四书大全》《历代诗评》《读通鉴论》《诗经稗疏》《宋论》《噩梦》《春秋世论》等王船山作品。在编校过程中,张文虎对王船山作品还有点滴评价,其认为,《读四书大全》"辨析性理处,颇有发宋儒所未发者",《噩梦》"所言皆经国治民之事,大都据其时目见而言,补偏救弊,虽卑无高论,而多中肯綮",《春秋世论》"持论尚平正",等等①。

曾国藩创办的金陵书局不是最早的地方书局,胡林翼创办于武昌的书局比金陵书局早好几年。资料显示:"东南文字,尽毁于贼。胡文忠在湖北首开书局,刻《读史兵略》《弟子箴言》。"②而1861年胡林翼病逝,胡氏武昌书局中的原编校人员莫友芝、汪士铎等慢慢加入了金陵书局。莫友芝与曾国藩相识很早,1847年还在曾国藩幕府待过一段时间。而很有意思的是,莫友芝一直与曾国藩保持一定距离,保持莫氏独立的士子姿态。1860年莫友芝科考失败,随胡林翼去了湖北,帮助胡林翼校定《读史兵略》,其日记写道:

> 1861年2月11日,依胡咏芝宫保于英山、太湖。
>
> 4月8日,宫保属往鄂城,为校新纂《兵略》,并检点箴言书院藏书。
>
> 6月3日,果臣将行,商以《兵略》板子携就长沙梓人补误,连两日夜检已校出者,核定,得十二卷,付之。
>
> 7月6日,校《兵略》,并以张习庵成嵩、汪梅岑士铎两校会核定本,始于三月十六,至今日通毕,凡七十余日,以余所校稿本付绳,装而存之。

---

① 陈大康:《张文虎日记》,上海:上海书店出版社,2009年版,第29—54页。
② 方宗诚:《柏堂师友言行记》,《近代中国史料丛刊》(第216册),台湾:文海出版社,1979年版,第72页。

7月11日,以《兵略》校本呈宫保核,谓一依所勘为定。
　　7月12日,作字寄果臣,并封《兵略》三十四卷遣人往。①

　　益阳方言"咏""润"同音,"胡润芝"即"胡咏芝",也就是胡林翼。《兵略》即《读史兵略》。莫友芝在汪士铎等人编校的《读史兵略》基础上做最终的校定,可见,莫友芝是很专业的图书编校者。后来,莫友芝入了曾国藩幕府,主要做版本搜集及整理工作,也经常参与图书编校的讨论。曾国藩日记写道:同治二年(1863年)五月初七日,"莫子偲来,将所得唐写本《说文·木部》重写一遍,将以刊刻,公诸同好。余与同至内银钱所,嘱为之精刻;其所为《校勘记》,将待陈硕甫先生来订定,而后发刻";八月十一日,"与莫子偲论刻书之法"②。可见,莫友芝为《船山遗书》的重刻也做了一些工作。

　　赵烈文虽然没有直接参与到《船山遗书》的编撰工作中,但也召集了汤衣谷等人参与到编撰工作中去。其日记写道:同治三年(1864年)三月初九日,"接……孟甥二月十一、廿一、廿二日信,已同衣谷挪入行台,充《船山遗书》编校"③。光绪十年(1884年)十二月十三日,汤衣谷死了,其还回忆道:"是晚闻汤衣谷之丧。衣谷心地坦白无城府,为朋好中罕见,姿性尤聪颖过人,惜荏弱不能自立。同治元年,余挈之至皖,榻余家中,为设程课。居一年,闻望颇起。荐之老友欧阳晓岑,助校《王船山全集》,稍获廪糈。"④曾国藩开设书局,笼络了张文虎、汤衣谷、莫友芝等饱学之士,他们为金陵版《船山遗书》等图书的搜集、刊刻、出版做出了重要贡献。

三、《船山遗书》出版之评价

　　金陵本《船山遗书》有曾国藩兄弟的全力支持,出版经费充足,经过张文虎、刘毓崧等名士的精细编校,在版面设计、印刷质量、刊刻规模等方面都超越了前版《船山遗书》。金陵本《船山遗书》也有不足。欧阳兆熊说:《船山遗书》"卷帙既繁,事多急就,亥豕鲁鱼之弊,恐尚不免,阅者幸有以见教焉。"⑤金陵本《船山遗书》的出版还是比较仓促的,肯定有一些考虑不周的地方。

---

① 莫友芝:《莫友芝日记》,南京:凤凰出版社,2014年版,第4、17、29、35、36、37页。
② 曾国藩:《曾国藩日记》(第二册),长沙:岳麓书社,2015年版,第426、457页。
③ 赵烈文:《能静居日记》,长沙:岳麓书社,2013年版,第751页。
④ 赵烈文:《能静居日记》,长沙:岳麓书社,2013年版,第2206页。
⑤ 欧阳兆熊:《重刊船山遗书凡例》,《船山全书》(第16册),长沙:岳麓书社,1996年版,第421页。

第二章
文人日记中的船山学的发生

曾国藩对《船山遗书》刊刻的不足有清醒的认知。曾国藩在《王船山遗书》的序中写道:"同治初元,吾弟国荃乃谋重刻,而增益百七十二卷……刘毓嵩伯山等,分任校雠。庀局于安庆,蒇事于金陵。先生之书,于是粗备。后之学者,有能秉心敬恕,综贯本末,将亦不释乎此也。"①曾国藩一方面赞誉了张文虎等人所做的贡献;同时,也认为此次《船山遗书》的刊刻也只是"粗备",虽是编者常用的自谦的话,但也是心里话。同治五年(1866年)六月二十日,曾国藩日记写道:"覆查全书,辨论经义者半,校出错讹者半,盖非校雠家体例"②。曾国藩应该早有预见,图书出版是细致活,必然有"错讹"或体例不完美之处。同治七年(1868年)五月二十二日,曾国藩还在回复何绍基的一封信里写道:"江浙学人,近岁似以俞萌甫樾为冠,所著《群经平议》《诸子平议》……成书太速,刻之太早,间有据孤证以定案者,将来仍须大加删订。"③曾国藩再次认为,刊刻不能操之过急。

张文虎等人在编纂时,曾国藩借鉴前刊的教训,提出了尽量按照原本点校、少改动的原则。后来《船山遗书》出版后,张文虎在日记感叹道:"节相言前刊《王船山书》,中间从《说文》之字,皆邹叔绩所改,其文亦多改窜,非原本。曾致书诤之,不听。乃恍然前为沅帅重校付刊时,于此等处疑是船山原本如此,故不敢轻改,今已刊成,无及矣。"④张文虎在编辑工作方面非常专业,经常能够提供很好的编校意见,曾国藩等往往能够听从其建议;也有邹汉勋等人持反对意见,以致留下了编校遗憾。

有一些学者把王闿运纳入金陵本《船山遗书》的编辑人员中,这可能不太准确。就因为王闿运不在这个团队中,其对出版工作才有不太满意的评价。王闿运日记写道:同治八年(1869年)二月初五日,"检王船山遗书,校其目录,舛误者数处。沅浦请诸名人校书,而开卷缪误,故知著述非名士之事也"⑤。他对出版工作评价很低。并且,从这条日记还可以发现一个有趣的现象:王闿运日记没有获赠《船山遗书》的记录,也许王闿运不在曾国藩"赠书"名单里,故而其看到《船山遗书》的时间比较滞后。赵烈文等都是1867年

---

① 李瀚章:《曾文正公全集》(第7册),北京:中国书店,2011年版,第324页。
② 曾国藩:《曾国藩日记》(第三册),长沙:岳麓书社,2015年版,第301—302页。
③ 李瀚章:《曾文正公全集》(第6册),北京:中国书店,2011年版,第448页。
④ 陈大康:《张文虎日记》,上海:上海书店出版社,2009年版,第84页。
⑤ 王闿运:《湘绮楼日记》,长沙:岳麓书社,1997年版,第15页。

获得赠书的,然后马上进行阅读。如果是这样的话,王闿运评价时的心理是很复杂的,也说明王闿运与曾国藩等湘军集团关系不太好。

当然,书局工作很复杂,不可能使人人都满意。刘绍宽日记写道:光绪二十四年(1898年)六月二十七日,"宋燕生先生来……曾文正晚年甚悔其保荐沈文肃。文正在金陵开书局,多致文学士,沈极恶之,文正去后,大半裁撤。李傅相则失之太宽,情面太重,在任未尝轻参一人,乡谊、戚谊尤重,属员亦极易见"①。沈文肃(沈葆桢)对曾国藩金陵书局的工作安排不满意。从经济因素看,《船山遗书》成本高、售价贵,很难普及。所以,张文虎建议出单行本。其日记写道:1867年12月4日,"节相欲以《读书杂志》中《汉书》四卷附刊《汉书》之后,予谓不如全刻《读书杂志》单行……又请于《王船山遗书》内别印《易》《书》《诗》《春秋》四书……《俟解》《噩梦》《黄书》各一帙。各帙单行,可分可合,俾寒士易于购买,而书亦易于行远广传。节相以为然"②。张文虎确实是图书出版的内行,其单行本建议得到了曾国藩等人的认可。出单行本可以解决寒士买不起书的问题,也可以扩大王船山思想的传播范围,可谓一举两得。

金陵版《船山遗书》肯定有不能令人满意的地方,以至于刘人熙在民国时期到处搜求船山遗稿,以补全船山作品。其日记写道:

> 是日早起,王君廷赞派名传芝字重璋来晤,船山先生之裔孙也。余急搜求船山遗稿,今幸见重璋,云藏稿皆在,心甚欣悦。以约游时近,未及长谈,订后会而别。(民国二年十二月七日)

> 访王重璋未遇。(民国二年十二月八日)

> 又晤王重璋,询其家世甚悉,船山之七世孙也。其曾祖某,为搜集船山遗书,至倾其万金之产。而前清乾隆时,吕留良之书既毁,次及于船山,至以兵围其宅而搜索之,仅得稗疏数种,余皆藏匿以免。船山子孙皆农民,恐以书贾祸,尽取焚之。适其曾祖至,已将先世遗著付之灰烬矣,船山所著书尚存,其曾祖遂悉取藏之家,曰:"有祸我当之,不与汝辈相涉。"姑至今犹存。而相宗络索一书,则于刘氏别峰庵楼上旧帙中得之。其言甚悉,不能尽记,拟异日再

---

① 温州市图书馆:《刘绍宽日记》,北京:中华书局,2018年版,第110页。
② 陈大康:《张文虎日记》,上海:上海书店出版社,2009年版,第112页。

与细谈。重璋,清季诸生。且约学社校书,必来相助。(民国二年十二月十八日)①

后来,船山作品出版、刊刻比较火热。1933 年,上海太平洋书店出版《船山全书》,全书有 70 种。新中国成立后,岳麓书社自 1982 年开始筹备,1996 年岳麓书社出版《船山全书》,全书有 16 册。2005 年岳麓书社开始修订《船山全书》,2011 年出版,改版后的《船山全书》共有经部 27 种、史部 6 种、子部 20 种、集部 42 种,共 95 种,316 卷,1000 万字。

四、《船山遗书》出版与船山思想的传播

王船山入清后隐居,其著述宏富,却流传甚少,其学不显。康熙年间,其子王敔私刻"湘西草堂本"十余种;乾隆年间,《四库全书》入编著述六种、存目二种;嘉庆年间,"衡阳汇江书室刊本"收录十余种;道光之际,王夫之七世孙王世全刻"湘潭王氏守遗经书屋本"著述十八种、一百五十一卷②。"守遗经书屋本"颇有声名,却于咸丰四年(1854 年)版焚尽毁,以至于流传不广,能读到王船山作品的文人主要是船山后人及湖湘地方官员等。所以说,"地方书局的兴起,直接肇因于文化典籍遭兵燹损毁,但它不仅涉及古籍整理与出版的问题,而且与 19 世纪中后期社会变迁、政治变局及学术衍变密切相关"③。

朱迪光说:"湘军人士从四个方面为船山学传播作出了贡献:一是设局刊刻《船山遗书》,极大地推动了王船山学术思想的传播;二是创办船山书院,使王船山思想的传播和学习有了官方的阵地……"④《船山遗书》的出版大大加强了船山思想的传播,可以说实现了当初出版的设想。《船山遗书》出版后,肯定有购买者。郭嵩焘日记写道:同治七年(1868 年)闰四月初五日,"致曾沅甫一信,并致刷书价交黄少昆刷船山遗书二部"⑤。所以,许冠三说:"盖以当时正值湘军初复金陵,曾氏兄弟权倾一时,此书一出,天下书院、

---

① 刘人熙:《日记节录》,《船山全书》(第 16 册),长沙:岳麓书社,1996 年版,第 879-880 页。
② 王夫之:《船山全书·序例》(第 1 册),长沙:岳麓书社,2011 年版,第 25-26 页。
③ 兰秋阳:《晚清地方书局兴起缘由探析》,《安徽史学》2018 年第 1 期,第 39 页。
④ 朱迪光:《湘军与船山学传播》,《衡阳师范学院学报》,2017 年第 4 期,第 4 页。
⑤ 郭嵩焘:《郭嵩焘日记》(第二卷),长沙:湖南人民出版社,1981 年版,第 25 页。

学署与书香世家,莫不争相购备。"①这反映了一个问题,《船山遗书》成本高、价格贵,只有世家大族才能买得起,其传播还很有限。

可能是曾国藩看到了《船山遗书》很难普及,也可能是财大气粗,赠书成了船山思想传播的一个重要渠道,郭嵩焘、曾国藩、赵烈文、王文韶、莫友芝、张文虎等文人日记都有记录:

> 同治六年(1867年)7月21日,将沅弟所分送各友之《船山全书》三十部派人分送。②

> 七月二十日,沅帅寄赠《船山全书》一部,涤师又再赠一部。每部二本须十余金,厚惠也。

> 八月初九日,写朴臣信,(十三日发交其子。)寄赠《船山遗书》一部。

> 八月十七日,写龚孝拱信,寄去《船山遗书》一部。(即日发七侄带交紫卿兄转寄。)③

> 七月十一日,九帅赠《船山遗集》全部共八套,以经史子分编,船山先生姓王名夫之,号姜斋,湖南衡阳人,崇祯年举人也。④

> 七月二十一日,节相送《王船山遗书》,沅帅寄来也。⑤

> 八月三日,遣致湘乡属寄船山书于丁方伯。又有寄郭中丞及俞荫甫者。腹疾不能亲往,并托方伯转致之。⑥

> 同治七年(1868年)闰四月初五日,遣杨升赴省,以立麓约其今日到省。顺致曾沅甫一信,并致刷书价交黄少昆刷《船山遗书》二部。

> 闰四月十七日,遣杨升赴省运《船山遗书》送县。⑦

《船山遗书》出版后,曾国藩、曾国荃、赵烈文、莫友芝、张文虎等加入赠书的工作中,这促进了船山思想的传播。后来,友人赠送船山书籍也是常有

---

① 许冠三:《王船山的致知论》,香港:中文大学出版社,1981年版,第122页。
② 曾国藩:《曾国藩日记》(第三册),长沙:岳麓书社,2015年版,第427页。
③ 赵烈文:《能静居日记》,长沙:岳麓书社,2013年版,第1084、1089、1092页。
④ 袁英光、胡逢祥:《王文韶日记》,北京:中华书局,1989年版,第40页。
⑤ 陈大康:《张文虎日记》,上海:上海书店出版社,2009年版,第98页。
⑥ 莫友芝:《莫友芝日记》,南京:凤凰出版社,2014年版,第220页。
⑦ 郭嵩焘:《郭嵩焘日记》(第二卷),长沙:湖南人民出版社,1981年版,第498-499页。

第二章
文人日记中的船山学的发生

的事情。姚永概日记写道:宣统三年(1911年)八月十二日,"仙舟赠船山及曾文正全书"①。无独有偶,白坚武日记写道:1919年10月29日,"王孝伯旅长请宴,为余饯行,赠《王船山遗集》1箱"②。没有想到,《船山遗书》在军人中也有读者群。更为重要的是,《船山遗书》的传播开启了刊刻船山作品的热潮。光绪年间,船山著述多次被重刻。郭嵩焘日记写道:光绪七年(1881年)四月十一日,"李杜生见示夏时济所得船山遗诗钞本,盖己酉、庚戌、辛亥、壬子、癸丑五年之作。己酉为康熙之八年,船山年五十一岁。检查船山六十自定稿,多已选刻;其未刻者,必船山所自删汰者也。惟拟阮嗣宗《咏怀诗》,仅刻三分之一,自'亢云覆千里'下五十余章未刻,此为遗漏无疑,宜补入集中"③。不管怎么说,《船山遗书》的重刊、传播让时人领略了船山学说,感悟了船山思想,船山学至此形成。

第二节 "顾黄王"并称与船山学的发生

近代文人日记中涉及很多复杂的"顾黄王"(顾炎武、黄宗羲、王夫之)并称问题。"顾黄王"并称是很重要的近代思想史问题。近代是一个思想动荡、文化转型的时代,"顾黄王"并称也随着时代变化而变动,"顾黄""顾王""黄王"等三种并称依次出现而又相互交织,直到"顾黄王"形成,"清初三大思想家"的合称才最终完成,船山学也最终被建构起来。我在一篇拙文中曾经简要分析了"清初三大思想家"之一的王船山"成名较晚"的成因。我们认为,"作为标杆式人物,顾炎武思想的经典化较早",随之,在宋恕等浙江学者推介下,黄宗羲的经典化也逐渐完成。"一直到了近代,邓显鹤、曾国藩等学者才开始有规模地刻印、出版王船山著作,此后,接受和传播王船山思想的风气才开始慢慢形成。当然,受各种传播条件的限制,王船山著作的阅读与其思想的接受、传播,在戊戌变法之前还拘囿于湖湘文人内部,戊戌变法之

---

① 姚永概:《慎宜轩日记》,合肥:黄山书社,2010年版,第1199页。
② 杜春和、耿来金:《白坚武日记》,南京:江苏古籍出版社,1992年版,第215页。
③ 郭嵩焘:《郭嵩焘日记》(第四卷),长沙:湖南人民出版社,1983年版,第201页。

后,王船山思想逐渐被人熟知、传播,直到辛亥革命前后,王船山思想的经典化才初具规模,作为'三大思想家'的地位也才逐渐稳固下来。"①当然,这种分析还比较肤浅。本文试图通过梳理日记文献资料,参阅书信等文献资料,探讨"顾黄王"并称的各种变化及其历史建构意义。

一、"顾黄"并称

顾炎武、黄宗羲并称与顾炎武、王夫之并称要早很多。顾、黄都处于江南,地缘关系使他们很快形成了"并称"。后来,到了戊戌变法、辛亥革命时期,王船山思想大放异彩,"顾王并称"成了主流,"清初三大思想家"的称谓也似乎呼之欲出了。可以说,"清初三大思想家"是在"顾黄并称"与"顾王并称"之争议中形成的。我们先说说"顾黄并称"。

一般认为,王闿运对王船山有所偏见。如,他在同治八年(1869年)二月初五日的日记中说道:"船山学……尚不及阎伯诗、顾亭林也,于湖南为得风气之先耳。"②在王闿运眼里,王船山在当时只是二流角色,王船山与顾炎武根本不在一个档次。实际上,这种认识在同治年间是普遍的认知。时人赵烈文在同治六年(1867年)七月二十二、二十三日的日记里也是这样评价"船山学"的,他认为:"《噩梦》一卷:论时事利弊,以己意变通之,俨然一王之制。其精当者固不少,而武断、孟浪处亦多。""王船山《黄书》一卷七篇:……四篇《慎选》、五篇《任官》,语亦未纯。"③当然也有相反的观点。郭嵩焘、刘人熙等湖湘文人在同治、光绪年间把王船山看成"圣人"。如,刘人熙在光绪五年(1879年)十一月七日、光绪八年(1882年)九月十九日的日记中分别记道:"船山之旨博矣!""船山说,真抉先圣之藏。船山之章句,即朱子学庸之章句也,他日并重学宫可也。"④接着,在光绪九年(1883年)四月十七日的日记中回忆说:"自廿七岁读程朱书,亦尝攻苦而有志于道矣,而不甚长进,半由助长……考亭朱子、船山王子,贶我深矣。"⑤甚至,刘人熙在光绪九年八月十三

---

① 赵斌:《〈湘绮楼日记〉对王船山思想的接受与传承》,《衡阳师范学院学报》,2020 年第 5 期,第 9 页。
② 王闿运:《湘绮楼日记》,长沙:岳麓书社,1997 年版,第 15 页。
③ 赵烈文:《能静居日记》,长沙:岳麓书社,2013 年版,第 1085 页。
④ 刘人熙:《日记(节选)》,《船山全书》(第 16 册),长沙:岳麓书社,2011 年版,第 874 - 875 页。
⑤ 刘人熙:《日记(节选)》,《船山全书》(第 16 册),长沙:岳麓书社,2011 年版,第 875 页。

第二章
文人日记中的船山学的发生

日的日记中把王船山比附"二程",他说:"船山,二程也。后世孰为朱紫阳耶?船山自言五百年后吾道大行,知其时必有名世生也。"①他对王船山推崇备至。与刘人熙不同的是,王闿运没有看到王船山思想随着时代的发展而具有的思想文化意义。他在光绪三十一年(1905年)六月三日的日记中仍旧强调:"看船山讲义……王、顾并称,湖南定不及江南也。"②认为"顾王"并称有点不合时宜,王船山还是比不上顾炎武,这体现了王闿运思想的保守性。

据《四库全书总目》统计,为《日知录》作注疏的有94余人。可见,顾炎武的著作早已经典化,他也是那个时代的标杆式人物。谭献在1864年的日记中记道,"得胡石庄先生《绎志》。凤闻此书,李申耆推为顾亭林《日知录》之上",但"阅顾亭林《唐韵正》,叹为绝作"③,对顾炎武推崇备至。更有意思的是,有学者是这样评价顾炎武的:顾炎武的思想具有历史构建意义,这"不仅使他成为与黄宗羲、王夫之齐名的一代思想文化巨人",成为"一代学术宗师",也对"晚清的思想解放运动和社会改革运动发生了深刻的影响"④。王船山倒成了标杆式人物,成了顾炎武的参照人物。历史恰恰相反。顾炎武成名很早,一直是标杆式人物。王国维在《沈乙庵先生七十寿序》中写道:"国初之学创于亭林,乾嘉之学创于东原、竹汀。"⑤顾炎武在魏源、何绍基等湖湘文人眼中也具有崇高的声望,他们认为:"当是时,海内儒硕……亭林先生为之魁。"⑥可见,对顾炎武推崇备至。

就因为顾炎武成名早,江南、湖湘两地的文人为了推介本地圣贤,都愿意把顾炎武作为参照、比附的对象。而相对来说,"顾黄并称"较早。乾嘉时期,学者江藩把顾炎武、黄宗羲并称起来,他认为:"梨洲乃蕺山之学,矫良知之弊,……亭林乃文清之裔,辨陆王之非。"⑦这是较早的"顾黄并称"。这一时期的王船山还寂寂无闻。同时代的阎若璩也非常赞赏顾炎武、黄宗羲等

---

① 刘人熙:《日记(节选)》,《船山全书》(第16册),长沙:岳麓书社,2011年版,第876页。
② 王闿运:《湘绮楼日记》,长沙:岳麓书社,1997年版,第2662页。
③ 范旭仑、牟晓明:《谭献日记》,北京:中华书局,2013年版,第27页。
④ 许苏民:《顾炎武思想的历史地位和历史命运》,《云南大学学报(社会科学版)》,2006年第1期,第11页。
⑤ 王国维:《沈乙庵先生七十寿序》,《观堂林集(外二种)》,石家庄:河北教育出版社,2003年版,第574页。
⑥ 邓显鹤:《南村草堂文钞》,长沙:岳麓书社,2008年版,第38页。
⑦ 江藩、方东树:《国朝汉学师承记(外二种)》,北京:生活·读书·新知三联书店,1998年版,第158页。

人的学术思想。他评价说:"吾从海内读书者游……得三人焉,曰钱牧斋宗伯也,顾亭林处士及黄南雷而三。"①顾炎武、黄宗羲、钱谦益并称,这是早期的"清初三大思想家"。

由于地缘关系,顾炎武、黄宗羲早有交往,"顾黄"并称自然形成。从两人书信来往中来看,顾炎武对《明夷待访录》评价很高。1676年,顾氏在致黄宗羲的信中说:"因出大著《明夷待访录》,读之再三,于是知天下之未尝无人……炎武以管见为《日知录》一书,窃自幸其中所论,同于先生者十之六七。"②虽是自谦之言,还是颇为中肯。

"顾黄"并称虽然早已有之,但真正形成气候是在近代,早于"顾王"并称。其关键人物是宋恕。宋恕1876年"识瑞安金晦,始知有颜元、顾炎武之学"③。早期的宋恕对颜元、顾炎武推崇备至。随着甲午战败,国人急于寻求救世良方,《明夷待访录》也逐渐得以广泛刊刻、流播。如,宋恕积极刊刻《明夷待访录》,借助报馆等大肆宣传,试图通过传播黄宗羲的革新思想而宣传戊戌变法,宋恕因之有了"梨洲之后一天民"的雅号。宋恕与陈介石志趣相投,他们"志趣品行"相同,"皆近黄宗羲",都"以黄梨洲《明夷待访录》为最"是倾心④。但宋恕没有想到其写成的《六字课斋卑议》被老师俞樾称赞为:"议论卓然,文气尤极朴茂","非王氏《黄书》、黄氏《明夷》所能比也"⑤。这使宋恕深受鼓舞。以至于,其想联合"同门"章太炎"立总会于次馆,渐立支会于各府县城,期于大昌梨洲之学、德清(俞樾)之道,方能为浙人吐气"⑥。宋恕想兴浙派梨洲之学,光耀俞门之学。

康有为可能受宋恕的影响,他也推崇"顾黄并称"。康有为接触《明夷待访录》很早,也很重视《明夷待访录》。他认为,"黄梨洲之有《明夷待访录》、顾亭林之有《日知录》","开本朝学派者,黄、顾二先生"⑦。甚至,为了实现变法,在戊戌年之前康有为赞誉黄宗羲"大发《明夷待访录》,本朝一人而已"⑧。

---

① 阎若璩:《南雷黄氏哀辞》,《潜邱札记》(文渊阁四库全书),乾隆刊本(复印本),九六九页。
② 顾炎武:《交游尺牍》,《黄宗羲全集》(第十一册),杭州:浙江古籍出版社,2005年版,第375页。
③ 胡珠生:《宋恕集》,北京:中华书局,1993年版,第1089页。
④ 胡珠生:《宋恕集》,北京:中华书局,1993年版,第523、536页。
⑤ 胡珠生:《宋恕集》,北京:中华书局,1993年版,第506页。
⑥ 胡珠生:《宋恕集》,北京:中华书局,1993年版,第573页。
⑦ 康有为:《长兴学记 桂学答问 万木草堂口说》,中华书局,1988年版,第18-19、284页。
⑧ 康有为:《康有为全集》(第2册),北京:中国人民大学出版社,2007年版,第291页。

梁启超受到康有为、宋恕的双重影响,他也比较推崇黄宗羲。他通过中西比较,认为:"《明夷待访录》……从今日青年眼光看去,虽像平平无奇",但其就像三百年前的卢梭《民约论》一样,"不能不算人类文化之一高贵产品"①。总之,《明夷待访录》成了中国近代的思想革新的重要武器,其能够"作为宣传民主主义的工具",可以作为"刺激青年之最有力的兴奋剂"②。所以,在近代早期很长一段时间,"顾黄"并称成为学术思想评价的趋向。

二、"顾王"并称

近代之前,王船山还寂寂无闻,他的称颂者也不多。陆陇其在《三鱼堂日记》康熙二十八年九月初四日记中写道:"施行唐言:衡阳有王而农者,名夫之,其高风文学不减王价石。"③很显然,论者只是推崇王船山的文学,对船山的经世之学理解不多。

与宋恕不同,章太炎并没有念及同门之谊,反而大力倡导"王学",他认为,顾炎武、王夫之两人的地位要高于黄宗羲。"黄宗羲学术计会,出顾炎武下远甚。守节不孙,以言亢宗,又弗如王夫之。然名与二君齐。"④黄宗羲虽然与顾炎武、王夫之并称为明末清初三大思想家,但是,在学术上不如顾炎武,在气节上又不如王夫之。在对社会流弊进行攻击,要求进行社会改革这方面,黄宗羲更不如顾炎武和王夫之。到了戊戌、辛亥时期,顾炎武、王夫之等思想学说在近代思想革新中发挥了更大的作用。章太炎认为,"顾王"并称优于"顾黄"并称,因为"以成光复之绩者,独赖而农一家而已"⑤。王船山的重要性就不言而喻了。并且,革命派与改良派围绕"顾王"并称还是"顾黄"并称发生了论战。章太炎说:"康氏之门,又多持《明夷待访录》,余常持船山《黄书》相角。"⑥可见,《明夷待访录》是康有为、梁启超、宋恕、孙宝瑄等维新派的思想资源,《黄书》是章太炎、熊十力等革命派的思想资源。

章太炎受宋恕的影响很多,因而,前期的章太炎极力表彰浙江先贤黄宗

---

① 梁启超:《中国近三百年学术史》,长沙:湖南人民出版社,2010年版,第42页。
② 梁启超:《中国近三百年学术史》,北京:中国书店,1985年版,第47页。
③ 王夫之:《船山全书》(第16册),长沙:岳麓书社,2011年版,第521页。
④ 章太炎:《非黄》,《章太炎全集》(第4册),上海人民出版社1985年版,第124-125页。
⑤ 章太炎:《重刊〈船山遗书〉序》,《船山遗书》,上海:太平洋书店,1935年版,第1页。
⑥ 章太炎:《自订年谱》,《船山全书》(第16册),长沙:岳麓书社,1996年版,第803-804页。

羲。但苏报案后,章太炎才开始推崇王夫之。并且,章太炎对时人忽视王船山思想的现象痛心疾首,他说,"夫中国吞噬于逆胡……诈暴之工,人人所身受,当无不昌言革命……衡阳之《黄书》,日在几阁……无他,悖德逆伦,并为一谈,牢不可破,故虽有衡阳之书,而视之若无见也。"①无独有偶,谭献也是前期心仪黄宗羲,后期推崇王夫之。谭献在1866年的日记中写道:"读《绎志》六日一过。胡先生粹然一生一出于正,可见施行。视亭林更大,视潜斋更实,视梨洲更确。"②谭献刚开始推崇"顾黄"并称,这是因为谭献早期受宋恕等浙派学者的影响。杨际开说,"《待访录》……以杭州与温州为中心向广东、上海、四川、湖南等地传播,成为推动辛亥革命的指导思想","诂经精舍的老师在晚清是黄宗羲政治思想的传播源之一"③。这一判断是比较准确的。查阅《谭献日记》,谭献在同治四年(1865年)"自福州携妇子三月十一日登舟,四月二十二日归杭州"④。谭献于同治五年(1866年)年底"同人饯薛慰农观察师于湖舫。风日清佳,吟啸甚适……脱略形骸,想见晋宋间人风致"⑤。接着,同治六年(1867年)参加"姚季眉大令集江浙文士为湖舫文会,以慰农薛师为主。盟会者……十五人"⑥。谭献与宋恕等浙派学人打成一片。这种心境下,"阅王船山《噩梦》《黄书》,皆与梨洲《待访录》相出入"⑦。但很快他就转变了看法,谭献在同治七年(1868年)的日记中写道:"阅王船山《宋论》。醇实闳远,殆无疵瑕。"⑧他对船山学赞不绝口。到了光绪二年(1876年)六月廿七日,他"阅船山《诗绎》《夕堂永日绪论》",感觉"语语精绝,叶星期《原诗》等书可废矣"⑨。虽然谭献没有提出"顾王"并称,但"顾王"并称隐含在他日记的字里行间。

如果说,浙派学人大都推崇"顾黄"并称,那么湖湘文人则更倾向于"顾王"并称。近代大理学家唐鉴门徒众多,其对船山学的构建起到一定作用。

---

① 章太炎:《邹容〈革命军〉序》,《船山全书》(第16册),长沙:岳麓书社,1996年版,第801-802页。
② 范旭仑、牟晓明:《谭献日记》,北京:中华书局,2013年版,第34页。
③ 杨际开:《〈待访录〉在清末的传播源、影响及其现代意义——以孙宝瑄〈忘山庐日记〉为线索》,《上海师范大学学报(哲学社会科学版)》,2011年第6期,第23—34页。
④ 范旭仑、牟晓明:《谭献日记》,北京:中华书局,2013年版,第32页。
⑤ 范旭仑、牟晓明:《谭献日记》,北京:中华书局,2013年版,第35页。
⑥ 范旭仑、牟晓明:《谭献日记》,北京:中华书局,2013年版,第35页。
⑦ 范旭仑、牟晓明:《谭献日记》,北京:中华书局,2013年版,第36页。
⑧ 范旭仑、牟晓明:《谭献日记》,北京:中华书局,2013年版,第38页。
⑨ 范旭仑、牟晓明:《谭献日记》,北京:中华书局,2013年版,第233页。

第二章 文人日记中的船山学的发生

时人李棠阶在道光二十六年(1846年)九月二十四日日记中记道:"接丁畏齐信,寄来《学案小识》一部,唐镜海著。"九月三十日,其阅读《学案小识》,"看王而农、胡石庄、张武承学案"①,进而对王船山有所了解。"顾王"并称最早是王闿运提出的,他在日记中指出:"道光时……有居湘潭以商富者……出重资聘通人校刻姜斋说经史各种,而船山始显。江南人士好博通,见而信好之,以匹顾亭林。"②但事与愿违,王闿运在同治九年(1870年)十月七日的日记中仍然认为,"船山已成之书,自为一家……与马贵与、顾亭林伯仲乎!"他质疑"顾王"并称。与王闿运不同,郭嵩焘在咸丰八年(1858年)七月廿六日的日记中却写道:"予谓船山苦节……栖迟南岳,此后名山著述,比肩惟有顾亭林。"③邓显鹤、左宗植、郭嵩焘等湖湘文人虽未直接拈出"顾王"并称,但从顾炎武的诗中寻求与王夫之的关联。如,左宗植云:"见亭林集中与楚僧元瑛绝句,或谓此诗为船山作也。"④郭嵩焘也在日记中写道:"《顾亭林诗》卷五,有楚僧元瑛谈湖南三十年来事,作四绝句……惟收尾二首不著名,首诗乃谓王而农,末诗谓郭些庵也。"⑤邹汉勋直接把《噩梦》《日知录》相提并论,认为《噩梦》又《日知录》之比"⑥。"顾王"并称在咸同以降渐成趋势。到了民国时期,王船山的思想日益突出,被广为接受。熊十力先生就是接受了王夫之、顾炎武等革新思想而参加辛亥革命的,他说:"读船山、亭林诸老先生书,已有革命之志……投武昌凯字营当一小兵。"⑦王夫之、顾炎武在革命理念上有其一致性,"顾王"并称是顺乎自然的事情。

三、"黄王"并称

前文分析了"顾黄"并称与"顾王"并称,并且,"顾黄"并称与"顾王"并称有所竞争,竞争的结果是"顾王"并称渐渐超越了"顾黄"并称,这里有其时代因素也有人为因素。黄宗羲的推介人主要是俞樾及宋恕等俞门弟子,王夫之的推介人主要是曾国藩、郭嵩焘、邓显鹤、谭嗣同等湖湘文人。应该说,

---

① 李棠阶:《李文清公日记》,长沙:岳麓书社,2010年版,第547-548页。
② 王夫之:《船山全书》(第16册),长沙:岳麓书社,2011年版,第663页。
③ 郭嵩焘:《郭嵩焘日记》(第一卷),长沙:湖南人民出版社,1981年版,第147页。
④ 王夫之:《船山全书》(第16册),长沙:岳麓书社,2011年版,第575页。
⑤ 郭嵩焘:《日记(节选)》,《船山全书》(第16册),长沙:岳麓书社,2011年版,第599页。
⑥ 王夫之:《船山全书》(第16册),长沙:岳麓书社,2011年版,第414页。
⑦ 熊十力:《十力语要》,北京:中华书局,1996年版,第331页。

"清初三大思想家"的形成与地缘政治密切相关。但湖湘与江南也相互交融。从地缘关系看,浙派泰斗俞樾等人出自曾国藩门下,江南与湖湘"一衣带水"、密不可分;从时代政治方面看,戊戌变法导致宋恕、康有为、谭嗣同、梁启超、章太炎等时代弄潮儿对黄宗羲、王夫之两人的思想都有汲取,"黄王"并称成了时代发展的趋势。

宋恕挽俞樾对联:"充栋成书、栖岩养性,年将九十,神明不衰,未觉近黄昏,夕阳犹自好,私期辕固被征,吾道稍行庶有日! 茶香室雅、春在堂深,名列三千,教诲如昨,太息先生去,萧条赤县空,从此王符著论,中心相赏更何人?"而对联中的"相赏更何人"大有深意,是指:俞樾称誉"《卑议》为《潜夫论》《昌言》之流亚,非梨洲《待访录》、船山《黄书》所及"①。从文献可以看出,俞樾、宋恕师徒都把"黄王"并称,并且以"梨洲《待访录》、船山《黄书》"作为学术标杆。宋恕给刘绍宽书信中也说:"惟黄梨洲之《明夷待访录》、王船山之《黄书》……最佳。"②只因为看重黄、王,宋恕为刊刻《明夷待访录》《黄书》事宜奔走。宋恕说:"《待访录》已有,不必寄,遵命。余已具前函……尚有王船山先生之《黄书》一种,可与《待访录》同印行世。"③但宋恕没有找到书,于是他告诉童、胡如何觅得此书。

这些可以在宋恕日记中找到"蛛丝马迹"。一八九七年三月四日宋恕"始见《黄书》《噩梦》"④。可见,宋恕接受王船山思想虽然很迟,但对《黄书》还是颇有好感,不然不会有刊印《黄书》的想法。但当一八九七年七月十六日宋恕打算印刻《待访录》却"索《待访录》不得,不知道谁取去。(原拟检出交经世报馆付印)"⑤,这些零星的记录印证了他刊刻《待访录》《黄书》的事实。遗憾的是,由于戊戌变法的失败,宋恕受到牵连,相关的内容都被删除。宋恕"向来就有记日记习惯。但戊戌政变后,顽固派对维新人士大肆镇压,以致不得不于'己亥十二月二十、廿一两日夜及廿二大半日'检理一番全部日记和笔记,'当存者裁存,当摘者摘记,除裁存摘记外,原本悉于廿二下班日悉付丙丁矣'。当日烧掉的就有丁酉、戊戌、己亥等年日记及其他簿册十

---

① 胡珠生:《宋恕集》,北京:中华书局,1993年版,第474页。
② 胡珠生编:《东瓯三先生集补编》,上海:上海社会科学院出版社,2005年版,第126页。
③ 胡珠生:《宋恕集》,北京:中华书局,1993年版,第577页。
④ 胡珠生:《宋恕集》,北京:中华书局,1993年版,第938页。
⑤ 胡珠生:《宋恕集》,北京:中华书局,1993年版,第939页。

第二章
文人日记中的船山学的发生

九本。……由于接触大量的社会名流,本身又是上海维新派的核心人物,书函往来,诗词赠答极为频繁,因此,就是这样简要的零星的日记,对于了解作者的生平、思想、家庭环境及其社会交往,以及从一个侧面来看清末士大夫的思想演变过程,都是极其可贵的"①。孙宝瑄受到宋恕的很多影响,他与宋恕是亦师亦友的亲密关系,他认同宋恕的"黄王"并称观点。他在一八九七年八月二十一日的日记中写道:"船山、梨洲诸老多持慎选举、易防闲及兴学校诸论,诚治世之良法也。"②孙宝瑄把黄宗羲与王夫之结合起来考察近代中国的社会现状。

作为湖湘文人,谭嗣同好读《船山遗书》,自称"私淑船山也"③。而康有为、梁启超、宋恕、孙宝瑄等变法派"私淑"《明夷待访录》,作为变法派的谭嗣同也"私淑"《明夷待访录》。他说:"国初三大儒,惟船山先生纯是兴民权之微旨;次则黄梨洲《明夷待访录》,亦具此义。"④这里的"国初三大儒"是指黄宗羲、孙奇逢、李颙三位儒学大家,后来被"顾黄王""清初三大思想家"所取代。梁启超受谭嗣同影响而读王夫之作品。他说:"船山学术,二百多年没有传人……谭壮飞(嗣同)研究得很深。我读船山书,都是壮飞教我。但船山的复活,只怕还在今日以后哩!"⑤并且,梁启超把黄宗羲与王夫之的思想合并起来为变法所用,"黄王"并称自然形成了。他也认为:"抑《黄书》亦《明夷待访录》之亚也……黄、王之轩轾,盖难言之。"⑥"黄王"并称也有所争议。

四、"顾黄王"并称

邓显鹤首次将"顾黄王"并称提出来,他说:"船山先生……著述之精卓宏富,当与顾亭林、黄梨洲、李二曲诸老先相颉颃,而世鲜知者。"⑦并且,认为王夫之"多闻博学,志节皎然,不愧顾、黄二先生"⑧。由于曾国藩、郭嵩焘、左

---

① 胡珠生:《宋恕集》,北京:中华书局,1993年版,第917页。
② 孙宝瑄:《忘山庐日记》,上海:上海人民出版社,2015年版,第128页。
③ 谭嗣同:《三十自纪》,《谭嗣同全集(增订本)》,北京:中华书局,1981年版,第56页。
④ 谭嗣同:《上欧阳中鹄》,《谭嗣同全集(增订本)》,北京:中华书局,1981年版,第464页。
⑤ 梁启超:《中国近三百年学术史》,长沙:湖南人民出版社,2010年版,第78页。
⑥ 梁启超:《论中国学术思想变迁之大势》,《饮冰室合集·文集之七》,上海:中华书局,1936年版,第82页。
⑦ 邓显鹤:《王夫之》,《船山全书》(第16册),长沙:岳麓书社,1996年版,第105页。
⑧ 邓显鹤:《南村草堂文钞》,长沙:岳麓书社,2008年版,第38页。

宗棠等湖湘文人影响深远，邓显鹤等湖湘文人将"顾黄王"并称的提法，引起了浙江学人的注意，如，姚莹认为：湖湘文人"其大者尤莫如表彰衡阳王先生久晦之书，与顾黄诸老并列"①。基本默认了"顾黄王""清初三大思想家"的合称。

宋恕也持这种看法，他高度评价了"清初三大思想家"及其他同时代文人，认为："明季毛、黄、顾、王诸氏皆大声疾呼，思以博矫陋，而国事已无可救！"②在宋恕看来，"清初三大思想家"提倡了一种救治时弊之学。孙宝瑄也在光绪二十四年（1898年）闰三月二十九日日记中把"清初三大思想家"合起来论述："国朝经世硕学，前有亭林、梨洲、船山、习斋、铸万……十先生之书，皆不可不深究也。"③在孙宝瑄看来，"清初三大思想家"是"国朝经世硕学"，这个定位很高。张謇是宋恕的好朋友，他也认同"顾黄王"是"清初三大思想家"，在光绪二十六年（1900年）十月二十一日的日记中记录了课题的题目是"使先觉觉后觉"和"船山亭林梨洲学术同异论"④，在课题中把"清初三大思想家"合起来。无独有偶，皮锡瑞在光绪二十四年（1898年）三月初二日的日记中记道："国朝通儒如亭林、梨洲、船山，惩明末心学之空疏，而欲救之以实。其学并非专主训诂、考据，凡德行、言语、政事、文学四科宗旨，无不讲求，规模甚阔，体用兼备，可为师法。"⑤同年九月廿二日的日记中他回忆说："少服膺亭林、梨洲、船山诸老之书，以为其学有体有用，非乾、嘉以后稗贩古董无用之比……顾、黄、王诸老之学，实非斗方名士、古董汉学所能梦见，何论时文鬼乎？"⑥在皮锡瑞眼中，"顾黄王""清初三大思想家"的合称已经形成了。

随着时代的发展，王夫之在"顾黄王""清初三大思想家"中的地位越来越高。如，欧阳兆熊等湖湘文人认为："船山先生为宋以后儒者之冠……顾亭林、黄梨洲均不能及。"⑦更值得一提的是，曾国藩、郭嵩焘等湖湘文人，特别是湘潭人赵启霖以《请三大儒从祀折》上奏，请准以三人从祀文庙，因为

---

① 邓显鹤：《南村草堂文钞》，长沙：岳麓书社，2008年版，第1页。
② 胡珠生：《宋恕集》，北京：中华书局，1993年版，第382页。
③ 孙宝瑄：《忘山庐日记》，上海：上海人民出版社，2015年版，第196页。
④ 张謇研究中心，南通图书馆：《张謇全集》（第6册），南京：江苏古籍出版社，1994年版，第445页。
⑤ 吴仰湘：《皮锡瑞全集》（第10册），北京：中华书局，2015年版，第814页。
⑥ 吴仰湘：《皮锡瑞全集》（第10册），北京：中华书局，2015年版，第992-993页。
⑦ 王夫之：《船山全书》（第16册），长沙：岳麓书社，1996年版，第576页。

"奏为请将国初大儒从祀孔庙……皆卓然无愧于从祀之典者,则王夫之、黄宗羲、顾炎武是也"①。这一历史事件在近代文人日记中有所记录。如,恽毓鼎在日记中记道:"师议三儒从祀,不以梨洲先生为然,因其《明夷待访录》主张民权也。"②"三儒从祀"影响深远,对"顾黄王"合称的形成起到了重要作用。

到了五四时期,梁启超对"顾黄王""清初三大思想家"做了具体分析。他认为:"清初大师……梨洲……纯为明学余波。如船山……虽有反明学的倾向,而未有所新建设,或所建设未能影响社会。亭林一面指斥纯主观的王学不足为学问,一面指点出客观方面许多学问途径来……亭林在清代学术史所以有特殊地位者在此。"③1923年7月,梁启超在南开大学讲学时,编有《清初五大师》讲义,把清初黄宗羲、顾炎武、王夫之、朱之瑜、颜元合起来进行经典化,作为《中国近三百年学术史》的重要部分。1923年11月,《学灯》连载了《清初五大师黄梨洲顾亭林王船山朱舜水颜习斋学术梗概》一文④;1923年12月,《晨报副刊》连载了《清初五大师学术梗概》一文。1923年,梁启超多次在南开大学、清华大学、北京平民中学演讲,"清初五大师"作为其重要的讲演主题⑤。

钱玄同在日记中记下了这一系列演讲的情况:1923年10月13日"午后二时至翊教寺平民中学,听梁任公演讲黄黎(梨)洲、顾亭林、王船山、朱舜水、颜习斋学说之梗概,其实他只介绍了五人的人格";1923年11月11日"上午……至师大听梁任公讲演……大约分三次或四次讲毕。今天应讲为'晚明心学之反动产出顾黄诸公与顺、康两朝学问与政治之关系'(应参考讲演录重撰此数语)";1923年11月18日上午听梁启超演讲"清初顾、黄、王、朱四人之人格及学问,及于康熙时代之五派学说";1923年12月1日"午后二时,至西安门华北大学听"梁启超讲"颜习斋与现代思潮"⑥。梁启超在多次演讲中把王船山与黄梨洲、顾亭林、朱舜水、颜习斋等学术大师相提并论,

---

① 王夫之:《船山全书》(第16册),长沙:岳麓书社,1996年版,第781页。
② 恽毓鼎:《澄斋日记》(上),杭州:浙江古籍出版社,2004年版,第167页。
③ 梁启超:《中国近三百年学术史》,长沙:湖南人民出版社,2010年版,第53页。
④ 中共中央马克思恩格斯列宁斯大林著作编译局研究室编:《五四时期期刊介绍》(第三集),北京:生活·读书·新知三联书店,1959年版,第874页。
⑤ 转引自:刘乃和:《陈垣年谱》,北京:北京师范大学出版社,2002年版,第38页。
⑥ 杨天石:《钱玄同日记(整理本)》,北京:北京大学出版社,2014年版,第555-561页。

这对船山学的建构与传播起到了重要作用。从此以后,"顾黄王"并称格局基本形成。受梁启超影响,钱玄同对船山思想颇感兴趣,有做此研究的旨趣。他在1930年2月9日的日记里写道:"《正蒙注》,一元(仍是昨日另种中者,有这样五种,于是船山之思想、哲学、政治备矣,将来若有机会印思想史料,则船山此五种,可即用作标点底本也)",并且"晚写《船山遗书》封面"①。无独有偶,1935年4月4日,郁达夫也在日记里写道:"更在一家小摊上买得王夫之《黄书》一卷,读了两个钟头,颇感兴奋。王夫之、顾炎武、黄梨洲的三人,真是并世的大才,可惜没有去从事实际的工作。"②郁达夫把王夫之、顾炎武、黄梨洲并称为"大才",并为其没有做此方面研究而感到遗憾。

五、结语

在近代的种族革命大潮中,顾炎武、黄宗羲和王夫之的思想成了最重要的思想资源。这样,"顾黄王"并称在曾国藩、宋恕、康有为、梁启超、郭嵩焘、王闿运、谭嗣同、章太炎等文人的推动之下也就形成了,这一形成具有重要的思想史意义。学者倪博闻认为:"顾炎武、黄宗羲和王夫之的思想特点就是经世致用,这种风气也正是当时社会所急需的。"③这一评价是非常中肯的。学者杜国庠也认为:近代"这个时代之所以重要,是它总结了宋明五百余年的所谓'理学'('理学'也称'道学'),而完成了这一学术任务的,则为黄(梨洲)顾(亭林)王(船山)颜(习斋)诸人"④。"顾黄王"等"清初三大思想家"的思想是我们应该认识和继承的珍贵文化遗产,对于革新思想具有重要意义。夏乃儒认为,"王夫之、黄宗羲、顾炎武,可以说是当时代的觉醒者,是十七世纪中国的'巨人'"⑤,对二十世纪的中国影响深远。

---

① 杨天石:《钱玄同日记(整理本)》,北京:北京大学出版社,2014年版,第750页。
② 吴秀明:《郁达夫全集》(第五卷),浙江:浙江大学出版社,2007年版,第434页。也许是受梁启超的影响,郁达夫对"清初三大思想家"有所认识的因为,读中国现代作家日记,你会发现阅读梁启超似乎是作家必须之功课。如,1935年6月28日,郁达夫在日记中记道:"午后读任公《饮冰室诗话》,殊不佳。"[吴秀明:《郁达夫全集》(第五卷),浙江:浙江大学出版社,2007年版,第376页。]
③ 倪博闻:《阐释与熔铸:近代以来革命文化对传统文化的延革发展》,《高校马克思主义理论研究》,2019年第2期,第75页。
④ 杜国庠文集编辑小组:《杜国庠文集》,北京:人民出版社,1962年版,第377页。
⑤ 夏乃儒:《黄宗羲与中国近代思维方式的萌芽》,《上海师范大学学报(哲学社会科学版)》,1987年第1期,第1页。

第三节　王船山从祀孔庙及其经典化意义

咸同年间,随着两次《船山遗书》的刊刻、传播,王船山思想渐渐成了近代思想发展的重要资源。时人评价曰:"国朝衡阳王子,膺五百之运,发斯道之光,出其绪余,犹当空绝千古。"①随着王船山影响的扩大,王船山从祀孔庙慢慢被提起。其酝酿于咸同年间,起始于光绪二年(1876年),完成于光绪三十四年(1908年),经过三次正式奏请,时间跨度大,过程曲折。王船山从祀孔庙是近代思想史上的一件大事,有重要的学术研究价值,学界此方面研究较丰富②,其中对王船山从祀活动有较系统梳理,对从祀背后的政治、文化意义也有较深入分析。本书从文人日记视域侧重探讨奏请的发起、曲折历程及其经典化意义等问题。

一、王船山从祀孔庙的发起

王船山作品被《沅湘耆旧集》选录,两次《船山遗书》的刊刻、传播,使王船山思想声名远扬。加之同治、光绪年间湖湘民间王船山祭祀活动非常兴盛,为王船山从祀孔庙打下了基础。可以说,"由于湘军系人士的大力提倡,王船山之名传遍大江南北,船山学亦成一时之显学"③,这是客观事实。

1851年,欧阳兆熊因奏请王船山从祀孔庙一事致信曾国藩,而曾国藩拒绝了这一提议。曾国藩认为:"王船山先生崇祀之说,忝厕礼官,岂伊不思? 惟近例由地方大吏奏请,礼臣特核准焉,不于部中发端也。而其事又未可遽尔,盖前岁入谢上蔡,今年崇李忠定,若复继之,则恐以数而见轻。且国史儒林之传昆山顾氏居首,王先生尚作第二人,它日有请顾氏从祀者,则王先生

---

① 谭嗣同:《谭嗣同集》,长沙:岳麓书社,2012年版,第83页。
② 代表性研究成果:段志强《顾炎武、黄宗羲、王夫之从祀孔庙始末新考》,《史学月刊》,2011年第3期;户华为:《晚清社会思想变迁与圣庑的最后演出——顾、黄、王三大儒从祀风波探析》,《社会科学研究》,2005年第2期;秦燕春《晚明三大家从祀两庑始末考》,《中国文化》,2007年第1期;张晶萍:《晚清船山记忆和船山形象的演变及其特点——以三次奏请王船山从祀文庙活动为视角》,《船山学刊》,2022年第3期。
③ 朱迪光:《王夫之思想现代价值之发现与确定——兼论谭嗣同、梁启超民元之前王船山研究之意义》,《船山学刊》,2013年第2期,第14页。

随之矣。大儒有灵,此等迟速盖有数存,未可率尔也。"①曾国藩所虑非虚,顾炎武、黄宗羲等从祀孔庙尚且多次被提请、驳回。而更重要原因是曾国藩对王船山思想的价值有所保留,直到同治七年(1868年)二月二十八日,他给潘蔽庭封翁的信中还写道:"来示称王船山先生之学以汉儒为门户……特其自晦过深,名望稍逊于顾、黄诸儒耳。"②此时,金陵本《船山遗书》已经出版,曾国藩对王船山作品有系统阅读。也就是说,曾国藩对王船山思想有过系统研究后,认定王船山"稍逊于顾、黄诸儒",说明曾氏对王船山的评价不高,对王船山从祀孔庙没有信心。这预示着王船山从祀孔庙的奏请需要湖湘文人做出很多努力。

嘉道年间,邓显鹤编撰了《沅湘耆旧集》等作品集,收录了王船山作品,第一次较正式地推介了船山作品。相对于曾国藩,邓显鹤非常推崇王船山,称王船山"于本朝为大儒……当与顾亭林、黄梨洲、李二曲诸老先相颉颃,而世尟知者"③。邓显鹤把王船山与顾炎武、黄宗羲相提并论,这对王船山地位的提升非常重要。在金陵本《船山遗书》出版之前,阅读王船山作品主要依赖于《沅湘耆旧集》,曾国藩日记写道:同治三年(1864年)五月廿四日,"邓小芸送其叔父湘皋先生书各种,内有《沅湘耆旧集》二百卷。余因取王而农、郭皆庵、陶密庵诸家一阅"④。曾国藩早期阅读王船山作品依赖于《沅湘耆旧集》。郭嵩焘日记也写道:咸丰八年(1858年)七月廿六日,"雪帆、子箴两前辈邀至文昌馆午酌。席间晤徐彝舟前辈……欲得王船山先生传补入之。予谓船山苦节,当时无及者。而吾楚诸贤,足与斯选,犹不下三数十人,当觅《沅湘耆旧集》一奉览耳。乙舟因述往岁为袁漱六撰船山祠联云:痛哭西台,当时水殿仓皇,知己犹余翟相国;栖迟南岳,此后名山著述,比肩惟有顾亭林"⑤。可见,郭嵩焘等湖湘文人也是从《沅湘耆旧集》了解王船山思想的。可能受邓显鹤的影响,郭嵩焘等文人把"顾王"并称,对王船山评价很高。后来,郭嵩焘第一个奏请王船山从祀孔庙,其思想起点应该在此处。

咸同年间,两次《船山遗书》的刊刻打破了船山百年沉寂寥落的局面;到

---

① 李瀚章:《曾文正公全集》(第5册),北京:中国书店,2011年版,第37页。
② 李瀚章:《曾文正公全集》(第7册),北京:中国书店,2011年版,第151页。
③ 邓显鹤:《王夫之》,《船山全书》(第16册),长沙:岳麓书社,1996年版,第105页。
④ 曾国藩:《曾国藩日记》(第二册),长沙:岳麓书社,2015年版,第429页。
⑤ 郭嵩焘:《郭嵩焘日记》(第一卷),长沙:湖南人民出版社,1981年版,第147页。

第二章
文人日记中的船山学的发生

光绪年间,王船山的文化地位被大大提高了,王船山与黄宗羲、顾炎武被并列为"清初三大儒"①。王船山文化地位的提升与清末湖湘人才兴盛有一定关系。这一时期的曾国藩、王闿运、左宗棠、郭嵩焘、谭嗣同、唐才常、黄兴、宋教仁、蔡锷等近代革新人物都对王船山思想的推介付出过努力,他们"向世人集中显示王船山的经学成就,而且收录了国史、省志、府志等不同级别的公共历史书写中的王船山传记,表明王船山先生是被国史所记载的大儒,得到了官方的认可与皇帝的表彰,具有不容置疑的权威性;船山更是湖南省志和衡阳府志中的先贤典范"②。这些为王船山从祀孔庙奠定了基础。

更为重要的是,随着《船山遗书》的刊刻、传播,王船山志节文章得到广泛传播,船山成了湖湘先贤。同治年间,郭嵩焘在城南书院设立船山祠,郭嵩焘、王闿运等湖湘文人带领普通民众定期祭祀船山。到光绪年间,王船山从祀孔庙的条件越来越成熟。郭嵩焘日记写道:

> 同治九年(1870年)十月初十日,妙高峰建立船山先生祠,丁浚卿倡言阻之。成静斋、龙裕亭、罗小垣竟因其言停工,亦并不一告知。经问及小园,乃稍言其略。吾以山长创建船山先生祠,一二无识之议论屈挠之有余。不问周、程、朱、张之祭,皆由其门第子奉祀于学以为之基,朱子文集亦屡及之。楚人好议论,而学识猥陋大率如此,可笑可叹。
>
> 闰十月十一日,诣船山先生祠,悬所撰祠联。
>
> 十一月廿三日,拟王船山先生安位文一通并谢土神告文二通,送罗小垣。
>
> 十一月二十四日,诣城南书院船山王先生祠安立神位,并奠谢书院及妙高峰两处土神,因留饭。
>
> 十一月三十日,为船山祠及书院名宦祠碑记二通。
>
> 同治十年(1871年)四月初六日,意城来此补书船山祠碑。③
>
> 光绪六年(1880年)九月初一日,会集曾文正祠之浩园,公祭王

---

① 参见拙文赵斌:《日记视域下的"顾黄王"并称与船山学的发生》,《船山学刊》,2022年第5期,第42—51页。
② 张晶萍:《晚清船山记忆和船山形象的演变及其特点——以三次奏请王船山从祀文庙活动为视角》,《船山学刊》,2022年第3期,第57页。
③ 郭嵩焘:《郭嵩焘日记》(第二卷),长沙:湖南人民出版社,1981年版,第645—732页。

船山先生。

　　光绪七年(1881年)三月廿六日,思贤讲舍开馆。朱禹田、李次青、张笠臣及意城先至,监院陆恒斋,同诣船山先生祠行礼,诸生至者十五人。

　　九月初一日,致祭王船山先生,以是日为船山生辰,讲舍岁一致祭……今岁开立思贤讲舍,专祀船山先生,即日开馆,及九月朔日祭期,为春秋两次会讲,以后当遂为定例。

　　光绪八年(1882年)正月初一日,两宅叩谒祖先,兼诣曾文正公祠及船山祠行礼。

　　九月初一日,诣船山祠行礼,会者十一人。①

郭嵩焘开展王船山祭祀活动最卖力。郭嵩焘为船山祠堂的建立倾注心血,做了筹集经费、选址、撰写碑文等工作,撰写了《船山祠碑记》《船山祠祭文》《船山先生祠安位告文》等多篇纪念船山的文章。郭嵩焘这些做法的支持者不多,还有人反对,郭嵩焘力排众议,并感叹乡人短视。郭嵩焘主持船山祭祀活动也非常有特色,把船山祭祀与曾国藩祭祀、船山生日、学堂教育等结合起来,最后形成制度,对王船山思想传播乃至王船山从祀孔庙做出了重要贡献。王闿运是湖湘文人的重要代表,其对王船山民间祭祀活动的开展也付出过努力。王闿运日记写道:

　　光绪二十二年(1896年)九月一日,始祭船山以乡贤之礼。兴此六年,今稍习矣。

　　光绪二十五年(1899年)八月三十日,夜肄秋祭船山仪。

　　九月一日,晨起庀具,巳初释奠,实用时制秋祭礼而小变之,未为合礼。当直行乡饮,而先释奠,则庶几成理。斟酌古今,良不易起。

　　光绪二十六年(1900年)九月一日,设面,为船山作生日,午散。

　　光绪二十八年(1902年)九月一日,例祭船山,未辨色即起待事。陈驯已起,执事者犹睡未醒。以须略待监院,故迟至食时。排班三献,亦复秩秩。陈云生不必牲牢,亦正论也,然诸儒甘心冷猪

---

① 郭嵩焘:《郭嵩焘日记》(第四卷),长沙:湖南人民出版社,1983年版,第111、156、231、253、320页。

第二章
文人日记中的船山学的发生

肉,则未可废。先已朝食,事毕更设汤饼。客俱未至,且或已去,监院乃来,面无怍容,人所难而彼所优也。

光绪三十三年(1907年)八月廿九日,议船山生日祭,当令其族孙典祀,余不主之,遣斋长代行礼。每岁支十二千,今费不足,以豚代豕。夜看肆仪,祭器服皆假办,宜自备矣。①

郭嵩焘主持王船山祭祀时,在郭嵩焘的邀请下,王闿运虽然也参加纪念活动,但并不热心。郭嵩焘死后,王闿运接过王船山祭祀的大旗,虽然内心有些非议,但还算尽心尽力。不管怎么说,同治光绪年间,郭嵩焘、王闿运等湖湘文人带领民众祭祀王船山对船山思想的传播做出了重要贡献,为王船山从祀孔庙打下了民间基础。

王船山从祀孔庙的提议与当时文人对王船山的推崇有一定关系。时人认为,"王氏之学精微博大者已炳炳矣",甚至认为,"衡山王而农先生尤觉横绝百代,几欲直接孟子。世无孔孟,即有高识绝学",以至于时人越来越"服膺亭林、梨洲、船山诸老之书,以为其学有体有用,非乾、嘉以后稗贩古董无用之比","于本朝最服膺王船山先生",甚至"拟别号为'佩船'"②。船山学一时间成了"显学",得到很多文人的追捧。另外,在学堂方面,刘人熙、彭玉麟等文人拟作船山思想方面的讲义,出含有王船山思想内容的考题,筹建船山书院等,向学堂学生传播王船山思想。

王船山进入儒林也是其得以从祀孔庙的重要基础。1876年,谭献日记写道:《国史儒林文苑传》刻本四卷出版,"《儒林传》序所言与书不相应。传本尚稀,录其目:顾炎武……黄宗羲……王夫之……周永年——儒林上"③。阮元撰写的《国史儒林文苑传》把王船山纳入儒林,其在同治年间刻印,非常有传播意义。无独有偶,1881年3月,袁昶日记也有"今亭林、夏峰、梨洲、二曲、船山编入国史《儒林传》"④的记录。1881年12月1日,郭嵩焘日记也写道:"自嘉庆十三年御史徐国楠奏请办理,时故大学士阮元以编修充国史馆

---

① 王闿运:《湘绮楼日记》,长沙:岳麓书社,1997年版,第2115、2241、2333、2490、2840页。
② 赵烈文:《能静居日记》,长沙:岳麓书社,2013年版,第420页。周腾虎:《周腾虎日记》,南京:凤凰出版社,2019年版,第278页。皮锡瑞:《皮锡瑞全集》(第10册),北京:中华书局,2015年版,第992—993页。姚永概:《慎宜轩日记》,合肥:黄山书社,2010年版,第206页。
③ 范旭仑、牟晓明:《谭献日记》,北京:中华书局,2013年版,第67页。
④ 袁昶:《袁昶日记》,南京:凤凰出版社,2018年版,第460页。

总纂官,网罗故实,成儒林、文苑、循吏列传共十四卷,正传一百六人,附传八十六人……近年各省通志次第修办,其入祀乡贤、名宦、题旌孝子诸人,礼部皆有事实册。此外私家著述详审可据者,亦可兼供考证,应一并调取以备参稽。通计已入国史者,儒林八十七人(江苏廿九人,浙江廿三人……湖南二人……)。湖南儒林列入王船山(夫之),循吏列入严乐园(如煜)、钟云卿(谦钧)。其实应入列传者,固不乏人也。"①官方把王船山列入儒林,为王船山成功从祀孔庙打下了基础。

二、王船山从祀孔庙的曲折历程

1908年,"有御史奏请以黄宗羲、顾炎武、王夫之、曾国藩从祀孔庙,奉朱批:'黄宗羲、顾炎武、王夫之均着准其从祀孔子庙庭,曾国藩应缓议'"②。王船山从祀孔庙是1876年郭嵩焘正式奏请的,到1908年最终入祀两庑,其间经历了长达30多年的争论,其过程特别曲折。

同治、光绪年间,在郭嵩焘等湖湘文人对王船山的大力推介下,王船山思想风靡湖湘,影响全国。在此时代背景下,郭嵩焘极力主张王夫之从祀文庙。郭嵩焘说:"我朝经学昌明,远胜前代,而暗然自修,精深博大,罕有能及衡阳王夫之者。"(《郭嵩焘奏稿·请以王夫之从祀文庙疏》)郭嵩焘力荐船山从祀孔庙,以光大湖湘文化。1876年,郭嵩焘提请将王夫之从祀孔庙,而1878年被内阁驳回。郭嵩焘日记对奏请前后有所记录,日记写道:

> 光绪二年(1876年)八月初一日,河南学政黄延厘奏请汉儒河闻献王刘德,循伏胜、毛苌之例从祀文庙;又奏礼部尚书张伯行请从祀文庙。陕西学政吴大澂奏理学名儒朝邑王建常,与周至李中孚同时,李中孚《反身录》盛行海内,王建常《复斋录》久已湮没不彰。读所著《小学句读记》《大学直解》《书经要义》《春秋要义》《太极图集解》《律吕图说》《四礼慎行录》各书,直接明儒胡居仁;富平李因笃、华阴王宏撰皆亟〔亟?〕称之。而引咸丰十年闰三月上谕:从祀文庙,以阐明圣学、传授道统为断。
>
> 八月初六日,午刻,赴礼部到任。拜谒文公祠,昌黎韩公也。

---

① 郭嵩焘:《郭嵩焘日记》(第四卷),长沙:湖南人民出版社,1983年版,第242页。
② 蔡云万:《蛰存斋笔记》,上海:上海书店出版社,1997年版,第3页。

第二章
文人日记中的船山学的发生

八月初九日,丁祭文庙,礼部堂官应定一员视笾豆,子初即诣国子监。

八月二十日,具奏王船山先生宜从祀文庙,奉旨交礼部议奏。是日礼部值日,入东华门,至传心殿小坐。

八月廿六日,寄省城自徐云渠以下公信一函,述悉二十日奏请船山先生从祀文庙一节。①

郭嵩焘看到"河南学政黄延厘奏请汉儒河间献王刘德,循伏胜、毛苌之例从祀文庙;又奏礼部尚书张伯行请从祀文庙。陕西学政吴大澂奏理学名儒朝邑王建常"而有所触动,因"窃查咸丰十年闰三月大学士军机大臣遵旨定议:从祀文庙,以阐明圣学、传授道统为断……国初儒臣如陆陇其、汤斌、孙奇逢、张履祥、陆世仪,均经先后从祀。理学名儒,极一时之盛"②。朝廷对从祀重视,各地奏请入祀孔庙络绎不绝,与陆陇其等人相比,郭嵩焘感觉王船山入祀孔庙也完全符合条件。但郭嵩焘也不是特别有信心。郭嵩焘是光绪二年(1876年)八月二十日奏请的,奏请后也是忧心忡忡。直到廿六日,没有什么消息,他有些坐不住了,"寄省城自徐云渠以下公信一函,述悉二十日奏请船山先生从祀文庙一节",希望得到湖湘文人的支持,但光绪五年(1879年)"礼部以一书托之省城诸公,凡三十余人,无一回信者"③。似乎孤掌难鸣,奏请最终失败了。

王闿运是光绪二年(1876年)十月十五日才接到郭嵩焘求助公函的,其日记写道:"得筠仙公启,言王船山从祀事。"④王闿运对王船山从祀并不上心,证明了郭嵩焘"无一回信者"绝非虚言。此次奏请王船山从祀孔庙失败在翁同龢、王文韶等文人日记中有所记录。翁同龢在日记中写道:1878年9月1日,"是日巳刻内阁会议张伯行、王夫之从祀庙廷,张清恪准,王船山驳,皆礼部主稿,余与子松退直后至,阒无人矣。(驳稿略撮四库提要存目中语,断为不足羽翼圣经,继承道统。)画稿而出"⑤。实际上,翁同龢比较推崇王船

---

① 郭嵩焘:《郭嵩焘日记》(第三卷),长沙:湖南人民出版社,1982年版,第52—57页。
② 郭嵩焘:《请以王夫之从祀文庙疏》,《郭嵩焘全集》(第四册),长沙:岳麓书社,2012年版,第798页。
③ 郭嵩焘:《郭嵩焘全集》(第十一册),长沙:岳麓书社,2012年版,第148页。
④ 王闿运:《湘绮楼日记》,长沙:岳麓书社,1997年版,第525页。
⑤ 翁同龢:《翁同龢日记》,上海:中西书局,2012年版,第1410页。

山,其参加内阁会议去迟了,没有看见一个人,最后签字而出。同一天,王文韶日记也写道:"巳刻赴内阁会议王夫之、张伯行请从祀文庙折,张准王驳。"①王文韶相对比较保守,日记记录简单、果决。

郭嵩焘对此次奏请王船山从祀孔庙的失败耿耿于怀,对湘人有些怨气。其后来的日记写道:光绪五年(1879年)六月廿七日,"生平所至,提奖湖南人不遗余力,湖南人所以报之,亦诋毁不遗余力。乃至具奏王船山先生崇祀文庙两庑,自揣所言不足取信朝廷,政府诸公视王夔石文章道德,百倍胜于鄙人,特请饬湖南巡抚开具事实册,咨送其遗书。礼部以一书讬之省城诸公,凡三十余人,无一回信者。顷归家询之,则李辅堂一人实倡其议,谓船山不足入两庑。诸人噤不敢声。其待二百年前乡先达、理学名儒如此,于并世之人何有哉!"②光绪六年(1880年)四月十三日,"饶葆丞告知:光绪五年梅小岩奏请以宋儒辅广从祀两庑,应补入祀典。……因忆及光绪二年署礼部左侍郎,奏请王船山先生从祀两庑,而请饬南抚查开其事迹并其遗书。寓书乡人,属具呈另行题奏。而为李辅堂所持,事寝不行。徐桐〔荫〕轩方任礼部尚书,立意议驳。船山之学,胜于庆源奚止百倍,即王夔石之声光,亦百倍胜于梅小岩。吾楚人不务表章先达,竟无一能主其事者。闻浙抚此奏,为之垂涕竟日"③。郭嵩焘对此次奏请王船山从祀孔庙的失败不甘心,"为之垂涕竟日"。

1891年8月,湖北学政孔祥霖的门生王葆心、湖南廪生蒋鑫向他建议奏请王船山从祀孔庙,他们把王船山看成张载的继承者,并赞誉:"八百余年继横渠者,夫之一人而已。"1894年12月9日,孔祥霖上疏奏请,结合王、蒋二人的建议,呈说:"今者海疆有事,异教潜兴,补救之方,惟在培养人才,出膺钜艰",而"夫之学行,实足上接真传,有资实用"④。孔祥霖强调,王船山"于曲学邪说丝毫不假,虽其激扬务尽,或有词锋峻厉,不免招异议者之忌,然而卫道之意严,救世之心苦矣。此其阐明圣学,传授道统,确有可证者也。"⑤1895年7月11日,大学士李鸿章会同礼部复奏,驳回了孔祥霖的奏请。此

---

① 袁英光、胡逢祥:《王文韶日记》,北京:中华书局,1989年版,第437页。
② 郭嵩焘:《郭嵩焘日记》(第三卷),长沙:湖南人民出版社,1982年版,第905页。
③ 郭嵩焘:《郭嵩焘日记》(第四卷),长沙:湖南人民出版社,1983年版,第43页。
④ 王夫之:《船山全书》(第16册),长沙:岳麓书社,1996年版,第686页。
⑤ 朱寿朋:《光绪朝东华录》(第3册),北京:中华书局,1958年版,第216页。

第二章
文人日记中的船山学的发生

次奏请王船山从祀孔庙失败在刘绍宽、翁同龢等文人日记中有所记录。刘绍宽日记写道:光绪二十一年(1895年)正月二十五日,"湖北学政孔祥霖奏请王夫之从祀文庙"①。刘绍宽简单记录了此次奏请之事。翁同龢日记也写道:1895年8月5日,"巳初上诣西苑皇太后前请安。至内阁大堂会议从祀两庑:吕与叔、王船山。吕准王驳"②。翁同龢对此次奏请王船山从祀孔庙也没有发表什么意见。

奏请王船山从祀孔庙的成功者是赵启霖,他是湖湘人,曾担任多年的船山学社社长,对王船山特别推崇。光绪三十三年,赵启霖奏请将王船山、黄宗羲、顾炎武从祀孔庙。赵启霖后来回忆说:"光绪三十有二年,诏以孔子升大祀……方大祀之命下,启霖时在谏垣,疏请以王氏夫之、黄氏宗羲、顾氏炎武从祀。"③这次王船山从祀孔庙奏请能够成功有多方面原因。首先,两次《船山遗书》的刻印大大传播了王船山思想,王船山有了一定知名度。其次,到了光绪末年,王船山民间祭祀非常兴盛,为王船山从祀孔庙打下了坚实基础。再次,前面两次王船山从祀孔庙奏虽然没有成功,却为王船山赢得了一定的名声。最后,王船山从祀孔庙奏请恰逢其时。1905年,废科举制度,朝纲松弛,朝廷亟须加强文化的统治力,在此政治、文化转型的背景下,1907年清廷将孔子祭升格为大祀,加之孙奇逢、陆陇其、陆世仪等都已经顺利从祀孔庙,赵启霖此时奏请将王夫之、黄宗羲、顾炎武从祀孔庙可谓水到渠成,从而达到"以敦崇正学,维系世变,裨益实非浅鲜"④。当然,从祀孔庙在朝廷看来是引领风尚的大事,搞不好会适得其反。朱峙三日记写道:光绪三十三年(1907年)十月初一日,"以顾炎武、王夫之、黄梨洲三大儒从祀孔子庙。闻太后先不悦,因黄著《明夷待访录》有《原君》一篇故"⑤。可能太后对王船山的《黄书》不太了解,否则太后会更加"不悦"。

---

① 温州市图书馆:《刘绍宽日记》,北京:中华书局,2018年版,第110页。
② 翁同龢:《翁同龢日记》,上海:中西书局,2012年版,第2868页。
③ 赵启霖:《重修湘潭学宫记》,《赵瀞园集》,长沙:岳麓书社,1992年版,第42页。
④ 赵启霖:《请将三大儒从祀孔庙折》,《船山全书》(第16册),长沙:岳麓书社,1996年版,第781-782页。
⑤ 胡香生、严昌洪:《朱峙三日记(1893—1919)》,武汉:华中师范大学出版社,2011年版,第219页。

三、王船山从祀孔庙后的经典化

段志强说:"顾、黄、王从祀争论发生的三十年,也是晚清历史上变化最剧烈的三十年,他们的著作、思想与个人形象都被赋予了某些'现实意义',从而成为时代变革的参与力量与重要表征。"①更为关键的是,王船山从祀孔庙对王船山的经典化产生了重要影响。换言之,王船山从祀孔庙后,其越来越被时人传播、研究,船山学也越来越经典化了。

最后一次王船山从祀孔庙奏请前后,船山学研究成了学术热点。张謇日记写道:光绪三十二年(1906年)二月二十八日,"考阳明、黎洲、亭林、船山生年……船山,万历四十七年己未九月初一日子时生。船山之祖,扬州高邮州人"②。张謇对王船山非常感兴趣,做了一些考证工作,其还用王船山及其著作出考题。徐兆玮对船山学也感兴趣,有颇多研究。其日记写道:

光绪二十九年(1903年)正月十一日,金亦闻赠《王船山年谱》二册。

正月十三日,读刘毓崧《王船山年谱》一卷。卷上。

正月十四日,读刘毓崧《王船山年谱》一卷。卷下。

宣统元年(1909年)八月十九日,至琉璃厂善成堂取《船山师友记》一部。

九月二十二日,阅罗正钧《船山师友记》三卷。卷首、一、二。

九月二十三日,阅罗正钧《船山师友记》四卷。卷三、四、五、六。

九月二十四日,罗正钧《船山师友记》云,曹国光字伯实,耒阳明经,尝集汉、唐、宋人语作八股艺,比偶天成,如出己作。是经义亦有集句一体也,王船山集中称伯实为翁丈,其年辈盖长于船山矣。

阅罗正钧《船山师友记》五卷。卷七、八、九、十、十一。

九月二十五日,阅罗正钧《船山师友记》六卷。卷十二、十三、

---

① 段志强:《顾炎武、黄宗羲、王夫之从祀孔庙始末新考》,《史学月刊》,2011年第3期,第63页。
② 李明勋、尤世玮:《张謇日记》,上海:上海辞书出版社,2017年版,第627页。

第二章
文人日记中的船山学的发生

十四、十五、十六、十七。①

徐兆玮通过《王船山年谱》《船山师友记》来仔细研读王船山。民国时期,船山学社、船山书院等成立,对船山学的经典化产生了重要作用。杨昌济日记写道:一九一四年六月二十四日,"学社以船山为名,即当讲船山之学。船山一生卓绝之处,在于主张民族主义,以汉族之受制于外来之民族为深耻极痛,此是船山之大节,吾辈所当知也"②。到了五四时期,梁启超对船山学的经典化做出了重要贡献。为了传播王船山等大儒思想,梁启超进行了多次学术报告,最后写成《中国近三百年学术史》。钱玄同日记写道:1923年10月13日"午后二时至翊教寺平民中学,听梁任公演讲黄黎洲、顾亭林、王船山、朱舜水、颜习斋学说之梗概,其实他只介绍了五人的人格。"③他把王船山与顾炎武、黄宗羲等大儒并列,对船山学的经典化产生了重要作用。

1914年,刘人熙创办船山学社,任第一任社长,为船山学的经典化做出了重要贡献。1919年,刘人熙过世,众多挽联突出刘氏是王船山思想的传承者。钱玄同日记记录道:1919年4月1日,"船山不死社犹存,讲学得贤,宁非效者;湘水无情波尚沸,归丧靡所,谁之咎欤"④。直到1920年5月17日,徐兆玮日记还写道:"《时报》载刘蔚庐先生人熙挽词:万方多难,此身阴系安危,临命语无私,沧海横流余隐恨;廿载论交,相见早谈改革,立言功不朽,船山学派有真传。庄蕴宽。义光华夏,学讲而农,一老愁遗,天竟不留宗国柱;策杖申江,瘁躬和局,万方多难,我来重吊楚骚魂。唐绍仪。名业蔚湘中,派衍船山闳治术;教泽半天下,世知仁学是薪传。朱启钤。方州重镇思陶侃,人谱宗风继念台。徐世昌。造湖湘数十辈英才,于曾左彭胡以还别开新派;继船山二百年绝学,自程朱陆王而后此是真儒。谢远涵。忧国伻贾谊,敷政类文翁,励节如赵忭,济世实资毅力,蔚然为百代儒宗,叹频年大局艰难,伫观一统车书,拯兹厄运;论学述船山,守正同漳浦,达变拟青田,救世须仗异才,问谁继千秋伟业,怅此日老成凋谢,愿祝再生申甫,保我黎民。沈铭昌。乱世才难用,先生老未归。章炳麟。"⑤时人突出了刘人熙在王船山思想的传

---

① 徐兆玮:《徐兆玮日记》,合肥:黄山书社,2013年版,第460、461、1180、1199、1200页。
② 杨昌济:《达化斋日记》,长沙:湖南人民出版社,1978年版,第38页。
③ 杨天石:《钱玄同日记(整理本)》,北京:北京大学出版社,2014年版,第555页。
④ 李明勋、尤世玮:《张謇日记》,上海:上海辞书出版社,2017年版,第859页。
⑤ 徐兆玮:《徐兆玮日记》,合肥:黄山书社,2013年版,第1976页。

播方面的贡献。

20世纪20、30年代,王船山经常出现在诗词中。徐兆玮日记写道:1926年12月2日,"录孙师郑诗。《长沙王绍荃次长文豹前日于湘友梁君寓斋相晤,畅论经训,关系之重颇多与鄙见相合,因赋七古十七韵赠之》:经训昭垂如日月,诗人凤夜怀明发……湖湘自昔多通儒,而农卓绝见风骨。船山经说凤瓣香,肥遁荒岩剧薇蕨……腐儒聚讼莫咻咻,但盼浇风挽城阙"①。诗很长,对船山学特别推崇。随着船山思想的日益经典化,王船山的民族主义思想越来越重要。郑孝胥日记写道:1929年1月28日,"朱谦之谓:孙文之'三民'者:民族之说出于王船山,民权之说出于黄梨洲,民生之说出于颜习斋、李刚主;孙文之'大同'说,出于《大学》修身、齐家、治国、平天下,从一人推至天下,故'大同'即王道,'小康'即霸道。其妄诞如此"②。20世纪二三十年代之交,民族危机日益加重,加之孙中山刚刚逝世不久,孙中山"三民主义"特别火热。朱谦之把"三民主义"与王船山民族主义思想结合起来,有一定的现实意义。同时,也表明船山学研究到了一定的高度。

20世纪二三十年代,胡适、钱玄同对船山思想特别推崇。胡适把王船山比作西方"超人"尼采。钱玄同日记写道:1932年3月11日,"看船山《正蒙注》,胡适之谓船山是中国'ㄔㄔㄝ',信然"③。钱玄同是音韵学家,其日记经常用注音字母书写。"ㄔㄔㄝ"是"超人"的注音字母拼写。钱玄同对王船山评价特别高,以至于对冯友兰所著《中国哲学史》不看好,因为,冯友兰没有把王船山纳入他的《中国哲学史》里。钱玄同日记写道:1933年5月5日,"在劭处见冯芝生《中哲史》汉至清三巨册,借归阅之,无甚精采,清儒中竟无黄黎洲与王船山,而有廖季平,岂不可怪!"④。因书中没有"黄黎洲与王船山"而"无甚精采"。在钱玄同看来,对明清大儒需要重新排位。对此其做了专门的研究。其日记写道:

1937年10月31日,明清间大学者(皆生于明,应称明儒)六人:

---

① 徐兆玮:《徐兆玮日记》,合肥:黄山书社,2013年版,第2960页。
② 劳祖德:《郑孝胥日记》,北京:中华书局,1993年版,第2218页。
③ 杨天石:《钱玄同日记(整理本)》,北京:北京大学出版社,2014年版,第850页。
④ 杨天石:《钱玄同日记(整理本)》,北京:北京大学出版社,2014年版,第925页。

(1) 黄宗羲(八十六岁)

一六一〇年九月廿四日—一六九五年八月十二日。

明万历卅八年庚戌八月八日—清康熙卅四年乙亥七月三日。

(2) 顾炎武(七十)

一六一三年七月十五日—一六八二年二月十五日。

明万历四十一年癸丑五月廿八日—永历卅六年(清康熙廿一年)壬戌正月九日。

(3) 王夫之(七十四)

一六一九年十月七日—一六九二年二月十八日。

明万历四十七年己未九月一日—清康熙卅一年壬申正月二日。

(4) 唐甄(七十五)

一六三〇年四月十日—一七〇四年三月二十日。

明崇祯三年庚午二月廿八日—清康熙四十三年甲申二月十五日。

(5) 颜元(七十)

一六三五年四月廿七日—一七〇四年九月卅日。

明崇祯八年乙亥三月十一日—清康熙四十三年甲申九月二日。

(6) 刘献廷(四十六)

一六四八年九月十三日—一六九五年八月十五日。

明永历二年(清顺治五年)戊子七月廿六日—清康熙卅四年乙亥七月六日。

明季大儒,向称黄、顾、王三人,宋平子加颜为四人,梁任公加刘为五人,均有特见。吾意唐圃亭明君臣平等与黄同,更能明夫妻平等,亦当加入,共为六人。若费此度、傅青主、朱舜水……诸君则为二等人物矣。[①]

钱玄同设定了"明儒六家",突显了王船山的经典意义。

[①] 杨天石:《钱玄同日记(整理本)》,北京:北京大学出版社,2014年版,第1277-1278页。

四、结语

　　从近现代文人日记来看,随着王船山作品被大量刻印、广泛传播,王船山思想越来越被时人认同,这是王船山从祀孔庙的前提条件。王船山从祀孔庙经历长达30多年的艰难过程,其中映射出政治、文化的转型意义。更为重要的是,王船山从祀孔庙,对船山学的经典化产生重要影响,在后来的思想文化传播中,王船山博大精深的思想精神也一定能够"纲维世运,匡正人心"[①]。当下,继承、发扬中华优秀传统文化日益成为社会主义核心价值观的重要内核,王船山这位古代先贤的思想资源应该发挥古为今用之效。一句话,王船山思想对激励、启迪新时代中国人对中国传统文化的继承、创新,无疑有着重要的精神作用。

---

① 施明、刘志盛:《赵㴋园集》,长沙:岳麓书社,1992年版,第6-7页。

第三章
文人日记中的王船山作品阅读接受史

晚清文人日记中阅读、评议王船山的相关记录,多达1000多条,有5万多字。这些看似零星的繁多的片段记录,能够从一个侧面反映晚清文人的王船山阅读接受历程,能够投射出晚清几代文人的思想变化。其中,《湘绮楼日记》对王船山思想有所接受与传承。《湘绮楼日记》中记录了王闿运接受、传播王船山思想的56年历程,因此可以说这本日记见证了船山学的发生。作为一个有着建构思想的学术大师,王闿运对王船山思想是一种批判性的接受:一方面他对王船山的贬损近乎苛刻;另一方面他用王船山思想来评判各种生活现象,判断是非。另外,日记视域下的《读通鉴论》《黄书》等船山作品的阅读接受史,从细节探寻船山学的发生发展。

第一节 晚清文人日记中的王船山阅读接受史

学者杨坚把船山学的发展分成几个阶段,其认为:"乾、嘉为一期,其代表则章学诚、周中孚;道、咸为一期,其代表则邓显鹤、邹汉勋;同治至光绪中叶为一期,其代表则曾国藩、郭嵩焘;戊戌变法前后为一期,其代表则谭嗣同、梁启超;辛亥革命前后为一期,其代表为章炳麟、杨昌济。"[①]这一看法大致是不错的。如果深入到晚清阅读史、思想史,问题要复杂一些。据现有资料,曾国藩、王闿运、郭嵩焘、张文虎、赵烈文、孙宝瑄、宋恕、张謇、夏敦复、刘人熙、文廷式、蔡克猷、谭献、罗文彬、姚永概、姚锡光、刘绍宽、朱峙三、翁同龢、王文韶、管庭芬、袁昶、周腾虎、莫友芝、林传甲、江瀚、缪荃孙、皮锡瑞、何绍基、李星沅、曾纪泽、叶昌炽、李棠阶、潘祖荫等文人日记都有阅读、评议王船山著作的相关记录,多达1000多条,有5万多字。这些看似零星的繁多的

---

① 杨坚:《杂录之部编校后记》,《船山全书》(第16册),长沙:岳麓书社,2011年版,第1458页。

片段记录,能够从一个侧面反映晚清文人的王船山阅读接受历程,能够投射出晚清几代文人的思想变化。首先,晚清船山作品阅读集中于同治年间与戊戌变法前后,船山作品阅读热的兴起有两个原因:一是曾国藩、曾国荃刻印金陵本《船山遗书》;二是《船山遗书》成为戊戌变法等思想革新的有力武器。其次,随着时代的变化,晚清文人从早期欣赏船山经学慢慢转向了船山史学,船山作品阅读旨趣发生了根本性的变化,其原因有船山学自身的发展,而时代的发展变化是其根本原因。最后,阅读史是思想接受史,大量的阅读挖掘了船山思想的精神养分,对船山学的发生起到了重要的促进作用。

一、船山作品阅读的兴起

一般来说,很多文人没有日记,有日记且日记中有读书记录的也不是特别多。查阅潘祖荫日记会发现,日记很少有读书记录,购书、赠书记录随处可见,甚至,俞樾等文人之间互赠食物也会认真记录[①]。可见,文人日记都具有个性化特征。也许,在潘祖荫等文人看来,读书是"家常便饭",虽然重要,却属于可记可不记的范围。很多时候,文人记日记时并不知道,多年之后,这些日常零碎却成了可贵的文献资料。和其他朝代不一样,晚清文人特别喜欢记日记,留下了大量的日记文献资料,也因此留下船山作品"阅读心史"。

如果晚清起于1840年,据现有资料,晚清文人日记中关于王船山的最早记录出现在李星沅日记中,日记写道:1841年9月28日,"明日即入陕境,栈云往复,心写后期,船山诗所云'磨驴步步皆陈迹,官柳条条绾别愁'也"[②]。从这条记录可以看出,李星沅读过王船山诗文,并且能够熟记王船山诗句,可见其对船山诗学是下过功夫的,并且可以推算李星沅阅读王船山应该是在1840年以前。遗憾的是,李星沅日记只有一条有关王船山的记录。李星沅日记起于1840年2月3日(正月初一),其日记前面有一段引言,写道:"星沅今年四十有四矣。力小任重,触境冰渊,常惧不称所司。又负气多言,非疏即躁,不加儆惕,岁月徒增,良可愧已。以庚子元旦始定日记自考,附载闻见,以资省览云。道光二十年正月朔。"[③]李星沅44岁才记日记,"四十不

---

① 苏州博物馆:《潘祖荫日记》,上海:上海古籍出版社,2022年版,第110-111页。
② 袁英光、童浩:《李星沅日记》,北京:中华书局,1987年版,第268页。
③ 袁英光、童浩:《李星沅日记》,北京:中华书局,1987年版,第1页。

第三章
文人日记中的王船山作品阅读接受史

惑",李氏用日记"自省"——"以资省览"。

梁启超说:"船山在清初湮没不彰,咸同以后,因为刊行遗书,其学渐广,近世曾文正、胡文忠都受他的熏陶,最近的谭嗣同、黄兴,亦都受他影响。清末民初之际,智识阶级没有不知道王船山的人。"①梁氏可谓一针见血地指出了问题的关键。王船山作品阅读热的兴起主要有两个原因:一是曾国藩、曾国荃刻印金陵本《船山遗书》;二是《船山遗书》成为戊戌变法等思想革新的有力武器。因而,王船山作品阅读集中于金陵本《船山遗书》出版前后的同治年间与戊戌变法前后的光绪年间。同治年间船山作品阅读热潮的推动者是曾国藩。曾国藩比李星沅小,其记日记比李星沅早了整整1年。据现存日记看,曾国藩日记起于1939年2月14日(正月初一)。和李星沅一样,1840年以前曾国藩对王船山作品有所阅读,而系统阅读应该是在同治年间,日记有120条记录,主要集中于同治元年(1862年)与同治五年(1866年)这两年。而这两个时间正好是金陵本《船山遗书》出版前后,很显然其集中阅读船山作品与船山作品出版密切相关。根据曾国藩日记,他阅读王船山作品开始于同治元年闰八月初八日,"午刻小睡。阅王而农《庄子解》"②,结束于同治十一年(1872年)正月初十日,"夜阅刘伯山所撰《王船山年谱》"③。这一时期曾国藩阅读船山作品非常辛苦,由于军务繁忙,深更半夜阅读船山作品是常见的。我们知道,曾国藩读书非常自律,每天阅读时间段、阅读多少页都差不多一致。曾国藩阅读王船山作品比较广泛,有《庄子解》《张子正蒙注》《读通鉴论》《沅湘耆旧集》《书经稗疏》《宋论》《礼记章句》《王船山杂著》《王船山年谱》等。

赵烈文作为曾国藩的心腹,其阅读王船山作品有前后两个时期,日记中有关王船山作品阅读的记录有25条。早在咸丰八年(1858年)十二月初九日,其"在弢甫处读王夫之而农《读通鉴论》"④,被王船山深邃的思想所吸引。"弢甫"即周腾虎,是曾国藩幕僚,也是赵烈文姐夫。赵烈文在咸丰年间读了《读通鉴论》《书经稗疏》《思问录》《宋论》《尚书引义》等。后来,赵烈文是刊刻金陵本《船山遗书》的主要倡导者,自然也就加入了同治年间船山作品阅

---

① 梁启超:《儒家哲学》,北京:北京大学出版社,2010年版,第112-113页。
② 曾国藩:《曾国藩日记》(第二册),长沙:岳麓书社,2015年版,第326页。
③ 曾国藩:《曾国藩日记》(第四册),长沙:岳麓书社,2015年版,第527页。
④ 赵烈文:《能静居日记》,长沙:岳麓书社,2013年版,第42页。

读的热潮中。《船山遗书》出版后的同治六年（1867年）七月二十日，"沅帅寄赠《船山全书》一部，涤师又再赠一部。每部工本须十余金，厚惠也"①。曾国藩在日记写道："将沅弟所分送各友之《船山全书》三十部派人分送。"②对比两条日记，会得出以下启示：《船山遗书》非常昂贵，会阻碍作品的普及；经济因素是阅读的基础，曾国藩兄弟分批赠送《船山遗书》是推动船山作品阅读热潮的主要力量。赵烈文接到赠书的第三天就开始阅读起来了，他这一时期阅读了《识小录》《噩梦》《黄书》《永历实录》等作品。周腾虎是曾国藩非常欣赏的幕僚，可惜英年早逝，又因魏源的《诗古微》而对船山学发生了浓厚兴趣，由此推断其船山作品的阅读受曾国藩的影响不多。周腾虎日记有关王船山作品阅读的记录有5条，主要是对《读通鉴论》的阅读感受。

和赵烈文有些不同，张文虎因出版《船山遗书》而点校船山作品。张文虎日记中有关王船山作品阅读的记录有20条，记录了其点校《礼记章句》《读四书大全》《历代诗评》《古诗评》《读通鉴论》《诗经稗疏》《宋论》《噩梦》《春秋世论》等船山作品。同样，《船山遗书》出版后，"节相送《王船山遗书》，沅帅寄来也"③。也许，因张文虎是《船山遗书》的编校者，并没有马上阅读船山作品，直到两年后，才阅读了王船山《周易·大象解》等作品。王闿运同治八年（1869年）正月初四日才开始记日记，其日记有关船山的记录有56条。王闿运一生都在阅读、研究王船山，其对船山作品的阅读非常全面，这一方面有文章论述④，这里不再赘述。郭嵩焘特别推崇王船山，其日记有关船山的记录有66条，他感觉"读船山之论，两年阅历，曲尽形容，使此心为之爽然"⑤。郭嵩焘日记中有很多王船山评价、王船山祭祀等方面的记录，从中可看出郭嵩焘对船山学的推介非常努力。曾纪泽是金陵本《船山遗书》出版的见证者，其肯定阅读过《船山遗书》，而其现存日记始于同治九年（1870年），其对《船山遗书》的阅读情况没有什么记录，仅有同治十二年（1873年）八月二十九日的1条日记："看《先正事略》'孙奇逢、黄宗羲、李颙、顾炎武'等篇，饭后

---

① 赵烈文：《能静居日记》，长沙：岳麓书社，2013年版，第1084页。
② 曾国藩：《曾国藩日记》（第三册），长沙：岳麓书社，2015年版，第427页。
③ 陈大康：《张文虎日记》，上海：上海书店出版社，2009年版，第98页。
④ 参见拙文赵斌：《〈湘绮楼日记〉对王船山思想的接受与传承》，《衡阳师范学院学报》，2020年第5期。
⑤ 郭嵩焘：《郭嵩焘日记》（第二卷），长沙：湖南人民出版社，1981年版，第25页。

第三章
文人日记中的王船山作品阅读接受史

接看'王夫之、陆世仪、张履祥、张尔岐'等篇。"①也不是专门的船山作品阅读。

莫友芝是曾国藩心腹幕僚与好友,是金陵书局书籍版本的收集者与整理者,对金陵书局的发展做出了重要贡献。莫友芝是金陵本《船山遗书》出版的见证者,也是寄送《船山遗书》的工作人员,其日记写道:同治六年(1867年)八月三日,"遣致湘乡属寄船山书于丁方伯。又有寄郭中丞及俞荫甫者。腹疾不能亲往,并托方伯转致之"②。说明曾国藩兄弟寄赠《船山遗书》确实很卖力。王文韶是同治六年(1867年)8月10日接到赠书的,其日记写道:"九帅赠《船山遗集》全部共八套,以经史子分编,船山先生姓王名夫之,号姜斋,湖南衡阳人,崇祯年举人也。"③大概10年之后王文韶才开始阅读,其日记有关船山的记录有34条,对船山史论阅读得较为仔细。

翁同龢、谭献、袁昶、姚永概等金陵周边的文人阅读王船山作品都集中于《船山遗书》出版后。翁同龢苦寻《读通鉴论》多年未果,后来《船山遗书》出版才得偿所愿,其日记有关船山的记录有8条,阅读后其对《读通鉴论》评价很高。谭献虽然不是曾国藩幕僚,但其与曾国藩幕僚孙琴西在江南有所交游,其日记写道:"姚季眉大令集江浙文士为湖舫文会,以慰农薛师为主。盟会者……十五人。……马中丞、吴学使奏开浙江书局,薛慰农、孙琴西两先生主之。"④紧接着谭献开始阅读《船山遗书》,他对船山作品阅读颇有心得。袁昶和谭献都是杭州人,其肯定也受到《船山遗书》阅读热的影响。袁昶日记对《船山遗书》阅读较深入。姚永概是安徽桐城人,作为桐城派的代表人物,其"于本朝最服膺王船山先生"⑤,其阅读《船山遗书》有研究的旨趣,其日记有关船山的记录有接近40条,对船山的阅读很仔细。

金陵本《船山遗书》出版后引起一轮船山作品阅读热,到了戊戌变法前后,船山学暗合维新思想,又引起了新的一轮船山作品阅读热。当然,这一轮阅读热还是以江南为中心,其与曾国藩的影响也不无关系。前文提到莫友芝托人寄送俞樾《船山遗书》,俞樾即是曾国藩得意门生。由于俞樾对船

---

① 刘志惠:《曾纪泽日记》,北京:中华书局,2013年版,第342页。
② 莫友芝:《莫友芝日记》,南京:凤凰出版社,2014年版,第220页。
③ 袁英光、胡逢祥:《王文韶日记》,北京:中华书局,1989年版,第40页。
④ 范旭仑、牟晓明:《谭献日记》,北京:中华书局,2014年版,第35页。
⑤ 姚永概:《慎宜轩日记》,合肥:黄山书社,2010年版,第206页。

山学的推介,其门人章太炎和宋恕对船山学特别推崇。宋恕"由于接触大量的社会名流(梁启超、谭嗣同、章太炎等),本身又是上海维新派的核心人物"①,一时间其对船山的革新思想非常热衷,也就是在戊戌变法前一年宋恕阅读了《黄书》《噩梦》等船山作品。姚锡光也是受俞樾的影响而阅读王船山作品的,其日记写道:"有罗正钧者号顺循,湘潭人,乙酉举人,现在湖南陈右帅幕府,最称气节,著有《船山师友录》……见俞恪士今年五月初五日起至五月十五日止十天日记",一年后,其"读《船山诗卷》"②。孙宝瑄与宋恕是亦师亦友的关系,受宋恕的影响,孙宝瑄几乎与宋恕同一时间阅读船山作品,其日记有关船山的记录有 30 余条,其对《黄书》等船山作品阅读、研究很深入。刘绍宽光绪二十一年(1895 年)正月二十五日关注到"湖北学政孔祥霖奏请王夫之从祀文庙";光绪二十四年(1898 年)六月二十七日,"宋燕生先生来……本朝经济家言,惟黄梨洲之《明夷待访录》、王船山之《黄书》、颜习斋之《学记》、唐甄之《潜书》最佳,若合四书而尽通之,西学具赅于是矣"③。宋燕生即宋恕,受宋恕的推介,其开始阅读船山作品。另外,张謇、朱峙三、林传甲、江瀚、缪荃孙、皮锡瑞等比较开明的文人也都在戊戌变法前后集中阅读了船山作品,说明时代趋新已经具有一定规模。

二、船山作品阅读旨趣的演变

晚清文人在两个船山作品阅读高峰的阅读旨趣有很大不同。从整个晚清船山接受史来看,随着时代的转型及船山学自身的发展,晚清文人的船山作品阅读旨趣发生了根本性的变化。

晚清以前及晚清早期对船山经学比较重视。管庭芬日记写道:嘉庆二十五年(1820 年)十一月二十三日,"胡蕉窗遣一价来,邀晨往蕉窗处,午后以近得方兰如天青纸泥金花卉幅及旧抄王夫之《七经稗疏》十二册、旧抄《徐霞客游记》十册、原印汲古阁《六十家词》三十册见视"④。"抄王夫之《七经稗疏》"表明对船山经学比较喜欢。几乎同一时期,蔡克猷也在日记中写道:"玩船山史论。船山责鲁两生宜出为高祖兴礼制乐。呜呼! 高祖果足以有

---

① 胡珠生:《宋恕集》,北京:中华书局,1993 年版,第 917 页。
② 姚锡光:《姚锡光江鄂日记:外二种》,北京:中华书局,2010 年版,第 36、89 页。
③ 温州市图书馆:《刘绍宽日记》,北京:中华书局,2018 年版,第 110、205-209 页。
④ 管庭芬:《管庭芬日记》,北京:中华书局,2013 年版,第 118 页。

第三章
文人日记中的王船山作品阅读接受史

为耶?……船山非之,吾不知其用意所在矣。"①对船山史学不认可。曾国藩"阅王而农所注张子《正蒙》,于尽性知命之旨,略有所会"②,"以《礼记章句》为先生说经之最精者","因先生说《礼》多通于性命之原故,急取《中庸》阅之","船山氏最推重《正蒙》一书,以余观之,亦艰深而不能显豁。其参两篇,言天地日月五行之理数,尤多障碍","阅王船山《诗经稗疏》'裹将''黄流在中'等条,心折者久之"③。曾国藩对王船山经学非常推崇,对《读通鉴论》等船山史学很少评价。赵烈文咸丰年间受姐夫周腾虎的影响对《读通鉴论》等船山史学特别服膺,其"在甥甫处读王夫之而农《读通鉴论》。为书三十卷,沉雄博大,识超千古",认为"此书议论精深,博大其中"。同时,其对船山经学也特别推崇:"王氏之学,精微博大者已炳炳矣,又取工技小术以核论之,凡事务求其异。"后来,赵烈文入曾国藩幕府,受曾国藩的影响,其慢慢看出船山史学的短处:"又《噩梦》一卷:论时事利弊,以己意变通之,俨然一王之制。其精当者固不少,而武断孟浪处亦多","王船山《黄书》一卷:……语多过当……武断灭裂,纯乎客气。四篇《慎选》、五篇《任官》,语亦未纯。"④后来,曾国藩、赵烈文之间有一个关于船山学的对话能够说明赵烈文的这种思想变化。同治六年(1867年)八月二十八日,赵烈文问:"王船山议论,戛戛独造,破自古悠谬之谭,使得位乘时,其有康济之效乎?"曾国藩回答道:"殆不然。船山之说,信为宏深精至,而嫌褊刻。使处国事,天下岂尚有可用之人?"⑤曾国藩推崇船山学,对船山思想的不足也有深刻体悟。

张文虎对船山学评价较为客观,认为王船山《读四书大全》"辨析性理处,颇有发宋儒所未发者",认为王船山《噩梦》"所言皆经国治民之事,大都据其时目见而言,补偏救弊,虽卑无高论,而多中肯綮,较他著述为平正"⑥,整体上比较看好船山经学。王闿运对船山史论不看好,批评很多,认为"船山论史,徒欲好人所恶,恶人所好,自诡特识,而蔽于宋元明来鄙陋之学,以为中庸圣道。适足为时文中巨手,而非著述之才矣";认为"王船山《黄书》,

---

① 蔡克猷:《日记节录》,《船山全书》(第16册),长沙:岳麓书社,1996年版,第958页。
② 曾国藩:《曾国藩日记》(第二册),长沙:岳麓书社,2015年版,第353页。
③ 曾国藩:《曾国藩日记》(第三册),长沙:岳麓书社,2015年版,第287、291、306、345页。
④ 赵烈文:《能静居日记》,长沙:岳麓书社,2013年版,第42、79、420、1085页。
⑤ 赵烈文:《能静居日记》,长沙:岳麓书社,2013年版,第1099页。
⑥ 陈大康:《张文虎日记》,上海:上海书店出版社,2009年版,第39、52页。

其见未卓";对"张子厚正蒙"没有多少批评,而较认同郭嵩焘的观点:"筠仙言:'船山书精华在读性理大全。'吾闻之一惊,惊其一语道破,诚非通王学,熟读全书者不能道此语……要之论船山者,必于大全推之,然后为知船山。片言居要,吾推筠老。"①王闿运也不一定完全看好郭嵩焘的看法,但至少说明王闿运、郭嵩焘都比较看好船山经学。郭嵩焘认为"船山之论老子曰:天下之言道者,激俗而故反之则不公,偶见而乐持之则不经,凿慧而数扬之则不详,三者之失,老子兼之"②,"读船山之论,两年阅历,曲尽形容,使此心为之爽然",并且,"读船山诗广传,摘其语之精者录之",以至于可以"师船山之言以立身,体圣贤之心以应物"③。郭氏对船山经学思想深有体悟。刘人熙"继读衡阳王先生遗书,嗜之颇笃"④。刘人熙为了提高思想修养而阅读《四书章句》《礼记章句》《读四书大全说》等船山作品,侧重于王船山经学思想,他认为:"自程朱以来,未有盛于衡阳王子者也。"⑤刘氏更从儒学史或者说是从中华文明史方面给予王船山以极高的地位。刘人熙认为,"自孟子以来,未有盛于王子者也","船山说,真抉先圣之藏。船山之章句,即朱子学庸之章句也","船山,二程也。后世孰为朱紫阳耶?船山自言五百年后吾道大行,知其时必有名世生也","衡阳王子真天人,遗书万卷妙入神。自诡五百生名世,可有三千拜后尘"⑥,对船山经学推崇备至。

然而,随着社会矛盾日益加深,进步知识分子越来越感觉到迷茫,寻找历史的出路越来越成为时人关心的时代命题。而《读通鉴论》等船山史学就成了指路明灯。到了光绪初年,《读通鉴论》《宋论》等船山史学成了显学,文人几乎没有不读船山史论的。当然,对《读通鉴论》等船山史学也不都是赞誉之声,叶昌炽在日记中写道:光绪十一年(1885年)二月二十八日,"衡阳王夫之《读通鉴》论汴宋之陷,专归罪于李伯纪'君死社稷'之说,谓二圣北狩,网实罪魁,则痛于甲申之变,有激言也"⑦。船山史论有些过激,这也是客观事实。但整体而言,这一时期对船山史学有较高的认同性。夏敦复日记写

---

① 王闿运:《湘绮楼日记》,长沙:岳麓书社,1997年版,第6、96、137-138页。
② 郭嵩焘:《郭嵩焘日记》(第一卷),长沙:湖南人民出版社,1981年版,第447页。
③ 郭嵩焘:《郭嵩焘日记》(第二卷),长沙:湖南人民出版社,1981年版,第25、33、625页。
④ 周寅兵:《刘人熙集》,长沙:湖南人民出版社,2009年版,第281—282页。
⑤ 刘人熙:《日记节录》,《船山全书》(第16册),长沙:岳麓书社,1996年版,第875页。
⑥ 刘人熙:《日记节录》,《船山全书》(第16册),长沙:岳麓书社,1996年版,第875—878页。
⑦ 叶昌炽:《缘督庐日记》,南京:江苏古籍出版社,2002年版,第1009页。

第三章
文人日记中的王船山作品阅读接受史

道:"阅通鉴宋末元初。阅之不胜慨叹。"其日记只有关于船山史论的,没有关于船山经学的。翁同龢更是"购得王夫之《读通鉴论》,此书求之数年矣",并且,"读王船山《通鉴论》,如对故人"①,对船山史学满心服膺。王文韶系统阅读王船山史论,虽然没有多少评论,但其阅读行为就是阅读旨趣的明证。谭献"阅王船山《噩梦》《黄书》","阅船山《读通鉴论》五代二册",感叹"王船山《宋论》,醇实闳远,殆无疵瑕",又赞叹"王氏之骏厉,胡氏之温醇,固楚学之大宗也"②。对船山史论评价特别高,对船山经学很少阅读、评价。姚永概"看《读通鉴论》……即船山先生之立身见焉矣。三复斯言,为之自振",表明船山史学令人振奋,并且认为《读通鉴论》"是书虽间有过激之语,然言处乱世之道独为切至,至于国家大政,亦能通达利弊之原,不矜矜于小惠者,可谓大儒矣"③。姚氏希望从《读通鉴论》《宋论》等船山史学中找到时代病症。同一时期,袁昶也认为:"《通鉴论》及王船山先生《宋论》,其论阳明王公谪龙场及以逆濠付张永事,见地甚卓。"④

到了戊戌变法前后,时人不仅仅看重《读通鉴论》《宋论》等船山史学,《黄书》等船山史学的革命性也越来越吸引一些进步知识分子。梁启超说:"然今之世变,视衡阳王子所处,不无少异,则学必征诸实事,以期可起行而无窒碍,若徒著书立说,搬弄昌平阙里之大门面,而不可施行于今,则何贵有此学耶?闻曾发变法之论,伏望先小试于一县,邀集绅士讲明今日之时势与救败之道,设立算学格致馆,招集聪颖子弟肄业其中。此日之衔石填海,他日未必不收人材蔚起之效,上之可以辅翼明廷,次之亦足供河西、吴越之用。即令付诸衡阳王子《噩梦》,而万无可为之时,斯益有一息尚存之责。"⑤晚清的情况与船山所处时代相近,学以致用,船山之学可以用来"变法"。这样,从谭嗣同、杨度,到杨笃生、章士钊等文人"续衡阳王子之绪脉"的志向,以王船山的民族爱国主义情怀作为精神向导。章士钊深有体会地说:"船山之史说宏论精义,可以振起吾国之国魂者极多。故发愿申说以告世之不善读船

---

① 翁同龢:《翁同龢日记》,上海:中西书局,2012年版,第339、1308页。
② 范旭仑、牟晓明:《谭献日记》,北京:中华书局,2014年版,第36、38、210页。
③ 姚永概:《慎宜轩日记》,合肥:黄山书社,2010年版,第291-292、299页。
④ 袁昶:《袁昶日记》,南京:凤凰出版社,2018年版,第523页。
⑤ 梁启超:《儒家哲学》,《饮冰室合集》(第12册),北京:中华书局,1989年版,第62页。

山之书、深窨船山之意者。"①船山作品成了革新思想的武器。宋恕1897年3月4日"始见《黄书》《噩梦》",并且,在回复童学琦、胡道南的书信里说:"明季遗老之书尚有王船山先生之《黄书》一种,可与《待访录》同印行世,惜敝箧中无。诸公可于《王船山遗书》(杭城藏书家必有)中检出与此《录》同印,实为莫大功德。船山之识稍逊梨洲,就此书论:其文章雅炼则胜梨洲。要之,均非陋儒所能窥其底蕴,吾辈固不可不力任表彰之责。"②其不仅仅推崇《黄书》,还打算刻印《黄书》,以便发挥该书的革新作用。刘绍宽是在宋恕推介下认识到"王船山之《黄书》、颜习斋之《学记》、唐甄之《潜书》最佳"③。而1900年,林传甲在日记中写道:"《读通鉴论》,何承天始得天一行守皆踵之,尤为卓识。所著《噩梦》,欲废历之宜忌建除,广解缙之说。""顾亭林考据深于性理,黄梨洲性理深于考据。张杨园《备忘录》论治,已极言世弊,盖由黄梨洲之《明夷待访录》、王船山《黄书》《噩梦》推阐之。"④此时戊戌变法刚刚结束,王船山《读通鉴论》《黄书》《噩梦》等船山史学确实能够适应时代之需。江瀚、缪荃孙、皮锡瑞等戊戌变法前后的日记都有关于《读通鉴论》等船山史学的阅读、评价。

孙宝瑄对《黄书》等船山史学的阅读、研究特别透彻。受宋恕的影响,孙宝瑄日记:光绪二十三年(1897年)八月十八日"览船山先生《黄书》。先生悲封建之亡,以为衣冠之国沦为异域,自秦开之,而成于宋,无藩蔽也。与余意略相似。而吾重在君民之隔,船山重在夷夏之失防";八月二十日,"仍观船山先生《黄书》";八月二十一日,"览《黄书》终卷。船山、梨洲诸老多持慎选举、易防闲及兴学校诸论,诚治世之良法也。然而秦以后皆盗贼盘据之天下,彼所立法皆不出愚民防民之计,而无丝毫之为民。今二公之所窃窃然忧者,因民之苦,欲易良法,是直以法为民而立也,与立法之人初意大相悖矣。故吾谓,苟非圣人出御世,为民立良法,则必俟变君民共主之局,而法始渐渐臻于美善。舍是二者,无望焉"。光绪二十九年(1903年)二月二十八日,"观《汉书》及《通鉴论》。船山当明末……故于夷夏之种界辨之甚严,而痛诋娄

---

① 章士钊:《王船山史说申义》,《章士钊全集》(第1卷),上海:文汇出版社,2000年版,第169页。
② 胡珠生:《宋恕集》,北京:中华书局,1993年版,第938、577页。
③ 温州市图书馆:《刘绍宽日记》,北京:中华书局,2018年版,第208-209页。
④ 况正兵、解旬灵:《林传甲日记》,北京:中华书局,2014年版,第134、115页。

第三章 文人日记中的王船山作品阅读接受史

敬教高帝遣女嫁匈奴,谓自是内地女子妇于胡者多矣,乱夷夏之种,罪不容诛"。① 孙宝瑄对《黄书》等船山史学做了较为理性的分析,确实是高见。"因时势的激发,或因新学的映照,从孙宝瑄的日记中可以看到,有一批书发出异样的光彩,如吕坤、王夫之、颜元、李塨、黄宗羲、全祖望、章学诚、包世臣等人著述,其中所蕴含的'异质'资源得以采掘。"② 戊戌变法前后,船山史学成了显学是毋庸置疑的。以至于,思想保守的王闿运迷惑了,其宣统三年(1911年)四月十一日的日记写道:"王夫之史论,似甚可厌,不知近人何以赏之?"③

从整个晚清船山阅读史、思想史来看,从早期欣赏船山经学转向船山史学,晚清文人船山作品阅读旨趣发生了根本性的变化,其原因有船山学自身的发展,但时代的发展变化是其根本原因。熊十力说:"读船山、亭林诸老先生书,已有革命之志,遂不事科举,而投武昌凯字营当一小兵,谋运动军队。"④ 船山学说成了晚清革命派学者的民族主义学说的重要思想资源,成了推动中国社会改革和进步的精神动力。

三、船山作品阅读与船山学的发生

船山作品的阅读史是思想接受史,大量的阅读挖掘了船山思想的精神养分,对船山学的发生起到了重要的促进作用。晚清王船山思想不是一下子就发扬光大的,船山学的形成与船山作品集中阅读及船山思想日益推高密切相关。随着时代的发展,晚清文人对王船山的评价越来越高。

曾国藩等早期晚清文人对船山思想接受较为中正。曾国藩读《读通鉴论》《宋论》几乎没有一字评说,对船山学评价有所保留。和曾国藩一样,赵烈文对船山评价较为客观:"其说虽可附丽,而终不免武断。"⑤ 认为船山思想有些偏执。张文虎对船山评价也比较客观,他认为:船山"所言皆经国治民之事,大都据其时目见而言,补偏救弊,虽卑无高论,而多中肯綮,较他著述

---

① 孙宝瑄:《忘山庐日记》,上海:上海人民出版社,2015年版,第128、128-129、637页。
② 徐雁平:《新学书籍的涌入与"脑界不能复闭"——孙宝瑄〈忘山庐日记〉研究》,《清华大学学报(哲学社会科学版)》,2019年第4期,第148页。
③ 王闿运:《湘绮楼日记》,长沙:岳麓书社,1997年版,第3112页。
④ 熊十力:《十力语要》,北京:中华书局,1996年版,第331页。
⑤ 赵烈文:《能静居日记》,长沙:岳麓书社,2013年版,第418-419页。

为平正"①。这一时期对王船山评价最低的是王闿运,王氏认为:"王夫之《中庸衍》,竖儒浅陋可闵。"②可谓骂得厉害。这一点在叶昌炽的日记得到了证实,日记写道:"焕彬自长沙来信,极论湘学渊源,上自船山,下逮曾文正、郭筠仙,今之湘绮、葵园,皆有微词,而归宿于诸家一无师承。大言炎炎,洋洋十余钱。此亦学中之强项也。"③湘绮即王闿运,葵园即王先谦,他们不太赞成王船山、曾国藩的经典化。

后来的郭嵩焘、姚永概、翁同龢对王船山的评价比曾国藩等文人高一些。《郭嵩焘日记》中记载了乙舟为袁漱六撰船山祠对联:"痛哭西台,当时水殿仓皇,知己犹余瞿相国;栖迟南岳,此后名山著述,比肩惟有顾亭林。"④周腾虎也特别推崇王船山思想,认为"衡山王而农先生尤觉横绝百代,几欲直接孟子。世无孔孟,即有高识绝学"⑤。后来的湖湘文人刘人熙对船山评价更高,他认为:"船山之旨博矣!""读船山书如观海,酌之而不尽也,望之而无涯也。""方今朝野周行,无真正豪杰,前途正未可知。亦冀传播船山学说,为兴起中国之种子。"⑥对船山顶礼膜拜了。随着时间的推移,船山学越来越成了"显学"。后来,"亭林、夏峰、梨洲、二曲、船山编入国史《儒林传》,亦从《鸿范》次于《周书》之例。圣祖尝欲召用孙、黄、李三先生,叹息以为憾不得见,命所司存问敬礼"⑦。船山思想越来越经典化了。

姚永概对船山特别推崇,其"于本朝最服膺王船山先生,以其贞晦得遗臣之道,而所托甚正,又非逃于禅酒者可比也。拟别号为'佩船'云"⑧。甚至自比船山,以"佩船"自称,可谓佩服之至。甚至,船山作品成了相互赠送的礼物。光绪十四年(1888年)九月初二日,潘祖荫在日记中写道:"寄胡云楣书二种(《探路》、王夫之《四书讲[训]义》)、拓三种(文湖州、东坡竹题跋),交眉伯。"⑨潘祖荫作为江南文人,其应该读过船山作品。但是其日记缺得比较

---

① 陈大康:《张文虎日记》,上海:上海书店出版社,2009年版,第52页。
② 王闿运:《湘绮楼日记》,长沙:岳麓书社,1997年版,第645页。
③ 叶昌炽:《缘督庐日记》,南京:江苏古籍出版社,2002年版,第6452页。
④ 郭嵩焘:《郭嵩焘日记》(第一卷),长沙:湖南人民出版社,1981年版,第47页。
⑤ 周腾虎:《周腾虎日记》,南京:凤凰出版社,2019年版,第278页。
⑥ 刘人熙:《日记节录》《船山全书》(第16册),长沙:岳麓书社,1996年版,第874、876、879页。
⑦ 袁昶:《袁昶日记》,南京:凤凰出版社,2018年版,第460页。
⑧ 姚永概:《慎宜轩日记》,合肥:黄山书社,2010年版,第206页。
⑨ 苏州博物馆:《潘祖荫日记》,上海:上海古籍出版社,2022年版,第296页。

第三章
文人日记中的王船山作品阅读接受史

多,不连续,几乎没有读书记录,但有很多友人赠书记录,一般来说所赠之书本人都了解,也都阅读过。潘祖荫把船山作品作为赠礼,很显然读过船山作品。翁同龢也在日记中写道:1881 年 11 月 24 日,"明日送礼,受《船山集》《望山集》共一匣";1893 年 10 月 1 日,"皇太后万寿节,特传于丰泽园听戏七日,赐观龙镫。以王夫之《读通鉴论》进呈。"①王船山《读通鉴论》成了进贡皇太后的礼物,确实非常了不起。无独有偶,一八九○年八月二十一日,缪荃孙"出拜樊云门、庞绒堂、李莼客。赠莼客新刻书《王船山年谱》《通义堂集》"②。把船山作品或相关著作作为礼物赠送成了时尚。

戊戌变法前后,文人对船山的评价越来越高。皮锡瑞日记写道:1898 年 11 月 5 日,"予少服膺亭林、梨洲、船山诸老之书,以为其学有体有用,非乾、嘉以后稗贩古董无用之比。今年讲学,即举昔日所得者言之,非傅会近人议论也。而鼠目寸光之徒闻间而吠声,并集矢于梨洲诸老,可谓怒其室而作色于父矣。顾、黄、王诸老之学,实非斗方名士、古董汉学所能梦见,何论时文鬼乎?"③同一时期的宋恕在日记中写道:"在介处借胡承诺(石庄)《绎志》一阅(石庄,明季举人),入国朝曾谒选,旋以老辞归,此本李兆洛所表章付刊,浙江书局重刻者。胡,竟陵人也,其书平正通达,如驳封建、井田、肉刑之不宜复,又论正统之不必争,虽尊程朱而不中其毒者也。然无卓绝之识议,不能与王船山比也。"④谭献"阅王船山《噩梦》《黄书》",认为"皆与梨洲《待访录》相出入"⑤,对船山的评价有所保留。在张謇的日记中,王船山成了学堂课题:"使先觉觉后觉;船山亭林梨洲学术同异论";成了复试国文题目:"黄梨洲、顾亭林、王船山志业与田子泰孰近论。限三小时交卷。"⑥船山学越来越普及。

此时期船山思想为什么评价越来越高? 林传甲的看法有些道理,他在日记中写道:"顾亭林、黄梨洲所以名重于世者,不事二姓也。王船山、魏叔子亦然。"⑦孙宝瑄说得更具体:"船山重在夷夏之失防。""船山曰:穷则变,未

---

① 翁同龢:《翁同龢日记》,上海:中西书局,2012 年版,第 1661、3856 页。
② 缪荃孙:《缪荃孙全集·日记(一)》,江苏:凤凰出版社,2014 年版,第 138 页。
③ 吴仰湘:《皮锡瑞全集》(第 10 册),北京:中华书局,2015 年版,第 992-993 页。
④ 胡珠生:《宋恕集》,北京:中华书局,1993 年版,第 951-952 页。
⑤ 范旭仑、牟晓明:《谭献日记》,北京:中华书局,2014 年版,第 36 页。
⑥ 李世勋、尤世玮:《张謇日记》,上海:上海辞书出版社,2017 年版,第 493、579 页。
⑦ 况正兵、解旬灵:《林传甲日记》,北京:中华书局,2014 年版,第 112 页。

有既变可使复穷者。然哉!"①这些暗合了晚清的革命思想。王船山以他崇高的爱国主义情操、独立的人格精神成了晚清推进民族前进的重要精神力量。因而,"王夫之、黄宗羲、顾炎武,可以说是当时代的觉醒者,是十七世纪中国的'巨人'"②。从晚清文人日记来看,这一看法是正确的。

第二节 《湘绮楼日记》对王船山思想的接受与传承

同样是作为"明末清初三大思想家"之一,王夫之(王船山)与顾炎武、黄宗羲相比,世人对其作品的阅读、接受则稍显滞后。作为标杆式人物,顾炎武著作的经典化较早。随之,宋恕等浙江学者对黄宗羲著作的阅读、接受也较为卖力,其经典化也略早于王船山著作的经典化。王船山著述宏富,但早期近代文人对其阅读、接受较少。其原因很复杂,有"明朝遗老"的身份限制,有清朝"文字狱"的社会根源,更有人为因素及时代的原因。人为因素表现为王船山著作被雪藏多年,直到他死后十年之久,其家人才开始对其著作进行整理、刻印,其流传很有限。到了近代,邓显鹤、曾国藩等刻印、出版王船山著作,阅读、接受王船山思想才日益大盛。受时代的影响,船山思想在戊戌变法之前的接受还拘囿于湖湘文人内部。戊戌变法后,直到辛亥革命前后,王船山著作的经典化才初具规模,王船山作为"明末清初三大思想家之一"的地位才逐渐稳固下来。

一般来说,阅读史是学术思想经典化的历史。王船山著作经典化也是在阅读史中建构起来的。近代以来,阅读王船山著作日益繁盛,其阅读史值得探讨。作为近代著名经学家、文学家,王闿运对王船山著作的阅读、接受具有典型性。非常巧合的是,王闿运的王船山著作阅读史几乎与其经典化同步。王闿运,生于道光十二年(1832年)十一月二十九日,卒于民国五年(1916年)九月二十四日,湖南湘潭人,享年八十五岁。王闿运的人生旅程几

---

① 孙宝瑄:《忘山庐日记》,上海:上海人民出版社,2015年版,第128、666页。
② 夏乃儒:《黄宗羲与中国近代思维方式的萌芽》,《上海师范大学学报(哲学社会科学版)》,1987年第1期,第1页。

第三章
文人日记中的王船山作品阅读接受史

乎伴随着整个近代历史。作为传统的读书人,面对三千年未有之动荡,其传统的价值观念很难应付时局的沧桑巨变,王闿运强烈地感觉到天下在变。为了不被时代淘汰,他试图从"经典中寻绎救世之良方"①。阅读王船山著作也是其阅读经典的功课之一。王闿运对王船山著作的阅读、接受可以在《湘绮楼日记》中寻到诸多"蛛丝马迹",通过该书可以部分还原其王船山著作阅读史。

一、《湘绮楼日记》中的阅读王船山著作

"阅读是人类接受文字信息的一种社会行为,它的兴衰荣枯,总是与其文化母体所提供的时代背景息息相关。阅读个体的现实情境深刻影响着其阅读行为。"②阅读王船山著作是应运而生的阅读行为。在《湘绮楼日记》中,阅读王船山著作几乎贯穿始终。

王闿运记日记的起始时间并不早。现有的资料显示,王闿运同治八年(1869年)正月初四日才开始记日记,当时王闿运已经三十八周岁,他写道:"大雨,读《汉书》一卷。"③这虽然只是一个简单的起始句,但一个传统读书人的形象跃入眼帘。直到民国五年(1916年)七夕,其记下了"七夕喜遇彭畯五"④而终止,两个月之后谢世。《湘绮楼日记》几乎没有中断地记录了57年,王闿运阅读王船山著作的时间达到56年,其日记直接记录王船山的约有60条,可见,其王船山思想的接受史几乎贯穿其一生。

王闿运几乎在其日记首篇就记录了阅读王船山著作的体悟。同治八年(1869年)正月十七日他写道:"点《汉书》一卷。王章上书攻王凤,而欲立定陶王,逢帝一时,终犯其忌,其死非不幸。赵合德自杀,不对状,后乃诬成其杀子,非信史也。王船山以耿育所奏为非,谬矣。船山论史,徒欲好人所恶,恶人所好,自诡特识,而蔽于宋元明来鄙陋之学,以为中庸圣道。适足为时文中巨手,而非著述之才矣。"⑤从这条文献可以看出,在王闿运的比较阅读

---

① 刘平:《王闿运阅读旨趣探微——以〈湘绮楼诗文集·王志卷〉为例》,《高校图书馆工作》,2017年第4期,第38页。
② 刘平:《王闿运阅读旨趣探微——以〈湘绮楼诗文集·王志卷〉为例》,《高校图书馆工作》,2017年第4期,第38页。
③ 王闿运:《湘绮楼日记》,长沙:岳麓书社,1997年版,第1页。
④ 王闿运:《湘绮楼日记》,长沙:岳麓书社,1997年版,第3437页。
⑤ 王闿运:《湘绮楼日记》,长沙:岳麓书社,1997年版,第6页。

的视野里,其对船山思想有些非议,但他把王船山著作比附于《史记》《汉书》等传统经典,自然有其心仪之意。王闿运有"考四海而为隽,纬群龙之所经"①的阅读志趣及阅读雄心,一生阅尽天下经典,最终成为著名的经学大师。另外,从文献中还可以看出,王闿运阅读王船山著作早已开始,不然不会在点读《汉书》之时发出针对船山思想的随感之论。从船山学的发生史来看,邓显鹤对《船山遗书》的搜刻发生于鸦片战争前后。咸丰四年(1854年),因太平军叛乱,雕版毁于战火,故流传不广,王闿运阅读邓显鹤版《船山遗书》可能性不大。同治四年(1865年)曾国藩、曾国荃在邓显鹤版本的基础上,正式出版金陵本(《船山遗书》)。随之,阅读王船山著作的风气日盛。同治年间,王闿运经常游走于曾国藩幕府,见证了曾国藩版《船山遗书》的印刻、出版,正如其后来的同治八年(1869年)二月初五日的日记所记:"检王船山遗书,校其目录,舛误者数处。元浦请诸名人校书,而开卷缪误,故知著述非名士之事也。"②王闿运通过仔细研读曾国藩版《船山遗书》,发现错误多处,因而发出"著述非名士"的感慨。由此可以推演出:同治四年(曾国藩版《船山遗书》出版时间)到同治八年(王闿运撰写日记的开始时间)是王闿运阅读王船山的黄金时间。遗憾的是,这一时间段王闿运没有日记留下,只能够作此推测。

王闿运最后一次在日记中留下有关王船山的记录是民国四年(1915年)十月廿二日的日记,他写道:"王生请作谱序,为书一纸,言船山学派刘、王之谬。"③此时的王闿运已经是学有所成的王船山研究专家,对王船山思想做出了重要的批评。从同治八年(1869年)到民国四年(1915年)这56年里,《湘绮楼日记》中留下了较为丰富的阅读王船山著作的记录,从时间跨度、阅读广泛性来看,王闿运应该是"近代阅读王船山第一人"。当然,56年的王船山

---

① 王闿运为尊经书院书写的对联。光绪五年(1879年)二月初二日,在丁宝桢盛情邀约下,王闿运正式出任成都尊经书院山长,书院经典阅读之学风逐渐形成。王闿运:《湘绮楼诗文集》,长沙:岳麓书社,1997年版,第967页。

② 王闿运:《湘绮楼日记》,长沙:岳麓书社,1997年版,第15页。王闿运对曾国藩版《船山遗书》作此评论并非虚言。曾国藩在同治五年(1866年)六月二十日的日记中也说:"余阅此书,本为校对讹字,以便修改,再行刷印,乃复查全书,辩识经义者半,校出错误者半,盖非校雠家体例,然其中亦微有可存者,若前数年在安庆、金陵时,则反不能如此之精勤。"曾国藩:《曾国藩日记(全本注释)》,天津:天津人民出版社,1995年版,第1698-1699页。

③ 王闿运:《湘绮楼日记》,长沙:岳麓书社,1997年版,第3405页。

著作阅读史,可以分成几个阶段。如下表所示。

《湘绮楼日记》中的阅读王船山著作情况统计表

姓名	阅读年代			
	同治年间	光绪年间	宣统年间	民国年间
王闿运	《船山杂说》《读通鉴论》《永历实录》《莲峰志》《文集》《思问录》《张子正蒙注》	《四书章句》《文集》	《读通鉴论》	《读通鉴论》

上文我们推演出"同治四年(曾国藩版《船山遗书》出版时间)到同治八年(王闿运撰写日记的开始时间)是王闿运阅读王船山著作的黄金时间"这一结论,这一点可以从这个统计表中得到印证。从表中可以看出,王闿运阅读王船山著作集中于同治年间,随之,阅读行为日益衰减。从"阅读惯性"上看,日记没有记录的同治八年之前的几年时间应该是王闿运大力阅读王船山著作的关键时间。

二、《湘绮楼日记》中的阅评王船山著作

作为一个有着建构思想的学术大师,王闿运对王船山著作的阅读、接受别具一格。相对于郭嵩焘等近代文人较为忠实的阅读、接受模式,王闿运对王船山著作的阅读、接受则具有很强的批判性。但非常吊诡的是,表面上看,王闿运有时候对王船山贬损很厉害,但潜意识中却要用王船山思想来纠正各种生活现象,判断是非。

在《湘绮楼日记》中,王闿运记录了不少关于船山思想的生活之思。光绪元年(1875年)七月十八日,王闿运登上一艘小舟将要出发之时,忽然有两个妇人要搭乘小舟,她们一跃而登上小舟,禁之不可。此刻,王闿运心想:"王船山讥庄定山不宜与俗子同舟,当自顾船。余亦自顾船而遇此,船山又何以处我?"[①]光绪十五年(1889年)二月十七日,王闿运在日记中写道:"夜停镇江,夏生来。有五尼自芜湖来,睡我房外。夜又二湘人来,睡门外。此亦无礼。于船山论,当究己不自顾船。"[②]从上面两个事例可以看出,王闿运眼中的船山思想太理想化了,在遭遇现实时往往有些尴尬。并且,王闿运自认

---

① 王闿运:《湘绮楼日记》,长沙:岳麓书社,1997年版,第423页。
② 王闿运:《湘绮楼日记》,长沙:岳麓书社,1997年版,第1528页。

为比王船山要中庸一些。如,光绪二十年(1894年)五月廿七日,王闿运记道:"附舟还衡……有飘江来附舟者,伧夫也,乃闻吾名。老仆呼君实,宋人气度,亦殊不易。及若船山,定当力拒之。余处马、王之间。"①王闿运用"处马、王之间"的处事态度对王船山略作批评。更为有意思的是,王闿运在生活中偶尔会"看月思船山",光绪八年(1882年)四月十七日,当"夜月当门"之时,王闿运"念今年月月月佳,殊为罕事。岂愁人见月常多耶?王船山痛恨夜明,盖为此也。"②寄月怀人,不能不说,王船山已经融入王闿运的日常生活中了。无独有偶,光绪二十七年(1901年)六月十一日,王闿运游览黑沙潭,"犹见唐宋人题名,今皆蒙翳矣。或彭亦例语,不然何不闻王夫之记录也"③。从王闿运这种"睹物思船山"的情怀可以看出:王船山对王闿运影响深远。

  王闿运对王船山的总体评价不高。他在同治八年(1869年)二月初五日的日记中说道:"船山学在毛西河伯仲之间,尚不及阎伯诗、顾亭林也,于湖南得为风气之先耳。明学至陋,故至兵起,八股废,而后学人稍出。至康、乾时,经学大盛,人人通博,而其所得者或未能沉至也。"④王闿运敏锐地意识到船山学对湖湘文化的开创意义,同时,他也偏执地认为,船山学相对于整个学术界只是二流水平。为了坚持己见,直到光绪三十一年(1905年)六月三日,他仍然在日记中强调:"看船山讲义,村塾师可怜,吾知勉矣。王、顾并称,湖南定不及江南也。"⑤"王、顾并称"是当时学术界的流行看法。郭嵩焘早在咸丰八年(1858年)七月廿六日的日记中就记下了乙舟为袁漱六撰船山祠对联:"痛哭西台,当时水殿仓皇,知己犹余瞿相国;栖迟南岳,此后名山著述,比肩惟有顾亭林。"⑥从这副对联可以看出,郭嵩焘、乙舟、袁漱六等文人都默认了王夫之"比肩惟有顾亭林"。孙宝瑄也在光绪二十四年(1898年)闰三月二十九日的日记里把"亭林、梨洲、船山"并称于"国朝经世硕学","皆不可不深究也"⑦。与孙宝瑄同时代的张謇却在光绪二十六年(1900年)十月二

---

① 王闿运:《湘绮楼日记》,长沙:岳麓书社,1997年版,第1933页。
② 王闿运:《湘绮楼日记》,长沙:岳麓书社,1997年版,第1104页。
③ 王闿运:《湘绮楼日记》,长沙:岳麓书社,1997年版,第2390-2391页。
④ 王闿运:《湘绮楼日记》,长沙:岳麓书社,1997年版,第15页。
⑤ 王闿运:《湘绮楼日记》,长沙:岳麓书社,1997年版,第2662页。
⑥ 郭嵩焘:《郭嵩焘日记》(第一卷),长沙:湖南人民出版社,1981年版,第147页。
⑦ 孙宝瑄:《忘山庐日记》,上海:上海人民出版社,2015年版,第196页。

第三章 文人日记中的王船山作品阅读接受史

十一日的日记中记下了他为学堂学生出了"船山亭林梨洲学术同异论"①这个课题。这些较充分说明,光绪末年,王夫之已经"比肩"于顾炎武、黄宗羲,王夫之、顾炎武与黄宗羲的"明末清初三大思想家"的合称也已经基本形成。但对这些比较流行的看法,王闿运反其道而行之。王闿运一般不把王船山与顾炎武、黄宗羲相提并论,而是用不太知名的学者比附王船山,并且,经常是"龟兔赛跑式比较"。如,他把牟庭所比附王船山,牟庭所是乾、嘉时的考据学家,而王船山以思想建构见长。两者比较,不伦不类,犹如"龟兔赛跑",自然得出这样结论:"牟氏终身著书,皆骋己说,又不如王夫之,然其佳者胜之。考据长于王,时为之也。"②无独有偶,在光绪十七年(1891年)十二月八日的日记中他批评"镜初《春秋笺记》""夹入《左传》议论",但可以看成"杰作",且"与船山可抗行"③。这种以点带面式的评价,很难让人信服,其与"龟兔赛跑式比较"一样显得笨拙、肤浅。

王闿运对王船山政治史学评价最低。他在日记中把王船山看成是"时文中巨手",其史论"语似精而粗","似甚可厌",并且,王闿运"不知近人何以赏之"④。其对王船山史论的厌恶之情溢于言表。并且,王闿运认为王船山史论有其狭隘之处,对当下的历史不能给出解释。民国元年(1912年)正月二日,王闿运通过报纸知道,清帝已经逊位,袁世凯做了总统,定国号为中华民国。他认为,大清帝国"以儿戏自亡,殊为可骇,又补廿四史所未及防之事变,以天下为神器者,可以爽然。萧鹤祥来,极颂袁公,亦船山史论外别有见解者"⑤。简言之,中华民国的建立是船山史论无法解释的。王闿运对王船山《黄书》评价也不高,他在日记中写道:"作《志》传,阅船山《黄书》,其见未卓。"⑥

王闿运对王船山礼学评价稍显温和。这可能不是王闿运发自内心的赞赏,而是有点从众心理。因为,同一时期湖湘文人都特别推崇王船山礼学。曾国藩在同治五年(1866年)六月二十九日"阅王船山所注《张子正蒙》"一书时认为:"船山氏最推重《正蒙》一书,以余观之,亦艰深而不能显豁,其参两

---

① 张謇研究中心、南通市图书馆:《张謇全集》(第6册),南京:江苏古籍出版社,1994年版,第445页。
② 王闿运:《湘绮楼日记》,长沙:岳麓书社,1997年版,第235页。
③ 王闿运:《湘绮楼日记》,长沙:岳麓书社,1997年版,第1759页。
④ 王闿运:《湘绮楼日记》,长沙:岳麓书社,1997年版,第6、17、3112页。
⑤ 王闿运:《湘绮楼日记》,长沙:岳麓书社,1997年版,第3136页。
⑥ 王闿运:《湘绮楼日记》,长沙:岳麓书社,1997年版,第96页。

篇,言天地日月五行之理数,尤多障碍。"①《张子正蒙注》一书虽然难以卒读,但赞赏之情却溢于言表。郭嵩焘和曾国藩一样推崇王船山礼学。他在同治九年(1870年)十月廿二日的日记中认为:"船山处乱世,几欲离人而立于独,气象又别。师船山之言以立身,体圣贤之心以应物,其庶几乎。"②郭嵩焘把王船山看成圣人,对其礼学服膺之至。这一点在王闿运日记中得到了印证。王闿运说:"筠仙言:'船山书精华在《读性理大全》。'吾闻之一惊,惊其一语道破,诚非通王学、熟读全书者不能道此语……片言居要,吾推筠老。"③总体上看来,他对王船山礼学没有好感,当他"翻王夫之礼记注"时,虽然觉得"亦有可采者,而大段不可观,乃知著作之难"④。难能可贵的是,他用"著作之难"做出理解性解释。然而,在光绪四年(1878年)三月二日日记中认为:"阅王夫之《中庸衍》,竖儒浅陋可悯。"⑤王闿运把王船山称为"竖儒",贬抑太过了。

  王闿运对王船山诗词评价有所肯定也有所批评。光绪十五年(1889年)五月十八日,王闿运在日记中对湖湘文学做了整体评价,他认为,"湘洲文学,盛于汉清。故自唐、宋至明,诗人万家,湘不得一二。最后乃得衡阳船山:其初博览慎取,具有功力;晚年贪多好奇,遂至失格"⑥。既突出了王船山在文学上的开创意义,也对其提出了严厉的批评。他在同治八年(1869年)正月二十九日的日记中也说:"晚坐观船山杂说,及其所作北曲,书谢小娥事,凄怆悲怀。"⑦对王船山诗词有一定的体悟。光绪十八年(1892年)三月廿二日,王闿运:"看船山诗话,甚诋子建,可云有胆,然知其诗境不能高也,不离乎空灵妙寂而已,又何以赏'远犹辰告'之句?"⑧这是批评的声音。王闿运对王船山诗词的评价具有嘲讽性。他"翻船山愚鼓词",把王船山诗词"定为神仙丹家言,非诗词之类也"⑨。甚至,他看"船山悼亡诗,又不觉大笑"⑩,嬉笑怒骂充斥其间。

---

① 曾国藩:《曾国藩日记》,天津:天津人民出版社,1995年版,第1702页。
② 郭嵩焘:《郭嵩焘日记》(第二卷),长沙:湖南人民出版社,1981年版,第625页。
③ 王闿运:《湘绮楼日记》,长沙:岳麓书社,1997年版,第137-138页。
④ 王闿运:《湘绮楼日记》,长沙:岳麓书社,1997年版,第555页。
⑤ 王闿运:《湘绮楼日记》,长沙:岳麓书社,1997年版,第645页。
⑥ 王闿运:《湘绮楼日记》,长沙:岳麓书社,1997年版,第1556-1557页。
⑦ 王闿运:《湘绮楼日记》,长沙:岳麓书社,1997年版,第12页。
⑧ 王闿运:《湘绮楼诗文集》(第4册),长沙:岳麓书社,1996年版,第2232页。
⑨ 王闿运:《湘绮楼日记》,长沙:岳麓书社,1997年版,第353页。
⑩ 王闿运:《湘绮楼日记》,长沙:岳麓书社,1997年版,第1188页。

第三章
文人日记中的王船山作品阅读接受史

王闿运对王船山著作的阅评有其偏执之处,有的甚至是意气之评。这是由王闿运的狂妄而又自卑的多元性格决定的。实际上,不仅仅对王船山如此,对同时代的人,他也是这种批评态势。如,他评当时湖南名人也是苛刻的,他在日记中说:"胡文忠公能求人才,而不知人才。曾文正公能收人才,而不用人才。左季高能访人才,而不容人才。……凡此皆今世所谓贤豪,乃无一得人才之用者,天下事尚有望耶!"①其狂妄之态跃然纸上。

三、《湘绮楼日记》中的王船山思想之传承活动

虽然王闿运对于王船山及船山学多有狂妄之言,但是为了让更多的人接受王船山,为了传承王船山思想,王闿运做了大量的推广活动,为船山思想的传播做出了重要贡献。这些在《湘绮楼日记》中留下较为清晰的线索。

(一) 书写船山传,扩大王船山思想接受范围

王闿运具有两副面孔。阅评王船山的时候贬损颇多,但弘扬王船山精神却很卖力。正如他在同治十三年(1874年)刊行的《衡阳县志》的序中所说:"船山贞苦,其道大光。千载照耀,百家汪洋。"②王闿运希望全民都能够阅读船山经典、接受船山思想。为此,他做了很多实实在在的船山学研究。

同治九年(1870年)四月十九日,为了给王船山作传,他"翻王船山永历实记及莲峰志、文集,欲作传,颇倦而罢"。"颇倦而罢"说明工作很辛苦,也很卖力。四月廿日,王闿运着手"作船山传"。船山传记不容易作,传记还是没有完成。直到四月廿二日,为了"作志传"仍然在查阅资料,他阅读了"张子厚正蒙十八篇"③。除了作传,王闿运也在竭尽所能搜集王船山遗文遗稿,光绪二十四年(1898年)四月四日,"道署催客,至谭、萧学舍,唯见秀阶。至刘省卿斋,萧、朱均在,更有曾生,邵阳人,藏船山惜发赋者也。午前笙送墨迹来,代请题跋,云欲相见,余请并邀同集,故遇如此"④。王闿运对曾生所"藏船山惜发赋"非常感兴趣,于是,王闿运"请并邀同集",显而易见,王闿运在套近乎,想一睹"船山惜发赋"的风采。无独有偶,光绪三十三年(1907年)二月五日,王闿运遇到周生与廖倬夫。"廖云奔驰苦矣,又不识道,得遇周,

---

① 王闿运:《湘绮楼日记》,长沙:岳麓书社,1997年版,第726页。
② 王闿运:《衡阳县志序》,《船山全书》(第16册),长沙:岳麓书社,2011年版,第662页。
③ 王闿运:《湘绮楼日记》,长沙:岳麓书社,1997年版,第96页。
④ 王闿运:《湘绮楼日记》,长沙:岳麓书社,1997年版,第2144页。

如空谷足音也。留宿一房,谈船山事,云搜集随笔,名曰王志,以拟郑志也。"①作为具有传统秉性的文人,晚年的王闿运对王船山的各种逸闻、随笔特别感兴趣。另外,晚年的王闿运作为船山学研究的权威人物,他经常为后学做船山谱序也是顺其自然的事,如,光绪十七年(1891年)七月廿日"为尹生题船山遗稿,写字数纸";民国四年(1915年)十月廿二日,"王生请作谱序,为书一纸"②。从日记可以看出,王闿运为接受、传播王船山思想做了不少贡献,为船山学的传播付出了努力。

(二)主持船山书院,带领学生接受、传播王船山思想

王闿运与船山书院有着不解之缘。早在光绪八年(1882年)十月一日,王闿运"出至衡阳县署,访文心久谈,多及船山书院事"③。此时,王闿运就了解不少船山书院的事情。光绪十一年(1885年)船山书院改建东洲岛,彭玉麟邀约好友王闿运任山长,王闿运并没有马上赴任。光绪十四年(1888年)二月十二日,"刘定甫来言船山书院事,百说不了"④,也没有把赴任之事定下来。直到光绪十七年(1891年),王闿运才出任船山书院山长,但遗憾的是,好友彭玉麟已驾鹤西去。此时,王闿运有"假馆东洲,城中故人散亡略尽,意气衰落,无可告言"⑤之感。早期的船山书院规模小,"门斗斋夫村陋"⑥,王闿运颇感失望,但他通过一番努力,让"学在船山"成为船山书院的名片。

中国古代书院历来注重发扬先贤圣人模范作用。学生入馆,书院、学馆会引导学生拜祭先贤,诵读先贤著作,以达教化学生的作用。如,光绪十四年(1888年)二月十七日,"晨昇入馆,馆中起学。监院周铣诒(荔樵)中书来,旋出。朱文通、郭庆潘、陈海鹏、杨鹏海、陶少云、俞锡爵来送学。久待筠仙不至,未初始行礼:先谒船山,次求阙。鹏海指视王三叩而曾六叩,云京师昭忠祠礼也。余心疑焉:我非地方官,何为而行官礼?以宾礼主度,依而行之"⑦。从这一条日记看出,晚清时期的湖南很多书院、学馆都把拜祭王船山、阅读王船山著作作为教化学生的重要方式。这一点在郭嵩焘的日记中

---

① 王闿运:《湘绮楼日记》,长沙:岳麓书社,1997年版,第2798页。
② 王闿运:《湘绮楼日记》,长沙:岳麓书社,1997年版,第1727、3405页。
③ 王闿运:《湘绮楼日记》,长沙:岳麓书社,1997年版,第1148页。
④ 王闿运:《湘绮楼日记》,长沙:岳麓书社,1997年版,第1440-1441页。
⑤ 王闿运:《湘绮楼日记》,长沙:岳麓书社,1997年版,第1737页。
⑥ 王闿运:《湘绮楼日记》,长沙:岳麓书社,1997年版,第1697页。
⑦ 王闿运:《湘绮楼日记》,长沙:岳麓书社,1997年版,第1441-1442页。

第三章
文人日记中的王船山作品阅读接受史

得到了印证。光绪七年(1871年)三月廿六日,"思贤讲舍开馆",郭嵩焘与监院陆恒齐等人"同诣船山先生祠行礼,诸生至者十五人"①。可见,拜祭王船山成为湖南书院、学馆的必修功课,并且,活动较为盛大。而"船山书院本为崇祀湘中先贤王夫之而建,所以在书院的日常活动中,祭祀王夫之、宏扬船山精神亦是王闿运书院教育的主要内容之一"②。作为船山书院山长的王闿运本身就对王船山著作的阅评颇多,熟稔船山思想,自然会带领学生阅读王船山著作、接受王船山思想。他春秋两祭都要向书院学生宣讲王船山的生平事迹和民族气节,让学生诵读王船山著作,用王船山精神陶冶学生情操。

(三) 举办船山祭祀,全民接受、传承王船山思想

在船山学接受史上,举办王船山祭祀活动,对接受、传承王船山思想具有重要意义。作为王船山精神的传播者,郭嵩焘、王闿运等湖湘文人做出了重要贡献。正如王闿运在《船山公诞祭文》中所说:王船山"空山抱道,独怀忠孝之心;异代流芳,增美桂林之传"③。

举办王船山祭祀活动,主要是郭嵩焘发起的。早在光绪二年(1876年)八月二十日,郭嵩焘去"具奏王船山先生宜从祀文庙,奉旨交礼部议奏",接着,则"寄省城自徐云渠以下公信一函,述悉二十日奏请船山先生从祀文庙一节"④。郭嵩焘为王船山从祀文庙四处奔走。十月十五日,王闿运"得筠仙公启,言王船山从祀事"⑤。郭嵩焘邀约湖湘好友王闿运共举这一盛事。从日记看出,王闿运在担任船山书院山长之前,对举办王船山祭祀活动并不热心。所以说,前一时期的王船山祭祀活动大都是郭嵩焘主持的。从光绪六年(1880年)到光绪十七年(1891年)郭嵩焘一生的最后12年间每年都会公祭或私祭王船山,祭祀的日期一般是九月初一日或正月初一日。祭祀活动一般是"诣船山祠行礼""开社讲"等纪念活动。参与者每次都要几十人。这些在郭嵩焘的日记中都有大量记录。并且,把王闿运、郭嵩焘这一时期的日记进行比较,会发现一个有意思的现象:王闿运这一段时间日记中没有参与

---

① 郭嵩焘:《郭嵩焘日记》(第四卷),长沙:湖南人民出版社,1983年版,第157页。
② 刘平、章启辉:《王闿运改制船山书院探析》,《湖南大学学报(社会科学版)》,2007年第5期,第128页。
③ 王闿运:《船山公诞祭文》,《船山全书》(第16册),长沙:岳麓书社,2011年版,第666页。
④ 郭嵩焘:《郭嵩焘日记》(第三卷),长沙:湖南人民出版社,1982年版,第55、57页。
⑤ 王闿运:《湘绮楼日记》,长沙:岳麓书社,1997年版,第525页。

祭祀王船山活动的记录。但郭嵩焘光绪十四年(1888年)九月初一日的日记中却记录了"致祭船山祠,王壬秋已前赴湘潭,属为主祭"①,这句话似乎表明王闿运是参与船山祭祀活动的主要人物。

光绪十八年(1892年),郭嵩焘过世,祭祀王船山的重担落在王闿运肩上。于是,在王闿运日记中陆陆续续留下不少祭祀船山的记录。光绪十八年八月三十日,王闿运"至程家,遇笃生,乃知明日船山生日,有祭"。第二天,"因祀船山,不点名。拟祭礼:既非释尊,又非馈食,当用乡饮。飨礼未遑改定,姑依俗三献行之。诸生无衣冠者,大半手足无措;再演,略胜跪拜耳,已至夕矣"。光绪二十二年(1896年)九月一日"将午,始祭船山以乡贤之礼。兴此六年,今稍习矣"。光绪二十五年(1899年)九月一日,"晨起庀具,已初释奠,实用时制秋祭礼而小变之,未为合礼"。光绪二十六年(1900年)九月一日,"设面为船山作生日"。光绪二十八年(1902年)九月一日,"例祭船山"。光绪三十三年(1907年)九月一日,"余于入门时亦先行香,在室为赞,未偏旅而先退"②。从以上引用的材料来看,王闿运"以乡贤之礼"祭王船山,祭祀的地点主要是船山书院、船山祠,参与者有书院学生、乡贤、市民等。王闿运举办祭祀王船山活动,扩大了接受、传承王船山思想的范围,对船山思想的传播做出了重要贡献。

四、结语

一般来说,日记文献可能只是片言只语,但就是这片言只语往往能够挖掘出历史的真相。近代是船山学发生的重要时期,而王闿运《湘绮楼日记》所记录的阅读、评论、传播王船山著作、思想的56年历程见证了船山学的发生。《湘绮楼日记》几乎没有中断地记录了57年,王闿运阅读王船山著作的时间达到56年,其日记直接记录阅读王船山的文献约有60条,其阅读王船山著作的行为贯穿一生。作为一个有着建构思想的学术大师,王闿运对王船山著作的阅读、接受别具一格。相对于郭嵩焘等近代文人较为忠实的阅读、接受模式,王闿运对王船山著作的阅读、接受则具有很强的批判性。但非常吊诡的是,表面上看,王闿运对王船山批判得很过火,但潜意识中却要

---

① 郭嵩焘:《郭嵩焘日记》(第四卷),长沙:湖南人民出版社,1983年版,第805页。
② 王闿运:《湘绮楼日记》,长沙:岳麓书社,1997年版,第1813 - 2840页。

用王船山思想来纠正各种生活现象,判断是非。另外,王闿运带领乡贤、学生、市民接受、传承王船山思想,举办王船山祭祀活动,对船山思想的传播做出了重要贡献。

第三节 文人日记中的《读通鉴论》阅读接受史

《读通鉴论》创作于1687年,是王夫之晚年阅读《资治通鉴》的心得笔记,"其中每一节都是针对《通鉴》所记的某一段史实而发的议论"①。《读通鉴论》是一部重要史学论著,舒士彦说:"船山史论两种,成于最晚之岁,盖读史有感,随事触发……而于上下古今兴亡得失之故,制作轻重之原,均有论列。"②其"史论两种"是《读通鉴论》与《宋论》,"两书虽然是王夫之晚年'无意为文'之文,但皆成为探历史得失,明兴亡之故的史评名著"③。《读通鉴论》以司马光主编的《资治通鉴》为蓝本,对其中的部分历史事件、人物等予以评说,引出或发表见解。

一直以来,学界对王夫之《读通鉴论》中的进化史观有较深入的研究。宋小庄认为,王夫之"对历史观的主要课题都进行了探索,并给予回答。对于我国历史发展的过程,他以进化史观和治乱分合史观来解释……达到我国当时历史哲学的最高峰"④。可见,王船山的治乱史观不是简单的朝代更替的循环史观,而是富有变化的逐步进化的循环。当然,除史学外,《读通鉴

---

① 贾谊:《贾谊集校注》,北京:人民文学出版社,1996年版,第21页。
② 舒士彦:《校点例言》,《读通鉴论》,北京:中华书局,2013年版,第4页。
③ 胡晓明:《〈读通鉴论〉二题》,《船山学刊》,2010年第2期,第32页。
④ 宋小庄:《读〈读通鉴论〉》,昆明:云南人民出版社,1991年版,第70页。也有一些论文论述了王夫之的进化史观及其局限性:嵇文甫认为,王船山《读通鉴论》"看似不成统系的许多经义史论里面,实蕴藏着很微妙的一种历史哲学"。嵇文甫:《王船山学术论丛》,北京:生活·读书·新知三联书店,1962年版,第122页。侯外庐认为,王船山的人类社会历史观是建立在"氤氲生化论"的自然进化史观上,而"人类社会的进化,不是和自然史演变相等的,而有其其体的法则"。侯外庐:《船山学案》,岳麓书社,1982年版,第103页。其他研究:黄明同、吕锡琛:《王船山历史观与史论研究》,长沙:湖南人民出版社,1986年版;雷敢:《略论王夫之〈读通鉴论〉的历史观》,《湖南师院学报(哲学社会科学版)》,1983年第2期,第29—34页;陈斯风:《试从〈读通鉴论〉探船山进化史观》,《杭州教育学院学报》,1998年第1期,第42—47页;王彦霞:《王夫之〈读通鉴论〉的史论价值》,《石家庄学院学报》,2009年第5期,第41—45页;等等。

论》的历史哲学、民族思想和政治思想也富有典型意义。基于以上研究,本文尝试从日记视域探索《读通鉴论》的阅读接受史及其思想意义。

一、《读通鉴论》阅读史

《读通鉴论》的集中阅读是在金陵本《船山遗书》出版之后。曾国藩阅读《读通鉴论》与刻印《船山遗书》有密切关系。其阅读分成两个阶段:第一阶段是在同治元年(1862年)十月二十七日至十一月二十九日①,阅读了一个多月,其主要是为出版《船山遗书》而做的准备工作;第二阶段是在同治五年(1866年)一月二十八日至八月三日,时间跨度较长,其主要是校定《船山遗书》,其在八月三日的日记中写道:"早饭后……阅《读通鉴论》二十五叶。凡三十卷阅毕。酷热之后,继以疾病,涉猎一过,校出错字甚少。"②说明《读通鉴论》编校得较好。

1867年,《船山遗书》出版,《读通鉴论》成了畅销书。王文韶也算是曾国藩的门徒,其1867年获赠《船山遗书》,1876年1月28日才开始阅读《船山遗书》,而其一开始阅读的就是《读通鉴论》,对《读通鉴论》阅读较为用力,可见《读通鉴论》在当时之重要。其阅读情况如下表所示。

王文韶阅读《读通鉴论》记录表

阅读年份	阅读月日	阅读内容
1876	1·28	竟日无事,阅王船山《读通鉴论》三卷
	1·29	阅王船山史论三卷
	1·30、1·31、2·2、2·10	阅王船山史论一卷
	2·15	阅史论十页。刘宋文帝止
	2·19、2·20	阅史论二十页
	2·22	阅史论十七卷毕。梁敬帝止
	2·25	阅史论第十九卷。隋炀帝止
	2·26	阅史论二十页。唐高祖止
	2·27	阅史论第二十卷毕。唐太宗止

---

① 曾国藩:《曾国藩日记》(第二册),长沙:岳麓书社,2015年版,第358-369页。
② 曾国藩:《曾国藩日记》(第三册),长沙:岳麓书社,2015年版,第257-316页。

第三章
文人日记中的王船山作品阅读接受史

续表

阅读年份	阅读月日	阅读内容
1876	2・28	阅史论第二十一卷。唐中宗止
	3・1	阅史论第二十二卷。唐玄宗止
	3・2	阅史论第二十三卷。唐代宗止
	3・4	阅史论四十二页
	3・5	阅史论二十四五卷毕。唐宪宗止
	3・6	阅史论第二十六卷。唐宣宗止
	3・7	阅史论第二十七卷,唐昭宣帝止
	3・14	阅史论第二十八卷,五代上
	3・16	阅史论第二十九卷。五代中
	3・17	阅史论第三十卷五代下。并卷末。叙论四又一段

上表摘选自《王文韶日记》(中华书局1989年版,第353—370页)。王文韶(1830—1908),字夔石,号耕娱、庚虞,又号退圃,浙江杭州人。1867年8月获赠《船山遗书》时,其还在湖北安襄荆郧道盐运司任上,后擢湖北按察使、湖南布政使。1871年到1878年其出任湖南巡抚,后调任户部左侍郎、户部尚书、兵部侍郎、云贵总督。王文韶官场顺利,受曾国藩影响,其处理政事之余,坚持读书。其阅读《读通鉴论》的时间段是1876年1月28日到3月17日,共一个多月的时间。其阅读几乎没有中断,偶尔政务特别繁忙,就无暇读书,如1876年3月3日,"见客二起,丽生挈眷抵省。拜发奏报楚军合剿黔匪攻克南江水口坚巢折,四百里由驿"①。发生"匪乱",自然是紧急事件,这一天没有读《读通鉴论》。《船山遗书》中的《读通鉴论》全书共30卷,卷末附《叙论》4篇。从日记可以看出王文韶基本读完了,遗憾的是其很少流露阅读体悟。

无独有偶,姚永概也很仔细地阅读了《读通鉴论》,如下表所示。

---

① 袁英光、胡逢祥:《王文韶日记》,北京:中华书局,1989年版,第365-366页。

姚永概阅读《读通鉴论》记录表

阅读年份	阅读月日	阅读内容
1887	3·22	看《读通鉴论》十二页
	3·23	看《读通鉴论》四十页
	3·24	看《读通鉴论》十二页
	3·25	看《读通鉴论》十页
	3·26	看《读通鉴论》三十三页
	3·27	看《读通鉴论》十九页
	3·28	看《读通鉴论》十四页
	3·29	看《读通鉴论》十八页
	3·30	看《读通鉴论》五十四页
	3·31	看《读通鉴论》五十六页
	4·1	看《读通鉴论》四十二页
	4·2	看《读通鉴论》三十二页
	4·3	看《读通鉴论》四十四页
	4·6	看《读通鉴论》二十一页
	4·9	看《读通鉴论》六十页
	4·10	看《读通鉴论》五十五页
	4·11	看《读通鉴论》三十八页
	4·12	看《读通鉴论》三十四页
	4·13	看《读通鉴论》九十四页
	4·14	看《读通鉴论》二十七页
	4·16	看《读通鉴论》六十七页
	4·17	看《读通鉴论》六十二页
	4·18	看《读通鉴论》三十页
	4·19	看《读通鉴论》八十页
	4·20	看《读通鉴论》四十六页。看《汉书》列传数篇

上表摘选自姚永概《慎宜轩日记》(黄山书社 2010 年版,第 291—325 页)。姚永概(1866—1923),字叔节,安徽桐城人。姚永概出身于诗宦之家。1894 年,姚永概师从吴汝纶,吴汝纶为曾国藩四大门人之一,倡导时务新学。

第三章 文人日记中的王船山作品阅读接受史

姚永概与王文韶不同,王文韶是以政治家身份读《读通鉴论》,姚永概是以学者身份阅读《读通鉴论》。其阅读《读通鉴论》的时间段是1887年3月22日到4月16日,约一个月的时间,其阅读基本是连续的。姚永概阅读《读通鉴论》时还没有中举,也还没有拜吴汝纶为师,其不是直接受曾国藩影响而阅读《读通鉴论》的。从这可以看出《读通鉴论》具有影响力,文人们越来越主动阅读、接受《读通鉴论》。另外,姚永概作为读书人,不同于政治家王文韶,其把《读通鉴论》与《春秋三传异文释》《释服》《释谷》《孟子音义考证》《诗古微》《左传异文释》《尔雅匡名》《尚书集解》《汉书》等经典著作放在一起进行比较阅读,或者说,《读通鉴论》被看成了经典论著。更为重要的是,姚永概有记录阅读《读通鉴论》的心得和对其的评价。

作为读书人,孙宝瑄与姚永概相似,其阅读《读通鉴论》的情况如下表所示。

孙宝瑄阅读《读通鉴论》记录表

阅读年份	阅读月日	阅读内容
1903	3·17	余素恶王安石、张居正皆祖申、商之言,其学术卑卑不足道,而世无以余言为然者。船山竟先得我心,其《通鉴论》曰:申、商者,乍劳长逸之术也
	3·20	观《汉书》及《通鉴论》
	3·22	观皇侃《论语疏》及《通鉴论》
	3·23、3·24、4·3、5·16	读《通鉴》
	5·17、6·22、6·24、6·26、6·27	船山语录摘抄(略)

上表摘选自孙宝瑄《忘山庐日记》(中)(上海人民出版社2015年版,第636—670页)。孙宝瑄(1874—1924),字仲玙,浙江钱塘人。孙宝瑄阅读《读通鉴论》的时间段是1903年3月17日到6月27日,时间跨度长,中间不太连续。孙宝瑄是支持戊戌变法的,变法失败之后,其阅读王船山《读通鉴论》,是为了反思也是为了寻找历史发展的出路。民国前,晚清文人阅读王船山《读通鉴论》的还有夏敦复、王闿运、谭献、郭嵩焘、赵烈文、周腾虎、江瀚、缪荃孙等,后文会有具体分析,这里不再赘述。

从日记视域看,阅读《读通鉴论》的主要是近代文人,现代文人也有一些,杨昌济、钱玄同、刘节等现代文人是代表性人物。杨昌济应该是抱着研

究的态度而阅读王船山《读通鉴论》的,其日记中留下的记录不多。其中有两条记录如下:

> 一九一六年九月十三日,以后解鉴,当于不嫌凌杂之中求一不杂之道;意欲将汉高帝、汉光武、唐太宗、宋太祖、明太祖五帝纪年中之事,依序细解一过,即取王船山读通鉴论,宋论中凡高帝、光武、太宗、太祖卷中者,亦依次细解一过;资治通鉴中司马光曰在汉唐三帝纪年中者,亦依次细解一过,是为提纲挈领。
>
> 九月二十一日,连日总不爽快,亦不过解诗经,解通鉴、写解诗经日记、写解通鉴日记、写日记五者为之祟耳。①

杨昌济精读《读通鉴论》,而且还写"解通鉴、写解诗经日记、写解通鉴日记"。钱玄同更是抱着研究态度阅读《读通鉴论》,其日记写道:1933 年 1 月 16 日,"访建功,并晤乐夫[残]旭生,大谈学问……他说,王船山的书,以《春秋□□》《读通鉴论》《宋论》三书为最于[残],以科举时以《鉴》《宋》两论为兔园册子而轻视之也。他说《春秋》三世乃事实,非假托之理想,齐桓以前为据乱,桓、文至宋之盟以前为时升平,宋之盟以后为太平。此论甚精"②。因有人推荐《读通鉴论》,钱玄同于 1933 年 2 月 10 日"北大开学"时,"至北大圕(图书馆),拟借佳本《船山遗书》,检其各书之序所记年月,因后来印书往往缺序,或张冠李戴,而我的一部,黑色纸张虽非极劣,却也不甚好,意北大或有之。比往检卡目,则止有一部九十七本者。忆十余年前,不庵曾谓皆劣印且不全,配来配去,配成三部(?)皆九十几本者,此殆即其一也——但止有一部了,可怪!事不干我,我不管它。于是想还是检我自己的吧……旭生谓《读通鉴论》与《宋论》见解最高明,当是暮年之作。我读其子敔之行述中,徐言甚信,但亦不详其年代也"③。北大图书馆中的《船山遗书》是残本,不全。说明船山作品在当时阅读有限。当然,一些书局还是可以买到《读通鉴论》等船山作品的。可能因为从北大图书馆借出来的《读通鉴论》残破,钱玄同又在书局买了一些船山作品,他于 1933 年 2 月 13 日"至直隶书局取《通鉴》

---

① 杨昌济:《达化斋日记》,长沙:湖南人民出版社,1978 年版,第 193-194 页。
② 杨天石:《钱玄同日记(整理本)》,北京:北京大学出版社,2014 年版,第 901 页。
③ 杨天石:《钱玄同日记(整理本)》,北京:北京大学出版社,2014 年版,第 910 页。

附属之数种"①。翻阅钱玄同 20 世纪 20 年代日记,会发现,因受胡适的引荐,钱玄同一直有研究王船山的志趣,后来却没有实现。

到了 20 世纪 40 年代,刘节对《读通鉴论》的阅读也比较仔细,如下表所示。

刘节阅读《读通鉴论》记录表

阅读年份	阅读月日	阅读内容
1945	5·3	读通鉴论二页
	5·6、5·9、5·13、	读通鉴论
	5·14、	读通鉴论一页
	5·15、5·17、5·18、5·19、5·24、5·27、5·28、6·4、6·13、6·16、6·17、6·19、7·10、7·12	读通鉴论
	8·3	读通鉴论至唐中宗
	8·8	读通鉴论
	8·9	读通鉴论四页
	8·10	读通鉴论
	8·31	读通鉴论至卷终

上表摘选自《刘节日记(1939—1977)》(大象出版社 2009 年版,第 244—262 页)。刘节(1901—1977),字子植,温州朔门人,当代历史学家。刘节阅读《读通鉴论》的时间段是 1945 年 5 月 3 日到 8 月 31 日,时间跨度长,中间不太连续。刘节阅读王船山《读通鉴论》正值抗日战争胜利之时,其在 1945 年 8 月 10 日的日记中写道:"上午接仲博一函。下午读通鉴论。晚八时许得日本无条件投降消息,举世欢腾。计自卢沟桥事变以来适八年又一月又三天。"②其阅读《读通鉴论》的心境及对船山学的接受、评价与以往的文人有所不同。

1976 年 9 月 8 日,赵景深在日记中写道:"沈龙法来,请他陪我到古籍书店去买了刘禹锡和魏源的集子以及王夫之的《读通鉴论》。"③说明《读通鉴论》一直是学者的重要阅读书籍。并且,在这个历史转折时期能够买到这本书,可见《读通鉴论》的影响力。

---

① 杨天石:《钱玄同日记(整理本)》,北京:北京大学出版社,2014 年版,第 911 页。
② 刘节:《刘节日记(1939—1977)》,郑州:大象出版社,2009 年版,第 259 页。
③ 赵易林:《赵景深日记》,北京:新星出版社,2014 年版,第 58 页。

二、《读通鉴论》评价史

据现有日记文献,最先完整阅读《读通鉴论》的是曾国藩,而在日记中,曾国藩很少记录阅读体验,又加之曾国藩偏向于《张子正蒙注》等"道统"作品,对《读通鉴论》几乎没有什么评价。曾国藩门人赵烈文对《读通鉴论》特别推崇。咸丰八年(1858年)十二月九日,赵烈文"在叕甫处读明王夫之而农《读通鉴论》,为书三十卷,沉雄博大,识超千古。王明季遗民,入清隐居而终"。当时,《船山遗书》存本已十分珍稀,而"《王夫之全书》在家伯厚兄处,叕甫自索不获,何论其他"。咸丰九年(1859年)八月二日,赵烈文又读《读通鉴论》,称道,"此书议论精深,博大其中,切理厌心者,不可胜录。是时至十一月,吾读之二过未终,为金眉生借去"①。金眉生即金安清,字眉生,号偍斋,晚号六幸翁,浙江嘉善人。

戊戌变法前的曾国藩等文人看重《读通鉴论》的"道统"思想;戊戌变法到辛亥革命这一时期的孙宝瑄等文人看重《读通鉴论》的"治统"思想。赵烈文1860年再一次研读《读通鉴论》发现:

> 咸丰十年(1860年)二月十八日,读楚元王传:曾孙德,元孙向,向子歆。……王夫之《读通鉴论》言向极谏封事,不当言援近宗室,类自为谋,授人以隙。窃以向睹王氏之强,思树宗室,以为援,系悃至诚为社稷计利害,何暇避嫌,此论褊矣。
>
> 七月二十三日,读"李广苏建传:广孙陵,建子武。……广简易不用部曲,盖以军行绝漠,士卒劳苦,可以休息,使士气常逸,此亦兵家宜有。然所以能如此者,以斥候远、耳目明耳。程不识所行,自是将军常法。此各有所见,所谓运用之妙,存于一心,难以优劣论之。明人王而农以为李攻兵,而程守兵,甚非。"②

赵烈文改变了早期对《读通鉴论》"沉雄博大,识超千古"的超高评价,辩证地指出了《读通鉴论》的偏执之处。由于受到赵烈文的影响,周腾虎几乎在相同时间其做出了几乎相同的评价,其日记写道:咸丰八年(1858年)十二月初三日,"王夫之论贾谊、陆贽、苏轼,虽有深义,然诋苏过甚,非笃论也。

---

① 赵烈文:《能静居日记》,长沙:岳麓书社,2013年版,第42、79页。
② 赵烈文:《能静居日记》,长沙:岳麓书社,2013年版,第115、167页。

苏恺弟爱人，惟学识浅薄，未能免俗耳。假使秉政，可与韩、范、富、欧为伍，不为王荆公也。荆公气悍而不晓事，固执而不回，所以成其败。轼知变通，若使当局，亦不过因世随时，无能为大功业耳。若如夫之所言，则几如小人之尤，何至是耶？学者论古人，往往失其平放，不能餍服千古耳"。第二天，"经日阅王夫之《读通鉴论》，持论明通，庶为知言。言匹王佐之才，世不多见，可尚也"①。周腾虎对《读通鉴论》的评价还是客观的。稍后的王闿运对船山史论的评价特别低：

> 同治八年（1869年）正月十七日，点汉书一卷。王章上书攻王凤，而欲立定陶王，逢帝一时，终犯其忌，其死非不幸。赵合德自杀，不对状，后乃诬成其杀子，非信史也。王船山以耿育所奏为非，谬矣。船山论史，徒欲好人所恶，恶人所好，自诡特识，而蔽于宋元明来鄙陋之学，以为中庸圣道。适足为时文中巨手，而非著述之才矣。
>
> 二月八日，阅《晋志》三卷，律历不能明也。王船山讥陈卧子三月而毕二十四史，以为置诸志不观，宜其迅疾。虽然，不明占候推步，则观之三年亦犹一览耳。诚早通之，何不可一日而了？故知船山语似精而粗。②

王闿运认为，船山《读通鉴论》有点标新立异，立论随便、粗糙，缺少严肃的历史态度。他对船山史论的评价很低。而同一时期的谭献对王船山《读通鉴论》评价很高，形成鲜明对比：

> 王氏持论以仁心为宗旨，而重有见于天位天禄之分，不以古治为悉可法，不以后王为皆不闻道。封建、郡县之天下，各有主治。寓兵于农之迂论，不可复用。相臣以亮天工，而枢密可别付大僚。谏官以匡君德，而弹劾自在考绩。又言武功不可废，文人多失行，皆与经训表里。胡石庄之论性学，章实斋之论著书，先生之论治理，如山有乔岳，水有灵海，奉以为归而推求之，毕世不能尽也。
>
> 阅船山《读通鉴论》五代二册。又阅《绎志》十二篇，至《辨奸》，

---

① 周腾虎：《周腾虎日记》，南京：凤凰出版社，2019年版，第131页。
② 王闿运：《湘绮楼日记》，长沙：岳麓书社，1997年版，第6、17页。

凡三卷。如王氏之骏厉，胡氏之温醇，固楚学之大宗也。①

谭献认为王船山"以仁心为宗旨"，突出其"道统"力量，同时也突出《读通鉴论》的"骏厉"，并因《读通鉴论》而"固楚学之大宗也"，对船山学推崇备至。无独有偶，名士翁同龢也在其1877年4月1日的日记中夸赞道："读王船山《通鉴论》，如对故人。"②看来，船山对历史的看法符合时人的口味。孙宝瑄也喜欢《读通鉴论》，其阅读、评价较深入，日记写道：

光绪二十九年(1903年)二月二十五日，余素恶王安石、张居正皆祖申、商之言，其学术卑卑不足道，而世无以余言为然者。船山竟先得我心，其《通鉴论》曰：申、商者，乍劳长逸之术也……任法，则人主劳而天下困；任道，则天下逸而人主劳。

二月二十八日，船山当明末，深恶满人入主中国，故于夷夏之种界辨之甚严，而痛诋娄敬教高帝遣女嫁匈奴，谓自是内地女子妇于胡者多矣，乱夷夏之种，罪不容诛……论颇新。

二月三十日，自来论盐法者，莫不谓天下皆私盐。天下无公盐矣，故盐宜听民之自煮、自取、自为卖买，公家但收其税而不必专其利。此论盐之最高等者也。船山之意，独不然之，彼谓弃盐利以予百姓，名至美也，实则为豪民富户所擅夺垄断而已。贫者之沾其利，亦仅矣。利归私室，反不如在公家也。公家取其利，尚可以佐军旅、教育及一切行政之需，稍稍有益于众百姓，非一人一家之私利也。使为豪富所垄断，则反是。忘山曰：所见不为无识。

四月二十六日，读船山《通鉴论》。船山于唐魏玄同之请复辟召，杨绾之请复孝廉，皆痛斥之，以为断非三代以下所能行。如欲行之，必反封建之天下而后可。其识可谓伟矣。……船山曰：穷则变，未有既变可使复穷者。然哉！

四月二十七日，船山云：言者所以正人，非所以正己。己有余而不忍物之不足，则出其聪明，以启迪天下之昏瞀，而矫之以正。子不忍于父，臣不忍于君，士不忍于友，圣人君子道不行而不忍于

---

① 范旭仑、牟晓明：《谭献日记》，北京：中华书局，2013年版，第65、210页。
② 翁同龢：《翁同龢日记》，上海：中西书局，2012年，第1308页。

第三章
文人日记中的王船山作品阅读接受史

天下后世。忘山曰：……不德者多而天下乱，于是圣人不得已出而救民之危，于是有功。不德者多而斯民愚，圣人不得已出而辟民之聪，于是有言。由是观之，立功、立言，皆出于不得已也。出于不忍，非好为之也。使天下无功可建，无言可说，圣人求之不得矣。

五月二日，船山论第五琦、刘晏二人……税敛愈重，愈足导民于勤，民勤则富，赋虽重无所苦。船山论事，仍不免文家积习，非精确之语也。

五月四日，船山先生云：三代以下，选举渐变，而科目专以文取士，亦不得已之故也。盖谓以文取士，而得伪饰之文；以行取士，而得伪饰之行。然而伪行之害甚于伪文……船山之意如此，亦可谓有阅识矣。

五月六日，船山云：人之善疑也，盖有二种：一刚而责物已甚则疑，一柔而自信无据则疑。两者异趣同归，以召败亡，一也。刚不以决邪正，而以行猜忮；柔不安善类，而以听谗谀。是为两失。

《读通鉴论》虽然以《资治通鉴》中的人和事为评论依据，但它的内容实际上远远超出了《资治通鉴》的范围。全书上挂下联，既联系到战国以前之事，也联系到了五代以后宋元明三朝之事，尤其是明代史事，几乎每卷或明或暗都有论及，"自以身丁末运，明帜已易，禹甸为墟，故国之痛，字里行间，尤三致焉"(《〈读通鉴论〉校点例言》)。"故一部六十万字的《读通鉴论》，与其说是在论历代兴亡之事，不如说是对明朝遭亡国之祸作全面而深刻的反思，所谓痛定思痛，正是王夫之撰作此书的苦心孤诣所在。"[1]从孙宝瑄日记看，孙宝瑄读王船山作品集中在戊戌变法前一年的1897年和"庚子之乱"后的1903年，这个时间段是中国思想转型的关键时期。这两个时间点的孙宝瑄的思想也有很大不同：1897年他受宋恕的影响主要阅读王船山《黄书》，从"览船山先生《黄书》"而提出"吾重在君民之隔，船山重在夷夏之失防"的观点[2]，对王船山"夷夏之防"的观点有所保留。孙宝瑄是半新半旧的文人，1897年的孙宝瑄与宋恕、梁启超联系紧密，具有"维新变法"的进步思想，也具有"保皇派"的落后思想，也就是说对清政府还抱有幻想。"庚子之乱"之

---

[1] 胡晓明：《〈读通鉴论〉二题》，《船山学刊》，2010年第2期，第32页。
[2] 孙宝瑄：《忘山庐日记》，上海：上海人民出版社，2015年版，第128页。

后的1903年,孙宝瑄再次阅读王船山《读通鉴论》,其对王船山"夷夏之种界辨之甚严"的思想颇为欣赏,认为其"论断新"。王夫之认为:"夷狄阑居塞内,……使与民杂居,而祸烈矣。"①夷夏杂居危害大,要保持华夏民族的纯洁性,必须保持夷夏之防。另外,1903年的孙宝瑄开始重新审视当前与"治乱"历史的关联,对清政府非常失望,由《读通鉴论》得出很多启示。王船山仁政、民本的思想"深得他心",孙宝瑄将之评价为"船山竟先得我心""所见不为无识""其识可谓伟矣""可谓有闳识矣"等,最后得出"则民权之未能骤用,抑可思其故矣"的历史性反思。

和孙宝瑄一样,戊戌变法之前,姚永概对王船山《读通鉴论》中的"夷夏之防"有所保留。其日记写道:光绪十三年(1887年)三月初六日,"盖船山先生深恨外戚之祸人家国,故不觉有言之过当者,而此抑何过当之甚也",追根溯源,"王船山《读通鉴论》谓谢吐晚年之诣阙,自陈为其子弟所逼,因叹人子孙之累甚大。船山借以立论可耳,其实不然",然而,《读通鉴论》"虽间有过激之语,然言处乱世之道独为切至,至于国家大政,亦能通达利弊之原,不矜矜于小惠者,可谓大儒矣"。从而导致同时代的《识斋文集》虽"文笔甚畅,议论有近于偏激处,是其境使然,但颇以名自喜,则不及王船山矣"②。对《读通鉴论》总体评价较高。

20世纪二三十年代,钱玄同、徐旭生等文人对船山《读通鉴论》非常推崇,钱玄同日记写道:1933年1月16日,"晚七时访建功,并晤乐夫[残]旭生,大谈学问……他说,王船山的书,以《春秋□□》《读通鉴论》《宋论》……甚精"。1933年2月10日,"旭生谓《读通鉴论》与《宋论》见解最高明,当是暮年之作。我读其子敔之行述中,徐言甚信,但亦不详其年代也"。③ 徐旭生对《读通鉴论》等王船山作品评价很高,钱玄同也认同于徐旭生的观点。作为考古学家、历史学家,徐旭生在20世纪20年代对王船山就有所研究,其1922年就发表了《王船山的道德进化论》④,以五四时期流行的西方进化学说对王船山道德论进行阐述,推介王船山思想学说。青年徐旭生读到《船山遗书》,被激发了强烈的历史使命感。徐旭生后来回忆说:"对于我个人影响之

---

① 王夫之:《读通鉴论》,中华书局,1975年版,第174页。
② 姚永概:《慎宜轩日记》,合肥:黄山书社,2010年版,第294、373、299、366-367页。
③ 杨天石:《钱玄同日记(整理本)》,北京:北京大学出版社,2014年版,第901、910页。
④ 徐旭生:《王船山的道德进化论》,《哲学(北京)》,1922年第5期,第23-46页。

大,再没有超过于《读通鉴论》《宋论》《史业导言》以上者。"①可见,《读通鉴论》影响了一批现代文人的学术思想。

当代文人对《读通鉴论》依然喜读、推崇。吴宓日记写道:1959年1月27日,"读王船山《读通鉴论》"。1961年9月11日,"访郑之蕃(桐荪,年七十五岁)于成府书铺胡同二号宅,须发皆长而华白,但瘦顾而老,相见甚欢……郑公发愿欲读毕二十四史,今已读至明初。又述治史之王赵钱氏要籍,尤重船山《读通鉴论》;又论中国史例之善,足见郑公史学用功之深且勤也"②。日记记录了吴宓本人读《读通鉴论》的情况,更记录了郑之蕃对《读通鉴论》的推崇。郑之蕃(1887—1963),字桐荪,别号焦桐,数学家,文史家,是南社早期的社员。郑氏喜读二十四史,更是把《读通鉴论》排在史论首位,可谓推崇备至。

三、《读通鉴论》传播史

思想传播依赖于书籍出版,没有公开发行的著作,思想就成了无本之木、无源之水。近代早期的船山思想传播与邓显鹤等文人对船山著作的刻印、发行有关。魏源作为湖湘文人,又曾经是岳麓书院的学子,其接触船山学是自然而然的事情。更为关键的是,魏源与邓显鹤等船山著作编撰者关系密切,因而,魏源"获得一条接触船山思想的重要途径"③。另外,魏源"在邓搜访湘籍名贤著作的过程中予以帮助,魏源是较早接触到船山思想并在船山思想影响下从事学术活动的"④。王船山《诗广传》对魏源影响深远,魏源所著的《诗古微》中摘引、论及《诗广传》的内容有10来处,其文中注有"此卷皆取衡山王夫之《诗广传》"等文字说明;魏源在《诗古微目录书后》特别注明:"得乡先正衡山王夫之《诗广传》,虽不考证三家,而精义卓识,往往暗与之合。左采右芼,触处逢原,于是《风》《雅》《颂》各得其所。"⑤可见,船山思想对魏源影响深远。

---

① 徐旭生:《序言》,《中国古史的传说时代》,上海:中国文化服务社,1943年版,第1页。
② 吴宓:《吴宓日记续编·第4册(1959—1960)》,北京:生活·读书·新知三联书店,2006年版,第23、177页。
③ 方克立、陈代湘:《湘学史》,长沙:湖南人民出版社,2008年版,第647页。
④ 秦世龙:《魏源思想的理学渊源——以湖湘实学为视角》,《学术界》,2016年第5期,第171页。
⑤ 魏源:《魏源全集》(第一册),长沙:岳麓书社,2004年版,第697、736页。

周腾虎因魏源而读《读通鉴论》。周腾虎日记写道：咸丰八年（1858年）十二月初三日，"余阅魏默深先生所撰《诗古微》，始识王夫之之学问。《古微》后所引其说深远，非浅学者所能。后至曾公营中，询郭筠仙（嵩焘）太史，始悉夫之之为人。急欲得其书，遍求不得。此来与左太守（仁）。往来，伊家有其书，因假得之。六经、四书皆有讲义，通会汉、宋，而出以己见，实名世大儒也。其《（读）通鉴论》，尤明通有特识。篷窗无事，翻阅殆遍。……学者论古人，往往失其平放，不能餍服千古耳"①。周腾虎因读魏源《诗古微》而"始识王夫之之学问"，对《诗古微》所引用的船山学说赞叹不已。他咨询郭嵩焘，进一步了解船山其人，然后到处搜寻船山著作，而当时船山著作流播有限，"遍求不得"，最后在湘乡人左仁（1802—1860，原名辉春，字子仁，号青峙、青士。湖南湘乡人，道光八年举人）家中借得船山作品。按说，郭嵩焘应该有船山作品，只因在曾国藩军营中，可能没有带在身边，也有可能真的没有，当时船山作品特别难得。

赵烈文因周腾虎而读《读通鉴论》。咸丰八年（1858年）十二月初九日，赵烈文在周腾虎处初次接触到船山著作："在弢甫处读明王夫之而农《读通鉴论》，为书三十卷，沉雄博大，识超千古。"咸丰九年（1859年）八月至十一日，赵烈文又读《读通鉴论》，称道"此书议论精深，博大其中，切理厌心者不可胜录，读之二过未终，复为金安清借去"。说明《读通鉴论》流播较为广泛，文人们争相阅读。咸丰十一年（1861年）三月二十六日，赵烈文追忆说："癸丑年遭乱，吾时年二十二岁，遂辍举业，稍探古学，常请益于族兄伯厚先生（赵振祚）及诸友人周君弢甫（周腾虎）、刘君开孙（刘翰清）、龚君孝拱（龚橙），至今稍有知识，二三子与有力焉！"②而《读通鉴论》自然成了这个小文人群体的热读作品。

金陵本《船山遗书》出版之前，《读通鉴论》很难寻到。曾国藩早期对《读通鉴论》也特别感兴趣。1847年，欧阳兆熊寄书给曾国藩，并透漏一个消息："船山遗老续刻有《读通鉴论》，融贯列代事迹，发为传论，深资治理，不似胡致堂之专以坐谈取快，而为文浩博无涘、自成一子，不知其为庄骚、为史汉也。"③曾国

---

① 周腾虎：《周腾虎日记》，南京：凤凰出版社，2019年版，第131页。
② 赵烈文：《能静居日记》，长沙：岳麓书社，2013年版，第42、79、300页。
③ 欧阳兆熊：《寮天一斋文稿》，《清代诗文集汇编》（第629册），上海古籍出版社，2010年版，第72页。

第三章
文人日记中的王船山作品阅读接受史

藩随即请欧阳勋(欧阳兆熊之子)为其代购一部,其在信中写道:"王船山《通鉴论》已刷出未? 告为代觅一部,行纳价付意城处也。"①"《通鉴论》"即《读通鉴论》,很多文人日记省略一个"读"字,造成歧义。《读通鉴论》一时间供不应求。曾国藩获得《读通鉴论》是在15年后。同治二年(1863年)正月二十七日,郭嵩焘日记也写道:"邀集郁泰峰、李绍周、王敬亭、杨药芳、周桂午小酌。泰峰求观《通鉴论》,因言嘉定严永思(衍)著有《通鉴补正》一书,至今未刊行也。"②《读通鉴论》相关资料太少了,不能满足文人阅读的需求。

在曾国藩等主持的金陵书局出版《船山遗书》之前,《读通鉴论》很难获得,阅读特别有限。时人翁同龢寻觅《读通鉴论》多年才买到,其在1864年2月18日的日记中感慨道:"购得王夫之《读通鉴论》,此书求之数年矣。"③1895年12月3日,江瀚也在日记中写道:"以王而农《读通鉴论》交费绍麟寄傅生。"④文人积极购买《读通鉴论》。直到宣统三年(1911年)十月十五日,朱峙三在日记中写道:"清晨,默记湖堂末携出之书,有《船山遗书》四种,《读通鉴论》一套,《草字汇》大板的一套。"⑤《读通鉴论》仍然是稀罕物。相对于翁同龢,王文韶是幸运的,1867年8月10日,他在日记中写道:"九帅赠《船山遗集》全部共八套,以经史子分编,船山先生姓王名夫之,号姜斋,湖南衡阳人,崇祯年举人也。"⑥"九帅"是曾国藩九弟曾国荃,是早期金陵书局的实际组织者。"《船山遗集》"是指金陵书局出版的《船山遗书》。实际上,在1867年,王船山的作品流通不广,一书难求。

林传甲特别推崇王船山《读通鉴论》,对此书做过系统阅读、研究。1900年,林传甲担任湖南学政吴树梅幕僚,并为其孙授课,然后推介《读通鉴论》作为孩子的阅读书目。其致吴凤慈(吴树梅之子)的信中写道:"令郎绍元应郡县童试高标,可喜。但近日弟于别后,文字略有寸进愚见……绍元目下应熟读之书,第一为《三才略》,第二为《三通》序,第三为《方舆纪要》各省小序;应翻阅者,第一为《御批通鉴辑览》(抄录其批牍亦增见识)、《四书古注》、《钦

---

① 李瀚章:《曾文正公全集》(第5册),北京:中国书店,2011年版,第30页。
② 郭嵩焘:《郭嵩焘日记》(第二卷),长沙:湖南人民出版社,1981年版,第25页。
③ 翁同龢:《翁同龢日记》,上海:中西书局,2012年版,第338页。
④ 江瀚:《江瀚日记》,南京:凤凰出版社,2017年版,第33页。
⑤ 胡香生、严昌洪:《朱峙三日记(1893—1919)》,武汉:华中师范大学出版社,2011年版,第305页。
⑥ 袁英光、胡逢祥:《王文韶日记》,北京:中华书局,1989年版,第40页。

定七经》;应摘读者,第一为王船山《读通鉴论》《古文辞类纂》;应涉猎者为《地理问答》《万国史记》《格物入门》。"①林传甲对《读通鉴论》特别予以推介,他认为《读通鉴论》是首先应该摘读的书籍。

郭嵩焘说:"国朝王船山先生《通鉴论》出。尽古今之变。达人事之宜。通德类情。易简以知险阻。指论明确。粹然一出于正。使后人无复可以置议。故尝以谓读船山《通鉴论》。历代史论可以废。"(《郭嵩焘诗文集·黎肇琨读史法论序》)郭嵩焘认为,阅读《读通鉴论》自然是船山思想的重要的传播途径,而对《读通鉴论》的思想方法的借鉴是更深层次的船山精神的传播。姚永概日记写道:光绪十三年(1887年)十月十六日,"仿王船山《读通鉴论》而加以考证《惜抱诗笺注》"②。他借鉴《读通鉴论》考证方法做学问,可谓深入了船山思想的精髓。民国成立后,《读通鉴论》被选编进入了课本。姚永概日记写道:"1915年10月25日,上课。改文。选船山《通鉴论》。"③《读通鉴论》进入了学堂,走进了课堂,《读通鉴论》的流播越来越深远。

第四节 文人日记中的《黄书》阅读接受史

王船山是一位具有强烈民族意识的爱国者。1656年,王船山在忧愤中完成《黄书》,系统地总结了汉民族政权的兴衰治乱的历史原因,目的在于"哀其所败,原其所剧"④,总结历史教训。1865年,《黄书》随着金陵本《船山遗书》刊刻,1867年才正式出版面世,这时距离王船山创作《黄书》已过去二百多年。《黄书》出版后,其阅读、传播有限,集中于戊戌变法失败之后。1900年,八国联军入侵中国,中国殖民地化进一步加深,清政府腐败无能,反而对轰轰烈烈的爱国运动血腥镇压,这彻底暴露了清政府卖国的反动本质。

---

① 林传甲:《林传甲致绶芸书札》,《牍存》(第二册第十二通),手稿粘贴本,现收藏在新疆大学图书馆古籍部。参见颜世明、刘兰芬:《李盛铎、萧大猷、林传甲书札四通——清末书法家吴树梅门生手札研究之二》,《忻州师范学院学报》,2015年第6期,第75页。
② 姚永概:《慎宜轩日记》,合肥:黄山书社,2010年版,第325页。
③ 姚永概:《慎宜轩日记》,合肥:黄山书社,2010年版,第1341页。
④ 王夫之:《思问录;俟解;黄书;噩梦》,北京:中华书局,2009年版,第137页。

第三章 文人日记中的王船山作品阅读接受史

在此历史背景下,维新革命派树起了民族主义大旗,鼓舞广大汉族人投身反清民主革命中去,而《黄书》的尊黄排满思想恰恰满足了当时的革命需要。正如学者王兴国所说:"王船山的《黄书》,是一本政治理论著作,书中对黄帝的事功和品德给予了很高的评价。由于此书中蕴含了极为丰富的民族主义思想,所以到了清代末年的反抗满洲贵族的革命斗争中,成了当时掀起的一股尊黄思潮的酵母。"①这一看法在文人日记中可以得到印证。

一、《黄书》阅读史

文人日记中关于阅读王船山《黄书》的内容较为丰富。赵烈文、王闿运、张文虎、宋恕、孙宝瑄、钱玄同、胡适、刘绍宽、谭献、林传甲、郁达夫、邵元冲等文人日记都留下了阅读记录。当然,文人日记书写具有随意性,肯定有文人读《黄书》而没有留记录。如,为了出版《船山遗书》,曾国藩对王船山作品的阅读相对比较系统、全面,留下的阅读记录也较多,但没有发现有关《黄书》的阅读记录。郭嵩焘等阅读王船山作品较多的文人也没有留下《黄书》的阅读记录。这是一个很有意思的文人阅读现象。

据现有资料,日记中最早出现《黄书》的阅读记录是在同治六年(1867年)。这个时间正是金陵本《船山遗书》的出版时间,也就是说,《黄书》的集中阅读时间是在金陵本《船山遗书》出版之后,因为金陵本《船山遗书》首次收录了《黄书》。赵烈文是在接到曾国藩、曾国荃"双重赠书"之后马上阅读《黄书》的,其日记写道:1867 年 7 月 23 日,"王船山《黄书》一卷七篇:黄者,中也。"②同年,而张文虎是从编辑角度在日记中提到:"《思问录》内外篇、《俟解》《噩梦》《黄书》各一帙。"③也是这一年,谭献"阅王船山噩梦、黄书"④。想必也是在《船山遗书》出版后才获得阅读《黄书》的机会。王闿运阅读《黄书》稍稍迟一点。1870 年 4 月 21 日,王闿运为了"作志传,阅王船山黄书"⑤。非常有意思的是,《船山遗书》出版后,曾国藩、曾国荃兄弟给很多关系较好的文人赠送《船山遗书》,而没有资料显示,王闿运获得了"赠书"。可见,王闿

---

① 王兴国:《王船山〈黄书〉与近代尊黄思潮的兴起》,《船山学刊》,2013 年第 1 期,第 17 页。
② 赵烈文:《能静居日记》,长沙:岳麓书社,2013 年版,第 1085 页。
③ 陈大康:《张文虎日记》,上海:上海书店出版社,2009 年版,第 112 页。
④ 范旭仑、牟晓明:《谭献日记》,北京:中华书局,2014 年版,第 36 页。
⑤ 王闿运:《湘绮楼日记》,长沙:岳麓书社,1997 年版,第 96 页。

运与曾国藩等湘军集团的关系有隔阂,后来,王闿运写《湘军志》引起的纷争也是有原因的。至少从日记看出,王闿运阅读《黄书》的时间比赵烈文等曾国藩幕僚要迟很多。

《黄书》阅读的第二个高潮阶段是戊戌变法与"庚子之乱"前后。宋恕日记写道:1897年3月4日,"始见《黄书》《噩梦》"①。不久,宋恕想要出版《黄书》,其给刻印人员的信中写道:《黄书》"可与《待访录》同印行世,惜敝箧中无之。诸公可于《王船山遗书》(杭城藏书家必有)中检出与此《录》同印,实为莫大功德。"②说明宋恕阅读过金陵版《船山遗书》而知道其中收录了《黄书》。宋恕是在戊戌变法前一年开始阅读《黄书》的。刘绍宽是在戊戌变法这一年通过宋恕知道《黄书》的,其日记写道:1898年6月27日,"宋燕生先生来,本朝经济家言……惟黄梨洲之《明夷待访录》、王船山之《黄书》、颜习斋之《学记》、唐甄之《潜书》最佳,若合四书而尽通之,西学具赅于是矣。"③孙宝瑄也是受宋恕的推介才接触《黄书》的。孙宝瑄对《黄书》的阅读最为详细,其日记写道:

> 光绪二十三年(1897年)八月十八日,览船山先生《黄书》。
>
> 八月二十日,是日,仍观船山先生《黄书》。
>
> 八月二十一日,览《黄书》终卷。
>
> 光绪二十七年(1901年)五月二十五日,居石船山,杜门著书,有《易》《诗》《书》《春秋》诸经裨疏,《通鉴论》《宋论》《张子正蒙注》《黄书》《噩梦》等书四十余种,为国初大儒。④

孙宝瑄阅读《黄书》的时间跨度大,集中在戊戌变法与"庚子之乱"两个时间。林传甲则主要集中于"庚子之乱"这一年阅读《黄书》,其日记写道:光绪二十六年(1900年)八月十二日,"张杨园《备忘录》论治,已极言世弊,盖由黄梨洲之《明夷待访录》、王船山《黄书》《噩梦》推阐之"。同年八月十八日,"王船山《黄书》一卷,《原极》《古仪》《宰制》《慎选》《任官》《大正》《离合》,凡

---

① 胡珠生:《宋恕集》,北京:中华书局,1993年版,第938页。
② 胡珠生:《宋恕集》,北京:中华书局,1993年版,第577页。
③ 温州市图书馆:《刘绍宽日记》,北京:中华书局,2018年版,第110页。
④ 孙宝瑄:《忘山庐日记》,上海:上海人民出版社,2015年版,第128-129、353页。

七篇,亦经济家言"①。《黄书》在戊戌变法与"庚子之乱"两个时间段被集中阅读,主要原因是《黄书》的民族之义思想适应了当时维新革命的需要。

《黄书》第三个阅读高潮阶段是20世纪30年代。钱玄同日记中有两条《黄书》的记录:1930年2月8日,"买另种四:《俟解》《噩梦》《黄书》《思问录》《春秋经》附……,七角,而即归";1939年1月13日,"灯下扩而翻□氏□年史之《船山》,又翻《黄书》"②。两条记录一条是购书记录,一条是阅读《黄书》记录。郁达夫也有相关记录:"1935年4月4日,更在一家小摊上买得王夫之《黄书》一卷,读了两个钟头,颇感兴奋。"③邵元冲也有记录:1934年8月15日,"阅《船山遗书》。至商务印书馆选购书籍数种。归阅船山著《黄书》。"④20世纪30年代随着日本扩大对中国的侵略,船山的《黄书》迅速成为反抗侵略的思想武器,符合文人挖掘民族主义思想的时代需求。

二、《黄书》评价史

从整个《黄书》阅读史来看,金陵本《船山遗书》出版后的同治年间的阅读者对《黄书》评价不高。到了戊戌变法时期,《黄书》成了维新革命的思想武器,时人对《黄书》的评价越来越高。到了20世纪30年代,随着日本侵华的扩大,《黄书》成了张扬民族主义的思想武器,时人对《黄书》也比较推崇。

金陵本《船山遗书》出版后,时人阅读《读通鉴论》等王船山作品较多,阅读《黄书》少一些,阅读后的评价也不太高。赵烈文对《黄书》评价不高,其日记写道:同治六年(1867年)七月二十三日,"王船山《黄书》一卷七篇:黄者,中也。其言尊中国,攘夷狄,盖亡国之痛激于中而然。首篇《原极》,言自古中国必先自卫其同类。次篇《大仪》,言夷狄之祸始于嬴秦之罢封建而成于赵宋之释兵权。语多过当。三篇《宰制》,分天下为十使,又边境为七使,各设帅臣主兵,而仍十五布政司主民,其武断灭裂,纯乎客气。四篇《慎选》、五篇《任官》,语亦未纯"⑤。赵烈文阅读了《黄书》一卷七篇,并分别予以评价,给了"语多过当""武断灭裂,纯乎客气""语亦未纯"等较低评价。谭献日记

---

① 况正兵、解旬灵:《林传甲日记》,北京:中华书局,2014年版,第115-116页。
② 杨天石:《钱玄同日记(整理本)》,北京:北京大学出版社,2014年版,第750、1373页。
③ 吴秀明:《郁达夫全集》(第五卷),浙江:浙江大学出版社,2007年版,第434页。
④ 王仰清、许映湖:《邵元冲日记》,上海:上海人民出版社,1990年版,第1145页。
⑤ 赵烈文:《能静居日记》,长沙:岳麓书社,2013年版,第1085页。

也写道:"阅王船山《噩梦》《黄书》,皆与梨洲《待访录》相出入。"①谭氏把王船山《噩梦》《黄书》与黄宗羲《明夷待访录》作一比较,认为《黄书》要逊色一些,对《黄书》评价不高。同治九年(1870年),王闿运给出了"阅王船山黄书,其见未卓"②的低评价。究其原因,同治年间,王闿运等文人比较偏重于接受王船山的"道统"思想,对《黄书》等"治统"思想不太认同。

到了维新革命时期,章太炎等文人比较看重《黄书》。章太炎说:"当清之季,卓然能兴起顽懦,以成光复之绩者,独赖而农一家而已。"③而"康氏之门,又多持《明夷待访录》,余常持船山《黄书》相角,以为不去满洲,则改政变法为虚语,宗旨渐分"④。章太炎把《黄书》《明夷待访录》对立起来了,康梁等君主立宪支持者较偏爱《明夷待访录》,章太炎、陈天华等排满革命者则较推崇《黄书》。

学者王兴国说:"由于船山的《黄书》突出地强调黄帝'树屏中区,闲摈殊类',所以在清代末年民族主义思想兴起之后,辛亥志士便将《黄书》视为民族民主革命的旗帜,从而掀起了一股尊黄的高潮。"⑤这股高潮起始于1897年,也就是在戊戌变法前一年,宋恕、孙宝瑄等文人在康有为、章太炎、梁启超、谭嗣同等维新革命文人的影响下,慢慢接受了维新思想。1897年,宋恕是在老师俞樾的推荐下而阅读《黄书》的,并且打算出版《黄书》。后来,戊戌变法失败了,宋恕把日记中相对敏感的记录都删除了。所以,宋恕日记关于《黄书》的阅读评论不多。

宋恕对《黄书》的推崇可以从刘绍宽、孙宝瑄等文人日记中得到印证。刘绍宽日记写道:光绪二十四年(1898年)六月二十七日,"宋燕生先生来……本朝经济家言,惟黄梨洲之《明夷待访录》、王船山之《黄书》、颜习斋之《学记》、唐甄之《潜书》最佳,若合四书而尽通之,西学具赅于是矣"⑥。可见,宋恕对《黄书》的推介较努力。王理孚曾揭示了宋恕对刘绍宽的特殊意义:"是岁(1898年)因往来京沪,结识黄仲弢、宋燕生(恕)诸先生,获闻国学

---

① 范旭仑,牟晓明:《谭献日记》,北京:中华书局,2014年版,第36页。
② 王闿运:《湘绮楼日记》,长沙:岳麓书社,1997年版,第96页。
③ 章太炎:《重刊〈船山遗书〉序》,《船山遗书》,上海:太平洋书店,1935年版,第1页。
④ 章太炎:《太炎先生自订年谱》,《船山全书》(第16册),长沙:岳麓书社,1996年版,第803-804页。
⑤ 王兴国:《王船山〈黄书〉与近代尊黄思潮的兴起》,《船山学报》,2013年第1期,第19页。
⑥ 温州市图书馆:《刘绍宽日记》,北京:中华书局,2018年版,第208页。

要领及中外政治之异同,且目睹康梁党狱之诡谲,激刺殊深,浩然有当世之志。"①宋恕影响了刘绍宽,让其增长见识,掌握了真实的历史境况。

孙宝瑄也是受宋恕的影响而关注《黄书》的,而孙氏对《黄书》有独到的理解。孙宝瑄日记写道:光绪二十三年(1897 年)八月十八日,"览船山先生《黄书》。先生悲封建之亡,以为衣冠之国沦为异域,自秦开之,而成于宋,无藩蔽也。与余意略相似。而吾重在君民之隔,船山重在夷夏之失防。"②孙宝瑄对《黄书》中的"夷夏之别"有所保留,而看重"君民之隔"。之后,孙宝瑄用了三天时间读完《黄书》,可见其读书很勤奋,另一方面也说明《黄书》对其有吸引力。其日记写道:光绪二十三年(1897 年)八月二十一日,"览《黄书》终卷。船山、梨洲诸老多持慎选举、易防闲及兴学校诸论,诚治世之良法也。"③他把《黄书》等看成"治世良法",对其评价比前两天高一些。"庚子之乱"后的 1901 年,孙宝瑄大概读完了《船山遗书》,对王船山进行了总结,其日记写道:光绪二十七年(1901 年)五月二十五日,"观《王船山遗书》。船山,名夫之,湖南衡阳人,明举人。张献忠陷衡州,设伪官招之,船山走匿南岳。贼执其父为质,船山引刀自刺肢体,舁往易父。贼见其创也,免之,父子俱得脱归。居石船山,杜门著书,有《易》《诗》《书》《春秋》诸经稗疏,《通鉴论》《宋论》《张子正蒙注》《黄书》《噩梦》等书四十余种,为国初大儒"④。他把王船山看成"国初大儒",整体上评价不低。

时人评论说:"(王船山)一生的学问,都是攘夷的宗旨……一肚子的牢骚不平,都写在他著的几本书上。但是王先生所著的书共总也有几千卷,顶要紧的书,有《黄书》共《读通鉴论》《宋论》几部。"⑤所谓"要紧",是现实需要。林传甲突出了《黄书》的经世致用思想,突出其现实意义。林传甲日记写道:"王船山《黄书》一卷,《原极》《古仪》《宰制》《慎选》《任官》《大正》《离合》,凡七篇,亦经济家言。"⑥面对外犯不断,《黄书》《明夷待访录》等具有现实意义。船山认为,黄帝"焘冒(荫庇)天下者,树屏中区,闲摈殊类而止"⑦,"华夏之于

---

① 王理孚:《王理孚集》,上海:上海社会科学院出版社,2006 年出版,第 186 页。
② 孙宝瑄:《忘山庐日记》,上海:上海人民出版社,2015 年版,第 128 页。
③ 孙宝瑄:《忘山庐日记》,上海:上海人民出版社,2015 年版,第 128 页。
④ 孙宝瑄:《忘山庐日记》,上海:上海人民出版社,2015 年版,第 353 页。
⑤ 光汉:《王船山先生的学说》,《中国白话报》,1904 年第 7 期,第 24 页。
⑥ 况正兵、解旬灵:《林传甲日记》,北京:中华书局,2014 年版,第 152 页。
⑦ 王夫之:《船山全书》(第 12 册),长沙:岳麓书社,1992 年版,第 504 页。

夷狄,骸窍均也,聚析均也,而不能绝乎夷狄。所以然者何也？……华夏不自畛以绝夷,则地维裂矣"①。说明华夏民族如果不划清与夷狄的界限,国土就会支离破碎。黄帝以荫庇天下为己任,保全华夏疆土,以防止外民族的侵犯。船山的民族主义思想,是基于华夏民族的自我保护立场,这一点维新革命士子能够感同身受。可以说,"王船山的夷夏之别思想,在辛亥革命时期被革命党人所接受和继承,进而发展成为反清排满思潮"②。

20世纪30年代,面对日本的步步紧逼,中华民族的危机空前加剧。拯救民族危亡成了中国思想界的主题。在此历史语境下,"'中国复兴'四字,几乎成了口头禅。各种复兴运动,也就应运而起"③。在此时代背景下,文人们对《黄书》有了新的阅读体验。郁达夫日记写道:1936年4月4日,"在一家小摊上买得王夫之《黄书》一卷,读了两个钟头,颇感兴奋。王夫之、顾炎武、黄梨洲的三人,真是并世的大才,可惜没有去从事实际的工作"④。郁达夫被《黄书》深深震撼了,以至于为自己没有做"实际的工作"而遗憾。"实际的工作"是指民族救亡运动还是对三大思想家的研究工作呢？有点歧义,也许两个方面都有。

钱玄同是打算承担起郁达夫未尽的"实际的工作"。钱玄同是章太炎的弟子,受其影响接触船山思想也是必然的。20世纪二三十年代,钱玄同对船山学发生了兴趣。其日记写道:1930年2月8日,其买了"《俟解》《噩梦》《黄书》《思问录》"等船山作品⑤。1936年6月4日,"校点刘氏《王船山史说申义》,忽觉此文是否申叔之作略有可疑,似忆三十年前《警钟日报》见之,然而误矣。因此文收入于《黄帝魂》,而此书系癸卯冬出板,而《警钟》则甲辰也。《俄事警闻》虽始于癸卯,但其中似不应有此文,意者其《国民日日报》乎？然总觉可疑,不入《外集》也好。(《黄帝纪年说》,其实亦略有可疑,因成于癸卯闰五月,不知原载何处？《苏报》似不像,而《国民日日报》则所用黄帝纪年与此说大异,因《攘书·胡史篇》中有言,而所用4614之数及'黄帝降生'字样悉

---

① 王夫之:《船山全书》(第12册),长沙:岳麓书社,1992年版,第501-502页。
② 张齐政:《辛亥革命时期章太炎对王船山的评述——兼论章太炎对王船山思想的继承》,《船山学刊》,2011年第4期,第12页。
③ 黄伯樵:《自觉! 自给! 自卫! 自主! 自存》,《复兴月刊》,1934年第9期,第16页。
④ 吴秀明:《郁达夫全集》(第五卷),浙江:浙江大学出版社,2007年版,第434页。
⑤ 杨天石:《钱玄同日记(整理本)》,北京:北京大学出版社,2014年版,第750页。

同,故入之,亦借此以作一篇《读……书后》耳。《秋瑾集》中亦有此文,然似非秋所作,盖秋取用此文耳!)"①。1939年1月13日,"灯下扩而翻□氏□年史之《船山》,又翻《黄书》"②。钱玄同确实打算整理、研究王船山《黄书》,但钱玄同思想变迁快,以至于阅读研究不集中,时间跨度大,最后不了了之。梁漱溟说:"一民族之有今日结果的情景,全由他自己以往文化使然。"③《黄书》能够在同治年间、戊戌变法前后、20世纪二三十年代得到阅读、接受,有其思想文化传承的必然性。

三、《黄书》传播史

"船山的《黄书》在晚清最后十年曾被革命派作为反满的思想武器而大量刊印"④,在这一阶段传布甚广。而整体上看,《黄书》传播并不太广。原因是多方面,刻印出版少是其中一个原因。早在同治六年(1867年),金陵本《船山遗书》刚刚出版,张文虎就预见《船山遗书》因价格太贵而流布不广,所以其在日记中写道:1867年12月4日,"请于《王船山遗书》内别印……《思问录》内外篇、《俟解》《噩梦》《黄书》各一帙。各帙单行,可分可合,俾寒士易于购买,而书亦易于行远广传。"⑤出版《黄书》单行本,以便"寒士易于购买","易于行远广传"。

《黄书》的阅读集中于金陵本《船山遗书》出版后的同治年间、戊戌变法前后时期、20世纪二三十年代等这三个时间段。阅读与传播有密切关系,但不是绝对的关系。传播的方式多种多样,《黄书》的口口相传、出版、仿写、摘录等都是传播。

《黄书》在戊戌变法前后传播最广,其精神被继承下来了。《黄书》被仿写、被摘录已经很常见。林传甲在日记中写道:光绪二十六年(1900年)八月十二日,"张杨园《备忘录》论治,已极言世弊,盖由黄梨洲之《明夷待访录》、王船山《黄书》《噩梦》推阐之。"⑥《备忘录》是按照《黄书》等作品推演出来的,

---

① 杨天石:《钱玄同日记(整理本)》,北京:北京大学出版社,2014年版,第1207页。
② 杨天石:《钱玄同日记(整理本)》,北京:北京大学出版社,2014年版,第1373页。
③ 梁漱溟:《东西文化及其哲学》,上海:上海人民出版社,2015年版,第203页。
④ 罗鸿:《王船山宋代观探赜》,《船山学刊》,2021年第1期,第15页。
⑤ 陈大康:《张文虎日记》,上海:上海书店出版社,2009年版,第112页。
⑥ 况正兵、解旬灵:《林传甲日记》,北京:中华书局,2014年版,第115页。

继承了《黄书》"极言世弊"的"经世致用"的思想精神。如果深入章太炎、谭嗣同、梁启超等文人撰写的时论中,会发现"在维新变法的各种活动中尤其是在当时写的许多文章中,梁启超是比较多的政治化使用船山言论。光绪二十二年(1896年)写的《变法通议》、光绪二十三年(1897年)《南学会叙》以及光绪二十四年(1898年)写的《读春秋界说》,均有引用船山言论佐证改良之必要或直接指出船山是改良运动所要借鉴的"①。章太炎也经常引用船山《黄书》中的言论,他说:"读郑所南、王船山先生的书,全是那些保卫汉种的话,民族思想渐渐发达。但两先生的话,却没什么学理。自从甲午以后,略看东西各国的书籍,才有学理收拾进来。"②章太炎从王船山作品《黄书》中获得了民族革命的思想。章太炎有"一卷《黄书》如禹鼎,论功真过霍嫖姚"③等关于《黄书》的诗句,其文章也经常引用《黄书》的语句。1901年,章太炎写道:"衡阳王而农有言:'民之初生,统建维君,义以自制其伦,仁以自爱其类,强干善辅,所以凝黄中之细缊也。今族类之不能自固,而何他仁义之云云?'悲夫!言固可以若是。"④章氏引用了《黄书》言论来宣传其民族革命思想。

戊戌变法前后,对《黄书》推介最卖力的是宋恕。宋恕是俞樾的门徒,其接触《黄书》是俞樾推荐的。俞樾死后,宋恕送了老师俞樾一副很长的挽联:"充栋成书,栖岩养性。年将九十,神明不衰。未觉近黄昏,夕阳犹自好。私期辕固被征,吾道稍行庶有日!茶香室雅,春在堂深。名列三千,教诲如昨。太息先生去,萧条赤县空。从此王符著论,中心相赏更何人?"并且对挽联进行了补充说明:"师曾称衡所著《卑议》为《潜夫论》《昌言》之流亚,非梨洲《待访录》、船山《黄书》所及,唐、宋之后无此作云。"⑤后来,宋恕读了《黄书》,被《黄书》的革新精神感动,并进而提出印行《待访录》与《黄书》,其说:"明季遗老之书,尚有王船山先生之《黄书》一种可与《待访录》同印行世,惜敝箧中无之。诸公可于王船山遗书中检出,与此录同印,实为莫大功德。船山之识稍

---

① 朱迪光:《王夫之思想现代价值之发现与确定——兼论谭嗣同、梁启超民元之前王船山研究之意义》,《船山学刊》,2013年第2期,第16页。
② 章太炎:《演说录》,《船山全书》(第16册),长沙:岳麓书社,1996年版,第801页。
③ 章太炎:《得友人赠船山遗书二通》,《船山全书》(第16册),长沙:岳麓书社,1996年版,第800页。
④ 章太炎:《中夏亡国二百四十二年纪念会书》,《船山全书》(第16册),长沙:岳麓书社,1996年版,第793页。
⑤ 胡珠生:《宋恕集》,北京:中华书局,1993年版,第474页。

第三章
文人日记中的王船山作品阅读接受史

逊梨洲,就此书论,其文章雅炼则胜梨洲。要之,均非陋儒所能窥其底蕴,吾辈固不可不力任表章之责。"①后来发生了戊戌政变,此计划没有实现。

除直接标举《黄书》外,清末革命党人还吸收《黄书》的思想养料,打造出"黄帝魂"这一意象,并刊行《黄帝魂》一书,以期战胜保皇维新派的"国魂论"。革命党人黄藻、章士钊等人收集新闻杂志及各种新撰述中主张革命排满的言论,辑成《黄帝魂》一书,希望通过传播此书,"使全国人人皆有魂,使全国人人皆有其肇祖元胎继继绳绳之魂"②。该书于1903年由东大陆印刷局初刊,此后一再重刊,流传甚广。《黄帝魂》是辛亥革命时期民族主义的代表作,它推尊黄帝为"世界第一之民族主义大伟人""中国民族开国之始祖",强调当今"胡氛弥漫,中原陆沉,卖身鬻祖,相处百年"之际③。

诗人对船山民族主义精神的讴歌也从一个侧面反映了世人对船山民族主义思想的认同与接受。1904年,诗人高旭就在其诗作中说:"伤心非种未曾锄,醉看吴钩恨有余。我不薄今我好古,《攮书》读罢读《黄书》。"④不仅文人学者、革命志士推崇《黄书》,一些进步女性亦热衷于谈论《黄书》,并从中受到启发。高旭的夫人周红梅就因为"天梅哥为我说《黄书》,刺激于脑,而不能自已",因而赋诗抒怀:"腥膻遍地泪斑斑,一卷《黄书》不可删。汉种痴迷谁唤醒,中华尚有女船山。"⑤女子以"女船山"自相期许,足见船山思想影响之深远。

"庚子之乱"后,革命思潮愈演愈烈。为了宣传革命,革命者吸收了《黄书》的民族革命思想,编撰了《黄帝魂》《狮子吼》等民族主义革命作品。1903年,《黄帝魂》出版。编者黄藻是湖南长沙人,其作为湘乡人,对《黄书》比较熟悉。黄藻参加过革命起义,他"喜谈革命,谈不能自休,时而骂人,时而流涕;无可与谈,辄寂寞自写文章,或抉择同时辈流之论文,以湘音讽之"⑥。《黄帝魂》是当时革命论著的汇编,共收文章29篇,收有《黄帝纪年论》《亡国二百四十年纪念会叙》《正仇满论》《说汉种》《中国灭亡论》《革命必剖清人

---

① 宋恕:《又复胡童生书》,《船山全书》(第16册),岳麓书社,第804页。
② 章士钊:《疏黄帝魂》,《章士钊全集》(第8卷),上海:文汇出版社,2000年版,第184页。
③ 章士钊:《黄帝魂叙》,《黄帝魂》,1912年版,第1页。
④ 汉剑(高旭):《伤心》,《警钟日报》,1904年5月6日。
⑤ 周红梅:《天梅哥为我说〈黄书〉刺激于脑而不能自已因作》,《女子世界》,1904年第5期,第26页。
⑥ 章士钊:《疏黄帝魂》,《章士钊全集》(第8卷),上海:文汇出版社,2000年版,第183页。

种》《记仇满生》等革命文章。也是在这一时间段,陈天华先后撰写了《狮子吼》《猛回头》。在小说《狮子吼》第一回中,作者梦见自己参加纪念光复五十周年庆祝大会,会场有对联:"扫三百年狼穴,扬九万里狮旗,知费几许男儿血购来,到今日才称快快。翻二十纪舞台,光五千秋种界,全从一部《黄帝魂》演出,愿同胞各自思奋。"①陈天华在《猛回头》中历数汉族人备受异族侵略之痛史,将《黄书》的尊黄攘夷思想、民族独立自强思想融入小说中,提出"弃邪归正,共结同盟,驱除外族,复我汉宗"的革命口号,掀起了一股尊黄排满的革命浪潮。

马叙伦后来回忆道:"说到我的革命思想,是发生在十六岁。那时,我读了王夫之的《黄书》、黄宗羲的《明夷待访录》和《明季稗史》里面的《扬州十日记》《嘉定屠城记》一类的书,有了民族民权两种观念的轮廓,这年又碰上了义和团的事变,八国联军冲破了北京,就峻深了我的民族观念。"②马叙伦现身说法,证明《黄书》确实有激发革命斗志、加深民族观念的思想效果。无独有偶,曹亚伯也回忆说:"丙午(1906年)春,日知会会员黄冈熊十力、熊飞宇、钟大声、邱介甫、冯群先、张海涛、张其亚、易介三、涂诰、童澍等,始倡议联合黄冈人之肄业武昌各学堂(如两湖学堂、文普通学堂、武普通学堂、陆军特别学堂及四路高等小学堂等)及在驻省充各军兵役者,组成黄冈军学界讲习社。每星期日为大规模之集会演讲,多根据孟子与王船山、黄宗羲诸家之说,阐发民族、民权思想,而亡国之痛,实为人类最痛心之境,每每发挥无遗,又时援周礼倡地方自治之论。军队中,则阴合十人为一组,各组随时私聚而为革命之计划。又密结同志谋团体之扩张,更广布宣传文籍,如《民报》及《警世钟》《猛回头》《革命军》《孔孟心肝》诸书,几于各军兵士人手一本矣。"③《黄书》转化为小说、论著等各种文体形式,产生了很好的革命宣传效果。

到了1936年,欧阳祖经为《黄书》做了批注,更直观地宣传《黄书》的民族革命思想。欧阳祖经写道:"持数千年盛衰离合之故以启论民族精神者,莫备于《黄书》。……枯坐斗室,见闻怅触,世变百倍明清之交。使船山先生生今日,其哀怨繁心于邑填隔者当如何?先生不云乎:'族类之不能自固,而何他

---

① 陈天华:《狮子吼》,《民报》,1906年5月8日。
② 马叙伦:《我在六十岁以前》,北京:生活·读书·新知三联书店,1983年版,第17页。
③ 曹亚伯:《武昌革命真史(前编)》,上海:中华书局,1930年版,第135-136页。

仁义之云云?'……借以激发志气,砥砺节行。"①在民族危亡的关键时刻,时人注重发掘船山思想对于时代的革命意义,将之作为宣扬革命的思想武器。

《黄书》在一定的历史条件下有积极的革命意义,也有其时代局限性,没有跳出大汉族主义的圈子,其狭隘的民族主义思想到了后来不能完全适应时代发展的需要。民国建立后,孙中山就及时提出了"五族共和"的民族政策。孙中山指出,汉族要"与满、蒙、回、藏人民相见于诚,合为一炉而冶之,以成一中华民族之新主义"②。"五族共和"思想反映了各族人民的利益和愿望,表明革命志士清醒地认识到"尊黄"与"排满"思想中的辩证性及其历史局限性。1914年,杨昌济也在日记中写道:"船山一生卓绝之处,在于主张民族主义,以汉族之受制于外来之民族为深耻极痛。此是船山之大节,吾辈所当知也。今者五族一家,船山所谓狭义之民族主义不复如前日之重要,然所谓外来民族如英、法、俄、德、美、日者,其压迫之甚非仅如汉族前日所经验,故吾辈不得以五族一家,遂无须乎民族主义也……余前在日本东京高等师范学校听其西洋历史讲义,谓中国人与罗马人同,惟宝爱其文化,虽外人入主其国,苟不伤其文化,即亦安之。私心揣测,谓日人不怀好意,颇有继满洲人入主中国之思想,此吾国人所当深念也。"③杨昌济的这段话既指出了船山的狭义民族主义已经过时,但中国还面临着帝国主义的侵略危险,所以,《黄书》的民族主义仍有现实价值。杨氏把船山等传统民族主义转化成为现代爱国主义,使国人能以更宽广的胸怀去面向新时代,构建"人类命运共同体"。

---

① 欧阳祖经:《王船山黄书注》,上海:中华书局,1936年版,第1页。
② 中山大学历史系孙中山研究室:《孙中山全集》(第5卷),北京:中华书局,1985年版,第187页。
③ 杨昌济:《杨昌济集》,长沙:湖南教育出版社,2008年版,第512页。

第四章
文人日记中的湖湘文人形象

　　文人日记中的曾国藩、王闿运、郭嵩焘等近代湖湘文人的形象非常丰富,而这些近代重要人物形象的形成、发展与中国近代政治思想的变迁是分不开的。近现代文人日记较为系统地阐释了曾国藩形象。曾国藩文人治军,一手运筹帷幄指挥千军万马,一手挥舞如椽之笔书写锦绣文章。曾国藩的文学才华、政治才华都非常突出,能够在文坛、政坛上呼风唤雨,其"关系一国的生命",因而他既是文坛领袖,也是"中国伟大的政治家"。文人日记中的王闿运则是近代"湖湘诗派"的领袖,王氏"诗名倾朝野"而论诗"标榜八代"(钱仲联语),妄评王船山、曾国藩等湖湘名人,备受世人诟病。王闿运一生很长,文人才情饱满,也特立独行,甚至狂妄至极,其早期的"名士"形象与后期的"狂士"形象在文人日记中都有所展现。文人日记中的郭嵩焘与时人诗词酬和活动很多,其诗者形象很突出,而这一层面研究不多;郭嵩焘与同时代的士大夫相比,对域外的认知有其开放性,其大力推介西方文明具有开创性,对西洋文学却有其保守性;晚年的郭嵩焘不甘人后,勤于读书,热心于教育。

第一节　文人日记中的文学家曾国藩

　　在文人日记中,曾国藩最早出现在《李星沅日记》中。1840年2月14日,李星沅记道:"曾涤生庶常(国藩)过谈,询知余翁常病,菽翁可人,湘乡令严丽生学浍,长于诗文,而短于吏治。岳州教授成同年晤涤生,尚以前年赠项殷殷致问不已也。"①作为湖南老乡,李星沅没有想到曾国藩后来能够成为晚清"四大名臣"之首,成为镇压太平天国起义的"三军统帅"。而更令人出

---

① 袁英光、童浩:《李星沅日记》,北京:中华书局,1987年版,第7页。

第四章 文人日记中的湖湘文人形象

乎意料的是,曾国藩"雅爱古文,在改造桐城派古文的基础上,别创湘乡派,故而成为湖南二百年文章之盛的旗帜性人物"①。曾国藩其人其文的评价批评者很多,自然众说纷纭。近年来,近现代文人日记研究如火如荼,从日记视域呈现文学家曾国藩形象似乎是一个很好的切入视角。唐浩明等通过披览、梳理《曾国藩日记》逐渐还原曾国藩"修身齐家平天下""著书立说成一代大儒"的立体形象,而实际上远远不够,单篇日记研究较多,整体性比较研究较少。本节试图通过多种近现代文人日记较为系统地阐释文学家曾国藩形象,以求教于方家。

一、日记里的"幕府雅集"

曾国藩文人治军,一手运筹帷幄指挥千军万马,一手挥舞如椽之笔书写锦绣文章。正如莫友芝在1862年10月17日的日记所写:湘乡节相能够"摧敌浑如翰墨场"②。又如黎庶昌所称:"相公起试活国手,洗涤浩劫沙虫灰……山川精神要湔祓,凭借文字辉蓁莱。"③纵览《曾国藩日记》,曾国藩修身齐家平天下、著书立说的大儒形象似乎就在眼前。如同治七年(1868年)二月前几天的日记写道:

> 初一日,清理文件……校杜诗五、七古,至未正止。抄本十二叶,钱笺本则二十三叶……阅本日文件……夜核批稿各簿……
>
> 初二日,清理文件……巳正阅校杜诗五、七古,陆续至申刻止,校十六叶……阅本日文件……因愁霖阴惨,寸心郁闷,老境日逼,而学术无成,歔欷者久之……核批稿各簿……
>
> 初三日,清理文件……阅校杜诗五、七古十叶……阅本日文件……夜核批稿各簿……
>
> 初四日,清理文件……批校五、七古,至未正止,共二十叶……阅本日文件……夜核批稿各簿,核水师补缺一案,粗毕。二更后阅白香山闲适诗……夜间阅苏诗,有二语云:"治生不求富,读书不求

---

① 关爱和:《吴敏树与桐城湘乡派》,《文学评论》,2020年第5期,第142页。
② 莫友芝:《莫友芝日记》,南京:凤凰出版社,2014年版,第103-104页。
③ 黎庶昌:《吴南屏先生自岳阳泛舟金陵,兼有苏浙之游,次湘乡曾相国韵,奉简》,《黎庶昌全集》,上海:上海古籍出版社,2015年版,第5437页。

官。"余为广之云:"修德不求报,能文不求名。"兼此四者,则胸次广大,含天下之至乐矣。

  初五日,清理文件……批校杜诗至未正止,共十三叶……阅本日文件……夜核批稿各簿。旋阅白香山诗……①

从上面节选的几天的日记可以看出,曾国藩的日常安排严谨而特别有规律,治军治学相得益彰。而治军之余,曾国藩在其日记中阅、点、批、浏览的图书多达五百余种,从儒家经典、戏文小说到西文无所不涉,其作为读书人、文学家历来为人称道。曾国藩在其1862年3月17日的日记中写道:"五古拟专读陶潜、谢朓两家,七古拟专读韩愈、苏轼两家,五律专读杜甫,七律专读黄庭坚,七绝专读陆游。"②曾国藩有明确的学术旨趣与文学野心。1844年农历三月初十日,在给弟弟们的信中颇为自信地说:"余近来读书无所得,酬应之繁,日不暇给,实实可厌。惟古文各体诗,自觉有进境,将来此事当有成就。恨当世无韩愈、王安石一流人与我相质证耳。"③青年曾国藩把自己与韩愈、王安石并列,颇为自信。不仅如此,同治年间,曾国藩成了中兴名臣,功业声望达到了人生顶峰,莫友芝等老儒宿学及吴汝纶、郭嵩焘、赵烈文、张文虎等青年才俊都群归依之,幕府形成了以曾国藩为首的文人群体,他们对文化与文学的发展有着重要的引领作用,重振了桐城派的雄风。

在近代文人日记中,曾国藩引领的"幕府雅集"是一种常态化的文学交流活动。1861年8月23日,莫友芝在日记中写道:"晓雨止,午欲雨不雨。涤帅招同芋仙、碧湄、至甫饮,碧湄言徐谦字白舫,广丰人,以庶常老,著《悟雪楼诗》初、二集。又言……诗学嗣宗。"④学人雅聚、谈诗论道,自然能够引发创作激情。在莫友芝的日记中,有大量雅集后的诗词创作,如1861年9月25日,他在《楚军收安庆凯歌献曾涤生制军兼呈介弟沅圃、事恒十首》中写道:"临淮号令肃清秋,不动如山有定谋。但看宜城新壁垒,湘乡群季亦营州。"⑤莫友芝一气呵成写了十首诗,对"幕府雅集"非常认同,发出"湘乡群季亦营州"的感叹。有时候,曾国藩有要事要办或是身体不适,就会让曾纪泽

---

① 曾国藩:《曾国藩日记》,北京:九州出版社,2014年版,第1072-1073页。
② 曾国藩:《曾国藩全集》(第17册),长沙:岳麓书社,2011年版,第272页。
③ 曾国藩:《曾国藩家书》,南昌:江西人民出版社,2016年版,第74页。
④ 莫友芝:《莫友芝日记》,南京:凤凰出版社,2014年版,第43页。
⑤ 莫友芝:《莫友芝日记》,南京:凤凰出版社,2014年版,第52-53页。

第四章
文人日记中的湖湘文人形象

等组织"幕府雅集",1868年9月1日,莫友芝在日记中写道:"中堂命公子劼刚为主人招偕幕中诸友(钱子密、陈小圃、任棣香、赵惠甫、王子云、薛叔莹、黎莼斋、吴至甫)。与新至客邓守之、吴南屏及伍嵩生、汪梅岑同泛后湖,还憩妙相庵,饮招忠祠下。又同泛青溪,入秦淮,至武定桥乃归。"①雅集兴盛而广泛。

不仅仅是曾国藩父子,曾国藩九弟曾国荃、郭嵩焘等也乐于这种"幕府雅集",1864年10月25日,张文虎也在日记中写道:"赴沅帅席,同集者晓岑、壬叔、衣谷、颖芸、仲符、开生、元徵、芋仙、子密、阆仙及莫子佣大令,蒯约卿、汪仲伊两茂才,潘伊卿观察十五人。沅帅真率脱略,过于节相。既而劼刚至,又马雨农学使至,遂杂坐无次,畅饮甚适。雨农、芋仙各出《送沅帅诗》,和节相韵十三首,芋仙作尤佳。沅相又出节相原作传观之。暮微雨。"②从日记看出,日常"幕府雅集"很随性愉悦,雅集者"各出《送沅帅诗》,和节相韵十三首",可谓硕果累累。并且,从日常雅集中可以看出,曾国藩是灵魂人物,即使其不在场,其仍然是谈论、酬和的主要对象。无独有偶,杨恩寿也在1868年农历腊月初一日的日记中写道:"雨,寒极。辰刻冯此山来,邀同赴局。总纂郭筠仙中丞、曾沅圃宫保及纂修诸君子皆集。余派司襄纂,张力臣、黄子寿、易昀荄充提调。中丞韫斋师亲来阅视局舍,司道皆集,傍晚始散。"③文人雅集,乐此不倦。

曾国藩与莫友芝交谊很深。1861年8月28日,莫友芝日记中写道:"涤帅索观旧诗,以子尹指摘过一册呈之,又以册页乞为行书所为撰先君墓表。"④曾莫相互信赖。曾国藩为了增强"幕府雅集"的效果,办了书院,亲自批阅文人呈递上来的"课卷",也让莫友芝代看。如,莫友芝在1862年8月28日的日记中记道:"晚走幕府,节相以前月课卷令持归校阅。"⑤文人雅集是一种相互学习、促进成长的交流活动,其中也有"拜师学艺"的环节。莫友芝在1861年8月10日的日记中写道:"姚慕庭以曾公命来请业,以《幸余轩诗》二卷为挚,其风格甚好,但境未阔、词未细耳。"曾国藩命令姚慕庭拜莫友芝

---

① 莫友芝:《莫友芝日记》,南京:凤凰出版社,2014年版,第253页。
② 陈大康:《张文虎日记》,上海:上海书店出版社,2009年版,第3页。
③ 杨恩寿:《杨恩寿集》,长沙:岳麓书社,2010年版,第239页。
④ 莫友芝:《莫友芝日记》,南京:凤凰出版社,2014年版,第44页。
⑤ 莫友芝:《莫友芝日记》,南京:凤凰出版社,2014年版,第98页。

为师,莫友芝面对姚慕庭的条件,也考虑到其他的因素,有点迟疑不决。曾莫交游融洽而富有生活情趣。莫友芝在1864年11月8日的日记中写道:"午谒湘乡公呈次韵诗,索明日饮,笑不肯许,谓当寻公子劼刚索,必不能不听客之所为,公笑而不答,盖微示领意也。……次曾湘公赠弟十三首原韵为寿诗,裁出另裱。"①甚至,曾国藩"新制书匣"也进入了莫友芝的日常记忆中,他在1867年6月16日的日记中写道:"惠甫相过,午后谒谢湘乡公,观其新制书匣,纵衡四小方柱,六面之板与柱内平,前后板各三块,横抽上下如仓板,去前后板排列之,若大书架然。"②生活的日常与诗意的交往相映成趣。

"幕府雅集"影响深远,并没有因曾国藩的死而落幕,而是在郭嵩焘等文人中得到了传承。光绪二年(1876年)三月初十日,郭嵩焘在日记中写道:"萧敬亭、何子佺约至极乐寺展李文正公墓,遂留饮,同席敬亭、子佺、龙皞臣、刘小簠、洪又才、郭子田、周荔樵。文正墓碑阴刻诗四首。翁覃溪诗云:'竹栽觅到郭西村,野衲闲谈古树根。记咏成斋邀世赏,重烦蕙麓约梧门。松楸未必南湘指,桑梓谁同北地论。诗史评量吾岂敢,偶徵游迹续慈恩。'法时帆诗云:'西涯宅废水空存,又叩禅扉访墓门。病衲斜阳剪榛莽,牧羊秋雨啮松根。仅留诗句传湖海,不复䨡盐计子孙。三百年来谁过问,暮鸦黄叶畏吾村。'"③曾国藩是"仅留诗句传湖海"吗? 显然不是。

二、日记里的《喜吴南屏至》及"酬和"

郭嵩焘在同治十一年(1872年)九月十一日的日记中写道,"文正公早达,道德文章功业皆极一时之盛"④,在《吴南屏墓表》一文也认为,"湖南二百年文章之盛,推曾文正公及君"⑤,对曾国藩、吴敏树都赞誉有加。曾国藩、吴敏树作为近代湖湘文学的代表,二人的交往富有戏剧性。在二人的交游中,曾国藩的《喜吴南屏至》一诗曾经引起"一时和者云属,盛有尖义之竞"⑥,"大江南北赓和者,竟达三百余人之多"⑦。据张徐芳的《能静居钞本〈东游唱和

---

① 莫友芝:《莫友芝日记》,南京:凤凰出版社,2014年版,第120页。
② 莫友芝:《莫友芝日记》,南京:凤凰出版社,2014年版,第214页。
③ 郭嵩焘:《郭嵩焘日记》(第三卷),长沙:湖南人民出版社,1982年版,第22页。
④ 郭嵩焘:《郭嵩焘日记》(第二卷),长沙:湖南人民出版社,1981年版,第788页。
⑤ 郭嵩焘:《郭嵩焘全集》(第十五册),长沙:岳麓书社,2018年版,第608页。
⑥ 吴敏树:《吴敏树集》,长沙:岳麓书社,2012年版,第321页。
⑦ 王澧华:《前言》《曾国藩诗文集》,上海:上海古籍出版社,2005年版,第15页。

第四章 文人日记中的湖湘文人形象

集)考述》一文;赵烈文在《东游唱和集》中抄录了吴敏树、赵烈文、张文虎、周学浚、吴汝纶等人和诗二十八首,而莫友芝、杨恩寿、郭嵩焘等人的酬和之作没有收录其中,大概一时"和者百数十人"①。

这次曾吴引领的诗词酬和影响深远,研究成果不少,大都从正面呈现曾吴交谊深、曾对吴才华推崇等方面进行阐释。实际上,从日记视域审视此次酬和,酬和的兴盛与曾国藩的影响力及吴敏树的"诗词兜售"不无关系,并且,吴敏树在曾国藩心中的地位也不是特别高。

首先来看看《喜吴南屏至》一诗:

> 春霖飒沓天如簁,大麦荓邑小麦摧。愁颜弥月何曾破?故人飞棹从天来。与君握别才几日,已见新火十钻槐。当时洞庭醑别酒,乾坤战伐正喧豗。沅湘义军参差起,十事欲成九事乖。英豪半藏蜀国血,大地遍种秦时灰。即今南纪风尘靖,乱后遗黎多青災。荒村有骨饲狐貉,沃土无人辟蒿莱。筋力登危生理窄,斗粟谁肯易婴孩?三里诛求五里税,关市或逢虎与豺。谬领大藩二千里,疮痍不救胡为哉!羡君高卧君山顶,吞吐湖月无愁猜。世味饱谙肱三折,长吟极望天四隤。招邀轩辕论古乐,渐被屈氏饯余哀。谈经顾折巨儒角,手携皭日照昏霾。翩然一叶忽东下,相见各怜双鬓皚。宁知沧桑阅百变,复此对持掌中杯。苍天可补河可塞,只有好怀不易开。努力且谋千日醉,高谈巢燧讵有郃。②

1868年,吴敏树东游金陵,赋诗《江宁上曾相国二首》称誉曾国藩"古来勋业谁争色,近代文章并洗尘"③。曾国藩作《喜吴南屏至》一诗酬和。曾国藩原唱诗作以四日苦思而成,相关日记条文如下:

> 同治七年(1868年)四月初二日,清理文件……校白太傅《新乐府》。巳正南屏自湖南来,谈最久……中饭后阅本日文件,再校《白香山乐府》。小睡片刻。至惠甫处与南屏一谈。
>
> 初四日,夜阅吴南屏所著《诗国风原指》。

---

① 张徐芳:《能静居钞本〈东游唱和集〉考述》,《2014年中文古籍整理与版本目录学国际学术研讨会论文集》,桂林:广西师范大学出版社,2015年版,第696页。
② 曾国藩:《曾国藩全集》(第14册),长沙:岳麓书社,2011年版,第87页。
③ 吴敏树:《吴敏树集》,长沙:岳麓书社,2012年版,第155页。

初七日,午刻,请吴南屏、陈作人等便饭,申初散……二更,阅吴南屏所为《春秋三传义求》。

初九日,二更后阅吴南屏所著《孟子考义发》。

初十日,拟作一诗酬吴南屏,久索未得。

十一日,吴南屏来一谈,与同中饭……二更后拟作诗而久未就。四点睡。

十二日,夜作诗二十余句,未毕。

十三日,夜作诗十余句,《喜吴南屏至》七古一首作毕。①

从《曾国藩日记》看,吴敏树是1868年四月初二日拜见曾国藩的,老朋友见面"谈最久",至于谈的内容,日记没记录,按照惯例,应该有爱慕老朋友才华、留幕府讨论学问之类的话。但曾国藩在《喜吴南屏至》写出之前,10多天没有回拜吴敏树,第一次见面的当天下午曾国藩"至惠甫处与南屏一谈",应该是曾国藩拜访赵烈文偶遇吴敏树,据赵烈文1868年四月初二日的日记的记录:"吴南屏(敏树,巴陵人,积学著书甚多,十一年在湘识之)来候,谭至下午,涤师来同谭。"②赵吴是老相识,吴敏树面呈曾国藩之后马上就来拜访赵烈文,老朋友相见"谭至下午",曾国藩来拜访赵烈文时,又偶遇了吴敏树。而在《喜吴南屏至》写出来之前吴敏树却拜访过曾国藩一次,如此看来,曾国藩"待吴之道"似乎不太符合常情,从这些及后面的结局可推测吴敏树可能没有答应曾国藩的邀请而导致曾国藩对吴敏树的冷落。而从赵烈文、莫友芝、张文虎等文人日记可以看出,曾国藩与他们的回拜都很及时。当然,也可能曾国藩意识到冷落了老朋友,也为了回应吴敏树《江宁上曾相国二首》,曾国藩在阅读"吴南屏所著《诗国风原指》③《孟子考义发》"的基础上,四月初十日"拟作一诗酬吴南屏,久索未得",十一日"二更后拟作诗而久未就",十二日"夜作诗二十余句",十三日"夜作诗十余句,《喜吴南屏至》七古一首作毕"。《喜吴南屏至》4天才完成,也算是难产的作品。但《喜吴南屏至》的完成带来"曾吴亲密交往"。在曾国藩的日记中:

同治七年(1868年)四月十四日,将昨日诗录写送南屏处。批

---

① 曾国藩:《曾国藩日记》,北京:九州出版社,2014年版,第1087-1089页。
② 赵烈文:《能静居日记》,长沙:岳麓书社,2013年版,第1163页。
③ 吴敏树东游带《诗国风原指》等著述以求教曾国藩等文人。

第四章
文人日记中的湖湘文人形象

校山谷诗……至南屏处一坐,昨日搬入署内也。与幕客同至后园新屋久谈……二更后,阅吴南屏所为《经说》。

十五日,南屏来久谈,二更二点始去。

十六日,至后园与吴南屏久谈。

十七日,中饭,请吴南屏来便饭。

廿二日,至幕府与吴南屏久谈……夜阅南屏所著《论语》。

廿五日,南屏、惠甫等来船久谈。……至眉生、南屏等船上久谈,申正归。

廿五日,与南屏久谈。

闰四月初一日,傍夕在岸侧乘凉,与南屏、惠甫等久谈。

初八日,傍夕登岸,在桥上久坐,与南屏等一谈。

初九日,傍夕,登岸与南屏一谈。

初十日,南屏等来久谈。

十二日,与南屏等一谈。夜间,南屏、惠甫等来看洋镜画。①

在《曾国藩日记》中,《喜吴南屏至》是1868年四月十三日写就,十四日"录写送南屏处",应该是派人送给吴敏树的,然后当天下午"至南屏处一坐,昨日搬入署内也。与幕客同至后园新屋久谈"。这是曾国藩首次拜访吴敏树,可能是因为吴敏树搬入幕府,也可能是因为吴敏树被曾国藩的酬和诗打动,接下来的几天曾吴交往频繁。另外,这次"金陵酬和"是从1868年四月初二日吴敏树赠《江宁上曾相国二首》开始到1868年闰四月十四日结束,共有43天。而在《曾国藩日记》中,曾国藩对吴敏树其人其诗没有任何文字评价,而对李鸿裔、曾纪泽等诗作却赞誉有加。在1868年闰四月初十日的日记中曾国藩写道:"观李眉生诗,爱其俊拔而有情韵,将来必为诗人。纪泽前后作次筵字韵诗二首,韵稳而脉清,吐属亦尚名贵,将来或亦为诗人,殊以为慰。"②

赵烈文日记记录吴敏树"金陵酬和"最详细,从赵吴1868年四月初二日"相见久谈"到闰四月十四日"南老旋别去",赵吴"金陵酬和"贯穿始终,吴敏树第一次"金陵酬和"共43天,其中赵吴交往赵烈文日记记录的有25天,可

---
① 曾国藩:《曾国藩日记》,北京:九州出版社,2014年版,第1090—1097页。
② 曾国藩:《曾国藩日记》,北京:九州出版社,2014年版,第1090—1097页。

谓形影不离。赵吴是老相识,赵对吴较为看重,认为其"所著《诗国风原指》六卷,大旨谓国风之作皆兴托一时时事,如《日月》《终风》二篇,乃卫庄姜谋讨州吁之事;《燕燕》一篇,欲讨州吁,使戴妫谋之于陈也。解殊新创"。赵评价较高。吴是"同和"曾国藩《喜吴南屏至》的始作俑者,首先得到赵的"应和":赵于四月二十六日、闰四月初九日分别"制《喜吴南屏至,次节相原韵》诗一首:酒酣听子数典籍,倒筐万卷纵横开","制东游诗一首:《奉陪湘乡相国东游赋呈兼柬同行诸君子,再次前韵》"。赵吴相见甚欢,赵"同游"及曾国藩等"同游"很频繁。他们"同游妙相庵","赴涤师招饮","师即邀余及南老至后园同食","游兴教寺、天宁寺、史公祠、平山堂","从相国登金山顶","又至自然庵少坐,香橼花正开,香气幽隽,令人除凡俗想","同涤师、南老、莼斋闲眺","陪涤师、南老、莼斋游惠泉,山寺已毁,改建昭忠祠","同吴南老茗于圆妙观,并晤孟舆、安林,亭午归"。到闰四月初七日"千人同游",蔚为大观,赵"同南老、偲老、莼斋至端园,遂登灵岩,涉琴台顶,偃卧不上良久。……是日游者,曾涤生相国,丁雨生中丞,杜小舫方伯,勒少仲、李眉生两廉访,李质堂军门,刘南云方伯,吴南屏孝廉,俞荫甫编修,莫子偲孝廉,黎莼斋刺史,曾劼刚、静臣两公子,何小泉中书,许缘仲、潘季玉两观察。各复携其宾从,下迄舆台从兵,凡数千人,游观之盛,盖数百年而一见。相国素习劳苦,上下山峤皆步行,诸公丰肌脆质,惮于追随,往往尼之,故游不竟十分之一"。直到第二天,曾国藩还"极叹山水清丽,而惜斯游为未畅",接着,他们"登岸野眺","涤师偕大众至厂观机器……至戏楼观剧","同大众至夷场……同历数夷肆,观诸恢诡,以曾公子故,夷皆捧觞为寿,并及诸人皆沾湑……晚同南老到涤师处观灯影洋画"。直到闰四月十四日"涤师率两公子……返宁,丁中丞与李眉生、莫子偲等旋苏,吴南屏赴杭州,余乞假归虞寓"①。第一次"金陵酬和"告一段落。

张文虎日记对"金陵酬和"的记录相对较简单,他是在1868年四月初五日的饭局上认识吴敏树的,他在当天日记中记录道:"赵惠甫招同巴陵吴南坪(敏树)、壬叔、端甫、子高集妙相庵。南坪学问博赡,诗、古文亦有名,为节相所称,年六十四,颇健。"第二天,吴"偕其婿星乔来"。九日"回看吴南坪,不值"。十四日"与端甫至幕府访吴南坪、吴挚甫、赵惠甫、黎莼斋。南坪出诗文稿,诗学苏、黄,文近南丰,所著有《国风原旨》,颇喜新奇,以'野有死麕'

---

① 赵烈文:《能静居日记》,长沙:岳麓书社,2013年版,第1163—1173页。

第四章
文人日记中的湖湘文人形象

为伯夷之诗,谓'无感我悦'即不食周粟之意,可为解颐。出节相新作赠诗七古一章"。张文虎对《诗国风原指》评价不高,感觉吴敏树有点爱出风头,虽然"诗、古文亦有名,为节相所称"却有些名不副实。廿三日"至节署访吴南老",吴"示次节相韵诗,并属同人共和",更进一步说明吴敏树是"金陵酬和"的始作俑者。而这个时候,"缦老处送和诗至,叶韵自然,诗亦超旷,似胜南老"①。"缦老"是周学浚,张文虎对周学浚的诗赞不绝口,认为其比吴敏树的诗高一些。而七月六日"吴南屏返自浙江",在第二次"金陵酬和"期间,张文虎对吴著《〈论语考异〉别钞》及《孟子考义发》颇为看好,认为"《考异》本仁和翟晴江原书而己为之条论者,《考义》大都宋焦理堂《正义》而审辨之。持论颇平允,而微嫌其太繁,又议论多而引据少,诚能隐括之什取其四五,亦可传也","颇有精确处"。十九日"送吴南屏回巴陵"②。第二次"金陵酬和"是1868 年七月初四日到十九日,共 16 天。张文虎也有和诗,其在 1868 年四月二十九日"和节相、缦老、南屏《筵字韵诗》";五月二日"灯下复和《筵字韵诗》";三日"写《筵字韵诗》二首送呈节署";十八日"戏叠《筵字韵诗》一首";十九日制"《送陈逸山归雷州诗》一首,四叠筵字韵"③。"四叠《筵字韵诗》",酬和很卖力。

莫友芝是四月初四日在赵烈文处"识吴南坪(敏树)学博","南坪长诗古文,为经说不株守,务发新义,曾为浏阳校官,亦自罢去,教子课耕,极林泉之乐,谢绝荣利,楚文人之甲乙人品绝高者"。对吴评价甚高,以至于"纵谈甚乐"④。十三日"以和中堂赠南屏诗韵纪前日之游待脱稿,辞不能偕"⑤。

1868 年七月初四日吴敏树"返金陵,以前后所得诗呈相国。相国复命会客游元武湖,泛青溪秦淮,乃许归"⑥。《曾国藩日记》对第二次"金陵酬和"记录得较简略,七月初四日"吴南屏自浙江归";初五日"吴南屏移入署内",曾吴交谈频繁,在交谈中,曾感觉吴是"好学君子也";十五日、十七日"为南屏写横披";二十日"送吴南屏回湘"⑦。而张文虎是十九日"送吴南屏回巴陵",

---

① 陈大康:《张文虎日记》,上海:上海书店出版社,2009 年版,第 133、135 页。
② 陈大康:《张文虎日记》,上海:上海书店出版社,2009 年版,第 146 - 148 页。
③ 陈大康:《张文虎日记》,上海:上海书店出版社,2009 年版,第 139、141 页。
④ 莫友芝:《莫友芝日记》,南京:凤凰出版社,2014 年版,第 247 页。
⑤ 莫友芝:《莫友芝日记》,南京:凤凰出版社,2014 年版,第 248 页。
⑥ 吴敏树:《吴敏树集》,长沙:岳麓书社,2012 年版,第 321 页。
⑦ 曾国藩:《曾国藩日记》,北京:九州出版社,2014 年版,第 1118 - 1122 页。

似乎有矛盾之处。再翻看赵烈文日记查证,吴确是二十日离开金陵返湘的。

在赵烈文日记中,1868年七月初四日"吴南翁来,涤师邀赴后园同谭"。初五日"南翁……见示为作《耕读传家》《岱顶看云》二图序各一篇,文笔高古,殊可感佩"。接下来,赵吴二人还是形影不离,到十四日"相国命来日游玄武湖",第二天"卯刻入署,同邓守丈、汪梅村、吴南叟、莫子偲、伍嵩生(肇龄,四川邛州人,丁未翰林)、钱子密、吴挚甫、黎莼斋、王子云、任棣香、陈小圃、薛叔云游元武湖。相国微恙不行,劼刚为主人。荷花零落无几,秋气瑟然,半湖而返。复至昭忠祠、妙相庵各少憩,反饭于祠中。下船道青溪、秦淮而归"。十九日"叙舟秦淮,邀南老、守丈游河,莫偲翁亦至,遂同行。舟至东关登陆,饮于衣谷寓中。以南老明日行,余薄设为饯也"。二十日"巳刻入署,送南老行。南老与余情独至,颇有不忍之色,恍为述别一篇留赠,余亦有文以送之,而所作未惬意,未出以示之也"。两天后,赵烈文"赋《游元武湖诗三首》"称颂此次"元武湖之游"为"四叟须眉照湖水,诸贤裙屐动清风"①。

吴敏树刻印自己诗集时又考虑到"相国命集其稿,将并余诸记游诗刻之,余辞谢而别。……其箸韵和卷,实使府之盛事,鄙生多窃声誉其间,此草不具录诸公之作,金陵刻行,当得以揽其全矣"②。吴敏树回乡即汇刻《东游草》,因"金陵酬和"的影响,又引起一波诗词酬和,如郭嵩焘《吴南屏见示"箴邠韵"诗册,时湘乡相国薨已逾月矣》、杨恩寿《呈吴南屏孝廉丈并题东游草用集中湘乡侯相奉赠原韵》等。在郭嵩焘日记中,郭吴经常诗词唱和。直到同治十一年(1872年)九月十八日,郭嵩焘还在日记里写道:"吴南屏见示登高诗,为一诗和之。"③杨恩寿在1868年十二月初二日的日记中记道:"拜吴南屏先生。此老名敏树,巴陵举人,久负诗名,心折已久,今因聘充志局纂修,始得握晤,快极。晚集疏灯人语,食乳羊,不尝此味已数年矣。"初六日,"吴南屏先生来拜,出示《东游草》近作。读讫,用集中湘乡侯相赠南老七古韵率题其集,诗长另录"。腊八日"招吴南屏、李季眉、冯此山三老对饮"④。"金陵酬和"有助于曾国藩幕府文人之间的交流,为曾国藩中兴古文发挥了重要作用。吴敏树和诗后,大江南北继和者三百余人。因曾国藩诗首尾二

---

① 赵烈文:《能静居日记》,长沙:岳麓书社,2013年版,第1190-1193页。
② 吴敏树:《吴敏树集》,长沙:岳麓书社,2012年版,第321-322页。
③ 郭嵩焘:《郭嵩焘日记》(第二卷),长沙:湖南人民出版社,1981年版,第732页。
④ 杨恩寿:《杨恩寿集》,长沙:岳麓书社,2010年版,第239页。

韵为"菹"与"邰",好事者集为《菹邰倡和集》,吴敏树也因此风光无限,名声大噪①。并且,"其他和诗莫不苦心经营,字斟句酌。对照各诗不同版本,斟酌锻炼痕迹明显"②。

三、"近代文章并洗尘"

吴敏树和诗,首言曾氏功业,"相公千载论人杰,声华早岁光蓬莱。……塞天勋业已何有,旷世襟怀人不猜",再言追慕之意及人生感慨,"苦寻章句得微隙,稍觉耳目开昏霾"③。"金陵酬和"都是呈示幕主曾国藩的,唱和诗人对曾国藩等人的颂扬主要着眼于其平定战乱、倡导文教的中兴功业。诗人多以伊尹、莱朱、谢安、郭子仪、李光弼等历史名臣比附曾国藩。正如张文虎在《奉次湘乡相侯韵赠巴陵老儒吴南屏敏树,即题所著国风原指后》一诗所誉:"即今东南渐舒困,虽有旱潦仍免灾。中兴戡乱首郭李,名世重望专伊莱。保障岩疆众所母,包罗贤俊公皆孩。大施文教剔鼠蠹,豫养蒙孺消蜂豺。"④

曾国藩死后,一直是后人学习的对象,陆宝忠日记中写道:"连日得暇,即阅曾文正家书。文正一生事业,皆从谨慎做起,其为翰林时,学问气象已迥不犹人。我辈纵不能仰希万一,亦须胸中磊磊落落,体会许多道理,万不可随俗浮沉也。"⑤阅读曾国藩、学习曾国藩、践行曾国藩成了一种生活日常。而曾国藩的文学家形象,主要在于其读书勤、创作勤。曾国藩考取进士前,在给弟弟的家书中写道:"兄少时天分不甚低,厥后日与庸鄙者处,全无所闻,窍被茅塞久矣。及乙未到京后,始有志学诗古文并作字之法,亦洎无良友。"⑥为了扩大读书事业,又因苦于无良友,只有"留京师读书,研究经史,尤好昌黎、韩文,慨然思蹑而从之"⑦。后来,拜理学大师唐鉴为师,"至唐镜海先生处,问检身之要、读书之法。先生言当以《朱子全书》为宗。……又

---

① 关爱和:《吴敏树与桐城湘乡派》,《文学评论》,2020年第5期,第149页。
② 张徐芳:《能静居钞本〈东游唱和集〉考述》,《2014年中文古籍整理与版本目录学国际学术研讨会论文集》,桂林:广西师范大学出版社,2015年版,第701页。
③ 吴敏树:《吴敏树集》,《桐城派名家文集》(第5卷),合肥:安徽教育出版社,2014年版,第487页。
④ 张文虎:《舒艺室诗存》,《清代诗文集汇编(第630册)》,上海:上海古籍出版社,2010年版,第518页。
⑤ 李细珠:《晚清学政的日常事务与生活世界——陆宝忠督学湖南日记稿本研究》,《近代史研究》,2020年第6期,第19页。
⑥ 曾国藩:《曾国藩家书》,北京:线装书局,2008年版,第166页。
⑦ 曾国藩:《足本曾文正公全集》(第一部),长春:吉林人民出版社,1995年版,第74页。

言……文章之学,非精于义理者不能至。……听之,昭然若发蒙也"①。奠定了曾国藩成为文学家的基础。

曾国藩成为文坛领袖,得益于其政治上的影响。严迪昌认为:"达官大僚以权势、才学、名望、财力等诸种因素综合而成的优势广揽人才,'结佩'相交,并非只是一种纯文学的风雅韵事。"②曾国藩幕府聚集了如罗汝怀、周学浚、莫友芝、赵烈文、李鸿裔等众多文人,时常唱和、切磋学问。正如吴汝纶所说:"独曾文正公在江南时……往往招携宾客,泛舟秦淮,徜徉玄武……流连景物,饮酒赋诗,以相娱嬉。"③这些从上文可以看出,曾国藩所主导的"金陵酬和""客观上激发了人们的学宋兴趣","确实体现出曾国藩对'宋诗运动'的大力提倡"④。当然,也有很多资料显示,"曾国藩并未有意通过此次唱和大力提倡'宋诗运动','筵邸唱和'本身对'宋诗运动'的影响或许没有这么大,但其中折射出的文学生态与文人心态却不容忽视",更为重要的是,"金陵酬和"之所以能够产生影响,"关键在于曾国藩的政治地位与唱和盛事所产生的示范效应与从众效应。吴敏树是经师硕儒,文坛领袖,他与曾国藩及其幕府文人的唱和,自然引起了广泛响应"⑤。"金陵酬和"只是曾国藩人生中一个短暂的阶段,而从曾国藩整个创作历程来看,曾国藩有振兴文章学的野心,他认为:"湘中子弟忠义之气,雄毅不可遏抑之风,郁而发之于文。道德之宏,文章之富,将必有震耀寰区,称乎今日之武功,而又将倍焉蓰焉者。余虽衰钝,尚庶几操左券于此,请以右券责之。"⑥这表明了曾国藩求文武兼兴之愿望。

时人对曾国藩古文思想的接受有一个过程。金毓黻在1920年3月14日的日记中写道:"曾涤笙谓为古文无不如意,惟不宜于说理,曩尝心窃非之,以谓文者所以谈理纪事,若不能说理,则文失其职;古文亦文耳,讵能独外是例哉。迨今思之,殊不必然;盖说理之文,宜条分缕析,贵不厌求详;不善为者,或失之沈腿,或病于臃肿。绳以古文律例,即其善者,已多病其不合,况未能善者乎!……曾氏知之,不便明言,故为此简括之语,以抉其微,

---

① 曾国藩:《曾国藩日记》,北京:九州出版社,2014年版,第30-31页。
② 严迪昌:《清诗史》,杭州:浙江古籍出版社,2002年版,第657页。
③ 吴汝纶:《吴汝纶文集》,上海:上海古籍出版社,2017年版,第113页。
④ 王澧华:《前言》,《曾国藩诗文集》,上海:上海古籍出版社,2005年版,第13-15页。
⑤ 朱春雨:《曾国藩幕府"筵邸唱和"与晚清文人的群体认同》,《苏州大学学报(哲学社会科学版)》,2020年第2期,第157页。
⑥ 曾国藩:《曾国藩全集》(第19册),长沙:岳麓书社,2011年版。

第四章
文人日记中的湖湘文人形象

读者幸善会之。"①金氏由"曩尝心窃非之"到心悦诚服。因而,4月4日写道:"晚阅《曾文正公文集》。曾氏所撰诸墓志,铭词简古刚劲,远迈中郎。帮阅数篇,均为杰作。铭郭依永墓云:'存者抑情而复礼,逝者奠魄而永绥。'……此皆铭辞之简古刚劲者也。"②

无独有偶,孙宝瑄也感受到了曾国藩诗文的力道。在其日记中写道:

> 光绪二十年(1894年)正月十九日,车中观曾文正诗集,兴至则朗诵,往往湫尘嚣溢,人声喧沸,而余吟咏自若,如坐书斋。
>
> 二月初八日,余窃怪曾涤笙《画像记》独不列三闾、彭泽两人,岂以其人微有不足法者欤,抑或编辑时有所遗漏欤?夫屈子行吟泽畔,未尝忘君;陶公采菊东篱,未尝忘世。之二子者,其胸中皆有磊落瑰伟奇崛之气,抑郁不得伸,虽一则形诸悲骚,一则托诸闲谈,而高风峻节,同得天地清明之气,而卓然独步于千古者,无殊焉。然而曾涤笙独不列诸三十二子之列者,何欤?抑别有故欤?
>
> 光绪二十三年(1897年)五月二十一日,国朝顾亭林、曾涤笙两人,皆不以诗鸣者也,然而读其诗,见其志,远在诸人上。何也?……曾涤笙《题养闲草堂图》云:浩浩市声沸,尘雾如惊涛。中有澹定人,万事渺秋毫。……此等气象,颇近陶彭泽。③

曾国藩诗文有力量,有陶渊明"磊落瑰伟奇崛之气"。因而,"道光时,京朝士大夫好谈考据训诂,其后梅曾亮、曾国藩倡为古文,邵懿辰、龙启瑞、陈用光、王拯、朱琦皆从之游"④。据曾国藩日记,"旋送廉卿去。廉卿近日好学不倦,作古文亦极精进,余门徒中可望有成就者,端推此人。临别依依,余亦笃爱,不忍舍去。求为其祖作墓志,近日尝应之也"⑤。从这则日记中可以看出,曾国藩对张裕钊的创作寄予殷切期望,认为其是衣钵传人。其在同治七年(1868年)八月二十四日的日记中写道:"与张廉卿久谈。……阅张廉卿近所为古文,喜其入古甚深,因为加圈批五首。"⑥对张裕钊赞誉有加。吴汝纶、

---

① 金毓黻:《静晤室日记》(第一册),沈阳:辽沈书社,1993年版,第9页。
② 金毓黻:《静晤室日记》(第一册),沈阳:辽沈书社,1993年版,第21页。
③ 孙宝瑄:《忘山庐日记》,上海:上海人民出版社,2015年版,第31、40、106页。
④ 胡思敬:《国闻备乘》,北京:中华书局,2007年版,第52页。
⑤ 曾国藩:《曾国藩全集·日记(一)》,长沙:岳麓书社,1987年版,第418页。
⑥ 曾国藩:《曾国藩全集·日记(三)》,长沙:岳麓书社,1989年版,第1545页。

张裕钊等门人及诗友对曾国藩也特别推崇。吴汝纶对恩师曾国藩编选《十八家诗抄》《经史百家杂抄》,十分服膺;张裕钊在给吴汝纶的信中写道:"昔朱子谓韩退之用尽一生精力,全在声响上着功夫。匪独退之,自六经、诸子、《史》《汉》,以至唐、宋诸大家,无不皆然。近惟我文正师深识此秘耳"①,对曾国藩特别推崇;1861年11月22日,莫友芝在日记中也写道:"为涤帅篆书《六先生象赞》四纸及集《天发神谶》句"时,领悟到"文章有神,日月与炳;天人合发,江海咸归"②的精义;1882年正月廿七日,郭嵩焘也在日记中写道:"李伯相函属致意左公,无过改易曾文正旧章。始见即诋斥曾文正",郭嵩焘等坚决反对,"因复李伯相书:曾文正旧章,人人思护持之,独若左公者,实为通天教主,不能为护法善神。观其气象,似已盈溢过甚,非吉征也"③。

曾国藩戎马倥偬,依然放不下文事,对吴汝纶等也是特别赞赏。1864年5月27日,曾国藩在日记中写下了他初见吴汝纶的印象:"阅桐城吴汝纶所为古文,方存之荐来,以为义理、考证、词章三者皆可成就,余观之信然,不独为桐城后起之英也。"④曾国藩肯定了吴汝纶。吴汝纶等创作都深受曾国藩的影响,吴汝纶认为,"桐城诸老……独雄奇瑰玮之境尚少……曾文正公出而矫之,以汉赋之气运之,而文体一变,故卓然为一代大家"⑤。胡适在1922年的《五十年来中国之文学》一文中高度评价"曾国藩一班人居然能使桐城派的古文忽然得一支生力军,忽然做到中兴的地位"⑥。1935年,胡适在《中国新文学大系·建设理论集·导言》中进一步强调了从姚鼐、曾国藩到吴汝纶振兴古文的文学意义,认为,"到曾国藩,这一派的文字可算是到了极盛的时代"⑦。当然,在胡适眼里,曾国藩作为文学家不是完人。1916年4月17日,胡适在日记中写道:"谀墓之文,赠送之诗,固无论矣。即其说理之文,上自韩退之《原道》,下至曾涤生《原才》,上下千年,求一墨翟、庄周乃绝不可得。"⑧认为曾国藩在说理方面还不够完善。1921年7月30日,胡适在日记

---

① 张裕钊:《张裕钊诗文集》,上海:上海古籍出版社,2007年版,第476页。
② 莫友芝:《莫友芝日记》,南京:凤凰出版社,2014年版,第60页。
③ 郭嵩焘:《郭嵩焘日记》(第四卷),长沙:湖南人民出版社,1983年版,第258页。
④ 曾国藩:《曾国藩全集》(第18册),长沙:岳麓书社,2011年版,第58页。
⑤ 吴汝纶:《吴汝纶全集》(第3册),合肥:黄山书社,2002年版,第51-52页。
⑥ 胡适:《胡适全集》(第2卷),合肥:安徽教育出版社,2003年版,第260页。
⑦ 胡适:《胡适全集》(第12卷),合肥:安徽教育出版社,2003年版,第255页。
⑧ 胡适:《胡适全集》(第28卷),合肥:安徽教育出版社,2003年版,第356页。

第四章
文人日记中的湖湘文人形象

中为中学国文随口拟定了"一个选材的计划":"第一年,周作人《域外小说集》、林琴南小说等。第二年,近代人之文,梁任公、章行严、章太炎等。第三年,所谓'古文'时期,自韩愈到曾国藩。第四年,自六朝到周、秦。每时期自然夹入韵文。"①将曾国藩的文章选入。

吴汝纶日记曾有过这样的记载:"曾相论文八字:'雄、直、怪、丽、淡、茹、远。'"②吴氏对其师文论很是佩服,也很认同,并有意识地继承。郭嵩焘对曾国藩也是如此。他在同治元年(1862年)三月十五日的日记中写道,"冯树堂自祁门归,录存曾氏文钞目录,分三门十一类,每类引经为证。首曰著述门,类三:论著类,著作之无韵者;词赋类,著作之有韵者;序跋类,他人之著作,序述其意者。次曰告语门,类四,诏令类,上告下者;奏议类,下告下〔上〕者;书牍类,同辈相告者;哀祭类,人告于鬼神者。次曰记载门,类四:传志类,所以记人者;叙记类,所以记事者;典志类,所以记政典者;杂记类,所以记杂事者。分类谨严精实,自来选家,无能及者"③,非常精细;光绪六年(1880年)十月十七日,"舆中为曾文正公〔祠〕雅集序一篇,亦张力臣所托也"④;光绪八年(1882年)六月十四日,"诣王逸吾谈,知近有《续古文辞汇〔类〕纂》之刻,起姚姬传,终吴南屏,凡得三十余人,湖南则曾文正、孙芝房、周星叔皆得与焉,余存吾、周半帆、邓南村则皆遗之"⑤,对传承曾国藩非常关心;光绪九年(1883年)二月廿二日,"朱香荪过谈,语及曾文正公疏稿有代陈(鄙人)请裁屯卫事宜"⑥,留心曾国藩文稿的刊发。杨昌济对曾国藩的文章学问非常佩服,在1914年6月1日的日记中写道:"曾文正选三十家诗,而以识度、气势、韵味、工律之评语注于各诗之下:大概陶渊明以识度胜,鲍参军以气势胜,小谢以情韵胜,大谢以工律胜。韵味、气势,阳刚之美也;识度、工律,阴柔之美也,谓之匹象。亦学作古诗者所不可不知也。王介甫之文,选字造句均极用意,其句法短峭,文气劲健,与韩柳老苏同。永叔、子瞻、子由、子固之文则多用虚字,文气虽畅而不免弱。近人有谓作诗宜先学黄山谷者,谓如此则可以避

---

① 胡适:《胡适全集》(第29卷),合肥:安徽教育出版社,2003年版,第392页。
② 吴汝纶:《吴汝纶全集》(第4册),合肥:黄山书社,2002年版,第289、370、373页。
③ 郭嵩焘:《郭嵩焘日记》(第二卷),长沙:湖南人民出版社,1981年版,第36页。
④ 郭嵩焘:《郭嵩焘日记》(第四卷),长沙:湖南人民出版社,1983年版,第112页。
⑤ 郭嵩焘:《郭嵩焘日记》(第四卷),长沙:湖南人民出版社,1983年版,第297页。
⑥ 郭嵩焘:《郭嵩焘日记》(第四卷),长沙:湖南人民出版社,1983年版,第369页。

滑熟之调;余谓作文学王介甫亦可以避滑熟之调。"①当然,曾国藩还不是完人,张文虎在1869年11月29日的日记中写道:"节相撰句书楹联见贻之:'多闻欲过刘中垒,富欲差同徐伟长。'虽非所敢承而句意殊美,惜复'欲'字耳。"②总之,"曾国藩在桐城古文传绪飘忽之际,以自己对古文的理解,改造桐城派,别创湘乡派,一方面有雅好古文、希望增强古文表情达意功用的艺术性考量,同时也掺杂着与太平天国对峙阶段统揽道统、文统,以增加军事文化力量的政治性考量。在这一过程中,曾国藩对姚鼐的推重乃是出于多种原因"③。这一评价特别中肯。

四、结语

学者们认为,"就曾国藩的整个学术思想而言,他的文学观尤其是在古文即散文和诗歌方面的建树,较之于在其他学科如史学、哲学等领域内的成就要大得多"④。而曾国藩作为"近代史上一位较有成就的文学家",其最重要的贡献在于"他以自己的文学理论和创作实践给桐城古文注入了新鲜血液,使原本衰败的桐城派出现复振之势"⑤。曾国藩在古文、诗歌等领域有自己深刻的文学认识与文学实践,其师承桐城,却又不乏创新,有鲜明的艺术特色,为湘乡派的形成奠定了基础,对近代文坛产生深远的影响。日记中的文学家曾国藩是站在时代文化前沿的人物,是一个思想开放、多元的立体文学家形象。其立学、立言、立门派,带领湘乡文派的文人们,续接桐城文脉,在近代文学史上留下了浓墨重彩的一页。

第二节 文人日记中的政治家曾国藩

曾国藩(1811—1872),字伯涵,号涤生,湖南省湘乡(今属双峰县)人。

---

① 杨昌济:《达化斋日记》,长沙:湖南人民出版社,1978年版,第22页。
② 陈大康:《张文虎日记》,上海:上海书店出版社,2009年版,第159页。
③ 关爱和:《吴敏树与桐城湘乡派》,《文学评论》,2020年第5期,第145页。
④ 成晓军:《试论黎庶昌对曾国藩文学观的继承和发展》,《湖湘论坛》,1993年第6期,第40页。
⑤ 胡敬君:《曾国藩文学思想刍议》,《湖湘论坛》,1995年第3期,第19页。

第四章
文人日记中的湖湘文人形象

曾国藩是中国近代史上一位重要人物，有"中兴名臣"的美誉，时人对其赞誉有加。如，皮锡瑞在1892年2月4日的日记写道："为作《湖南中兴名臣序赞》，即予所知者，胪举曾文正、左文襄、胡文忠、江忠烈、罗忠节、李忠武、曾忠襄、彭刚直、杨勇恪，凡九人。"①把曾国藩列为"中兴名臣"的首位，可见曾国藩的政治影响力。曾国藩作为政治家形象在近代文人日记多有记录，虽然单个日记也可能是只言片语，但整体上考察近代文人日记，其中的政治家曾国藩形象是鲜活生动的。

一、治军之才与《湘军志》

从近代文人日记可以看出，曾国藩早期创建湘军是困难重重的。1862年10月2日，当时军情危急，莫友芝在日记中记下"见涤老甚忧灼"②之语。1864年五月廿四日，杨恩寿也记道："微曦细雨，凉意袭裾。批呈词廿三张毕，即行赴关。阅邸钞，知河南捻匪，势甚披猖，扰及海州，江淮惊动。僧邸全军俱没，传言临战阵亡；大局所关，朝廷左臂失矣。闻曾节相代统其众，未审确否。"③有时候亲情也会影响曾国藩的判断。莫友芝在其1861年4月1日的日记中记道："十七夜间省城文书已到，武汉尚无事，当可无虞。元圃口硬而力实怯，安庆之背，终恶风寒，涤帅如驻东流，或可以四千人援护集贤关，临时再以礼堂马队八百助之，犹可补救也。涤帅万事皆明，而不明其弟之隐微深至之不可靠也。我辈只能说关外地势散漫，所处独难，而不能言及其真情也。"④而曾国藩最终能够鹰击长空、冲出重围得益于自身的努力。

曾国藩重视军队的日常管理。杨度在光绪二十五年（1899年）四月二十八日的日记中写道："论兵事，因述正定君言：练兵易，训兵难。而王先生以为兵无所谓训练，要能驱市人使战。此论过高，苟无韩信之才，不至偾军不止"，而"曾文正功盖天下，未尝自谓知兵，其所自负，独在教练湘军，兵将咸尊上而知礼，畏法而爱民，故可用也，舍此而言知兵，非可以语中人矣"⑤。杨度的评价可谓一语中的。曾国藩带的兵是"知礼而后勇"。而行军之法紧要

---

① 吴仰湘：《皮锡瑞全集》（第9册），北京：中华书局，2015年版，第16-17页。
② 莫友芝：《莫友芝日记》，南京：凤凰出版社，2014年版，第105页。
③ 杨恩寿：《杨恩寿集》，长沙：岳麓书社，2010年版，第101页。
④ 莫友芝：《莫友芝日记》，南京：凤凰出版社，2014年版，第14页。
⑤ 北京档案馆：《杨度日记》，北京：新华出版社，2001年版，第140页。

之处是诚信。莫友芝在 1861 年 7 月 14 日的日记中记道:"豫抚五月廿五信述涤帅言:不逆死,不亿不起,即是养生之法;不逆败,不亿不振,即是行军之法。"①子曰:"不逆诈,不亿不信,抑亦先觉者,是贤乎!"(《论语·宪问》)曾国藩套用《论语》中的这个经典名言,认为行军打仗不能凭空猜测别人的忠诚度,要信任别人,也要有理性的思考。行军要联合一切可以团结的力量。郭嵩焘在同治元年(1862 年)十一月二十日的日记中记道:"(湘乡)相国言兵宜合不宜分,当分别观之,平原旷野利用合,山险崎岖利用分。军门不知兵法,坐困宜也。赖华亭言杨厚庵弃浦口之防,太不知地势。浦口水师两营,正值下关,以扼长江之冲,拊九洑洲背,以通新开河之气。湘乡相国见及之,黄昌期见及之,厚庵之撤防,华亭曾以为言,请派二营换防。厚庵不知地势,弃险不守,使贼得乘便渡江,贻合、巢之患,君子讥之。两君之言,皆有裨于兵法,录存此。"②曾国藩认为"兵宜合不宜分",其也是这样做的。莫友芝在其 1862 年 10 月 30 日的日记中记道:"晚同谒节相。节相托其九江下时带一钓钩船运军械往江宁。"③曾国藩非常看重多方协作,协同作战。1862 年十月二十日,郭嵩焘的日记写道:"湘乡相国奏僧邸会合苗练进剿之议,立言极为得体。苗练比附僧邸以倾陷希帅,朝廷能烛其奸,僧邸乃深与相结纳,以比于逆,其愚不可瘳矣。廷旨特畅宣其蕴,言之反覆,俾其奸迹自露。僧邸而有生人之心,能无愧于中耶!朝致清明,至为可喜。而所倚任满员,若僧邸、官相,无足为良佐者,乃可忧也,各件皆专缄寄上中丞,余为标日汇存而已。"④曾国藩主张联合进剿,却遭人构陷,郭嵩焘为此愤愤不平,为曾国藩叫屈。

曾国藩也非常重视人才的选拔。如郭嵩焘咸丰八年(1858 年)十月初三日的日记所写:"上曰:左宗棠何必以科名为重。文章报国,与建功立业,所得孰多?渠有如许才,也须得一出办事才好。曰:左宗棠为人是豪杰,每谈及天下事,感激奋发。皇上天恩如果用他,他也断无不出之理。上曰:曾国藩所用人还有谁?曰:现在张运兰、萧浚川是两股大兵。上曰:湖南人才还有谁?曰:自曾国藩起兵讨贼,拔用人才不少,阵亡遭踏也不少。现在人才

---

① 莫友芝:《莫友芝日记》,南京:凤凰出版社,2014 年版,第 37 页。
② 郭嵩焘:《郭嵩焘日记》(第二卷),长沙:湖南人民出版社,1981 年版,第 78 页。
③ 莫友芝:《莫友芝日记》,南京:凤凰出版社,2014 年版,第 105 页。
④ 郭嵩焘:《郭嵩焘日记》(第二卷),长沙:湖南人民出版社,1981 年版,第 67 页。

第四章 文人日记中的湖湘文人形象

可用者,还有数人。"①曾国藩选拔了左宗棠、李鸿章等干济之才。杨度在光绪二十三年(1899年)五月朔日的日记中记道:"检《湘军志·平捻篇》纪刘、鲍京山之战失实……超自典兵,未尝败北,恐后损其威名,即托鸿章不可与共事,请疾解兵。朝旨五六慰勉,曾国藩、李鸿章函牍相继,超称病笃,所部三十营分别留散,自此无霆军,而霆军将吏,皆名敢战,人争召之,江淮南北,多能述超战状,讴思太息,以为百胜之将,盖亦巧于保全。"②杨度客观指出其老师王闿运写的《湘军志》有失实的地方,从史实说明曾国藩能够知人善用。时人认为曾国藩偏爱其九弟曾国荃,对李元度等不够重用,而"试以经济学问与文正九弟沅浦较之,平心而论,沅浦殆不如也,乃沅浦独能全始全终,勋业烂然,意者文正当时或厚庇其弟而薄待友人耶?以文正品学之粹,未必有物我之分,恐系两君仕途之偃蹇也"。而"当军事吃紧之际,次青带队往守徽州,至则仅八日而徽州失陷,次青杂乱军中逃出,五千人均溃散"③。事实证明曾国藩是知人善任的。

《湘军志》是王闿运的"一家之言",确实有偏激之处。光绪六年(1880年)十二月初八日,郭嵩焘在日记中写道:"闻壬秋《楚军志》《湘军志》已付刊,专寄裴樾岑一部,樾岑匿不以示人,亦谓其言多涉虚诬,不足昭示是非之公。香荪与樾岑最昵,询之,尚未有所闻也。而香荪于此慨然谋以自任,但得《方略》诸书,闭门编次,以一年为期,必可以成书,亦资以补救王壬秋之失也。"④郭氏认为,《湘军志》"多涉虚诬",不敢轻易示人,需要重新厘清史实,重新写作,来"补救王壬秋之失"。《湘军志》是王闿运的成名之作。该书写于1877年,经多次修改完善,最终成书于1884年,历时多年。王闿运与许多湘军将领关系复杂,书中对清朝内部矛盾,湘军初期屡战屡败惨状,曾国荃纵军掳掠财物等都"秉笔直书",因而遭到一些湘军将领抗议、威迫,王闿运被迫将原版交郭嵩焘毁掉才得以免祸。很显然,在湘军将领的眼里,《湘军志》"不足昭示是非之公",必须还历史以真相,这个时候朱香荪自告奋勇承担重任,直到光绪十三年(1882年)五月初二日,"绍西自县来省,朱香荪转托以所撰《拟湘军志》呈阅曾沅浦宫保,因以一书申言之。并复周昌辅一信,即

---

① 郭嵩焘:《郭嵩焘日记》(第一卷),长沙:湖南人民出版社,1981年版,第203-204页。
② 北京档案馆:《杨度日记》,北京:新华出版社,2001年版,第141页。
③ 蔡云万:《蛰存斋笔记》,上海:上海书店出版社,1997年版,第48页。
④ 郭嵩焘:《郭嵩焘日记》(第四卷),长沙:湖南人民出版社,1983年版,第126页。

交其侄孙定甫带县"①。后来朱香荪版《拟湘军志》也不了了之,曾国荃又请幕僚王定安撰《湘军记》,《湘军记》也确实完成了。据郭嵩焘光绪十六年(1890年)十二月十六日的日记所载:"谭文卿交到王鼎臣编辑《湘军记》二十卷(计十二册)。"②《湘军记》内容还算宏富,但其创作受制于政治的裹挟,不能客观公正地叙写历史,也未能消除王闿运版《湘军志》带来的影响。实际上,《湘军志》还是流布出来了。第二年四月二十六日,郭嵩焘在日记中写道:

> 张笠臣枉过,并示王壬秋《湘军志》二本:一《湖南防守篇》;一《曾军篇》。壬秋自命直笔,一切无所忌避,而颇信取委巷不根之言,流为偏蔽而不知。又其性喜立异,匹夫一节之长,表章不遗余力;其名愈显,持论愈苛,或并其事迹没之;其所不欢,往往发其阴私以取快。此其蔽也。然亦未尝不服善。《曾军篇》,曾稍规正之,所改削已多。此书久至樾岑处,固秘不出,经李次青苦索得之。闻尚有《筹饷篇》二本,则竟不肯出也。易叔辉、毛杏荪回县,便致邹子香、盛展奇、李镜澳、吴晴研四信。李镜澳与韩氏姻亲。韩虞臣、韩晓楼、韩舜生三人积欠陈敬吾、陈郁如各二三百串,惟晓楼六十五千较多,而韩舜生光景窘迫,恐难清结。以受陈氏之托,特转托之镜澳耳。③

在郭嵩焘看来,《湘军志》并没有客观公正地叙写历史,而是"往往发其阴私以取快"。光绪八年(1882年)正月十四日,郭嵩焘在日记中批评"《湘军志》一卷,极意表章塔忠武公,而于王初田亦颇叙其战功,湖南人士,多隐其名,似不免意为高下。张笠臣所述,实亦信而有征。盖以文字玩弄一世,所谓才高识寡者也。昔人言作史须才、学、识三长,壬秋才学有余而识不足,此亦天分使然,不可强也"④。1882年正月十七日,郭嵩焘在日记中写道:"朱香荪晚过谈,因论王壬秋《湘军志》,均取当时官场谣谤诋讪之辞,著为实录以相印证,尽取湘人有功绩者诬蔑之,取快悠悠之口,而伤忠臣烈士之心,竟莫

---

① 郭嵩焘:《郭嵩焘日记》(第四卷),长沙:湖南人民出版社,1983年版,第285页。
② 郭嵩焘:《郭嵩焘日记》(第四卷),长沙:湖南人民出版社,1983年版,第900页。
③ 郭嵩焘:《郭嵩焘日记》(第四卷),长沙:湖南人民出版社,1983年版,第166页。
④ 郭嵩焘:《郭嵩焘日记》(第四卷),长沙:湖南人民出版社,1983年版,第253-254页。

测其命意之所在。其颠倒功过是非,任意低昂,则犹文人气习,不足怪也。"①对王闿运重重批评了一番。实际上,这一时期,郭嵩焘每天都在讨论《湘军志》。1882年正月十八日,郭嵩焘"过曾沅浦宫保久谈。适洪劫卿及曾重伯至,语《湘军志》甚悉"②。湘军将领们要商量解除《湘军志》带来的危机。出乎意料,湘军将领、士绅,如曾国荃、刘坤一、郭嵩焘等人阅读《湘军志》刻本后,众口喧腾,讥其为"谤书""秽史",引得曾国荃发誓要杀掉王闿运,甚至章寿麟要对王闿运"饱以老拳"。《湘军志》之所以成为湘军将领和士绅批评的靶心,即在于王氏的撰著宗旨是客观记录湘军历史,以求其"兴坏成败之理",这与曾氏兄弟及郭嵩焘等人要表彰湘军功业的心理需求背道而驰。因为,1882年正月廿一日,郭嵩焘在日记中记道:

> 自《湘军志》一书出,乡人皆为不平,其势不能定议。须知天下事及之后知,履之后艰,各人成就一番功业,视之无甚奇也,而皆由艰难磨炼,出生入死,几经阅历,而后成此功名。轻易谈论,尚不能尽出曲折,岂宜更诬蔑之!道德文章,推极于圣贤境界,亦尽无穷。若恃其才气之优,偃然自足,遂以文字玩弄一切,是其倒乱是非,足使元黄异色,天下何赖有此。古人言史才须兼才、学、识三者。如此只是识不足也。吾湘近年尽知向学,所望于壬秋者甚巨,而终至此席不能相属,吾尤以疲于心。然要知此等气习,学者切须慎防之。正虑才与学皆不能逮,而先务为放言高论,睥睨一切,风俗人心,因之日益偷薄,亦可危惧。吾是以推论之,使各知所警惕。③

郭嵩焘指责王闿运文人直笔修史,缺乏史德,史料征引有失,对湘籍将领的功绩着墨不多,表功不足,伤害有余,是非功过颠倒黑白。郭嵩焘在光绪八年(1882年)二月初一日的日记中记道:"询及孙桐生治状,葵心言:与相识十余年,相待尤优,不敢毁之,却亦不敢诵其政迹。因论其所著《未信余编》,痛诋曾文正,然无损其毫末。非但其笔墨之陋劣,极口痛诋,而是非真伪,不能相掩,必有能辨之。惟壬秋多布阵势,一重一掩,巧肆诟讥,乃成千秋万世之冤。正惟其不加诋毁,而相构以萤语,使人自生疑惑。竟不料壬秋

---

① 郭嵩焘:《郭嵩焘日记》(第四卷),长沙:湖南人民出版社,1983年版,第254页。
② 郭嵩焘:《郭嵩焘日记》(第四卷),长沙:湖南人民出版社,1983年版,第254页。
③ 郭嵩焘:《郭嵩焘日记》(第四卷),长沙:湖南人民出版社,1983年版,第255-257页。

居心奇险至此,此亦吾楚之一厄也。"①一时间舆论哗然,《湘军志》寒了湘军将领们的心。

可能是立场不同,也可能是没有得到曾国藩的任用,王闿运对曾国藩还是有偏见的。在日记中,王闿运写道,"阅曾侯日记,殊草草不足观","观曾侯与次青书札,无甚可取"②。王氏对曾国藩没有多少好感。光绪四年(1878年)二月十一日,"翻曾涤丈文集,见其少时汲汲皇皇,有侠动之志。"③王闿运认为,曾国藩"《书疏》,未尝一日忘惧,似得朱儒之精矣,而成就不大"④。并且,王闿运把胡林翼与曾国藩作一比较,认为,"曾不如胡明甚,而名重于胡者,其始起至诚且贤,其后不能掩之也。余初未合观两公集,每右曾而左胡,今乃知胡之不可及,惜交臂失此人也",胡林翼"精神殊胜涤公,有才如此,未竟其用,可叹也"⑤,为胡林翼抱不平。

湘军将领们的评论肯定也有偏激之处,而时人对《湘军志》评价较为冷静中肯。在近现代文人日记中,姚永概写道:"连日舆中看湖南王开(闿)运《湘军志》,虽间有过于尊己抑人之处,而文笔酷似班固,可爱也。"⑥赞赏王氏有《汉书》的历史笔法。贺葆真也在日记中写道:"王壬秋《湘军志》,其文学《史》,无公牍语,其事则取之见闻。此其佳处也。然不实处亦所不免,且喜毁谤人,人亦以是多怨之。"⑦贺氏既肯定其优点,又指出其不足,为客观公正之论。毛泽东也曾评价道:"愚于近人,独服曾文正,观其收拾洪杨一役,完满无缺。使以今人易其位,其能如彼之完满乎?"⑧曾国藩算是"行伍出身",这是其"政治发家"的地方,在回到江南这个地方做两江总督的时候,其特别喜欢"阅兵"。在《李兴锐日记》中,1871 年 4 月 7 日,"曾侯阅开花炮。余早起趋仪凤门。巳初,曾侯至。营哨演炮数番,火器之利,无逾于此。午刻,随侯过河至下关营盘,遍阅大小机器。营官刘禹门留饭";11 月 27 日,"早,过

---

① 郭嵩焘:《郭嵩焘日记》(第四卷),长沙:湖南人民出版社,1983 年版,第 259 页。
② 王闿运:《湘绮楼日记》,长沙:岳麓书社,1997 年版,第 373-374 页。
③ 王闿运:《湘绮楼日记》,长沙:岳麓书社,1997 年版,第 635 页。
④ 王闿运:《湘绮楼日记》,长沙:岳麓书社,1997 年版,第 653 页。
⑤ 王闿运:《湘绮楼日记》,长沙:岳麓书社,1997 年版,第 648、644 页。
⑥ 姚永概:《慎宜轩日记》,合肥:黄山书社,2010 年版,第 366 页。
⑦ 贺葆真:《贺葆真日记》,南京:凤凰出版社,2014 年版,第 43 页。
⑧ 中共中央文献研究室、中共湖南省委《毛泽东早期文稿》编辑组:《毛泽东早期文稿》,长沙:湖南出版社,1990 年版,第 85 页。

第四章
文人日记中的湖湘文人形象

威靖轮船,谒中堂,随同阅测海轮船操。午刻,抵金陵下关,过小船至水西门归寓。登堂拜母,欢悦异常"①。阅兵时间跨度还很长。

后人对曾国藩治军之才比较推崇。郑孝胥在1893年1月18日的日记中写道:"鲁通甫论唐镜海《学案小识》曰:攻王尊朱,持之过坚……曾涤生《劝诫浅言》曰:立身以不妄语为本。治家以不晏起为本。居官以不要钱为本。行军以不扰民为本……好谈兵事者其阅历必浅,好攻人短者其自治必疏。务实之学必自禁大言始,欲禁大言必自不轻论兵始,自不道人短始。"②李氏一直在曾国藩身边,对曾国藩治军的精髓自然非常清楚,对曾国藩的民本式治军思想特别推崇。冯玉祥对曾国藩的治军思想也是赞誉有加,并且大力推行。在《冯玉祥日记》中有相关记录:

> 1925年4月13日,六点,集合团营长讲话如下:……我军缺点,就是练多训少。曾文正公曰,治兵之道,要多训多练。又将训字置在前边,可见训字是极重要。③
>
> 5月5日,七点,带领连长读"曾胡治兵语录",勉以读书救国,效法曾、胡。④
>
> 10月26日,九点,与旅、团长讲曾文正公练兵之妙诀在对于财政,十分清廉;对于士卒,苦口训诫。⑤
>
> 11月5日,九点,与各营长讲话如下:……读《求阙斋日记·省克》一篇,以曾文正公之学问、才能、官职、军纪,而责己尚如是之严,吾等不如曾公远矣,又当如何自责耶。⑥

冯玉祥熟读曾国藩日记、书札、文集等作品,对曾国藩的军事管理特别佩服,在其部队推介、学习也是用心良苦。他把曾国藩与胡林翼并称,编有《曾胡治兵语录》,经常用此带领军官、士兵学习。冯氏认为曾国藩治军严明、训练有素、经济清廉,且能让士兵懂得爱民的重要性。可见,曾国藩的治

---

① 廖一中、罗真容:《李兴锐日记:增订本》,北京:中华书局,2015年版,第81、110页。
② 劳祖德:《郑孝胥日记》,北京:中华书局,1993年版,第337页。
③ 中国第二历史档案馆:《冯玉祥日记》(第2册),南京:江苏古籍出版社,1992年版,第51页。
④ 中国第二历史档案馆:《冯玉祥日记》(第2册),南京:江苏古籍出版社,1992年版,第61页。
⑤ 中国第二历史档案馆:《冯玉祥日记》(第2册),南京:江苏古籍出版社,1992年版,第122-123页。
⑥ 中国第二历史档案馆:《冯玉祥日记》(第2册),南京:江苏古籍出版社,1992年版,第127页。

军之才确实不容小觑。

二、治世之才与夷务

胡适说:"洪秀全,胡林翼,曾国藩……关系一国的生命,都应该有写生传神的大手笔来记载他们的生平,用绣花针的细密工夫来搜求考证他们的事实,用大刀阔斧的远大识见来评判他们在历史上的地位。"①胡适认为,曾国藩是近代中国史上的一位重要政治人物,能够在政坛上呼风唤雨,其"关系一国的生命",治世之才非常突出,因而是"中国伟大的政治家"。胡适在1906年3月30日的日记中写道:"曾文正'做好人好官名将,俱要好师好友做榜样'一语,足见文正一生谨慎之至。"②李兴锐也在1870年8月30日的日记中写道:"马谷山制军被刺,因伤出缺,以曾侯调任两江总督,李相调任直隶总督。如此复局实出意外。刺及总制,尤闻所未闻,岂位高者患深,和平者怨密耶?可为浩叹。随与荔、挚谒曾侯,谈未几,毛、丁适至。夜,乃独入,请从东归。侯谓目盲不堪任疆吏,如引退不可,则携余至金陵当差。余谓即准引退,亦必相从南还不仕直也。意此举,两江士民必喜,直隶必怨。国家多难,如我侯者几人?任天下之重繁,中外之望者几人,其奚能退?"③而且,曾国藩处事不惊,大风大浪也都毫不动摇。

莫友芝对治世之才也赞誉有加。在1864年11月12日的日记中记道:"闻湘乡公奉廷寄,遣往皖鄂之界督师,剿下窜毛捻,且令交总督印于苏抚,苏抚将以监临至也。督师以会僧、官二帅兜剿,宜也;而必交卸总督印,谁其饷之。湘乡公欲退久矣,此其时乎。此等固前代处大功之常,然行之太早,得毋以今冬即补行江南乡试,即谓已安已治,有觊而欲代以行苞苴者从臾为之耶。涤老于京师要人都无周旋,固所宜然,然豪杰许驰驱者,恐不能固结矣。"④治军治世都处乱不惊,能够看出问题所在,有所突破。郭嵩焘在光绪十二年(1886年)十一月十五日的日记中借助《送陈右铭之粤东序》评论曾国藩是"狷者类人才",他说:"尽古今人才,只有狂狷两途。曾文正公,狷者类也。吾辈守之,仕不必求进,禄不必求丰,苟得行其志焉斯可矣。万钟之禄,

---

① 胡适:《胡适全集》(第3卷),合肥:安徽教育出版社,2003年版,第782页。
② 胡适:《胡适全集》(第27卷),合肥:安徽教育出版社,2003年版,第9页。
③ 廖一中、罗真容:《李兴锐日记:增订本》,北京:中华书局,2015年版,第40页。
④ 莫友芝:《莫友芝日记》,南京:凤凰出版社,2014年版,第120-121页。

第四章
文人日记中的湖湘文人形象

不以为泰;不得行其志而退,终身泊然。"①

曾国藩能够临危受命,自然有临事决断能力。杨昌济在 1916 年九月十五日的日记中写道:"曾文正谓湖南人少刚断肃杀之气,子观曾胡左诸公皆有刚断肃杀之气者也。"②确实如此,曾国藩表面不动声色,却城府很深。在李兴锐日记中:

> 1871 年 4 月 10 日,闻安徽建平县之定埠,土匪起事。该埠厘局禀报,似涉张皇。曾侯派刘佩香镇军(启发)先往查办。委任得人矣。傍晚,奉曾侯札,委履勘苏州水师改章一案,事颇重大,措置费力。
>
> 4 月 12 日,随洪琴西、王少言诸公祭饯马谷山制军。未刻,谒曾侯,请示查勘江苏水师事宜。
>
> 4 月 14 日,送马制军灵柩出水西门登舟,自曾侯以下皆步行送。街道皆设路祭。观者如堵。余与善征公饯于坊口。
>
> 4 月 15 日,细阅曾侯发下江苏水师章程,要者摘抄,以便查对。③

从以上几条日记看出,在处理马制军被刺一案时,曾国藩能够果断"委任得人"查办、公祭善后死者、形成处置突发事件章程等,可见,曾国藩确实是干练的治世之才。胡适在 1906 年 4 月 4 日的日记中评价曾国藩"百种弊病皆从懒生"的看法"实具至理"④,突出曾国藩的勤奋。曾国藩也是政治实干家。1912 年十二月九日,胡适在给许怡荪的一封信里评价曾国藩说:"曾涤生有'不论收获,但问耕耘'之语,又云'无所于祈,何所为报?'(《圣哲画像记》)皆即此意。曾氏《圣哲画像记》之卒章论此说甚详,足下想尝见之。"⑤他非常赞同曾国藩的实干精神。这些在曾国藩处理夷务中更能够显现出来。在曾国藩任职直隶总督期间,"天津民夷之变"确实棘手,在李兴锐日记中:

> 1870 年 7 月 3 日,知天津民夷之变,都中尚无一定办法。疑虑

---

① 郭嵩焘:《郭嵩焘日记》(第四卷),长沙:湖南人民出版社,1983 年版,第 671 页。
② 杨昌济:《达化斋日记》,长沙:湖南人民出版社,1978 年版,第 193 页。
③ 廖一中、罗真容:《李兴锐日记:增订本》,北京:中华书局,2015 年版,第 81—82 页。
④ 胡适:《胡适全集》(第 27 卷),合肥:安徽教育出版社,2003 年版,第 11—12 页。
⑤ 梁勤峰、杨永平、梁正坤:《胡适许怡荪通信集》,上海:上海人民出版社,2017 年版,第 30 页。

之心居多,主少故也。闻曾侯将从初六赴天津,而眩晕未愈,带病冒暑,中国一人。

8月9日,侯相辩论敌情,以为各国不可猝灭,诸将不可常恃。且谓夷非匈奴、金、辽比,天下后世必另有一段论断。

8月10日,知总税务司英国人赫德来见曾侯。曾侯持论甚正,赫亦帖服。

8月14日,谒侯相,通达,熟悉夷务……此次办理夷务,无一顺手,被谤受气,不一而足,可发一叹。

8月16日,曾侯出至幕府,谈笑炊许。此次夷务,众论咎侯不善处分,君子小人如出一口,全不谅局中苦心,可叹之至。

9月8日,同荔秋、挚甫、存之赴吴桐云之招。席间谈及此次夷务,京外好为清议,不顾大局,不觉怒骂流辈,酒亦微醺矣……李中堂到保定……上谕慰留曾侯两江之任。

9月21日,阅陈作梅信,一派横议,不觉勃然大怒。谒馨相,犹骂作梅糊涂旦。过矣,过矣!存之在,并叱其清议之非,彼必恨我。①

在李兴锐眼里,曾国藩是"成也萧何败也萧何"。曾国藩处理夷务很卖力,"带病冒暑,中国一人",处置得当,"持论甚正,赫亦帖服";并且,曾国藩非常重视,"侯相辩论敌情……谓夷非匈奴、金、辽比"。然而,李兴锐只是一家之言,"众论咎侯不善处分",曾国藩处理夷务不当,难掩悠悠之口,直至直隶总督被罢免,留任两江总督。这成了近代一个重要的政治事件,自然引起了轩然大波,议论纷纷。皮锡瑞在1900年8月19日的日记中评价道:"为干庭改文。闻中丞已撤衡阳县任,别委人;香帅欲并撤府、道,中丞颇与之抗。然中国教案委罪于地方官,自曾文正办天津教案已然矣。法换约明载之约章,岂人则公所能抗耶?"②对曾国藩持批评态度。而李兴锐却为曾国藩抱不平,酒桌上"怒骂流辈""骂作梅糊涂旦"。实际上,陈作梅也是曾国藩的门生。曾国藩因为教案被朝廷调离。后来,曾国藩儿子曾纪泽准备出使欧洲,

---

① 廖一中、罗真容:《李兴锐日记:增订本》,北京:中华书局,2015年版,第27、34、35、36、41、44页。
② 吴仰湘:《皮锡瑞全集》(第10册),北京:中华书局,2015年版,第1254页。

第四章
文人日记中的湖湘文人形象

拜见两宫太后时提及教案事件,为其父曾国藩"伸冤",其在光绪四年(1878年)八月二十八日的日记中写道:

> 辰初,军机下,召见纪泽于养心殿东间。掀帘入,跪谢天恩,免冠叩头,着冠起立,进至垫前,跪聆圣训。
>
> 西太后问:"你打算那日起身?"东太后亦同问。
>
> 对:"臣因公私诸事,须在上海料理齐备,势须早些出都。现拟于九月初四日即启程。"
>
> ……
>
> 旨:"办洋务甚不容易。闻福建又有焚毁教堂房屋之案,将来必又淘气。"
>
> 对:"办洋务,难处在外国人不讲理,中国人不明事势。中国臣民当恨洋人,不消说了,但须徐图自强,乃能有济,断非毁一教堂,杀一洋人,便算报仇雪耻。现在中国人多不明此理,所以有云南马嘉理一事,致太后、皇上宵旰勤劳。"
>
> 旨:"可不是么。我们此仇何能一日忘记,但是要慢慢自强起来。你方才的话说得很明白,断非杀一人、烧一屋就算报了仇的。"
>
> 对:"是。"
>
> 旨:"这些人明白这理的少。你替国家办这等事,将来这些人必有骂你的时候,你却要任劳任怨。"
>
> 对:"臣从前读书,到'事君能致其身'一语,以为人臣忠则尽命,是到了极处了。近观近来时势,见得中外交涉事件,有时须看得性命尚在第二层,竟须拼得将声名看得不要紧,方能替国家保全大局。即如前天津一案,臣的父亲先臣曾国藩,在保定动身,正是卧病之时,即写了遗嘱,分付家里人,安排将性命不要了。及至到了天津,又见事务重大,非一死所能了事,于是委曲求全,以保和局。其时京城士大夫骂者颇多,臣父亲引咎自责,寄朋友的信,常写'外惭清议,内疚神明'八字,正是拼却声名,以顾大局。其实当时事势,舍曾国藩之所办,更无办法。"
>
> 旨:"曾国藩真是公忠体国之人。"
>
> 免冠磕头,未对。

旨:"也是国家气运不好,曾国藩就去世了。现在各处大吏,总是瞻徇的多。"①

不管怎么说,"湘乡曾文正公国藩,堪推为清代贤相",以至于蔡云万"生平极景仰文正,早年即爱读其家书,颇觉得力。盖其家书所载,凡求学立身、处世交友、居官治兵之要罔不备,即家庭闾里亲戚之琐事亦偶论及之,每一展卷,如侍坐于名师益友之前"②。曾国藩是人之楷模,仰慕其人其学者有很多。

三、曾国藩之死及其纪念

莫友芝在1865年3月23日的日记中记道:"集《禅国山碑》为楹联,寿湘乡公夫人欧阳夫人廿九五旬大庆,联文云:'丞相盖世成功著于星日月,夫人大年协德纪以百万千。'"③称颂曾国藩"盖世武功"。梁启超认为"曾文正者,岂惟近代,盖有史以来不一二睹之大人也已;岂惟我国,抑全世界不一二睹之大人也已",因为,曾国藩"成就震古铄今,而莫与争者,其一生得力在立志。自拔于流俗,而困而知,而勉而行,历百千艰阻而不挫屈。不求近效,铢积寸累,受之以虚,将之以勤,植之以刚,贞之以恒,帅之以诚,勇猛精进,艰苦卓绝,如斯而已"④。对曾国藩高度赞誉。

曾国藩之死是近代一个重要事件,其在近代文人日记中多有记述。曾国藩生于1811年11月26日,逝世于1872年3月12日,终年61岁。曾国藩死后的第三天,曾国藩九弟曾国荃来找郭嵩焘报丧,郭嵩焘在1872年3月22日的日记中下了曾国藩死亡经过:"沅浦宫保来报侯相之丧,急往会哭。知以正月廿六日往视苏赓堂,客次昏眩,舆归,遂病,而食饮视事如常。初四日食毕,步东园,移时,昏眩大作,不能语言,遂于戌刻告终。在此老为全福,而不能不为时局一怀悲怆。曾澄侯定期十七日赴金陵,已属令归丧有日,即先报知,拟赴湖北一迎其柩。"⑤日记中还记录了一些丧事细节。张文虎比郭嵩焘更早知道曾国藩死讯,悲痛欲绝。他在1872年3月13日的日记中记

---

① 刘志惠:《曾纪泽日记》,北京:中华书局,2013年版,第811-816页。
② 蔡云万:《蛰存斋笔记》,上海:上海书店出版社,1997年版,第2-3页。
③ 莫友芝:《莫友芝日记》,南京:凤凰出版社,2014年版,第134页。
④ 梁启超:《饮冰室合集·文集之三十四》,北京:中华书局,1989年版,第1页。
⑤ 郭嵩焘:《郭嵩焘日记》(第二卷),长沙:湖南人民出版社,1981年版,第705页。

第四章
文人日记中的湖湘文人形象

道:"卯正,叔起扣窗云:'爵相逝矣!'错愕无所应,乃知昨晚声炮果如所疑。盖爵相素……有兼人之质,然治兵十载,被极劳苦,其莅两江,七年之间凡三往返,心力俱困。筹办善后,百废具举。稍暇则研覃古学,常以不及古人为耻。尝谓予曰:'某读律算、天文之书,皆茫然不解,奈何!'予曰:'此琐事,不解何损? 公之学在论道经邦,燮理阴阳。'公大笑曰:'阴阳如何燮理?'予曰:'在论道经邦。'公复大笑。盖公实笃志于学行,将兼容并包汉、宋诸儒之长,而折衷于圣人。责己严而待人宽,至拨乱反正之功,未尝丝豪(毫)见于颜色。身都将相,欿然如寒儒。求之史籍,有几人哉! 午后赴辕一拜,悲不自胜。孝子帏中号哭,肺腑俱折,不复能执手也。夜叶云岩来,言昨晚有人见城东北红光烛天,或云有大星堕其处,其骑箕尾而上升与(欤)?"①张文虎把曾国藩死因归结于为国事太辛苦,"治兵十载,被极劳苦,其莅两江,七年之间凡三往返,心力俱困",并且曾国藩"责己严而待人宽",为人为学,无人能比。和张文虎一样,作为曾国藩的门人,李兴锐是在曾国藩死后的第四天才接到讯息,也是悲痛欲绝。他在1872年3月15日的日记中写道:"傍晚,局友蒯虎臣回自金陵云:曾中堂初四日戌刻无疾仙逝。骇绝! 恸绝! 国家只此栋梁,庙堂倚为心腹,主少国疑,内忧外患,遭此大变,天地崩裂,未知苍苍何意! 予以书生从戎,知遇极厚,期望极殷,十五年来,无异家人父子,堂廉相得,肝胆相见。……天乎,人乎,何至于此! 拟于明日觅搭轮船回金陵,奔哭寝门。"②李兴锐把曾国藩赞誉为国家栋梁之材,曾国藩之死带来"主少国疑,内忧外患,遭此大变,天地崩裂"之影响,然后追忆曾国藩"知遇极厚,期望极殷,十五年来,无异家人父子,堂廉相得,肝胆相见",最后决定"奔哭寝门"。

曾国藩作为清末肱骨大臣,确实影响深远,其推崇者很多。郭嵩焘同治十二年(1872年)四月初二日的日记记录了三幅挽联,分别是:"李眉生联云:德行、言语、政事、文学,在圣门已备四科,又兼勋业崇隆,李、郭、范、韩,方之蔑矣;令妻、岂弟、孝子、顺孙,于人世斯为全福,更羡君臣际遇,禹、皋、伊、吕,无以过之。李次青联云:是洞庭、衡岳间气所钟,为将为相为侯,自吾乡蒋安阳后,历三唐、两宋暨宋、元,二千年仅见;与希文、君实同功异地,立德立功立言,计昭代汤睢阳外,迄诸城、大兴至曹、杜,一个臣独隆。澄侯联云:

---
① 陈大康:《张文虎日记》,上海:上海书店出版社,2009年版,第270页。
② 廖一中、罗真容:《李兴锐日记:增订本》,北京:中华书局,2015年版,第122页。

无兕所生,病同考,没同妣,厥德有常更同王父,孝友式家庭,千里来临空自泣;以古为鉴,文似韩,诗似杜,鞠躬尽瘁殆似武乡,勋名在天壤,九原可作耐人思。"①他把曾国藩看成"德行、言语、政事、文学"四圣门兼备、"立德立功立言"一臣独隆,可谓前无古人后无来者。

曾国藩死后对其评价、定位是文人们绕不过去的话题,也引起了很多争议。光绪二十年(1894年)二月二十五日,孙宝瑄真实记录了这一场景:

> 又论曾文正。稷臣谓:曾文正其人近于诈。余曰:此非诈也,权也。稷臣曰:其所着于事者如此,而本心之诚足以副之,谓之权。其着于事如此,而本心之诚不足以副之,若是者谓之诈。然则曾文正若何?曰:吾知其非尽出于本心者也。何以知之?曰:吾以一端窥之,昔者天津教堂之案,诋毁文正者不知凡几,竟有投以书诟责之者,而曾公嘱幕友作答书,无不婉辞逊谢,深自咎责。乃私观其于来书,则皆痛加涂抹,若甚自以为是者。夫公论大臣体国之心,则大难初平,疮痍未起,老成持重,自不能不隐忍一时之小辱,而奠社稷于安全,正公之所以不可及也。然当时执一二无辜冤民,杀之以弭外国之患难,事出于无奈,而返躬自问,能无愧疚心,而尚敢自以为是乎?吾是以谓公为诈者在是也。余曰:不然。此公度量之稍狭耳,非论诈也。夫人之所以责公者,大都不识大体,不察时事,而第见夫甘于自弱,舍战而和,以为非理,遂作此乡曲之论,以相訾置,而不知公之有定见也,其自信甚深也。其所以涂抹者,必于此也。若夫戮无罪百姓,公何尝不内疚神明,而谓于其责之者而涂抹之,必无是理也。盖观公平生之气象,与夫所以自命者而可知也。夫第据至微之一事,而不深辨其所以然,遂欲重诬一古今之完人,抑亦过矣。②

也许从那时起,对曾国藩其人其事就争议不断。从上面日记可以看出,孙宝瑄等文人针对曾国藩的"权"与"诈"争论不休,且各自都似乎有理有据。很显然,很长一段时间,曾国藩是文人们的议论话题。在郑孝胥的日记中也有相关记录。1896年7月5日,同僚程雨亭观察来拜访郑孝胥,在交谈中,

---

① 郭嵩焘:《郭嵩焘日记》(第二卷),长沙:湖南人民出版社,1981年版,第712页。
② 孙宝瑄:《忘山庐日记》,上海:上海人民出版社,2015年版,第43至44页。

第四章
文人日记中的湖湘文人形象

双方对曾国藩的气量特别推崇。日记写道:"余曰:'胥闻士君子之行已,必以难进易退为先。往时张幼樵、陈伯潜辈攘臂抵掌,以天下事为不足为,一旦任事,偾仆相望;至今为戒。故胥之意正可韬养待时,不动声色,安能与躁进鄙徒奔走于大人之门哉。'程复曰:'曾文正、左文襄诸老,亦皆以气为主,是以能成大功。'余曰:'左侯任气而成,乃偶然耳。曾公毕生以忍辱负重为能,少年虽有好事之习,晚节渐改初意,亦未足为法也。'"①一直以来,文人们对曾国藩的"韬光养晦"都赞誉有加,而往往又认为其有"诈"的嫌疑。时人蔡云万认为:"湘乡曾文正公国藩,洵堪推为清代贤相,其恢廓大度、以人事君,尤为前后诸将帅所不能及,固不仅道德勋业足资后代钦崇也。予生平极景仰文正,早年即爱读其家书,颇觉得力。盖其家书所载,凡求学立身、处世交友、居官治兵之要罔不备,即家庭闾里亲戚之琐事亦偶论及之,每一展卷,如侍坐于名师益友之前,其增我之学识为不少。"甚至"清末有御史奏请以黄宗羲、顾炎武、王夫之、曾国藩从祀孔庙",把曾国藩与"顾黄王"并列,对曾国藩极为推重,并且认为,其实"文正之德业文章已足昭垂于后,长沙王益吾师曾批文正之文云'其光气足以烛天地贯日月而不朽'"②。把曾国藩与先贤王船山并驾齐驱,可见曾国藩的影响之大。更有甚者,孙宝瑄在光绪二十七年(1901年)六月二十四日的日记中写道:"余信流转生死之说,故绝不好名。或问何故?余曰:古今名大者,无若孔仲尼;本朝名大者,无若曾涤生。子安知吾前身非孔仲尼、曾涤生乎?然而今日之名,仲尼、涤生自享之,与吾何与?吾之不好名,盖有由也。"③把曾国藩与孔子并称。

这么一个圣人,怎么继承他的遗产是一个重要问题。首先要整理他的著作。在张文虎日记中,1872年3月20日,张文虎"从子密借读湘乡公遗表及在直隶将赴天津时遗属,又《不伎》《不求》诗二首,抄副还之";22日"作《祭湘乡公文》";4月3日,"作曾文正挽联云:'十年心力久忘身,无愧千秋信史;三省军民齐下泪,岂徒八百孤寒'";9月2日,看"赵敬甫惠《荣哀录》,所录者曾文正公薨后上谕及前在直隶遗属以及祭文、挽联,共为一册";1873年1月16日"补成《曾文正公生日诗》";第二天,"廉访请用子《曾文正公生日诗》序

---

① 劳祖德:《郑孝胥日记》,北京:中华书局,1993年版,第564页。
② 蔡云万:《蛰存斋笔记》,上海:上海书店出版社,1997年版,第2-3页。
③ 孙宝瑄:《忘山庐日记》,上海:上海人民出版社,2015年版,第365页。

韵"①。在曾纪泽日记中,光绪元年(1875年)六月初九日,"校《文正公年谱》一过";十二月十七日,"摹拟文正公字体,作'求阙斋'三字,将照映拓大以为匾额,写百余遍仍不似也"。光绪二年(1876年)五月初三日,"写对联一副,写《文正公年谱》捡面,与镜初一谈。……至文正祠笠云和尚处久坐"。光绪十年(1884年)五月廿一日,"看小说,读先文正公《文集》,饭后复读数篇";十一月初六日,"翻阅先太傅文正公《年谱》"。② 读曾国藩文章,写相关的《年谱》等,是对曾国藩最好的纪念。缪荃孙有一段时间读曾国藩相关书籍,摘取几天日记文献如下:

> 光绪十四年(1888年)四月四日,读《曾文正公批牍》。
> 四月五日,读《曾文正公书札》。
> 四月六日,读《曾文正公书牍》。
> 四月七日,读《曾文正公书牍》。
> 四月十日,读《曾文正公书牍》。
> 四月二十二日,检《曾文正公全书》卅四册还聘臣。③

阅读曾国藩一时成风。符璋在其光绪十九年(1893年)五月初一日的日记中写道:"交还(刘)虚谷《曾文正集》十九册,又借来《学海堂经解》十册。"④无独有偶,1908年7月15日,朱希祖也在日记中写道:"汪君心田借去《曾文正家书》七册,李君右铭借去《新大陆游记》一册,陈君仲权借去《水浒传》十二册。"⑤借阅曾国藩作品,争相阅读。也因此带来了曾国藩作品大量出版。符璋在光绪二十三年(1906年)正月十二日的日记中记道:"又湖南传忠书局大版《曾文正家书家训》十册,价一元,亦好。"⑥曾国藩作品版本很多。金毓黻在1923年10月23日的日记中记道:"《曾文正公集》有两刻本,一为全集二十余种,王定安校,李鸿章刻,此为最后之定本也。一为钞本,内分奏议十卷,奏议补编四卷,薛福成编,张瑛校刊;文钞四卷,黎庶昌辑,张瑛编刊;诗钞四卷,张华理、杨书霖同编刊;杂著四卷,李瀚章编;楹联一卷,无编者姓

---

① 陈大康:《张文虎日记》,上海:上海书店出版社,2009年版,第271—272、282、291页。
② 刘志惠:《曾纪泽日记》,北京:中华书局,2013年版,第512、563—564、597、1402、1448页。
③ 缪荃孙:《缪荃孙全集·日记(一)》,江苏:凤凰出版社,2014年版,第11—14页。
④ 温州市图书馆:《符璋日记》,北京:中华书局,2018年版,第24页。
⑤ 朱希祖:《朱希祖日记》,北京:中华书局,2012年版,第78页。
⑥ 符璋:《温州市图书馆日记》,北京:中华书局,2018年版,第243页。

氏;事略四卷,王定安撰;六十寿文二卷,无辑人姓氏,共七种,视全集仅十分之一。然诗文奏疏皆选录名作,赅括可作读本。其文钞中如原才、昭忠祠记诸篇,与全集颇有异同。允滋谓钞本系薛叔耘所改,恐未必然。余考此本系黎莼斋所钞,黎、薛皆服膺曾氏,心悦诚服,何敢率而操觚。且观其异同之处,皆不如全集本之佳,且多骈语,亦与薛文不类,意者黎氏所钞者为曾氏初稿,后又更易为黎氏未见,即付手民,以致有异同耳。"① 金毓黻对《曾文正公集》进行详细的考证,而实际上,曾国藩作品的版本远远不止这些。

为了传播曾国藩,曾国藩作品出版了很多,也带来了一些问题。符璋在1920年二月二十二日的日记中写道:"近人著述最夥、皆出自手而不窜改古人、假托他人者,惟俞曲园、天南遁叟两家,全集必购。时人如《饮冰全集》,中多西事,亦属有用;王湘绮除《经解》外亦好;曾文正只要觅《求阙斋弟子记》一书便可。时人谈新学,要以康、梁为大宗,吴挚甫仅有《诗文》《尺牍》。近时大吏,通洋务而能著书成巨帙者为薛叔耘、张文襄,集尚未刊;黎莼斋亦有可取。《日记》大编,厥惟曾文正及李莼客。"②言外之意,曾国藩作品被篡改得很厉害,对其进行选择性阅读很有必要。并且,符氏对曾国藩日记特别看重,把它与《越缦堂日记》并列。直到1927年六月二十四日,符氏还是认为"近人日记四种必备:曾文正、李越缦、翁文恭、王湘绮"③。近代"四大日记"也慢慢流行开来。

缪荃孙等近代湖湘文人希望从曾国藩那里继承他的政治智慧。还有一种物质性纪念是建曾文正祠,对于这件事情郭嵩焘倡议颇多,出力很多。在其日记中,同治十一年(1872年)五月二十一日,"沅浦诸公以江西应有请建专祠一奏,属代拟之,因为拟一通,交何镜海转寄";九月廿八日,"偕朱宇恬、黄子寿、张力臣、何镜海为曾文正公荐祠事相度局关祠地";同治十二年(1873年)九月初一日"张力臣属于舟次拟校经堂章程。因思此举为修曾文正公祠倡为之说,不得空名校经堂,拟名曰思贤讲舍"。④ 思贤讲舍也是曾文正祠的配套设施。然而事情并没有那么简单。虽然,"清末有御史奏请以黄宗羲、顾炎武、王夫之、曾国藩从祀孔庙,奉朱批:'黄宗羲、顾炎武、王夫之均

---

① 金毓黻:《静晤室日记》(第二册),沈阳:辽沈书社,1993年版,第925-926页。
② 温州市图书馆:《符璋日记》,北京:中华书局,2018年版,第754页。
③ 温州市图书馆:《符璋日记》,北京:中华书局,2018年版,第1086页。
④ 郭嵩焘:《郭嵩焘日记》(第二卷),长沙:湖南人民出版社,1981年版,第719、733、786页。

着准其从祀孔子庙庭,曾国藩应缓议。'其实文正之德业文章已足昭垂于后,长沙王益吾师曾批文正之文云'其光气足以烛天地贯日月而不朽'"①。

当然,曾文正祠还是很快被建起来了,却成了处理民事纠纷的地方。在郭嵩焘日记中,光绪十年(1884年)十一月初四日,"陈澍甘邀至曾文正公祠议吴、程两姓事,至者俞鹤皋、傅青余、陈贻生"。光绪十一年(1885年)二月二十九日,"并诣文正祠,与邓弥之论处事之法"。②曾文正祠成了说公了事的地方。光绪十四年(1888年)六月,曾文正祠获得官方认可。在郭嵩焘日记中,"刘霞仙中丞、李次青方伯及意城请附祀曾文正祠,并请国史馆立传,已奉俞允,闻之喜慰。"③这标志着曾国藩的地位进一步提高了。

曾国藩生前非常低调。莫友芝1861年11月13日的日记写道:"涤帅生日,以国恤未百日,不受贺,不见客,属员宾客皆若无此事然者,以成其意。"④而曾国藩死后,纪念活动一波接着一波。曾文正祠建立后,郭嵩焘等人就有组织地开展活动。在郭嵩焘日记中,光绪九年(1883年)十月十一日,"是日为曾文正公生辰,诣祠行礼,会者熊鹤生、彭丽生、俞鹤皋、陈程初、周荔樵、朱耻江七人";十二日,"王亦陶过谈,以意城附祀曾文正祠事,托询之沈佩玖。恐部文出,遂不复能具奏,及此时为之,听从部议准驳可也"⑤。光绪十三年(1887年)二月初三日,"禹田函商文正祠值年首事,与鄙意微有不同"⑥,希望纪念活动有组织性和计划性;十月十一日,"是日为曾文正公生辰,诣词行礼。到者熊鹤村、傅青余、俞鹤皋、陈程初、陈舫仙、刘瑞云、李佐周、朱次江、黄望之及子瀞"⑦。光绪十六年(1890年)十月十一日,"诣曾文正公公祭,实为文正公八十寿辰也。左谦之得子,遣人报喜,留浩园会饮:熊鹤村、陈程初、王益吾、周荔樵、傅竹湘、李佐周、刘寿伯、黄望之及子瀞,会者十人。随回至别墅,料理赴湘潭。胡其祥、陈右之及兰生枉见"⑧。曾文正祠浩园⑨里

---

① 蔡云万:《蛰存斋笔记》,上海:上海书店出版社,1997年版,第2-3页。
② 郭嵩焘:《郭嵩焘日记》(第四卷),长沙:湖南人民出版社,1983年版,第516、542页。
③ 郭嵩焘:《郭嵩焘日记》(第四卷),长沙:湖南人民出版社,1983年版,第790页。
④ 莫友芝:《莫友芝日记》,南京:凤凰出版社,2014年版,第59页。
⑤ 郭嵩焘:《郭嵩焘日记》(第四卷),长沙:湖南人民出版社,1983年版,第428页。
⑥ 郭嵩焘:《郭嵩焘日记》(第四卷),长沙:湖南人民出版社,1983年版,第610页。
⑦ 郭嵩焘:《郭嵩焘日记》(第四卷),长沙:湖南人民出版社,1983年版,第663页。
⑧ 郭嵩焘:《郭嵩焘日记》(第四卷),长沙:湖南人民出版社,1983年版,第967页。
⑨ 1876年7月,曾国藩祠浩园新成,日有宴集。

第四章
文人日记中的湖湘文人形象

的纪念活动渐渐成了一种日常活动。郭嵩焘在光绪十三年(1887年)正月初一日的日记中总结道:"每岁元旦谒船山祠、曾文正祠以为常,以雪凌过甚,夹道树株积冰下垂,塞出入途径,乘舆不能行,不及一往。犬马之齿,开正便已七十,感赋一律云:'严云曙色暗重城,斗柄巡檐北望明。十日溟漾三尺雪,一寒抵折九冬晴。哀鸿转忆流民景,冻雀犹闻报晓声。衰病忽惊年七十,裳衣颠倒梦朝正。'"①郭嵩焘不禁生出很多人生感慨。湘人对曾国藩的推崇、纪念也影响了时任学政陆宝忠。他在光绪十三年(1887年)四月二十八日的日记中写道:"连日得暇,即阅曾文正家书。文正一生事业,皆从谨慎做起,其为翰林时,学问气象已迥不犹人。我辈纵不能仰希万一,亦须胸中磊磊落落,体会许多道理,万不可随俗浮沉也。"②对曾国藩也是崇拜、仰视。时人郭赋和认为:"曾国藩的事业成就,完全由学问而来,无关乎命运,今昔人的议论都是一致的。"③这一评价非常中肯。

曾国藩的影响深远。当时的文人在日常生活中都会联想到他。金毓黻在其1920年3月8日的日记中写道:"午间偕颂青赴满铁医院看病,下午二时始归。……湘乡曾氏早年不信医药,谓是守先人星冈公之训也。但其晚年亦甚信医药,见于其日记及家书者屡矣。守先人之训并未笃,是何故哉?盖人生因寒阳燥湿之不时而致疾病,虽体备中和之圣人有所不免,故君子遂不能不因己所患之疾,而求所以治疗之方。"④无独有偶,1944年1月18日,陈乃乾也在日记中写道:"阅《曾文正日记》。余患癣痒,入夜尤甚,文正与余同病,观日记所载,不觉失笑。"⑤可见,曾国藩思想影响深刻、深远。这也引起了文人们为其做评传的兴趣。皮锡瑞在日记中记道:"1903年4月20日,晚间石泉至,见所作《曾国藩》,仿《李》为之,非有特别思想……4月28日,阅石泉所作《曾国藩》。"⑥当然,在近现代文人日记中,也有不太看好曾国藩的,如钱玄同1936年11月23日的日记写道:"何贻琨来谈做曾国藩评传事,他做了许多,此文正公我实太欠研究(实因民族主义之故,至今对他无好感情

---

① 郭嵩焘:《郭嵩焘日记》(第四卷),长沙:湖南人民出版社,1983年版,第680页。
② 李细珠:《晚清学政的日常事务与生活世界——陆宝忠督学湖南日记稿本研究》,《近代史研究》,2020年第6期,第19页。
③ 郭赋和:《曾文正公与中国文化》,《大公报》,1932年11月7日。
④ 金毓黻:《静晤室日记》(第一册),沈阳:辽沈书社,1993年版,第4页。
⑤ 陈乃乾:《陈乃乾日记》,北京:中华书局,2018年版,第90页。
⑥ 吴仰湘:《皮锡瑞全集》(第11册),北京:中华书局,2015年版,第1629、1633页。

也),不足以裨益何公也。"①这也是现代文人一种常见的看法。

四、结语

近代文人对曾国藩的研究甚广。曾国藩是中国近代重要的中兴名臣,其功、德、言对中国近代及其后来都产生了很大影响,其也是湖湘文化的代表性符号。日记中的政治家曾国藩"用兵在人而不在器",也实践了"取夷智、制夷器、以夷制夷"等进步的洋务思想,对近代洋务运动及中国近代化都具有重要意义。当然,正如学者韦政通所说:"假如曾国藩不曾出京办团练,一直留在朝中,他能扮演的角色和表现的心态,大概和倭仁不会相差很多。"②日记中的政治家曾国藩形象的形成与特定的时代背景密不可分,具有鲜明的文化特性,守成性、维新性兼而有之,折射出"刚柔互用"的中庸性。本节梳理日记中的政治家曾国藩形象,有助于了解中国近代化历程,拓展文化自我认识的视域。

第三节 狂士、《湘军志》与文人日记中的王闿运

狂是中国士人一个重要的精神传统。孔子云:"不得中行而与之,必也狂狷乎。"(《论语·子路》)自秦汉以降,孟子有浩然正气,庄子有逍遥超逸,屈原有愤怨,阮籍有任性不羁,嵇康有忽忘形骸,祢衡有傲慢无礼……狂士不乏其人。狂士放浪而特立独行,是对现实秩序的抵抗,终极指向个体的自由。一般来说,每当历史转折时期,狂士便会应时而生。王闿运是一个处于近代未完成状态的社会角色,其是近代"湖湘诗派"的领袖,"诗名倾朝野"而论诗"标榜八代",也是公认的教育家,倾其"所学以教后进……成材甚众"③。王闿运一生纵横捭阖,虽然也有"书剑苍茫无所适"④的壮志难酬之时,但其

---

① 杨天石:《钱玄同日记(整理本)》,北京:北京大学出版社,2014年版,第1229页。
② 韦政通:《中国十九世纪思想史》,台北:台湾东大图书股份有限公司,1992年版,第403页。
③ 赵尔巽等:《清史稿》,北京:中华书局,1977年版,第13300页。
④ 王闿运:《龙生行,送皞臣往南昌,兼送李篁先》,《湘绮楼诗文集》(第3册),长沙:岳麓书社,2008年版,第57页。

第四章
文人日记中的湖湘文人形象

言行已超越正统儒学而特立独行。王闿运"被后人誉为'霸才雄笔固无伦'的晚清大才子,少负盛名,敢为直言,颇有古之狂士品性"①,一生文人才情饱满,也特立独行,甚至狂妄至极,其"狂士"形象在文人日记中有较丰富的展现。

一、王闿运与郭嵩焘的早期交谊

李赫亚认为:"郭嵩焘与王闿运……作为同乡,他们身上都凝聚了湖湘文化强烈的经世致用品质……彼此之间的异相对淡化、隐藏而趋同于平和的交游之中。……《湘军志》勾显出双方之间的裂痕,由此而暴露出的彼此之间的成见终至两人逐渐生疏淡漠。"②这一看法很有道理。早期的郭嵩焘与王闿运亲密无间。在郭嵩焘日记中,咸丰九年(1859年)十一月廿三日,"洪南陵调笙、余雨民(溥)两大令来见。适闻王壬秋馆星岩中丞处,即折柬邀之,纵谈至夜。自胶州与方鲁生畅谈后,始得壬秋一谈,而老壬识见益远矣"③。郭嵩焘对王闿运的到来感觉有些惊喜,并"折柬邀之,纵谈至夜",交谈后印象不错,评价为"老壬识见益远矣",从此开始了一生的交往。廿五日,郭嵩焘"游大明湖,与壬秋骑马至鹊华桥上。湖船四面轩窗,张(槃)联云:莲叶一篷和月冷,桃花两桨载春多……崇雨舲中丞联云:碧皱秋色,红抹夕阳……回至历下亭,亭在大明湖中,为陈弼夫都转所新修者。四面皆轩窗,联语极多,无甚佳者。又转至湖东北极庙、汇泉寺两处,仍乘马而归。与壬秋谈至五鼓"④。两人形影不离。第二天,郭嵩焘"与壬秋肩舆出东城……远望如笠,比近则积石巉巉……俯视无际,其南鹊华峰横亘天半,山下有水如带,则七十二泉所汇流也"⑤。知己同游,非常惬意。

郭王二人能够相处融洽,王闿运对曾国藩的评价非常重要。咸丰十年(1860年)四月十三日,"壬秋述李雨苍之言:涤老至诚恺恻,笼罩一切,为第一流。江岷樵、左季高及渠,光明磊落,为第二等。胡咏老卑鄙琐屑,为第三等。世间办事,只此三等人。壬秋不入此三等,然此三等人亦不能牢络壬秋

---

① 孙赫:《"野火狂人"王闿运》,《百科知识》,2007年第21期,第44页。
② 李赫亚:《相知与相离:王闿运与郭嵩焘之交谊探析》,《求索》,2006年第11期,第223页。
③ 郭嵩焘:《郭嵩焘日记》(第一卷),长沙:湖南人民出版社,1981年版,第283页。
④ 郭嵩焘:《郭嵩焘日记》(第一卷),长沙:湖南人民出版社,1981年版,第283页。
⑤ 郭嵩焘:《郭嵩焘日记》(第一卷),长沙:湖南人民出版社,1981年版,第283页。

也。雨苍数语,极有见地"①。日记中是王闿运的转述,其可信度会打折扣。很显然,王闿运在评价湖湘名人时也没忘记突显自己的特立独行:"壬秋不入此三等,然此三等人亦不能牢络壬秋也。"所以,郭嵩焘有"雨苍数语,极有见地"之感。学者傅宇斌认为:"王闿运的狂妄在性格类型上可以看成是高自尊型性格……倾向于较高地评价自我……行为动机来自于对自我提高的关注……王闿运可以说是极度的高自尊者。"②不管怎么说,早期的王闿运推崇曾国藩,这一点与郭嵩焘算是"志同道合",这是郭王能够亲密无间的主要原因。然而,过了几年,郭王有点疏离。同治十三年(1874年)八月十五日,"王壬秋自衡州至,约晚邀裴机岑、张力臣同就朱香荪处谈。去年今夕,与皞丞、弥之、香荪、镜海诸君同集易笏山处,忽忽一年,惟予与香荪在城而已"③。这段时间,郭嵩焘在日记中对王闿运提及不多。

二、王闿运与曾国藩及其门人的隔阂

到后来,王闿运改变了对曾国藩的评价。同治十一年(1872年),曾国藩去世,王闿运送挽联曰:"平生以霍子孟、张叔大自期,异代不同功,戡定仅传方面略;经术在纪河间、阮仪征之上,致身何太早,龙蛇遗憾礼堂书。"可谓对曾国藩评价有些刻薄,与湖湘文人一片叫好之声显得有点格格不入。王氏认为,在"立功"方面,曾国藩以汉代的霍光、明代的张居正自居,但事与愿违,曾仅仅在湘军建设方面稍有功勋,未能统领全局,自然也难以完成继往开来的事业。在"立言"方面,曾国藩比本朝的纪昀等略胜一筹,可惜像郑康成那样没有说明学术专著就死了。儒家之人生"三不朽"(立功、立德、立言),曾国藩于"立功""立言"已落空。后来,湘人奏议曾国藩从祀文庙,朝廷拿出王闿运挽联作为证据反驳。王闿运早年对胡林翼评价不高,后来一改先前之成见,认为胡林翼比曾国藩高明。他在《湘军志·湖北篇》数次称赞胡林翼,如:"胡林翼知平寇之要,不在攻城。既克省城,则奏蠲江夏等四十六州县田粮,以苏民困。复牙帖,开盐厘,以裕军储。"④从抑"曾"扬"胡"可看出王闿运的思想变化。

---

① 郭嵩焘:《郭嵩焘日记》(第一卷),长沙:湖南人民出版社,1981年版,第357页。
② 傅宇斌:《〈湘绮楼日记〉与王闿运的性格和人格》,《古典文学知识》,2007年第1期,第68页。
③ 郭嵩焘:《郭嵩焘日记》(第二卷),长沙:湖南人民出版社,1981年版,第835页。
④ 王闿运:《湘军志》,北京:朝华出版社,2018年版,第99页。

第四章
文人日记中的湖湘文人形象

王闿运特立独行,给湘人留下"狂"的印象。光绪七年(1881年)七月廿三日,郭嵩焘在日记中录有曾纪泽的《怀人八首》,诗中评价郭嵩焘"自闻天使谈经史,始信中华有圣贤",把郭嵩焘看成"圣贤",评价很高;在《次王壬秋》一诗中写道:"屡散千金穷欲死,清狂四海一王生。西川老去依严武,北海今闻荐祢衡。"把王闿运比作祢衡,评为"清狂四海一王生"①。郭嵩焘早期认为王闿运的"狂"是一种书生意气。其在咸丰十一年(1861年)九月初九日的日记写道:"何贞老、王壬秋力图见异于人,吾恐悖理而伤义者,必已多也。文人以爱憎曲肆毁誉,颠倒是非,道之贼也。"②这个时期的郭嵩焘把王闿运的"狂"归结于"文人以爱憎曲肆毁誉,颠倒是非,道之贼也",这与后期的看法有很大的不同。而曾纪泽对王闿运的过激评价,主要是《湘军志》对曾国藩等评价过低造成的连锁反应。

王闿运思想相对保守,其对洋务派不看好。王闿运在同治十年(1871年)三月十七日的日记中写道,"与刘云生来谈夷务",认同其所谓"养兵无益,及洋炮轮船不足学造"的乖论③。王闿运与曾国藩等湘军将领的认识有差异,自认为《湘军志》是客观评价,这就造成了王闿运与湘军将领们出现了严重分歧、矛盾。孙赫认为,"王闿运如此作为,着实令湘军将领始料未及。他们本想借助王闿运的生花妙笔来为他们歌功颂德,没想到王闿运却将他们的伤疤和隐私暴露无遗。"④这一分析可谓一针见血。郭嵩焘在光绪八年(1882年)正月二十一日的日记中写道:

> 据《楚宝》考知为屈子生日,与张笠臣约集同社会讲思贤讲舍,致祭屈子,至者十一人:熊鹤村、傅青余、左锡九、黄子寿、余佐卿、彭畯伍、朱次江、曾重伯。……初意思贤讲舍应得王壬秋主讲,为其学问文章,高出一世,又善开发人,使知向学之方。而其讥贬宋学、放溢礼法之外,亦恐足以贻误人心风俗。方谋与之约法,使从艰辛敛退用功,以冀其成就之广大。自《湘军志》一书出,乡人皆为不平,其势不能定议。须知天下事及之后知,履之后艰,各人成就

---

① 郭嵩焘:《郭嵩焘日记》(第四卷),长沙:湖南人民出版社,1983年版,第193-194页。
② 郭嵩焘:《郭嵩焘日记》(第一卷),长沙:湖南人民出版社,1981年版,第506页。
③ 王闿运:《湘绮楼日记》,长沙:岳麓书社,1997年版,第194页。
④ 孙赫:《"野火狂人"王闿运》,《百科知识》,2007年第21期,第44-45页。

一番功业，视之无甚奇也，而皆由艰难磨炼，出生入死，几经阅历，而后成此功名。轻易谈论，尚不能尽出曲折，岂宜更诬蔑之！道德文章，推极于圣贤境界，亦尽无穷。若恃其才气之优，偃然自足，遂以文字玩弄一切，是其倒乱是非，足使元黄异色，天下何赖有此。古人言史才须兼才、学、识三者。如此只是识不足也。吾湘近年尽知向学，所望于壬秋者甚巨，而终至此席不能相属，吾尤以疚于心。然要知此等气习，学者切须慎防之。正虑才与学皆不能逮，而先务为放言高论，睥睨一切，风俗人心，因之日益偷薄，亦可危惧。吾是以推论之，使各知所警惕。①

在公开集会中，可能会有很多种声音，而批王是主流。当然，除了王闿运，对曾国藩低评价者亦有之。郭嵩焘在光绪八年（1882年）二月初一日的日记中写道："《未信余编》，痛诋曾文正，然无损其毫末。非但其笔墨之陋劣，极口痛诋，而是非真伪，不能相掩，必有能辨之。惟壬秋多布阵势，一重一掩，巧肆诟讥，乃成千秋万世之冤。正惟其不加诋毁，而相构以萋语，使人自生疑惑。竟不料壬秋居心奇险至此，此亦吾楚之一厄也。"②郭氏认为，《未信余编》等虽然"痛诋曾文正，然无损其毫末"，对曾国藩没有什么损害；而王闿运"多布阵势""巧肆诟讥""相构以萋语"，其"居心奇险"、居心叵测，是真正的罪魁祸首。也许受其父曾国藩的影响，曾纪泽对王闿运一直没好感，这时候他联想到以前，并在日记中写道：光绪四年（1878年）三月十四日，"是日慕徐言：'古文坏于昌黎，诗坏于少陵，书法坏于鲁公。'往年尝闻王壬秋好为此种议论，盖中无所得，而故为狂率之谈，文正公之所深恶也"③。从这可以看出，曾国藩不喜欢王闿运的妄议之言，没有任用王闿运恐怕也是情理之中的事情。王闿运确实是喜欢议论，有时候极尽嘲讽之能事。郭嵩焘在咸丰十年（1860年）三月三十日的日记中写道："晖臣举旧岁寿蘅在京时事，以相讥笑……壬秋极意相嘲，而实非当日情事，予弗与辩也。其言过矣，而意固美也，余何弗相容纳哉。"④相对来说，曾纪泽比郭嵩焘要宽容得多。在曾纪

---

① 郭嵩焘：《郭嵩焘日记》（第四卷），长沙：湖南人民出版社，1983年版，第255-257页。
② 郭嵩焘：《郭嵩焘日记》（第四卷），长沙：湖南人民出版社，1983年版，第259页。
③ 刘志惠：《曾纪泽日记》，北京：中华书局，2013年版，第775页。
④ 郭嵩焘：《郭嵩焘日记》（第一卷），长沙：湖南人民出版社，1981年版，第338页。

第四章
文人日记中的湖湘文人形象

泽的日记中也有相关的记录：光绪八年（1882年）八月三日，"夜饭后，阅王壬秋所撰《湘军志》数篇"①；第二天，"阅《湘军志》，至智卿室一谈……至介生、听帆新寓一观。归，阅《湘军志》……至智卿室一谈，阅《湘军志》"②；八月二十日，"翻阅类书，看《湘军志》"③。曾纪泽对《湘军志》的出版相对冷静很多。按说曾纪泽应该比郭嵩焘更为愤怒才是，结果出现了反转。原因应该有二：一是曾郭二人性格有差异，曾较沉着圆滑，郭较耿直刚毅；二是曾早就洞穿王的性格心理，而郭与王有早期的深厚友谊，一时间还抱有幻想。

郭熙志认为："狂士则滥用情感，常因嫉世愤俗而丢去理智，缺乏理性，成为只会蛮斗的'刑天'。无论是'石化人格'，还是'刑天人格'都没有处理好情感与理智的冲突。"④这一看法有些道理。王闿运《湘军志》事件似乎犯了众怒，也影响了王闿运后来的生计。1885年八月，时任湖南学政陆宝忠有更换校经堂山长的想法，按照名气、才学王闿运比较合适，于是与湘人王先谦商量，王先谦在言语中影射了王闿运的"狂"，致使事情不了了之。陆宝忠在八月二十四日的日记中写道："复与一梧谈山长事，一梧谓不可不换。询以王闿秋（名开运，湖南人，寿翁亦谈及）何如，一梧谓闿秋主讲，湘中人不致有悖言，较现在山长却胜，但言外有不甚十分称意处，以此公狂而僻也。"⑤正如时人胡思敬所说："曾国荃督两江，念湖湘战士劳苦功高，恐日久传闻失实，延湘潭举人王闿运撰《湘军志》……家藏文牍军报，悉以遗之；月薪供给甚厚。书成，王闿运手写付刊，中兴诸将无所不讥侮，于曾氏微词尤多……其余抑扬高下之间，若笑若骂，使笔如口，令人难堪。国荃见书大怒，乃索其版烧之，命东湖王定安别撰一书曰《湘军记》。世人爱前书文字奇诡，后十余年，国荃薨，复翻刻于成都。或改为《湘军水陆战纪》者，妄也……王闿运撰《湘潭志》，颇招邑人怨恶。侍郎陈树棠，勤恪公鹏年子也，居乡甚豪横，逼死县官，被巡抚弹奏。旧志不言，盖讳之也。闿运以直笔自命，摭实补入甚详。黎培敬降四川臬司，时闿运掌尊经书院，亲见其行事多不满意，传中颇有微

---

① 刘志惠：《曾纪泽日记》，北京：中华书局，2013年版，第1253页。
② 刘志惠：《曾纪泽日记》，北京：中华书局，2013年版，第1253页。
③ 刘志惠：《曾纪泽日记》，北京：中华书局，2013年版，第1257页。
④ 郭熙志：《中国怪诞人格：狂士、隐士文化批判》，《文艺理论研究》，1990年第1期，第76页。
⑤ 参见李细珠：《晚清学政的日常事务与生活世界——陆宝忠督学湖南日记稿本研究》，《近代史研究》，2020年第6期，第7页。

词。"①可见,王闿运自认为"秉笔直书"的《湘军志》给他带来了很多麻烦。当然,受到围攻的王闿运对待郭嵩焘等的态度也大不如前。其在日记中写道:光绪十五年(1889年)三月七日,"晦若书来,言不宜出门,且云督府馆我于吴楚公所,闻之甚喜。湘淮龂龂廿年矣,非少荃不能设吴楚公所,非闿运不能居吴楚公所,旷然大同,郭筠仙辈已觉小眉小眼,况沅甫以下耶!"②对郭嵩焘、曾国荃等大加诋毁。直到光绪二十一年(1895年)七月八日,郭嵩焘死后多年,其在日记中幸灾乐祸地写道:"欲作事无兴致,燕雀处堂,白鹇愁水,漆室啸不虚也,郭筠仙悲悯岂徒然哉"③感觉郭嵩焘不值得。

王闿运作为湖湘名士、狂士。后人评价很多。杨昌济在日记中写道:1914年5月23日,"王壬老……玩世者世亦玩之,老气横秋固不能好禁士夫之清议也";5月28日,"谢无量、马一佛之能文……格高气古,固湘绮、太炎之流";9月10日,"王壬老此次出山,颇为报纸所攻评,以其带一仆妇,大肆讥评。王先生容有可议之处,诸报纸亦自低其品格……此等事言之亦丑,乃誊之报章,徒使人作三日恶"④。杨昌济对王闿运有一些正面评价,而突出王闿运是玩世者,突出王闿运的特立独行。

三、《湘军志》及其评价

王闿运因《湘军志》"名满天下,谤满天下"⑤,对其的评价一百多年来纷争不断。梁启超等学者认为王闿运"缺乏史德,往往以爱憎颠倒事实"⑥;曾国藩门徒黎庶昌等文人却认为《湘军志》"文质事核,不虚美,不曲讳",是"近世良史也"⑦。对王闿运的评价颇有争议,似乎很难定论。

郭嵩焘日记对《湘军志》论述较多。光绪六年(1880年)正月廿九日,"筱垣亦以谓然,而云初设督销局,即任一易昀陔,是曾文正大误处"。二月初一日,"王壬秋述及伊犁事,曾奉谕旨,有在籍大臣心有所见,并准陈奏之语",

---

① 胡思敬:《国闻备乘》,北京:中华书局,2007年版,第73、100页。
② 王闿运:《湘绮楼日记》,长沙:岳麓书社,1997年版,第1536页。
③ 王闿运:《湘绮楼日记》,长沙:岳麓书社,1997年版,第2031页。
④ 杨昌济:《达化斋日记》,长沙:湖南人民出版社,1978年版,第17、19、62页。
⑤ 钱基博、李肖聃:《近百年湖南学风·湘学略》,长沙:岳麓书社,1985年版,第54页。
⑥ 梁启超:《中国近三百年学术史》,北京:中国书店,1985年版,第276页。
⑦ 王闿运、郭振墉、朱德裳:《湘军志·湘军志平议·续湘军志》,长沙:岳麓书社,1983年版,第174页。

第四章
文人日记中的湖湘文人形象

"圣贤处此,无以易也。王壬秋知其本计而不知其权应之机,是以所论仅及得半之数。壬秋亦云拟有一稿,尚未以见示也"。第二天"晚次,张力臣、瞿景伊、王壬秋、余佐卿过谈。壬秋言齐家之义,可通于处世,可通于治民"。二月初四日,"余芳城、佐卿、张力臣、黄子寿、陈杏生、罗伯翼、王壬秋、朱香荪相继过谈,至夜久不能息"。实际上,郭王出现了分歧。二月初五日,"张力臣为王壬秋饯行,壬秋令就敝庐一叙。壬秋及黄子寿、余佐卿、瞿子玖及意城,共七人,子寿以事不至……壬秋持论常失之过高,此等平情之论,则亦实有见地,并足征其用功与其得力处也"①。当然,郭嵩焘对王闿运还有所保留,承认王闿运的过人之处。

到了年底,十二月初八日,郭嵩焘"闻壬秋《楚军志》已付刊,专寄裴樾岑一部,樾岑匿不以示人,亦谓其言多涉虚诬,不足昭示是非之公。香荪与樾岑最昵,询之,尚未有所闻也。而香荪于此慨然谋以自任,但得《方略》诸书,闭门编次,以一年为期,必可以成书,亦资以补救王壬秋之失也"②。王闿运不敢把《湘军志》轻易示人,说明王闿运也感觉到《湘军志》可能引起轩然大波。并且,按照常理,郭嵩焘等会先看到印本,但郭嵩焘还是通过别人来打探消息。可见,《湘军志》的出版很神秘。直到光绪七年(1881年)四月廿六日,"张笠臣枉过,并示王壬秋《湘军志》二本:一《湖南防守篇》;一《曾军篇》。壬秋自命直笔,一切无所忌避,而颇信取委巷不根之言,流为偏蔽而不知。又其性喜立异,匹夫一节之长,表章不遗余力;其名愈显,持论愈苛,或并其事迹没之;其所不欢,往往发其阴私以取快。此其蔽也。然亦未尝不服善。《曾军篇》,曾稍规正之,所改削已多。此书久至樾岑处,固秘不出,经李次青苦索得之。闻尚有《筹饷篇》二本,则竟不肯出也"③。直到十二月初三日,"王壬秋自蜀回过谈,并见贻《湘军志》一部,凡十六卷,作两巨册……次第诣张南屏、刘治卿、周桂坞、王壬秋"④。十二月初八日,"笠臣语及王壬秋,约章皆不能行,外间议论,颇咎及鄙人之举壬秋为坏乱风俗。壬秋长于言教而缺于身教,固亦当与之约,而不知先有此约,已足使人惊疑也。其中如岁加给钱,八百串包诸生火食,设长案讲堂,每食传梆会餐。以院长包治酒食,固宜

---

① 郭嵩焘:《郭嵩焘日记》(第四卷),长沙:湖南人民出版社,1983年版,第13—15页。
② 郭嵩焘:《郭嵩焘日记》(第四卷),长沙:湖南人民出版社,1983年版,第126页。
③ 郭嵩焘:《郭嵩焘日记》(第四卷),长沙:湖南人民出版社,1983年版,第166页。
④ 郭嵩焘:《郭嵩焘日记》(第四卷),长沙:湖南人民出版社,1983年版,第243页。

骇人听闻也"①，郭王起了纷争，不仅仅涉及《湘军志》，还波及"山长"形象问题。直到当年的十二月二十五日"左锡九邀同张文心、王壬秋、黄子寿、张笠臣、余佐卿及意城会饮朱香荪宅，语及陈文恭公，壬秋诋之甚力，锡九亦据其《五种遗规》详论葬经，为暗于闻道，所言亦为近理。吾独怪其在湖南奏毁濒湖各围，夺人民产业，躅之水中，以开讦告之风，乾隆以前纯古之风，一变而为剧激，坏乱人心风俗，遂至不可挽救"②。

当然，不仅仅郭嵩焘批评王闿运，其他人也有批评王闿运的声音。在《郭嵩焘日记》中，光绪八年（1882年）正月初五日，"王壬秋、曾重伯晚过谈。邀左锡九不至。朱香荪言王壬秋年逾五十，而德不加进，声望为之大减。如吴冀阶、罗顺循，皆心折王壬秋者，至是闻其谈论，不能无觖望，朱次江至更不欲往见，然则其道不足以启迪后生明矣。闻此为之怃然"。朱香荪批评王闿运，指出王闿运"德不加进，声望为之大减"。两天后，"黄子寿、左锡九、余佐卿至，出示王壬秋信，始知昨夕壬秋与张笠臣、余佐卿同诣曾沅甫宫保，语及《湘军志》一书，沅老盛气责之，壬秋不能对，乃以书自解。锡九、子寿相与筹商办法。吾谓沅老得此书，亦足稍平其心，然遽求化去其嫌怨，固不可得也，此仍须商之王壬秋，尽交出其案卷及《方略》诸书，并所刻板片及刷就之百部，全数清交，徐筹改刻之法。已而张笠臣、朱香荪并至，所见相同。香荪以为壬秋在湖南无可自立之势，宜及时出游，俟一二年后人言稍定，始可回湘，为此书贬斥过多，不免犯众怒而动公愤也"③。王闿运一生纵横捭阖，在无形中衍生出一种自负自大的意味，行事也就缺乏理性，自然不会审时度势、权衡利弊，以至于犯了众怒，似乎有点得不偿失。正月初八日，"左锡九约同诣朱香荪，为曾沅浦宫保解说王壬秋事，方约周鼎泰清检来往各数，复书辞之，而朱香荪亦随遣人来邀，乃往一谈，语及壬秋困迫之状，相与怃然"④。王闿运毁版以自保。正月十四日，"阅壬秋《湘军志》一卷，极意表章塔忠武公，而于王初田亦颇叙其战功，湖南人士，多隐其名，似不免意为高下。张笠臣所述，实亦信而有征。盖以文字玩弄一世，所谓才高识寡者也。昔人言作史须才、学、识三长，壬秋才学有余而识不足，此亦天分使然，不可

---

① 郭嵩焘：《郭嵩焘日记》（第四卷），长沙：湖南人民出版社，1983年版，第244页。
② 郭嵩焘：《郭嵩焘日记》（第四卷），长沙：湖南人民出版社，1983年版，第248页。
③ 郭嵩焘：《郭嵩焘日记》（第四卷），长沙：湖南人民出版社，1983年版，第251页。
④ 郭嵩焘：《郭嵩焘日记》（第四卷），长沙：湖南人民出版社，1983年版，第252页。

第四章
文人日记中的湖湘文人形象

强也"①。对王闿运才华学识产生疑问。正月十七日,"朱香荪晚过谈,因论王壬秋《湘军志》,均取当时官场谣谤诋讪之辞,著为实录以相印证,尽取湘人有功绩者诬蔑之,取快悠悠之口,而伤忠臣烈士之心,竟莫测其命意之所在。其颠倒功过是非,任意低昂,则犹文人气习,不足怪也"。对《湘军志》的写作进行分析。第二天,"适洪劫卿及曾重伯至,语《湘军志》甚悉",外间议论纷纷。第三天,"盛耀堂、陈舫仙、黄子寿、张力臣、王壬秋相继过谈,自日午至亥、子,乃始稍息,不胜其惫。中间绍西、镜芝及罗允吉参错而至,多费酬应;精力衰颓,苦不能支。壬秋语及《湘军志》本末,曹镜初、张笠臣实不能辞咎,徒以为壬秋之过,尚未能知其底蕴者也"。第四天,"王壬秋以所刻《湘军志》板片及刷定十八部并行见交。函询曾沅浦宫保,复函属交子寿、笠臣。二君之来,盖承沅老之命,商酌领取"。直到五月初二日,"绍西自县来省,朱香荪转托以所撰《拟湘军志》呈阅曾沅浦宫保,因以一书申言之"②。《湘军志》案算是告一段落。

《湘军志》对郭王几十年的交谊产生了重要影响。郭嵩焘在日记中记道:光绪八年(1882年)六月十五日,"接曾挚民、钟瑞廷、陈葵心、张笠臣各信。笠臣述及新放常德守高抟九,汉中人,其兄为丁未同年,在京与李莼客相识,而盛称莼客之狂,不可一世,于校经堂为不宜。莼客之狂所素知,然无害其为耿介也。意城邀同黄芍岩、刘子梅、周闻斋、龙雩生、谭心可晚酌,心可不至。王壬秋亦邀同陈松生、杨鹏海浩园看月,予以赴意城之约,亦不能至也"③。郭嵩焘"盛称莼客之狂",影射王闿运的"狂",并且,他与王闿运之间心有芥蒂,王闿运邀约不至。当然,王闿运对曾国藩等湖湘将领也心有芥蒂。在其日记中,光绪十五年(1889年)十月十一日,"会馆祭先贤,用涤公生日,请余主祭。昨辞,待李匠兄久不至,仍主焉。在位者六人,行礼三处,叩头卅六。新来蒋理问,言孝达政事及保之教吏,颇为新闻⋯⋯昨梦曾沅甫化为女人,而仍朝衣,金绣靴。余推令主祭,彼甚欣然,已而何猿叟科头至,余云当推贞老。盖昨日槃仲言何引将发,有汪道欲焚其柩,故见梦耳"④。对曾国藩祭祀虽欣然前往,却语意有讥讽,并且,做了一个"曾国荃化为女人"的

---

① 郭嵩焘:《郭嵩焘日记》(第四卷),长沙:湖南人民出版社,1983年版,第253—254页。
② 郭嵩焘:《郭嵩焘日记》(第四卷),长沙:湖南人民出版社,1983年版,第254—255、285页。
③ 郭嵩焘:《郭嵩焘日记》(第四卷),长沙:湖南人民出版社,1983年版,第297页。
④ 王闿运:《湘绮楼日记》,长沙:岳麓书社,1997年版,第1593页。

怪梦。光绪十八年(1892年)三月四日,"云曾沅浦修年谱,震伯率众抢其稿本,荒唐至此,又劼刚所不为。湘孙生日,作肴饵"①。也颇不以为然。

不管如何毁版、禁止发行,《湘军志》还是被流传下来了,而且世人对其评价还很高。如,金毓黻在1920年11月21日的日记中写道:"闻王湘绮所撰《湘军志》最佳,思一购读之。"②可能是禁止出版不易购买的缘故,直到1924年,金毓黻才读到《湘军志》。金毓黻经过认真研读,对《湘军志》赞誉有加,其日记多有记录:

> 1924年8月21日,阅王壬甫《湘军志》湖南防守篇。此书为王氏绝诣之作,笔法胎息马、班,于万事纷会之中,或用笔绾束,批导窾要;或用洽隽之语,旁见侧出,此真史家之正宗也。特以纪载质直,不为中兴诸将为余地。或以谤书目之,至欲毁其版而后快,王定安作《湘军记》,欲掩之,而迄不能掩,则其书之价值可知矣。

> 8月25日,阅《湘军志》。壬老于湘乡推挹甚至,着语虽简,而至诚谋国之心跃然纸上,是固为清叶中兴第一人材矣!当时如骆秉章、左宗棠,皆中兴名臣,而不无微词。当湘乡练兵长沙之日,提督饱起豹协副将德清,与之为难,至派兵围其公馆,秉章为巡抚,阳惊,反纵乱兵不问,湘乡遂去居衡州。又于左公为幕客时,提携所亲者至大官,旋为忌者排挤。所叙述者纯用史、汉笔法,细针密缕,旁见侧出,而于当代之情伪昭然若揭,近人著述中不多见也。今日阅毕两篇。

> 9月6日,途中阅《湘军志》尽九卷,曾忠襄初见此书极不满,命王定安别撰《湘军记》以正之。

> 9月14日,点校《湘军志》。壬甫先生亟称多隆阿战功,以为可比塔齐布。多公黑龙江省人也,为辽东健儿生色不少。又于李续宜多微词,如云张运兰等貌为深毅,于湘军为别派,差近李续宜,异乎罗泽南、刘腾鸿云。又云朱品隆、唐义训、李榕诸军,皆以持重不战,全军为上,及李续宜诸部将成大吉、毛有铭等专求自全,湘军锋锐始顿矣。凡此于李续宜皆致不满,大抵湘军将帅,如塔齐布、罗

---

① 王闿运:《湘绮楼日记》,长沙:岳麓书社,1997年版,第1778页。
② 金毓黻:《静晤室日记》(第一册),沈阳:辽沈书社,1993年版,第157页。

第四章
文人日记中的湖湘文人形象

泽南、刘腾鸿、李续宾、毕金科、彭三元,皆以临敌致命为荣,以全军退后为耻,故所向无敌而辄有成功。胡文忠之言曰:用兵之道,全军为上,得地次之。此盖鉴于当时将帅之能战,而不能守,而慨乎其言之。其后湘军下安庆,复苏杭,克金陵,师行迟重,所向有功,异乎曩日之能战而不能守。而效命疆场之士;即壬父所谓持重不战、全师为上之将,乌睹所谓锋顿者耶!壬父持论偏激类此者,多不满人意,读者分别观之可耳。

9月15日,《湘军志》中,不满曾文正公之语,殊不多见,惟于湖北篇叙多隆阿为胡文忠所重,欲湘军诸将出其下而皆不肯,文忠持之坚,而文正力言其不可。

9月28日,阅《湘军志》第十卷举。湘绮先生于骆文忠多微词,而于此篇则不然,其言曰:湖南壤地偏小,无争衡上国之志。咸、同以来,天下莫强焉,朝夕应人之求,而己日富强。巡抚、布政使虽自他省至者,素有成见,见湖南省例不如彼,则亦治兵筹饷,以待四方之急,岂非骆秉章倡之耶。秉章前抚湖南,境内之不能防,其后纵横四出,无功之不立,鉴覆辙知改弦故也。又曰:秉章委事左宗棠,汲汲治援军,倾国以事江西。向使秉章不听宗棠,宗棠久持力不足之说,则湖南之亡可待也。然则洪寇之灭,湖南之盛,援江西之力也,秉章之功焉可诬哉!王谕止此。愚谓王氏之论,深中窾要,惟其如此,所以不愧为良史也。往者章太炎先生盛称湘绮之文为近世第一手,推许甚至,视南海、新会以下蔑如也。及取《湘绮楼诗文集》读之,其骈文诸作,似尚不及容甫,诗则模拟齐梁,形迹未化,工则工矣。

10月2日,阅《湘军志》援贵州篇。《左传》《通鉴》皆长于叙战事,其佳处不减左氏、司马。读此书直如读《三国演义》《水浒传》,非至终篇不忍释手,诚文章之雄也。它日拟撷采甚极绚烂动人者,抄一小册,以资诵习焉。贵东征苗之役,提督荣维善最骁勇善战,湘军将黄润昌亦敢深入,皆为苗人所扼。以致丧元,惜哉!席宝田为军统,不愧名将,巡抚刘崐始终倚任之,卒奏平苗之勋,此其明效可睹者也。①

金毓黻对《湘军志》阅读细致,剖析入理,对《湘军志》评价很高,对王闿运也是佩服之至。五四文人钱玄同对王闿运却大加批判,其在1914年9月19日的日记中写道:"不特王湘绮之肤浅,廖季平之怪诞不足道,康长素犹有不尽不实之处,虽刘申受,犹觉其未尽实也。"②钱氏把王闿运连同其门人一起批判。就因为没有好感,认为王闿运是保守的、落后的。直到1916年9月15日,钱玄同还对王闿运的著作批判一通,其在日记中写道:"取阅王壬秋庄子、墨子注二序,虽不至如浅人之诋为异端,顾其持论亦多外行语。此公文辞虽有声誉,顾一味模仿,不足自立,学问之事更非所知,较之其徒廖季平不可同年而语。"③

四、结语

王闿运作为晚清代表性文人,肯定有其过人之处。早期的郭嵩焘对其既爱又恨,对其学术很佩服。如,郭嵩焘在日记中写道:同治十年(1871年)正月十九日,"往王壬秋处谈,壬秋见示所注庄子,一一纳之实用,所见多有过人者"④;正月廿一日,"壬秋见示所注庄子,极有见解,看得庄子处处皆有实际,足与船山注相辅而行"⑤;正月廿五日,"王壬秋注庄子用崔撰本,多标新义,而于庄子无端崖之言,一一引之于实,所见诚有过人者,因为手录一通"⑥。郭嵩焘对王闿运所作的庄子注特别赞赏,赞誉该注有实用,有见解,有新意等,可以与王船山相媲美,最后"手录一通"。而其《湘军志》文采斐然,能够"秉笔直书",自然有其高明之处。后来的王定安所著《湘军记》确实有粉饰之意,正如郑孝胥1892年4月27日的日记所记:"借王定安所著《湘军记》,览其论赞,浅陋殊不成文,但极推曾文正耳。"⑦当然,《湘军记》也有优点。"《湘军记》所采材料之广泛、真实",因为,"王定安曾'佐湘乡曾文正公

---

① 金毓黻:《静晤室日记》(第二册),沈阳:辽沈书社,1993年版,第1173－1204页。
② 杨天石:《钱玄同日记(整理本)》,北京:北京大学出版社,2014年版,第275页。
③ 杨天石:《钱玄同日记(整理本)》,北京:北京大学出版社,2014年版,第290页。
④ 郭嵩焘:《郭嵩焘日记》(第二卷),长沙:湖南人民出版社,1981年版,第643页。
⑤ 郭嵩焘:《郭嵩焘日记》(第二卷),长沙:湖南人民出版社,1981年版,第644页。
⑥ 郭嵩焘:《郭嵩焘日记》(第二卷),长沙:湖南人民出版社,1981年版,第644页。
⑦ 劳祖德:《郑孝胥日记》,北京:中华书局,1993年版,第289页。

戎幕,从今宫太保威毅伯二十余年,湘中魁人巨公,什识八九,其他偏裨建勋伐者,不可胜数;东南兵事,饫闻而熟睹之久矣。'……王定安可谓亲历、亲见、亲闻,占有材料较多较翔实"①。相对而言,《湘军志》有所偏颇,这与王闿运的偏执性格也不无关系。王闿运寿命长,学术上博采众长,以"放荡不羁、乐极逍遥"而别具一格。王闿运特立独行,也心怀天下,展现了近代体用结合的"湖湘文化"精神,展现了晚清学人以实现救亡图存、重建民族文化为目的的经世思潮的兴起。

第四节 文人日记中的郭嵩焘形象

郭嵩焘,字筠仙,湖南湘阴人,曾任兵部左侍郎,是近代著名的外交家,他也是近代化进程中的代表性思想家,打破了同时代的"中体西用"观。他认识到西方科技的先进性,也感受到了西方政治经济制度的文明,其超前的认知惊世骇俗、让人警醒。"在19世纪末、20世纪之初的中国,不仅政治家们推崇郭嵩焘,而且一些进步思想家也很推崇郭嵩焘"②,并且对郭嵩焘评价很高,认为"郭嵩焘一生读书、做官、做学问,以湖南人特别独立之根性,立功、立德、立言,成为中国近代政治、思想巨擘之一,开明外交的先行者"③。在近代以前,中国一直骄傲地屹立在世界的东方。"天朝上国、朝贡体系"使生活在那个时代的人对中国的文化与文明深信不疑。然而,1840年鸦片战争的爆发,让古老帝国从中心沦落到边缘。面对着国际形势的巨变,生活在那个时代的士大夫们表现出不同的面孔,他们不知道如何应对,感到无所适从。而郭嵩焘"对中西文化有着广泛的了解,所以在对中西文化进行比较和选择时,能够较早地摆脱'中体西用'文化取舍模式的束缚,表现出开放性的

---

① 郭钦:《良史乎,谤史乎?——关于王闿运〈湘军志〉百年纷争的评议》,《湖南社会科学》,2009年第6期,第183页。
② 王兴国:《郭嵩焘评传》,南京:南京大学出版社,2011年版,第180页。
③ 盛宪之:《郭嵩焘的湖南人"独立之根性"》,《求索》,2009年第6期,第227页。

特点"①。学界关于郭嵩焘的论述较为充分,尤其是政治思想方面的研究比较成熟。如何推进此方面研究呢?从文人日记视野还原郭嵩焘形象,似乎是一个很好的研究路径。

一、文人日记中的诗者郭嵩焘

世人对思想家、外交家郭嵩焘形象方面的研究较多,文艺方面的研究较少。实际上,作为文人,郭嵩焘一生在文人间的宴饮应酬、诗歌唱和、冶游娱乐等较多。清末文人间的会客宴饮之风盛行,文人交流的内容大多是探讨时局、品评人物、切磋文艺。郭嵩焘在日记中写道:"近日人情与往时异……近则为君子者模棱含混,小人只是暗里倾轧人……近时朝局,高官厚禄忽然丛集一人之身,有似破格求贤者。"②时局动荡,身处其中的文人们没有安全感,他们既有临危受命之感,也有手无缚鸡、无力挣脱之感。

文人酬和,古已有之。郭嵩焘作为现代转型时期的新旧过渡文人,文人间的创作交流、诗歌酬和是其一生的重要内容。其在日记中写道:

> 咸丰十年(1860年)闰三月初一日,潭柘寺僧求书,各书联语应之。心纯联云:佛土休将人境比,浮云得似此心闲。觉品联云:谁向空山弄明月,独往沧江钓白云。德山联云:莫负南宗担雪意,时从东海看云生……留诗三首与之云。

> 闰三月初二日,为文一首(记戒坛僧)。诣皡臣处谈。杏农、弥之、壬秋、与循、麟洲诸君并集。

> 闰三月初三日,诣子箴前辈、杨汀鹭、李子衡、许仙屏、唐啸石、陈心泉、曹芗溪、胡研生、吴桐云、周子佩、邓弥之、张竹汀诸处。

> 闰三月初四日,莫子偲过谈,因同诣弥之。作篆隶数幅,篆联云:积善有余庆,膏泽多丰年。壬秋欲以欢怨非贞则一语为出联。予曰:此语绝佳,然与膏泽多丰年五字不绝(?),当别求五字对之。弥之因举澄滓无定源五字,余举妍丑无遁形五字,皆佳对也……纵论身世事,相与怃然。伯英见示一诗,因赋长句报之。

---

① 张卫波:《试析郭嵩焘西方文化观的特点和局限》,《河南师范大学学报(哲学社会科学版)》,2001年第2期,第35页。

② 郭嵩焘:《郭嵩焘日记》(第一卷),长沙:湖南人民出版社,1981年版,第145、150页。

第四章
文人日记中的湖湘文人形象

闰三月初七日，与皞臣同诣玉庆观，就王子怀司马一谈。因治酒为面食，谈甚畅。伯英、淳斋、碧湄、筠生过谈，见示皞臣、壬秋诸君游山之作。

闰三月初八日，诣雪帆、容斋、士良三前辈，陈服耔丈、华尧峰、焦桂樵、潘星斋、黻廷、季玉三君。随与弥之观察同赴春浦师相之召……晚为杏农招饮广和居，同席冯鲁川、许海秋、王霞举、李子恒、莫子偲、杨汀鹭、陈凝甫、黄翔云、龙皞臣、王壬秋、邓弥之，并一时名雅。

闰三月初九日，范云吉招饮毓兴合，同席杏农、皞臣、弥之、壬秋、碧湄、景韩、筠生、芝生，外一萧厚卿，为耿辅臣之妹婿，戊午孝廉，蕴藉有风度。与皞臣、碧湄同诣子偲、眉生、憩云、叔平、辅卿，探问榜信。晚就弥之、壬秋饮，同席卢筠生、许仙屏、景韩、筠生、皞臣、碧湄、芝生、叔鸿、与循。数日会饮，以十二三人为率，亦一时胜举也。是日走询榜信，相知中中式者，惟一祁子和而已。既乃知黎简堂已中亚会，欧建五亦与焉。二人皆旧好也。

闰三月初十日，与循游山诗四首后成……皞臣、汉桥、与循、佩琳、介生、淳斋来谈。诣滨石、少鹤及祁子和处。

闰三月十一日，景韩、筠生招饮保安寺，因邀子偲就寺作篆隶……自述往岁寄怀田鼎臣诗：醉后狂歌谁解事，悲来对哭亦无人。其胸襟气概，自不可一世。所以能读书求悟，卓然自立者，固自有根本也。

闰三月十二日，接蒋霞舫前辈信，并枉示雪斋落成诗索和。

闰三月十三日，诣易汉乔、陈京圃、黎简堂、易笏生、刘兰汀、杨缃芸诸处。晚就保安寺赴碧湄之约。

闰三月十四日，为碧湄尊人涛村茂才作墓铭。诣喻叔芸舍人，交黄恕皆留赠一款，并自致情。晚赴杏农之约，适易笏山至，因邀就宿寓馆夜谈……壬秋尝以博览为劝，且曰，熟读谢、陆、庾、鲍之文，可以折矜心而生愤悔。①

---

① 郭嵩焘：《郭嵩焘日记》（第一卷），长沙：湖南人民出版社，1981年版，第339—347页。

咸丰十年(1860年)五月二十四日,"曾国藩函询自鲁抵京,并告皖省军务"①,在京的郭嵩焘3月15日才离京赴皖,从郭嵩焘离京前14天的日记里可以看到郭嵩焘交游酬和频繁,每天都要雅集吟诗唱和。与其交游的文人很多,有邓弥之、王闿运、莫友芝、杨汀鹭、李子衡、许仙屏、唐啸石、陈心泉、曹芗溪、胡研生、吴桐云、周子佩、张竹汀、陈服籽、华尧峰、焦桂樵、潘星斋、潘季玉、冯鲁川、许海秋、王霞举、陈凝甫、黄翔云、龙皡臣、易汉乔、陈京圃、黎简堂、易笏生、刘兰汀、杨缃芸、喻叔芸、黄恕皆等众多文人。他们论"谢、陆、庾、鲍之文",抒发"去国之感"②。他们寻访古寺高僧,猎奇览胜,诗意盎然。当然,郭嵩焘的一生不仅仅这段时间雅集多,其他时间也是酬和不断。如,同治十一年(1872年)六月廿九日,"张力臣、何镜海公邀至絜园早酌。以齿叙则予居首,为之怃然。同会者龙皡臣、李次青、易笏山、朱香苏、黄子寿、子恒、杨鹏海、曹镜初、王壬秋及壬秋之次子庆来,共十三人";同治十二年(1873年)正月廿七日,"邀唐荫云、胡恕堂、叶介堂、朱宇恬、欧阳信甫、唐鲁英、黄子寿、子衡、子襄及笙陔叔晚酌。至者荫云、鲁英、子寿、子襄四大,王壬秋却又不请自至。冒小山、张南屏、沈小亭先后枉谈。南屏递到刘子乾一书,荔坛大令之家嗣也"。③ 雅集文人多,也很频繁。并且,从文人日记可以看出,晚年的郭嵩焘对雅集酬和的兴致更浓。如,王闿运在光绪十三年(1887年)六月三日的日记中写道:"约客集碧湖,晨往,无舁夫,便步行日中,亦不甚热,至则大风凉。寄僧先在,雨珊继至,道、笠两僧,胡子正、罗君甫、筠仙、陈伯严、曾重伯先后来。"④其中有郭嵩焘,并且郭嵩焘是重要的组织者。当然,郭嵩焘等组织文人雅集也不是一帆风顺的。王闿运在其1887年六月廿七日的日记中写道:"筠仙来书,告知吴雁洲、彭稷初等,以长沙令误断母子狱为名,上告院司及首府,语侵筠仙。与书孔吉士,迁怒寄禅,词甚愤愤。且引李輎言碧湖诗集招动浮薄,以为远见。小题大作,且笑且叹,与书解之。筠以不得当官,愤懑不可矶,湘吏欲假公倾之,然后鱼肉士类,此密谋也。筠不知机,为众人鼓动,而犹恨湘士,此不及余。夕过陈、罗、郭,均言此

---

① 郭廷以:《郭嵩焘先生年谱》,台北:"中央研究院"近代史研究所,1971年版,第156页。
② 郭嵩焘:《郭嵩焘日记》(第一卷),长沙:湖南人民出版社,1981年版,第347页。
③ 郭嵩焘:《郭嵩焘日记》(第二卷),长沙:湖南人民出版社,1981年版,第724、752页。
④ 王闿运:《湘绮楼日记》,长沙:岳麓书社,1997年版,第1383页。

事。"①因讼事引来对碧湖雅集的不满。

从别的文人日记也可以发现郭嵩焘的文人交往的情景。如，莫友芝在其日记中写道：1862年9月30日，"筠仙来辞行，将乘轮舶之苏松常镇粮道任。懿甫又订以明日暂归合肥，金眉生招同午饮，李眉生亦至"；10月2日，"送筠仙行，同晚饭于幕府，出城视其登舟，月上乃还"②。迎来送往，酬和不断。在文人交往中，郭嵩焘写了大量的诗词。莫友芝在其1863年2月11日的日记中写道："得王少鹤先生十月二十信，由郭筠仙观察自上海寄来，言其诗十二卷已刊成，文犹慎重未刊。"③诗有十二卷，且已刊印。郭嵩焘的诗有一定知名度，如，王闿运在其光绪十三年（1887年）六月四日的日记中评论道："筠仙送诗来，长篇劲韵，犹似少年才思，文人固不老。"④对于颇为自负的王闿运来说，这一评价很高了。晚清名士李慈铭对郭嵩焘出使欧洲甚是反感，对其诗文则赞誉有加，他认为："郭侍郎文章学问，世之凤麟，此次出山，真为可惜！"⑤并且，非常有意思的是，郭嵩焘对西洋的器物、制度有其开放性，对西洋文学却有其保守性。当较有开放胸襟的郭嵩焘遭遇西方诗人白郎宁时则显得捉襟见肘，其保守性暴露无遗。所以，有学者认为："郭嵩焘在白郎宁面前的失语，不过是文化不平等沟通的戏剧化……铸成了近代中西文学交流史上坚硬的结节。"⑥似乎有些遗憾。

二、外交家郭嵩焘

有学者认为，"随着西方列强侵略的加深，左宗棠进一步认识到科举士人不是人才，而知晓洋务的人才才是能应对危机的人才"⑦。而同时代的郭嵩焘对这些更有深切体悟。郭嵩焘作为外交家比其作为诗者要知名得多。郭嵩焘的出身与同时代的士大夫无异，而作为外交家无意间与西方遭遇，有了不一样的域外认知，并大无畏地推介西方文明。所以说，"郭嵩焘上承经世

---

① 王闿运：《湘绮楼日记》，长沙：岳麓书社，1997年版，第1389页。
② 莫友芝：《莫友芝日记》，南京：凤凰出版社，2014年版，第102页。
③ 莫友芝：《莫友芝日记》，南京：凤凰出版社，2014年版，第114-115页。
④ 王闿运：《湘绮楼日记》，长沙：岳麓书社，1997年版，第1384页。
⑤ 郭廷以：《郭嵩焘先生年谱》，台北："中央研究院"近代史研究所，1971年版，第526页。
⑥ 尹德翔：《当郭嵩焘遭遇白郎宁——关于晚清中西文学交往的一个问题》，《文艺理论与批评》，2011年第3期，第67页。
⑦ 刘鹤：《论左宗棠的人才观及其形成原因》，《遵义师范学院学报》，2008年第2期，第1页。

派，下启维新派，是洋务派中形右而实左的思想家，是晚清时代中国社会近代化发展史上对内求改革、对外求开放的代表人物，是向西方寻找真理的先行者之一"①。郭嵩焘作为中国近代第一位驻外使臣，认识到中国的出路在于学习西方文明，其大大突破了同时代洋务运动"中体西用"的思想认知，其对"西方想象抵达了一个传统士大夫所能抵达的极限，游记的被毁及郭嵩焘的被弃或许可归于个体先觉与社会总体意识的一次交锋，有效论证了整个历史进程中个体力量的微渺：个人的认同、个体对社会的体认较之庞大、主流的社会总体意识而言不过是蚍蜉撼树"②。这一评价是很客观公正的。

作为外交家的郭嵩焘大力提倡学习西方的科学技术及其制度等，以达到"政教修明"，动摇了"中体西用"的指导思想。郭嵩焘认为："英国之强……则在巴力门议政院有维系国是之义，设买阿尔治民，有顺从民愿之情。二者相持，是以君与民交相维系，迭盛迭衰，而立国千余年终以不敝。人才学问相承以起，而皆有以自效，此其立国之本也……中国秦汉以来二千余年适得其反。"③时人李慈铭对郭嵩焘这一"异端思想"深恶痛绝。不久，郭嵩焘的域外日记《使西纪程》出版，一时间引起轩然大波。李慈铭斥责道："凡有血气者，无不切齿。"④当时湖湘文人"耻与为伍"，王闿运日记中记录了辱骂郭嵩焘的对联："出乎其类，拔乎其萃，不容于尧舜之世；未能事人，焉能事鬼，何必去父母之邦。"⑤这些说明作为外交家的郭嵩焘的处境十分艰难。

"甲午中日战争之后，湖南众多有志之士在国家危亡之时，'急谋救国之大计'。"⑥思想超前的外交家郭嵩焘一时间不能被人接受，也是情有可原的。但随着近代化进程的加快，世人日益"开眼看世界"，郭嵩焘的认知变得日益珍贵。如，将要出使欧洲的曾纪泽把郭嵩焘的《使西纪程》奉为至宝，一遍遍阅读。曾纪泽在其日记中写道：

光绪四年（1878年）八月初一日，卯正三刻起，看郭筠仙丈所作

---

① 田海林、宋淑玉：《郭嵩焘评议》，《史学月刊》，2001年第3期，第65页。
② 杨汤琛：《郭嵩焘"越界"的域外书写与现代性体验的发生》，《文艺评论》，2011年第12期，第155页。
③ 郭嵩焘：《郭嵩焘日记》（第三卷），长沙：湖南人民出版社，1982年版，第373页。
④ 郭廷以：《郭嵩焘先生年谱》，台北："中央研究院"近代史研究所，1971年版，第526页。
⑤ 王闿运：《湘绮楼日记》，长沙：岳麓书社，1997年版，第460页。
⑥ 苏全有、黄亚楠：《从庚子自立军起义看清政府的危机应对》，《遵义师范学院学报》，2012年第1期，第10页。

第四章
文人日记中的湖湘文人形象

《使西纪程》。……饭后,看《使西纪程》。

八月初二日,阅《使西纪程》良久。

八月十二日,阅刘云生《英轺日记》。……夜饭后,看《英轺日记》,有意钓誉,立言皆无实际,不足取也。①

曾纪泽对外交家郭嵩焘特别推崇,将其视为学习的榜样。而对同时代的外交家刘锡鸿及其《英轺日记》不是特别看好。刘锡鸿与郭嵩焘截然相反,他们一个开放、一个保守,泾渭分明。因而曾纪泽批评《英轺日记》"有意钓誉,立言皆无实际,不足取也"。当然,这里面也有感情因素。外交家郭嵩焘因外交风波而卸甲归田应该算是"冤假错案",以至于曾纪泽要替郭嵩焘申冤、平反。曾纪泽于光绪四年(1878年)八月二十八日被"东西太后召见"而随便替郭嵩焘美言了几句。郭嵩焘在日记中写道:

> 辰初,军机下,召见纪泽于养心殿东间。掀帘入,跪谢天恩,免冠叩头,着冠起立,进至垫前,跪聆圣训。
>
> 西太后问:"你打算那日起身?"东太后亦同问。
>
> 对:"臣因公私诸事,须在上海料理齐备,势须早些出都。现拟于九月初四日即启程。"
>
> ……
>
> 问:"你去住房如何定局?"
>
> 对:"郭嵩焘早经赁定房屋,臣去悉当照旧。近与总理衙门王大臣商量,将来经费充足时,宜于各国各买房屋一所,作为使馆。外国公使在中国,其房屋皆系自买自造。中国使臣赁屋居住,殊非长局,且赁价甚贵,久后亦不合算。"
>
> ……
>
> 问:"你出洋后,奏报如何递来?"
>
> 对:"郭嵩焘于紧要事件须奏陈者,系寄交总理衙门代递。其寻常事件咨商总理衙门,或用公牍,或用信函,均由上海之文报局递寄,臣拟照旧办理。其文报局委员,曾经郭嵩焘派游击黄惠和经理,尚无贻误,臣亦拟照旧用之。"

---

① 刘志惠:《曾纪泽日记》,北京:中华书局,2013年版,第807、810页。

……

旨:"他们都是好的,但都是老班子,新的都赶不上。"

对:"郭嵩焘总是正直之人,只是不甚知人,又性情褊急,是其短处。此次亦是拼却声名,替国家办事,将来仍求太后、皇上恩典,始终保全。"

旨:"上头也深知道郭嵩焘是个好人。其出使之后,所办之事不少,但他挨这些人的骂也挨够了。"

对:"郭嵩焘恨不得中国即刻自强起来,常常与人争论,所以挨骂,总之系一个忠臣。好在太后、皇上知道他,他就拼了声名,也还值得。"

旨:"我们都知道他,王大臣等也都知道。"

对:"是。"①

外交家郭嵩焘是曾纪泽的"出使顾问",似乎要打理好曾纪泽出行的一切。以至于清廷也知道郭嵩焘的冤屈:"上头也深知道郭嵩焘是个好人。其出使之后,所办之事不少,但他挨这些人的骂也挨够了。"曾纪泽更是对郭嵩焘特别理解。因曾纪泽是故人之子,郭嵩焘对曾纪泽出使特别关心。曾纪泽在日记中写道:

光绪四年(1878年)十二月十二日,郭筠仙丈腹疾卧床,俟其起坐,乃诣榻谈极久……夜与筠仙丈谈极久。

十二月十三日,郭筠丈病愈,下楼来久谈。饭后,兰亭来一谈。偕筠丈、松生、兰亭游博郎花园极久……夜偕内人、仲妹至宅中花室游观片刻……至筠丈处谈极久。

十二月十四日,与筠丈谈极久。夜饭后,在上房一坐。筠丈来谈极久。开单写应买之物,筠丈属写也,批定随行员弁分驻英、法单。

十二月十五日,与筠丈谈甚久,在上房一坐。饭后,偕筠丈、薇斋、子振至外部,拜大臣瓦定敦,一谈。……夜饭后,与筠丈谈极久。

---

① 刘志惠:《曾纪泽日记》,北京:中华书局,2013年版,第811-819页。

第四章
文人日记中的湖湘文人形象

十二月十六日,卯初二刻起,送筠仙丈,坐待良久,辰初天明,始得一谈,筠丈登车赴英。

十二月十七日,日意格来谈极久。日意格欲充中国驻法总领事官,曾求之筠仙丈,筠翁正色拒之。本日复问于余,余应曰:"此事非使者所能建议,若总署果派足下充总领事,则使者之责任轻松多矣。"余面软,不能效筠翁直言拒之也。

十二月二十九日,辰正二刻起,添作七律一章送筠仙丈,仍叠前韵。茶食后,以笺纸缮写二诗。至上房一坐,至苑斋室一谈。温英语。饭后,写一函答李丹崖,一函致筠仙丈。入上房一坐。日意格来谈极久,马眉叔来一谈,兰亭来久谈。

光绪五年(1879年)正月初四日,卯正三刻,抵伦敦维多利亚车栈,筠仙丈率僚属来迎,同至使馆。与筠丈谈极久,饭后复谈极久。午正,筠丈派随员李荆门赍送关防,衣冠拜印,望阙谢恩。

正月初五日,筠仙丈来,久谈。

正月初六日,夜饭后,与筠丈一谈。

正月初七日,筠丈谈极久。姚岳望挑唆播弄,余与筠丈各有怒声,幸筠丈知姚之诈,未至成衅。

正月初八日,未正二刻,偕筠丈、松生、清臣至外部,坐极久,见尚书沙力斯伯理侯,一谈。归后,静坐良久。戌初,公饯筠丈,宴饮良久。席散,复久谈。封一折两片,接印谢恩,缴销木质关防,分派驻英人员也。写一函寄李相,甚长。

正月初九日,夜饭后,登楼与筠丈谈极久。

正月初十日,辰初,筠仙丈启行,送至车灵克罗斯车栈,视其展轮而后返。

正月十一日,登楼,住于筠仙丈签押房中,清捡书籍文件良久。①

从上面日记可以看出,出行前后郭嵩焘、曾纪泽二人形影不离,几乎每天都要交流很长时间,郭嵩焘对曾纪泽的出使可谓尽心尽力、一丝不苟。当

---

① 刘志惠:《曾纪泽日记》,北京:中华书局,2013年版,第871-891页。

然,郭嵩焘、曾纪泽二人处理外交事务的方式方法不太一样。日记中提到的一个细节可以说明这个问题。当"日意格欲充中国驻法总领事官,曾求之筠仙丈,筠翁正色拒之",而曾纪泽"面软,不能效筠翁直言拒之也"。曾纪泽虽然自说"面软",但实在圆滑,只是没有明说罢了。王闿运也在光绪十三年(1887年)七月二十四日的日记中记录了郭嵩焘"刚正不阿"、爱憎分明的一面:"筠仙来谈,其爱憎又甚于黄,余皆唯唯而已。"①郭嵩焘本性刚正不阿,这也是其悲剧的重要原因。然而,"郭嵩焘虽与世不容,但他如中国近现代史的一个缩微影像,将中国近现代化进程中,由器物而制度而心性的艰辛历程汇集一身,以自身的悲凉处境照亮了那个集体蒙昧的时代,使得当时看起来似乎已经陷入无尽暗夜的中国传统文化还是露出了一丝希望的光芒"②。事实证明,郭嵩焘超前的思想是对的。

作为外交家的郭嵩焘是光鲜亮丽的,郭嵩焘本人也为之自豪,所以,晚年的郭嵩焘时常谈及夷务。陆宝忠曾经做过一段时间的湖南学政,其与郭嵩焘等湖湘文人交往虽不多,但还是有一些礼节性拜访。陆宝忠在1888年7月6日的日记中写道:"郭筠老来,谈良久,语及夷务,渠谓俄罗斯、日本皆足为患,而俄处心积虑,欲雄视中西,英人以全力遏之,不令出地中海。东西诸国虽皆狡诈,然未必遽起异心。俄最宜防,看来不出数年,东北将有事矣。"③郭嵩焘虽退居故乡,却"时刻不忘中国所处险恶的国际局势,其所预言'俄罗斯、日本皆足为患',证之此后甲午战争、日俄战争,果然不幸而言中"④。可见,外交家郭嵩焘确实有特别超前的战略眼光。

三、教育者郭嵩焘

"从古至今,教育在社会中一直扮演着重要角色。科举制度的废除,导致读书与进仕关系断裂,传统的社会流动被打破,使得士绅阶层更多地处于乡村和城市之中。清末民初正值教育转型的关键时期,地方士绅作为地方教育资源的掌握者,更多地从事教育事业,一方面为地方新型人才培养贡献

---

① 王闿运:《湘绮楼日记》,长沙:岳麓书社,1997年版,第1395页。
② 车玉铸:《忍辱负重青山留——孤独的思想者郭嵩焘》,《书屋》,2006年第3期,第43页。
③ 李子然、李细珠:《陆宝忠日记》,北京:中华书局,2022年版,第224页。
④ 李细珠:《晚清学政的日常事务与生活世界——陆宝忠督学湖南日记稿本研究》,《近代史研究》,2020年第6期,第17页。

第四章
文人日记中的湘湖文人形象

力量,另一方面是为了实现自己的价值,维持生计。"①1877年7月,郭嵩焘与副使刘锡鸿发生冲突,刘锡鸿诬陷郭嵩焘"三大罪",指名其为汉奸,构陷罗织罪名。郭嵩焘被罢官回乡,随后与继任驻英公使曾纪泽办完交接手续,黯然回湘。晚年郭嵩焘仍关心国家命运,在湖南开设禁烟会,积极筹办教育。郭嵩焘在任驻英公使期间对西方教育做了比前人更加深入的考察,从而成了教育的"先行者"。郭嵩焘可能还算不上教育家,但他充分认识到西方教育是西方强大的重要因素。郭嵩焘通过一系列的考察发现西方教育都是"实学",落在实处,认为"西洋政教、制造,无一不出于学",而中国应该向西方学习,"宜广开西学馆,使稍服习其业,知其所以为利,庶冀人心所趋,自求之而自通之,日久必能收其效"②。并且,"人才国势,关系本原大计,莫急于学"③。郭嵩焘从西方教育看出了西方国家强盛的奥秘,并进而提出中国教育改革建议。

近代的湖南在曾国藩、郭嵩焘等思想的影响下,学风浓而正,思想革新之风,至此臻于极盛。卸甲归来的郭嵩焘自然不甘人后,勤于读书,思考救世方案。其在光绪八年(1882年)正月十五日的日记中写道:"又接陈伯严寄示所著《杂记》及《七竹居诗存》《耦思室文存》,并所刻《老子注》《龙壁山房文集》五种。又杜云秋《杂著》《河北精舍学规》——亦云秋所撰也。伯严年甫及冠,而所诣如此,真可畏。晚邀钟景唐、刘若华、晏浩轩、李麓渔、易桂生、毛荇苏为元夕小酌。"第二天,"接罗叔循信,并寄到其尊人研生所著经说,曰《周易训故大谊》,曰《禹贡义案》,曰《禹贡义参》,曰《诗古音疏证》,曰《水道古今表》,曰《十三经字原》,曰《经传金石假借字辑》,曰《北游记里录》。其《周易训故》《禹贡义案》,最其生平专心致力之书,而卷帙皆不能全,良为可惜"④。郭嵩焘晚年致力于读书。以至于王闿运也在日记中称赞郭嵩焘"博学",王闿运是"狂士",获得他的称赞不容易。王闿运在光绪十三年(1887年)八月三日的日记中写道:"为但少村改厘务书目录,略以周官歊总

---

① 李萌:《清末民初瑞安士绅与地方教育——以〈张棡日记〉为视角》,《遵义师范学院学报》,2017年第3期,第38页。
② 杨坚:《郭嵩焘诗文集》,长沙:岳麓书社,1984年版,第383页。
③ 郭嵩焘:《致沈幼丹制军》,《郭嵩焘全集》(第十三册),长沙:岳麓书社,2012年版,第351页。
④ 郭嵩焘:《郭嵩焘日记》(第四卷),长沙:湖南人民出版社,1983年版,第254页。

厘布,分货税行贴,不及筠仙之博考也。"①

从教育方面来看,"郭嵩焘对西方的认识及其思想超越奠定了他作为一个启蒙思想家的历史地位"②。这一点还是有道理的。郭嵩焘有两次从事教育的经历。1866年,郭嵩焘称病辞职回籍,在长沙城南书院及思贤讲舍做老师。1879年,郭嵩焘迫于压力称病辞归,积极筹备教育。王闿运在日记中记录了郭嵩焘聘请其作为思贤讲舍讲习的经过:

> 光绪十三年(1887年)五月十日,出至筠仙处,会盐务首士傅、杨、俞思贤监院、李中书、周荔樵便酌,久论闲事,微及教读事。
>
> 五月十五日,筠仙书询代馆时刻,约以午初,如时往,已先待于讲舍。五年三聘不敢就,今言代,故可试来也。李佐周亦来。讲生在者八人,先后相见。筠仙欲待余释衣,辞令先去,佐周已先去矣。独坐时顷乃归。
>
> 八月六日,筠仙送修金即礼来。余本欲早散,则泯然无迹,家丁、门斗合为此谋,致落恒蹊。躬往商之,且退关聘,不遇而返。
>
> 八月七日,李佐周来,同过筠仙,遇丁次谷,善化令。不得尽辞,但退关书,火食银、束脩百金代筠捐起湖亭,节敬作舟资,门礼充赏,颇有使金如粟之意。③

从日记看出,郭嵩焘对筹办学堂尽心尽力,而相对而言,王闿运则犹犹豫豫,对郭嵩焘筹备教育不太支持,他们形成了鲜明的对比。

郭嵩焘对后世有一定影响。郭嵩焘死后,其作品被出版、被阅读。缪荃孙在日记中写道:宣统元年(1909年)四月八日,"读《郭筠仙侍郎集》",第二天,"读《郭侍郎集》"④。对郭嵩焘其人其文都有积极评价。今人对郭嵩焘的评价更多,有学者认为:"郭氏主张全面学习西方文明,特别是学习西方的政治制度和社会文化,而不应仅仅局限于军事领域。这使他超越了洋务思想的理论框架,彻底颠覆了洋务派'中体西用'的理论根基,为变革中国传统政

---

① 王闿运:《湘绮楼日记》,长沙:岳麓书社,1997年版,第1396页。
② 郭汉民:《郭嵩焘对西方的认识及其思想超越》,《湖南师范大学社会科学学报》,2000年第2期,第104页。
③ 王闿运:《湘绮楼日记》,长沙:岳麓书社,1997年版,第1379-1397页。
④ 缪荃孙:《缪荃孙全集·日记(三)》,江苏:凤凰出版社,2014年版,第25页。

治制度和文化进行了初步的思想启蒙和理论探索。"①也有学者认为:"郭嵩焘在长期的涉外活动中,逐渐形成了自己的中西文化观,即摒弃传统的夷夏之辨,树立新的世界意识,向西方学习,谋求自强,既是对传统民族主义的批判,也可看成近代民主主义思想的先声。"②学者对郭嵩焘的评价较为一致,都有很多的认同感。

---

① 楚德江:《试论郭嵩焘政治思想与洋务思想的异同》,《兰州学刊》,2008年第2期,第121页。
② 张晨怡:《近代民族主义的先声——论郭嵩焘的中西文化观》,《辽宁大学学报(哲学社会科学版)》,2012年第5期,第136页。

第五章
文人日记中的湖湘文人与文学转型

　　文人日记中对王闿运的诗词创作观、黄尊三的小说观、杨恩寿等湖湘文人的戏剧观等的记录较为丰富,能够反映湖湘文人的文学观念的近代转型。对《湘绮楼日记》中的诗词进行梳理,然后分门别类进行论述,从中可以看到王闿运作为诗人比较保守的创作观念。而相对而言,黄尊三小说观念具有进步性。近代是中国小说观念变动最大的时期,小说从不登大雅之堂的"小道"转变为"文学之最上乘"。然而小说观念就个体而言是复杂的,黄尊三的小说观念中的进步、迂回等掺杂不清,其小说观念摇摆于传统与现代、新与旧之间。具体言之,黄尊三一生对小说都有挥之不去的传统"娱情"观,但作为留学生,其对异域小说有一定接受度;作为动荡时代的爱国者,其小说观念具有"进步"性;作为宋教仁等革命派的密友,其对"新小说"的"革命"功能有一定认知。另外,观剧、评剧是杨恩寿等近代湖湘文人重要的精神生活。风云变幻的时代影响了近代湖湘文人戏剧思想的变化,促进了他们思想的现代转型。杨恩寿等文人的戏剧观相对还是比较传统的,而曾纪泽等后来的湖湘文人的戏剧观相对较为现代。并且,洋戏已经进入了文人的日常生活里,成了"五四"戏剧"革新"的先声。

第一节 《湘绮楼日记》中的诗词创作综论

　　文人日记作为私人创作文体,其中有很多诗词记载。《湘绮楼日记》作为近代湖湘文人日记的代表,其中有大量的诗词记载。如下表所示。

第五章 文人日记中的湖湘文人与文学转型

《湘绮楼日记》中的诗词汇总表

年代	数量	写作时间	诗题	写作背景	日记页码
同治八年（1869年）	6首	二月十七日	作诗赠盗四首	作诗赠盗	20
		三月七日	登山诗		26
		九月十日	流民诗		53
同治九年（1870年）	24首	二月十二日	小诗二首		81
		二月十四日	八首绝句	彭玉麟赠远物八种及梅花四幅，作八首绝句回谢	82
		三月二十八日	无题	李福隆招饮，后作诗	94
		五月九日	题《独坐图》二律	为吴颖函题诗	104
		五月九日	题《四艺图》	为吴颖函题诗	104
		五月十六日	《石鼓山闲眺》		105
		六月十七日	无题	雨中望云霞甚奇丽，作诗	113-114
		七月二十三日（8月19日）	《寄子偲五丈》	又得王壬秋六月十六衡阳寄信，谓曾寄两信，怪无答，岂李眉生为洪乔耶？言其数年来治《公羊》及《尚书》，且毕廿四史，一过句读，唯历法不晓，即思学算。又言皥臣以外艰归，宦囊粗足，弥之仍里居，与循、筱仙亦俱还乡，酬唱往还，差为盛集，且见寄一诗	《莫友芝日记》279
		八月七日	无题	赋得明月白露，光阴往来	124
		十月二十六日	诗五首	经石牛塘故宅，作诗纪之	142-143
		闰十月四日	《雨过空灵滩诗》		145
同治十年（1871年）	52首	正月二十五日	和邓弥之《细雨词·睡鹤仙》		173
		正月二十九日	用辛弃疾《摸鱼儿》韵	游览李竹亭刻石之词，辄作一首，归与道士刻之壁上	174-175
		二月三日	和默存诗		178
		二月六日	题神女祠二首		179-180
		二月二十四日	无题	自磁州北经寇乱，凋残满目。前过临洺，有诗写其荒寂，今临洺稍盛，而邯郸尤敝，因作一篇寄给莫六云	186

173

续表

年代	数量	写作时间	诗题	写作背景	日记页码
同治十年(1871年)	52首	二月二十六日	无题	过柏乡魏裔介墓,作诗吊之	189
		四月二日	《赋得牛戴牛得弓字》	周荇农言近人课八韵诗《赋得牛戴牛得弓字》,无合作,欲让先生作之,先生戏作云	199-200
		四月十七日	无题	周荇农以扇索诗,作一篇	205
		四月二十二日	诗二首	早起作诗云	207
		四月二十八日	《九夏词》四首		209
		四月二十九日	《九夏词》五首		210
		五月十五日	诗四首	作诗赠芝岑	217
		六月一日	《南乡子·赋得惜花春起早》	抄旧词与小舲,因嫌结句不吉利,遂改为《南乡子·赋得惜花春起早》	224-225
		六月八日	《食瓜有作》四首		227
		六月十三日	圆明园诗		228
		六月二十三日	《南洼高阁感秋诗》	偶阅《古文苑》所录齐诗、梁诗,久不拟,仿若逢故人。拟作《南洼高阁感秋诗》	232
		七月八日	《七夕饯饮》	夜坐凄凉,以《七夕饯饮》为题	238
		七月十四日	《题杜像》		240
		七月二十三日	《青玉案》	望川流,水性不似江南,作《青玉案》词一阕,殊不尽意	244
		七月二十四日	《寿楼春》	白露届期,舟暑未减,晴窗风槛,有忆凉时。作《寿楼春》一阕	244
		七月二十八日	《秋风辞》		245
		八月十三日	无题	船入黄河。因十二日望月作一诗未成而补成之	249
		八月二十一日	无题	渡南阳湖,采菱,作一诗	253
		八月二十八日	诗二首	泊宿迁县西岸东门外。因感宿迁城内捕贼事而作诗二首	255
		九月十二日	《吊燕子楼》四绝句		260

第五章 文人日记中的湖湘文人与文学转型

续表

年代	数量	写作时间	诗题	写作背景	日记页码
同治十年（1871年）	52首	九月三十日	题《延穷图》四绝句	为吴竹庄题《延穷图》四绝句	266
		十月五日	无题	望小孤单椒秀绝，似园林片石，作诗	267
		十月六日	莫友芝挽诗	因昨夜不寐，偶作莫友芝挽诗，成二句，日间遂成廿韵，凡十八折转，无唐以后言筌，自诩"真名作也"	268
		十月二十五日	无题	到袁州。静忆北固山之胜，忽得句	273
		十月二十七日	《萍乡赠逆旅主人女》	宿水口，萍乡西八里。因"逆旅妇泥余不去，与之四百钱乃免，兼再三谢之"而作《萍乡赠逆旅主人女》诗	274
同治十一年（1872年）	3首	二月五日	无题	大雨竟日，池上看新柳，裴向往来，作小诗赠之	297
		九月六日	无题	登雁峰，右得一亭，收湘川之胜，又因寺僧贫困，不能造屋，作诗记之	341-342
		十月十七日	《为吴称三题石笋山房诗》		352
同治十二年（1873年）	14首	正月十七日	无题	玉麟柩发引。作文	371
		二月五日	《西忆诗》四首	到衡州。作《西忆诗》四首	377-378
		二月十七日	为意城子题《读书图》二律		380
		三月一日	无题	补昨日游诗	383
		三月二十六日	无题	因感游春之美而作诗一首	388
		三月二十七日	无题	从雨复行，竟未沾衣	388
		三月二十九日	二诗	"萍乡道多游女，嘉钦义烈，有异常贞。又伤其不死盗寇，而殒于官将"，作二诗题之石上	389
		四月八日	无题	过萍乡，饭后始得前年旧寓，故有诗	391
		四月九日	无题	过醴陵，因感"芳原走马，人生之最乐"而作小诗	392

续表

年代	数量	写作时间	诗题	写作背景	日记页码
光绪元年 （1875年）	6首	八月十三日	《锦石怨》	行宿锦石，作《锦石怨》	431
		八月二十六日	无题	起作诗寄研樵	434
		九月十一日	无题	偶然为诗寄息叟	438
		九月十二日	诗三首	作诗记遐龄庵话之景，又赠樾岑诗，补九日朱香孙宅集，作一首	438-439
光绪二年 （1876年）	21首	四月二十四日	无题	夜作李烈女诗	474
		闰五月三日	无题	过大步，闻山中布谷，别有幽静微远之意，作诗	483-484
		六月八日	无题	题钱澧所画十二马册子	493-494
		六月十六日	无题	寺僧求诗，仿唐人体作一首	495
		八月二十一日	无题	示劼刚及己所为刘王夫人寿作诗序	510-511
		九月十五日	小诗四首	怀庭片来告去，强起书扇，作小诗四首赠之	516
		九月二十八日	无题	应子振之嘱而作诗	520-521
		十月十一日	无题	望人家垣内枫柳，偶有所感，口号一绝句	524
		十月二十七日	和熊师诗三首		527-528
		十一月六日	无题	作哀词以送五女	530
		十一月十四日	作诗二首	程虎溪来辞行，索诗。作诗二首	531
		十二月十四日	《喜雪诗》二首		536
		十二月二十二日	《后喜雪诗》二首		538
光绪三年 （1877年）	13首	四月四日	二诗	至蕉溪岭，忆二十六年前曾过此道，故作二诗以纪之	562
		五月五日	五言律四首	作贾祠招屈诗五言律四首	570
		五月九日	无题	作《秦州北山杜祠记》	571
		五月十八日	无题	作书复若愚，兼寄诗雨苍	573
		七月十日	七夕雨诗		586
		八月六日	题刘藏书图		592-593

第五章 文人日记中的湖湘文人与文学转型

续表

年代	数量	写作时间	诗题	写作背景	日记页码
光绪三年（1877年）	13首	八月十一日	继杜若兰孙作		594
		八月十八日	无题	夜集浩园，萧希鲁为主人，会者九人，打诗牌，分一盘，无相凑合者，久之成一首，甚为得意	596
		十一月二十日	《腊八粥诗》	续纷女《腊八粥诗》	618
光绪四年（1878年）	24首	正月初七日	无题	闻力臣与佐卿谈宦情，戏占一绝	626
		正月初十日	二首	夏芝来，约作麓山之游。得怀庭书信，言浙江冰冻为灾，故感寄二首	627
		二月一日	杂诗六首	舁中作杂诗六首	632-633
		二月一日	无题	赠黄子冶令君一首	633
		二月三日	无题	饭后与棣生吊李舅之丧，棣云将谒祖墓，通往，并赋一诗	633
		二月八日	无题	为佐卿书扇。又和杨右淦《桐园即景图》诗	640-641
		三月六日	坐小楼作诗寄怀庭		645
		三月九日	寄六云二绝句		646
		五月二十七日	《贾祠集饯采九诗》二首		662
		八月十日	无题	巡抚及僚属释奠孔子，作小诗记之	680
		十一月十四日	《出藕池决口泛江诗》	至藕池步，作《出藕池决口泛江诗》	705
		十二月四日	无题	泊界矶一日。偶谈司马相如与卓文君之事而拟李太白诗体作一篇	711
		十二月十四日	二诗	渡风波领，见一山绝顶也，作二诗赏之	714-715
		十二月十六日	无题	因昨过梁山作一诗	715
		十二月二十六日	无题	景色甚丽，作一诗	719

续表

年代	数量	写作时间	诗题	写作背景	日记页码
光绪五年（1879年）	9首	正月初一日	无题	昨和子箴诗,意其今日必再叠韵,因再作以挑之	723
		正月初三日	《二日喜雪》	子箴送叠韵诗三律来,再和之,作《二日喜雪》,读子箴集,三日未尽,叠韵诗已四至,走笔奉答	724
		正月初十日	二首	夜续《金堂山行诗》,补作除夕行成都市遂至洗马池诗	728-729
		闰三月十三日	《八音谐·成都新绿寄怀张永州》词一首		772
		四月十二日	四首诗送竹伍		783
光绪六年（1880年）	5首	正月初九日	无题	登楼作《定王台记》,并和姜白石《一萼红》词	873
		二月十五日	无题	暮出虎渡口,风息乃泊,与子女登江堤,居山谷间。览二邓《拟陶诗》,试效作一首	885-886
		二月十九日	和《拟招隐诗》一首		886-888
		七月十二日	无题	偶念简堂左迁蜀臬,有当官之能,无怨望之意,所谓"虽曰未学"者,颇惜其去,作诗一篇赠之	931-932
		八月二十九日	无题	偶感近事,口号一律寄筠仙	949
光绪七年（1881年）	17首	二月二日	无题	因昨梦旧友频来,为诗八句,中有"白坐能销日"句,似甚深稳,觉而忘其余语,但续成一联	988
		二月六日	无题	刘人哉、张华臣、黄霓生、乔茂轩、薛季怀来。薛季怀将还江东,书扇并作诗一篇赠之	989
		二月十九日	《送薛福保还无锡因怀江淮旧游》	筠生子来辞,十岁失父,居然成人,自感少亦孤,不觉怆然	993-994

第五章 文人日记中的湖湘文人与文学转型

续表

年代	数量	写作时间	诗题	写作背景	日记页码
光绪七年 (1881年)	17首	二月二十日	绝句二首	昨见提督立旗杆挽架甚盛,作绝句二首	994
		二月三十日	无题	作诗送莫总兵镇建昌	997
		三月二日	无题	为方保卿夫妻作泥像赞,云此题从无作律体者,聊以一首敷衍之	998
		十一月四日	无题	出涌口泛沫至宜宾江口作诗	1052
		十一月五日	无题	泊石壖沱,合江地	1052
		十一月二十一日	《登涂山涂君祠作》		1058
		十一月二十七日	《帆江浦进沅至西港作》	至西港口。有《帆江浦进沅至西港作》	1059-1060
		十一月三十日	无题	过马王滩、齐湖□、沅水湖,盖所谓赤沙湖。杜子美从此路至长沙,故诗中用作典故。北风帆行,改作前诗	1061
		十二月七日	四绝句	感事怀人,作四绝句	1063
		十二月二十二日	无题	抄自作新诗,作寿苏词《八归》	1066
光绪八年 (1882年)	23首	二月十二日	无题	泊连司渡,看水上雨沤,感忆怀庭,久欲作挽谏之词,缘意绪太多,反至稽滞	1080
		二月十三日	诗二首	至侧水。泊阳唐湾	1080
		二月十四日	无题	船版俱炙人,仓中风凉,余一绵,同行客尚羊裘也	1081
		二月十五日	无题	过枯杉亭,访邓湘丈所作祠室,已将毁矣	1081-1082
		二月十七日	无题	因出城,著重裘犹有寒意。忆昔年曾于此路遇雨,有恨春寒之词,因作小诗	1082-1083
		二月十八日	无题	清明。不能行,感行路之难易在人,作一诗	1083
		二月十九日	无题	道中诵元微之词,言唐宫寒食念奴事,戏作一诗	1084

续表

年代	数量	写作时间	诗题	写作背景	日记页码
光绪八年（1882年）	23首	二月十九日	无题	宿思桥铺，车殆仆病。思昔年聂天端诸人从宝庆两日半至邓宅，今无复此健步，亦湘军暮气之验。诵《九章》二篇《思美人》《惜往日》，有感	1084
		二月十二日	无题	到尖山。道狭甚困。石羊前三塘，多有民家佳屋，似甚清静。	1085
		二月三十日	无题	早起邓郎子竹来园中久谈。邓辅纶赠诗，晚复设饯，夜烛繁花，颇有清兴，偶作一诗和之	1089-1090
		三月一日	无题	作诗	1090
		三月八日	无题	早行无一人，唯见学使牌至，戏题一诗。至杨柳井，遇刘总督迎姬妾，装赍甚盛	1092-1093
		四月一日	无题	作一诗	1099-1100
		七月四日	《和曾纪泽诗》		1124
		九月二十七日	无题	朝食已过湘潭。薄暮泊马河上。卅里宿凿石	1146
		九月三十日	无题	到大步，因感二十年前衡阳交友之盛，而如今死者不可胜记，长女次子又相继故去，作诗寄哀	1146-1147
		十月三日	无题	为胡均斋县丞题其妻包氏遗像。龙胜厅城破，抗节死者	1148-1149
		十月四日	无题	出望两岸，见一处似相识，询知七里滩，曾宿处，再忆之，壬申十二月也。明日至雷市而遇除夕，所谓"南岳钟声报玉晨"者。自章寺以下，南岳已在橹背，故曰"赋得帆随湘转"。宜作一诗	1149-1150
		十月五日	二首	过雷石、石弯皆有乞划子钱书者，前所未闻也。黄石望下有沙洲，邓保之所云"交流抱中沚"者，乃辛亥秋同游之作。补作"汀洲多烈风"一首	1150

第五章
文人日记中的湖湘文人与文学转型

续表

年代	数量	写作时间	诗题	写作背景	日记页码
光绪八年（1882年）	23首	十二月二十三日	无题	夜送灶，孺子不出。忆己、壬旧词，戏拈一阕	1173
		十二月二十四日	《芳草》	告茂女《尔雅》蒿山蒜即水仙花，故填《芳草》一阕	1173-1174
光绪九年（1883年）	22首	正月初五日	无题	早起作词一首	1180-1181
		正月二十八日	诗二首	泊百岁坊乌桕堤下。偶作一诗。又忆靳溪新柳，曾题一绝，未及录稿	1119-1200
		四月六日	无题	将至藕池，不能到而泊，见远山一抹，似逢故人，题一绝句	1201
		四月七日	《八六子》词		1202
		四月十七日	无题	作纪梦诗二首。闻善不服，郭嵩焘所谓害诗教者，再作一绝正之	1207
		四月十八日	诗二首	作诗。是日，又作《猇亭感咏》	1207-1208
		五月三日	二绝句	道中见溪瀑悬流，黄浪奔而下，激成白气腾而上，上下相冲，几欲相敌，叹之云生平未见奇景也。又见小雷奔飞，涛欲啮人，吼若雷怒，不觉心胆俱壮。惜非大景，不足赋诗，口号二绝句记之	1215-1216
		五月三日	重过孙巢		1216
		五月四日	二绝句	道中见儿童抃舞，农商办节物，甚有乡居之乐，作两绝句	1216
		五月六日	诗三首	道中所见，作二诗记之。梁山道中，有花初夏时满山谷，土人不知其名，图归示知者，先题一绝	1217
		五月十一日	无题	度冈峦四五重，作诗记景，而不成章，乃改为四韵	1219
		五月十六日	无题	到成都	1221
		九月二十六日	无题	因用王调《长亭怨》，赋纸煤一阕	1261
		十二月二日	枕上和三诗		1282

续表

年代	数量	写作时间	诗题	写作背景	日记页码
光绪十年（1884年）	6首	正月初一日	无题	和张抚诗	1294
		三月一日	无题	过归州，下新崩滩，戏作一诗	1316
		三月六日	无题	泊铜钱望，作律诗一首	1318
		四月二十二日	无题	作咏杨花诗	1328
		四月二十三日	无题	作咏樱花诗	1329
		四月二十三日	无题	作咏枇杷诗	1329
		四月二十四日	无题	作咏紫荆诗	1329–1330
光绪十四年（1888年）	14首	二月五日	无题	初夜密雪，得诗一首	1510
		三月三日	无题	登轮舟泛海。遇薛福成出使英法归来，与之畅谈。	1534–1536
		三月十七日	《海光寺诗》	补作《海光寺诗》	1540
		四月十一日	无题	考杜甫《宿赞公房》是罢官后作，仇兆鳌注编之陷贼。考杜甫《雨过苏端》是未授官时残杯冷炙之慨	1546
		四月十六日	《采桑子》二阕	郑太尊请题狎妓小照，愠其无礼，久不下笔，偶思彭雪琴"小姑"事，因作《采桑子》二阕	1547–1548
		五月三日	《柳墅》	补作《柳墅》诗	1553
		九月七日	和嵩伫诗		1584
		九月七日	为槃仲题诗二首		1584
		十月十一日	无题	独游北寺塔	1593–1594
		十月十三日	无题	赵心泉、唐蓉之约游灵岩。观日月泉、馆娃宫	1594
		十月十五日	无题	到会馆。作诗	1595–1596
		十月十八日	无题	改会馆联，书之	1596
光绪十六年（1890年）	3首	正月十一日	《樱花感赋》	辘卢金井，废园寻春，见樱花感赋	1621–1622
		四月十二日	无题		1639
		六月二日	无题	作诗一首寄俊臣	1647

第五章 文人日记中的湖湘文人与文学转型

续表

年代	数量	写作时间	诗题	写作背景	日记页码
光绪二十二年（1896年）	4首	六月十一日	无题	与硕甫谈诗，自言"余晚年诗浑漫与，尚不及少作，试拟昔作杂诗，诗思甚窘"	2100
		十月十日	无题	舣株洲，卖私盐，至夕乃行。冒风逆行，泊向家塘	2121
		十月十日	诗二首	濛雨竟日	2122
光绪二十四年（1898年）	4首	十月一日	无题	为西禅寺改丛林题一联，以赞碧厓僧之勇猛	2170
		十月十四日	诗二首	夜作诗二首：《十日饯郑清泉作示新令徐幼穆》《再饯陈处士客散廖李贡生自京还，与陈公子同过夜谈有作》	2174
		十一月六日	无题	不能寐，续前作诗一首	2179
光绪二十五年（1899年）	1首	正月二十二日	无题	到三门。作诗	2196
光绪二十六年（1900年）	3首	二月三日	无题	寻郑文焯未遇。夜有感作诗一首	2275
		二月十三日	京口待渡，赠赵道士陈同知诗		2278
		二月三十日	无题	过衡山不鸣钲，亦内外之义，云"此等皆有礼意"。作诗一首	2281
光绪二十八年（1902年）	5首	四月五日	无题	作诗	2459
		四月六日	《枫林图》	为陈伯屏题《枫林图》	2459
		八月二十五日	无题	至清泉学舍，访廖苏咳，同游西郭，因作诗一首赠之	2489
		十月十五日	二首	访黄鹄轩，见所居萧寒，似王文成龙场光景，不觉有迁谪之感，吟诗一首，是日，又作一诗	2500
光绪二十九年（1903年）	1首	五月十二日	《衡阳夜宴喜逢徐幼穆赋蓦山溪》		2548

续表

年代	数量	写作时间	诗题	写作背景	日记页码
光绪三十一年（1905年）	2首	正月初四日	无题	夜掷览胜图，因念子培请题滕阁联。作六句题之	2636
		正月十六日	无题	题韩滉《小忽雷》拓本，以为词题为妙，因作《琵琶仙》一阕	2638-2639
光绪三十二年（1906年）	6首	二月初二日	《霓裳·中序第一》	苦雨凄风，饶有春意，宜饮酒作伎，不宜他事。乡中岑寂，以闲写代冶游耳，且作《霓裳·中序第一》一词	2715
		二月初五日	无题	因题二句	2716
		四月初二日	和谭兵备雨中牡丹二律用原韵		2728
		十月二十九日	《碧浪虎新亭记》	为日本僧人作《碧浪虎新亭记》	2781
		十一月二十三日	无题	陆行，作诗一首	2785
光绪三十三年（1907年）	4首	三月初八日	无题	小睡，梦到家，复已敛矣，痛哭而醒，言"六十后不能哭，梦中犹能哭，哀乐未全忘也。"因为辍食，竟日惘惘，雨亦不止。作诗	2805
		三月初九日	二首	舟敁老牛仓，因端方索诗，先生题二律	2805
		九月十三日	《九日邀衡府诸公陪谭兵备斋西禅寺》		2842-2843
光绪三十四年（1908年）	7首	四月六日	无题	摘樱花，作诗一首	2885
		四月八日	无题	题芍药，作诗一首	2885
		五月十八日	无题	夜雨登楼，风狂灯小，大似江船听雨也，成诗一首	2895
		七月七日	诗寄沈曾植		2904
		九月六日	和谭芝畇诗		2917
		十一月六日	无题	和廖鈵诗，次韵一首	2933
		十一月二十五日	无题	夕作对雪诗	2941

续表

年代	数量	写作时间	诗题	写作背景	日记页码
宣统元年（1909年）	10首	正月十八日	二首	元夕未有诗，补作二首	2947
		三月十八日	题诗两首	因廖荪陔父子作新楼于松柏，名曰仙云楼，题诗两首	2966
		六月八日	五首	唐诗《花烛词》仅五首，自作五首足之	3019
		十二月二十六日	无题	书扇一柄，即写新诗一首	3050
1913年	4首	正月初六日	无题	赴小石请，与三丁午饭。有诗和之	3223
		正月十七日	《题倭藏汉砖》		3225-3226
		正月十八日	上元夜归和樊山步月一首		3226
		七月十四日	七夕立秋作		3256-3257
1916年	3首	正月初三日	无题	立春，已不迎春。言前在蜀中见迎春，州县差役紫羔马褂，持鞭怒马者数百人。为作一诗	3416
		三月五日	无题	周凤池送芍药来，作诗二首谢之	3427

从上表可以看出，《湘绮楼日记》中记载的第一首诗是同治八年（1869年）二月十七日写的《作诗赠盗》，诗中写道："犬吠花村月正明，劳君久听读书声，貂狐不称山人服，从此蓑衣便耦耕。"①有种"先声夺人"之感，一个传统的勤苦读书人形象跃入眼帘，其诗人的浪漫情怀也可见一斑；记载的最后一首诗是1916年三月五日写的《周凤池送芍药来，作诗二首谢之》，诗中写道："数朵红香似驺来，料知蜂蝶不相猜。遥怜郑女能为谑，故背东风独自开。"②其"特立独行"的诗人姿态依然屹立。《湘绮楼日记》中的诗词创作期限很长，有47年之久，几乎贯穿了王闿运创作的始终。《湘绮楼日记》共收录诗词309首，其中有十几年没有收录，很显然，日记中的诗词收录只是其诗词创作的一部分。另外，1869年三月七日创作的《登山诗》、1869年九月十日创作的《流民诗》、1871

---

① 王闿运：《湘绮楼日记》，长沙：岳麓书社，1997年版，第20页。
② 王闿运：《湘绮楼日记》，长沙：岳麓书社，1997年版，第3427页。

年六月十三日创作的《圆明园诗》等诗词只有题目,没见内容。《湘绮楼日记》中的诗词有山水田园诗、咏物咏史诗、悼亡诗、行旅诗等几种类型。

一、日记中的山水田园诗

山水田园诗源于南北朝的谢灵运和晋代陶渊明,以唐代王维、孟浩然为代表。以描写自然风光、农村景物及安逸恬淡的隐居生活见长,诗境隽永,风格恬静淡雅。如,1870 年五月十六日,作《石鼓山闲眺》诗,描绘了"二水空明一屿圆,丛丛树影接城烟"的恬静画面。六月十七日,"雨中望云霞甚奇丽,作诗",写道:"夕气清陂塘,天容绚林壑。丹霞映元霄,金晕相鲜灼。残阳明遥甸,素雨昏丛薄。丹赤煊西云,青苍负南岳。惊浪翻千荷,摇香满郊郭。萧萧同一声,惜惜触妙觉。雾近望仍空,光连象惟漠。倒影如可陵,超尘视寥廓。"①而十月二十六日,王闿运经石牛塘故宅,看到了"旷土弥无际,苍苍一望中。田园民废业,家国道终穷"的衰败之景象,本来是一片田园风光,却给人忧伤的感觉。过了一段时间,他却在诗中写道:"独居临晨风,悠悠庭树阴。"②在王闿运日记中,面对山水田园,王闿运的情绪波动很大。

二、日记中的咏物诗

咏物诗通过对事物的咏叹体现人文思想。咏物诗中所咏之"物"往往与诗人的自我形象完全融为一体,在描摹事物中寄托了某种感情。1871 年二月二十四日王闿运自磁州向北,满目凋零之物,吟唱道:"颓墙败壁凄满目,榆荚棠梨春影稀。朝市兴亡如转毂,忙者自喧闲自寂。"带着这种心情,他面对很多"物"时都会作诗吊之,1871 年二月二十六日,过柏乡魏裔介墓,发出"兴王初革命,求试太匆匆"之感叹;1871 年九月十二日,望燕子楼,生出"唯余节度东楼月,照尽繁华照尽愁"之惆怅;1873 年正月十七日,面对好朋友彭玉麟灵柩发出"神德灵兮千年"之哀鸣;而 1906 年十月二十九日,却为日本僧人作《碧浪虎新亭记》,借物喻今;1913 年正月十七日,在《题倭藏汉砖》诗中写道:"铜盘不肯出宫门,渭城露冷千年月",历史场景历历在目③。

---

① 王闿运:《湘绮楼日记》,长沙:岳麓书社,1997 年版,第 105、113 页。
② 王闿运:《湘绮楼日记》,长沙:岳麓书社,1997 年版,第 142、207 页。
③ 王闿运:《湘绮楼日记》,长沙:岳麓书社,1997 年版,第 186、189、260、371、2781、3225 页。

第五章 文人日记中的湖湘文人与文学转型

当然，在王闿运日记，有咏叹"感伤之物"的诗歌，也有一些咏花诗。1884年四月二十二日，在《咏杨花诗》中写道："澧浦晴波怅望时，日光烟影共参差。"第二天，在《咏樱花诗》中写道："月令误人留果贡，荔枝犹得献天家。"同一天，又作《咏枇杷诗》，写道："金弹垂垂翠叶铺，上林名重旧看图。"第三天，作《咏紫荆诗》，发出"相看便有家庭乐"的愉悦心情。几年后，1890年正月十一日，作《樱花感赋》一诗抒发"玉窗长别，分今生、不见泪痕弹粉"的萧条落寞之感。1908年四月六日，《摘樱花》一诗写道："百年内热冰消久，不羡金盘荐玉筵"。两天后，《题芍药》一诗却写道："谢朓只吟红药句，几曾月下赏清光。"①从整个日记来看，后期的咏花诗比前面的咏物诗要明朗一些，王闿运从早期沉重的历史感中走了出来，越来越通透了。

三、日记中的题图诗

在王闿运日记中，还有不少题图诗歌，题图诗与咏物诗有所交叉，有时候可以看成咏物诗的一种。在日记中，1871年二月六日，在《题神女祠》二首，表达了"红巾本自君怀得，抛向君前赠别离"的忧思别离之情；1871年七月十四日，王闿运在《题杜像》中发了"平生忧国意，凄恻曲江边"的忧国之意；1872年十月十七日，在《为吴称三题石笋山房诗》中表达了"廿年九过负清景，灵岩近在东山峰"的凄清之感②。

咏物意在抒发"览物之情"，有种沧桑的历史感，而题图诗却往往抒写当下或借古喻今。在王闿运日记中，1870年五月九日为吴颖函题《独坐图》二律、题《四艺图》。1871年九月三十日，为吴竹庄题《延穷图》四绝句表达了人生之意。1873年二月十七日，在《为意城子题〈读书图〉二律》中抒发"闻君少日有诗名，只羡闲吟不羡荣"达观态度。1876年六月八日，题钱澧所画十二马册子，表达了"只今画里追风骑，不识人间行路难"之感。1888年四月十六日，郑太尊请题狎妓小照，王闿运感觉了轻辱之意，在《采桑子》二阕序中写道："癸未军事，为中兴一大关纽，吾友彭、张南防，幸无败阙，然为之捏汗屡矣。有游南海参军事者，作携妓看剑之图，阅七年，于天津请题，因作二阕，前借酒杯，后题本事，亦他日一段公案。"并在词中表达了"误了莺莺，莫误卿

---

① 王闿运：《湘绮楼日记》，长沙：岳麓书社，1997年版，第1328、1329-1330、1621、2885页。
② 王闿运：《湘绮楼日记》，长沙：岳麓书社，1997年版，第180、240、352页。

卿,可惜风流顾曲名"的劝诫之意。1902 年四月六日,为陈伯屏题《枫林图》表达了"尽留连、一片汀州,稳放采菱舟宿"的孤独之感。1905 年正月四日,王闿运夜览胜境之图,想到子培请题滕阁诗,抒发了"胜地已千年,每临江想望才人,不比劳亭伤送客"的别离之绪。当然,没完没了的题图索诗也让王闿运苦不堪言,有时候也会应付一下。如,1881 年三月二日,方保卿夫妻作泥像索诗,聊以一首敷衍之,表达了"借问镜边常对影,何如行处镇相携"的虚无之感①。从这些可以看到,题图诗有酬和诗的成分。

在王闿运日记中,还有不少题扇诗,等同于题图诗。1871 年四月十七日,"周荇农以扇索诗",表达了"长沙学士才名羡"的推崇之意②;1876 年九月十五日,"怀庭片来告去,强起书扇,作小诗四首赠之",表达了"便欲从君去,同看万里秋"的深情厚谊;1878 年二月八日,"为佐卿书扇"③;1881 年二月六日,"薛季怀将还江东,书扇并作诗一篇赠之"④。

四、日记中的节气诗

所谓节气诗,是指在一些节日中或特殊的季节写的诗歌,往往表达对时间历史的观感。在王闿运日记中,1871 年四月二十八、二十九日,两天完成《九夏词》,表达了"玉簟端然一尺腰,可怜无计度良宵"⑤的落寞之情;1888 年二月五日,在《初夜密雪》一诗中写出了"尘居恒望客,冬静正宜僧"⑥的冬天;而 1888 年三月三日,在《三月三日从叔耘司使兄泛海有作,即送入朝》中写出了"轻寒万里春无迹,碧海平波芳草色"⑦的初春,同年三月十七日,补作《海光寺诗》,却写道:"钟音华梵外,棠树浅深春"⑧,浓浓春意却又扑面而来,春天与个人的感觉达到了契合;1906 年二月二日,苦雨凄风,宜饮酒冶游,作《霓裳·中序第一》一词,叙写了"凄凄半月雨,做尽春愁无处诉"⑨郁闷之情;

---

① 王闿运:《湘绮楼日记》,长沙:岳麓书社,1997 年版,第 104、266、380、493 - 494、1548、2459、2636、998 页。
② 王闿运:《湘绮楼日记》,长沙:岳麓书社,1997 年版,第 205 页。
③ 王闿运:《湘绮楼日记》,长沙:岳麓书社,1997 年版,第 640 - 641 页。
④ 王闿运:《湘绮楼日记》,长沙:岳麓书社,1997 年版,第 989 页。
⑤ 王闿运:《湘绮楼日记》,长沙:岳麓书社,1997 年版,第 209 - 210 页。
⑥ 王闿运:《湘绮楼日记》,长沙:岳麓书社,1997 年版,第 1510 页。
⑦ 王闿运:《湘绮楼日记》,长沙:岳麓书社,1997 年版,第 1534 - 1535 页。
⑧ 王闿运:《湘绮楼日记》,长沙:岳麓书社,1997 年版,第 1540 页。
⑨ 王闿运:《湘绮楼日记》,长沙:岳麓书社,1997 年版,第 2715 页。

第五章
文人日记中的湖湘文人与文学转型

1907年九月十三日,在《九日邀衡府诸公陪谭兵备斋西禅寺》一诗表达了"秋望喜寥傈,兹辰更暄妍"①的愉悦之情。

在王闿运日记中还有不少节日诗。1909年正月十八日,"元夕未有诗,补作二首",云:"处处江梅信可探,春光先已到湘南。料无火凤喧箫鼓,只听流莺办酒甘。白战联吟还待雪,青阳应候早横参。输君官阁饶诗兴,薄醉拈毫未肯含。""小雨连宵润似酥,迎春舆从惹泥途。应知地暖春牛喜,莫讶天街火树无。佳节良宵珍尺壁,新诗好语串珍珠。回思二纪京华梦,愁傍夷船泊大沽。"②1913年正月十八日,作《上元夜归和樊山步月一首》,云:"繁灯远近光,广场夜逾空。虽非九衢游,嘉此清境同。良宴盛文娱,归途骋华骢。平逵散马蹄,毂击迅飞鸿。列树未垂阴,交枝月明中。流云影霭霭,引望春胧胧。幽人喜宵步,地寂意弥冲。迎门儿女嬉,始悟佳节逢。"③1871年七月八日,"夜坐凄凉,以《七夕饯饮》为题",云:"是夕最妍洁,遥思几翻覆。佳人望何远,岁会欢已促。"④王闿运似乎对七夕节情有独钟,1877年七月十日,作《七夕雨诗》,云:"凉气惊秋早,玄霄隔雨看。烛移飞焰小,花湿堕香寒。绮阁离堪数,疏帘梦度难。年年玉钩月,空是映檐端。"⑤1913年七月十四日,有《七夕立秋作》,云:"金井梧初落,银河浪正微。偶看凉月照,知共早秋归。笋箪消残暑,蓉池映夕晖。良宵倍堪惜,乌鹊莫惊飞。"⑥另外,还有咏腊八节的诗,1877年十一月二十日,续纷女《腊八粥诗》,云:"粥香酒洌催年事,未觉京华旧梦遥。"⑦

五、日记中的宴游诗

宴游诗是集体宴游之后的诗词创作,是交游诗的一种。在王闿运日记中,1877年八月十八日,夜集浩园,会者九人,打牌、唱和,甚为惬意,写道:"羊玄竞秀嵇神旷,西向秦都问鞠兰"⑧,可能是心情好的缘故,王闿运对此诗甚为满意。1878年正月初十日,"夏芝来,约作麓山之游",冶游中想到浙江

---

① 王闿运:《湘绮楼日记》,长沙:岳麓书社,1997年版,第2842-2843页。
② 王闿运:《湘绮楼日记》,长沙:岳麓书社,1997年版,第2947页。
③ 王闿运:《湘绮楼日记》,长沙:岳麓书社,1997年版,第3226页。
④ 王闿运:《湘绮楼日记》,长沙:岳麓书社,1997年版,第238页。
⑤ 王闿运:《湘绮楼日记》,长沙:岳麓书社,1997年版,第586页。
⑥ 王闿运:《湘绮楼日记》,长沙:岳麓书社,1997年版,第3256-3257页。
⑦ 王闿运:《湘绮楼日记》,长沙:岳麓书社,1997年版,第618页。
⑧ 王闿运:《湘绮楼日记》,长沙:岳麓书社,1997年版,第596页。

冰冻之灾,所以,写道:"春回无暖律,赖有先春书。冰雪连天地,呻吟共草庐。湘筠乾欲折,湖柳冻愈疏。莫倚陵霜节,寒松亦自孤。"①可见,王闿运也不是一个闲适的诗人。1888年十月十三日,王闿运应赵心泉、唐荦之约,游灵岩、日月泉等胜地。诗中写道:"妖鼓鸣吴郡,行宫仆晋槐。登临惟吊古,寒雨助悲怀。"②虽然是冶游,王闿运却心情沉郁。1913年正月六日,王闿运与小石、三丁等唱和,他"暂将闲处作闲人"③,抛去很多烦恼。

六、日记中的赠答诗

王闿运作为名士,在诗坛活跃时间很长,其交游很广,赠答诗很多。在王闿运日记中,1871年五月十五日,《赠芝岑》表达了"犹有阶前石,应知听屦来"④的怀念之情。当然,赠答诗也要切题,符合心意,1871年六月一日抄旧词与小舲,因嫌诗词不吉利,做了一些修改,写成《南乡子·赋得惜花春起早》,并且,自诩"此词甚有北宋人意致"⑤。1876年十月二十七日,和熊师诗三首;1870年二月十四日,"彭玉麟赠远物八种及梅花四幅,作八首绝句回谢";1871年二月三日,"和默存诗",这些赠答诗都表达了朋友间的情谊及人生的困境。1888年九月七日,《和嵩佺诗》表达了"知君齐物先齐己,一笑浮云四海宽"⑥的达观态度。当天,《为槃仲题诗二首》却表达了"别来令子才名盛,老矣浮云倦可休"⑦的消极态度,一日几变,不可捉摸。

当然,在其他文人日记中,也记录了王闿运的赠答诗。如,1870年8月19日,莫友芝在其日记中写道:"又得王壬秋六月十六衡阳寄信,谓曾寄两信,怪无答,岂李眉生为洪乔耶?言其数年来治《公羊》及《尚书》,且毕廿四史,一过句读,唯历法不晓,即思学算。又言皞臣以外艰归,宦囊粗足,弥之仍里居,与循、筠仙亦俱还乡,酬唱往还,差为盛集,且见寄一诗。"诗如下:

---

① 王闿运:《湘绮楼日记》,长沙:岳麓书社,1997年版,第627页。
② 王闿运:《湘绮楼日记》,长沙:岳麓书社,1997年版,第1594页。
③ 王闿运:《湘绮楼日记》,长沙:岳麓书社,1997年版,第3223页。
④ 王闿运:《湘绮楼日记》,长沙:岳麓书社,1997年版,第217页。
⑤ 王闿运:《湘绮楼日记》,长沙:岳麓书社,1997年版,第224页。
⑥ 王闿运:《湘绮楼日记》,长沙:岳麓书社,1997年版,第1584页。
⑦ 王闿运:《湘绮楼日记》,长沙:岳麓书社,1997年版,第1584页。

寄子偲五丈

王开运（王闿运）

山居易徂岁，索处难为年。江东与君别，蚀月二七圆。
久客便所寓，怀归悼山川。虽耽琴歌适，岂胜昔所欢。
华发对藜床，缁衣感洛尘。旅避既殊趣，风波谁与言。
常谣影山句，枉勒钟庭烟。傥有松桂兴，暂来宅湘墉。①

这首诗在王闿运日记中没有看到，却在莫友芝日记中保存下来了。直到1871年十月六日，莫友芝的死让王闿运夜不能寐，作《莫友芝挽诗》，自诩为"真名作也"②。1871年正月二十五日，作《和邓弥之〈细雨词·睡鹤仙〉》；1908年七月七日，作《诗寄沈曾植》；1908年十一月六日，"和廖荪畡诗，次韵一首"，写道："莫嫌浊酒枯鱼俭，百一诗成待证明。"③诗成了他们交谊的见证。

七、日记中的行旅诗

行旅诗是对所到之处有感而发的诗作。在王闿运日记中，他每到一个地方都会赋诗一首或多首。1871年八月二十一日，"渡南阳湖，采菱，作一诗"，抒写"游隐岂异情，欣寄从所好"④的欣喜之情。1871年八月二十八日，"泊宿迁县西岸东门外。因感宿迁城内捕贼事而作诗二首"⑤；1871年十月二十五日，"到袁州。静忆北固山之胜"，忽得"愿学成连子，挐舟沧海崖"一句；1871年十月二十七日，"宿水口，萍乡西八里。因'逆旅妇泥余不去，与之四百钱乃免，兼再三谢之'而作《萍乡赠逆旅主人女》诗"⑥；1872年九月六日，"登雁峰，右得一亭，收湘川之胜，又因寺僧贫困，不能造屋"，抒发"但惊祝融高，岂识幽人尚"⑦的登高之感慨；1875年八月十三日，行宿锦石，在《锦石怨》一诗中写道，"眼前何物识秋情，二十年来草犹碧"⑧，行旅之中的愉悦之情溢

---

① 莫友芝：《莫友芝日记》，南京：凤凰出版社，2014年版，第279页。
② 王闿运：《湘绮楼日记》，长沙：岳麓书社，1997年版，第268页。
③ 王闿运：《湘绮楼日记》，长沙：岳麓书社，1997年版，第2993页。
④ 王闿运：《湘绮楼日记》，长沙：岳麓书社，1997年版，第253页。
⑤ 王闿运：《湘绮楼日记》，长沙：岳麓书社，1997年版，第255页。
⑥ 王闿运：《湘绮楼日记》，长沙：岳麓书社，1997年版，第274页。
⑦ 王闿运：《湘绮楼日记》，长沙：岳麓书社，1997年版，第341-342页。
⑧ 王闿运：《湘绮楼日记》，长沙：岳麓书社，1997年版，第431页。

于言表;1877年四月四日,故地重游,有"忆昔琴书偕短剑,危城烽火望长沙"①之感慨;1881年十一月三十日,"过马王滩、齐湖□、沅水湖"等地,忆及杜子美曾经漫游此处,化用典故,有"晴霜静汀州,天水相昭旷"②的诗句;1883年四月六日,"将至藕池,不能到而泊,见远山一抹,似逢故人,题一绝句:'一抹青山学黛眉,归舟喜似见君时。重来未免成轻薄,细雨如尘出藕池。'"③如果当天没有时间写作,后来也会补写,1871年八月十三日,"船入黄河,因十二日望月作一诗未成而补成之"④。王闿运还补行旅诗,1873年三月一日,补前一天行旅诗:"一月城中雨,新晴乐事同。山川依丽日,桃李及春风"⑤,感叹春天的美好。总之,王闿运所到之处,都会留下行旅的诗行。

第二节 黄尊三日记中的小说观念的变迁

黄尊三(1880—1950),湖南泸溪人,1905年由湖南官费留学日本,回国后执教于江汉大学等校,做过内政部佥事、编译等职。⑥《黄尊三日记》始于1905年4月,止于1930年11月,中间基本连续。黄尊三日记书写规范,注重细节,如其日记写道:1907年2月23日,"至书铺买标准日记一册,又名明治日记。日记簿之上下空白,载英日文伟人格言,颇益于个人修养,拟每日课余,译记一二,以为修养之助";1907年3月18日,"拟以后除特别事件及读书有特别心得外,照例上课及应酬,则不录入日记。伟人格言,必按日译录,不可间断"。⑦《黄尊三日记》是一部"修身"之作,信息丰富,有读书心得、交友应酬及日常生活的记录,也有时局动荡、政权更迭的记录等。其中的小说阅读等记录丰富却没有引起学界重视。近代以前,小说是"娱情"小道,是

---

① 王闿运:《湘绮楼日记》,长沙:岳麓书社,1997年版,第562页。
② 王闿运:《湘绮楼日记》,长沙:岳麓书社,1997年版,第1061页。
③ 王闿运:《湘绮楼日记》,长沙:岳麓书社,1997年版,第1201页。
④ 王闿运:《湘绮楼日记》,长沙:岳麓书社,1997年版,第249页。
⑤ 王闿运:《湘绮楼日记》,长沙:岳麓书社,1997年版,第383页。
⑥ 湖南省泸溪县志编纂委员会:《泸溪县志》,北京:社会科学文献出版社,1993年版,第571-572页。
⑦ 黄尊三:《黄尊三日记》,南京:凤凰出版社,2019年版,第66、74页。

消遣作品。近代则"是小说观念大变动的一个时代,伴随小说由不登大雅之堂的'小道'跃居'文学之最上乘',国人对于小说的性质、地位、功能、形态等的看法都发生了根本的改变"①。从历史趋向上看,这一流行看法是对的,但会忽略个体的小说观念的进步或迂回等复杂性。宁宗一认为:"一、小说观是小说家对小说作为一种艺术形式的总体看法……;二、小说观是小说家和读者审美思想交互作用的结果,它在创作中无所不在,渗透在作品的思想、形式、风格之中;三、小说观具有鲜明的时代色彩……;四、小说观像一切艺术观念的变革一样,一般说都是迂回的、缓慢的,有时甚至出现了巨大的反复。"②就个体小说观念变迁而言,黄尊三一生对小说都有挥之不去的传统"娱情"观。但作为留学生,其对异域小说观念有一定接受;作为动荡时代的爱国者,其小说观念具有"进步"性;作为宋教仁等革命派的密友,其对"新小说"的"革命"功能有一定认知。

一、西化观念:从中国到西方

观念是人的一种感觉,是人的冲动呈现出的心理认知图式。观念具有能动性,"每个观念不仅涵盖一种智力行为,而且涵盖知觉和意志的某种特定的方向。因此,对于社会亦如对于个体一样,每个观念均为一种力量,这种力量愈加趋向于实现其自身的目的"③。观念随时代演变。近代小说观念"是中国这具庞大而又衰弱的有机体自我调整以求得生存的必然产物,也是激荡于世纪之交的变革图强的社会心理在文学领域的投影"④。这些"心理投影"可以在《黄尊三日记》中找到蛛丝马迹。黄尊三小说观念的变迁首先表现在西化方面,其日记写道:"我读儒书十余年,绝少心得。后二十留学东洋,学习科学。"⑤从传统儒学到西学(科学),黄尊三"西化观念"清晰可寻。

梁爱民说:"一种新的小说观念的形成,往往是一种新的文化关系的生成,也是一种新的观照视角的形成。"⑥黄尊三的小说新观念的生成与其"留

---

① 吴泽泉:《中国近代小说观念研究》,北京:中国社会科学出版社,2014年版,第1页。
② 宁宗一:《说不尽的〈金瓶梅〉》,天津:天津社会科学院出版社,1990年版,第3页。
③ 伯瑞:《进步的观念》,范祥焘译,上海:上海三联书店,2005年版,第1页。
④ 叶子铭:《中国现代小说史:第1卷(1917—1927)》,南京:南京大学出版社,1991年版,第22页。
⑤ 黄尊三:《黄尊三日记》,南京:凤凰出版社,2019年版,第500页。
⑥ 梁爱民:《中国小说观念的嬗变及其文化精神》,北京:中国社会科学出版社,2010年版,第5页。

学"等空间转换有密切关系。1905年5月13日,"时新学方兴,各省送学生出洋留学,端亦选省高等及师范学堂甲班生约六十名,以官费遣送日本留学",黄尊三作为"高等甲班生",名列其中,同行的还有杨庄等"女界风气之先者"①。中国近代思想观念变迁的最重要的动力是西化。受到多年传统文化熏陶的黄尊三来到日本,感觉一切都是新的。他在日记中写道:1906年6月5日,"日本神田市,书铺林立,学生多借为临时图书馆,随意翻阅,店主亦不之禁,穷学生无钱买书,有每晚至书店钞阅者。其新书则日有增加,杂志不下百余种,足见其文化之进步"②。便利的阅读环境、新鲜的知识体系成了黄尊三思想观念变迁最重要的前提。鲁迅回忆说:"凡留学生一到日本,急于寻求的大抵是新知识……就赴会馆,跑书店,往集会,听讲演。"③黄尊三用好奇的目光打量这个陌生的国家,他发现:"公园居东京中心,宽广修洁,游戏场、图书馆、料理店均备。""神田书铺……贫苦学生,有终日立书店门首抄阅,以书店作图书馆者,日本学生之好学,可见一斑。"④这些刺激了爱学习的黄尊三,以至于他多次"拟课表":1908年7月26日,"拟工课表,六时起,七时日记,八时至十二时英文,下午看日本小说,晚读《左传》";1909年8月13日,"另定课表:上午:英作文、录英谚、英小说;下午:阅报、杂志、日记"⑤。从黄尊三的"日课"可以看出,他非常重视小说阅读。具体统计如下表所示。

《黄尊三日记》中的小说阅读统计表

类别	名称	时间	次数	阅读心得
中国古典小说	《水浒传》	1905-06-02, 1908-08-17, 1908-08-26	3	1. 体是白话,然笔墨非常简洁老当,梁山泊上英雄,非甘心作盗,实朝廷用人不当,有以激成,故国家行政,欲求弭盗,先在得人。 2. 看《水浒》。吾于《水浒》人物,进李逵而出宋江。以《水浒》之宋江,与《三国》之刘备,《红楼》之宝钗,《左传》之郑庄,为一流人物也

---

① 黄尊三:《黄尊三日记》,南京:凤凰出版社,2019年版,第3页。
② 黄尊三:《黄尊三日记》,南京:凤凰出版社,2019年版,第46页。
③ 鲁迅:《因太炎先生而想起的二三事》,《鲁迅全集》(第6卷),北京:人民文学出版社,1981年版,第558页。
④ 黄尊三:《黄尊三日记》,南京:凤凰出版社,2019年版,第53、109页。
⑤ 黄尊三:《黄尊三日记》,南京:凤凰出版社,2019年版,第122、153页。

第五章
文人日记中的湖湘文人与文学转型

续表

类别	名称	时间	次数	阅读心得
中国古典小说	《红楼梦》	1905-06-07, 1905-06-08, 1905-06-09, 1905-06-10, 1906-02-12, 1907-02-23, 1907-02-28, 1907-08-15	8	1.《红楼》一书,世人不少批评,或称为言情小说,或称为家庭小说,或批为海淫。然以余观之,《红楼》实可谓一部醒世小说,以佛之真理,揭人之妄情,始于至情,终于无情,如太虚幻境之游梦,灵通宝石之示迹,宝玉之续《南华》,宝钗之述曲文,以及宝玉占偈,黛玉续偈,随看一章,无不含有佛理。 2.《红楼》而以梦名,可见人生如梦幻泡影。开辟鸿蒙,孰是情种,有情眷属,转眼分离,著者一肚子厌世思想,无处发泄,于是借《牡丹亭》之词,鲁智深之戏,庄子之文,六祖之偈,警惕自己,兼以唤醒世人,而人犹以《红楼》为言情,为海淫,真误解也。 3. 看《红楼梦》,镜中之花,水中之月,有何情致,有何伤怀,而宝、黛不悟,自葬此身于奈何之天。宝、黛为绝世聪明人,口能道破,笔能写出,而心总不能解脱,钗虽省得醉闹五台之曲文,亦不能随缘而化,可见天下人越聪明,越糊涂。 4. 看《红楼》,至苦绛珠归离恨天,觉人情皆假,而迷于情者,特自苦耳。水月镜花,痴情幻梦,人生大抵如此,稍能看破,自可超脱,人以《红楼》为言情,吾则作哲学观。不知外国国语者,不可谓知自国国语。
	《花月痕》	1905-08-16, 1909-04-03, 1909-06-30	3	1.《花月痕》虽普通小说,然其中议论亦有可取者,如"瑶华听秋痕等人,喁喁私语,站起说道,做个人自己要有些把握。就如你两个,一个要做道士,一个要做尼姑,斩钉截铁,这般说,便这般做,叨叨缕缕,说个不了,便什么呢。我是要从乐处想,不向苦中讨生活。你想天教做个人,有什么事做不来。都如你们这般垂头丧气,在男子是个不中用,在女子是个没志气,我看见似乎可怜,又似觉可恼"等语,可为志气堕落者之顶门针 2. 随意翻阅,觉命意不高,多文人牢骚语,穿凿亦甚单简,不耐思味。说者谓韩荷生即指曾文正,韦痴珠为李次青。曾李遭遇,固各不同,然文正为一代大儒,且重理学,何至恋恋花月,殊难置信。书中题词,品亦不高,然间有一二佳句,如"直从隔世疑情事,安得长河注泪痕。一点犀灵翻误汝,三更蝶梦转愁余"句,亦自不俗。 3. 看《花月痕》,其花神庙题词,如"水近寒芦吹絮乱。天空一雁比人轻"句,尚流丽可诵

续表

类别	名称	时间	次数	阅读心得
中国古典小说	《儒林外史》	1929-08-12	1	书不著作者姓名,或谓为全椒吴敏轩所著,叙事半属寓言,而于世故人情,言之入微,嬉笑怒骂之中,颇寓劝惩之意,亦小说中之不可多得者
中国古典小说	《聊斋》	1905-11-15, 1905-11-27, 1908-08-16	3	1. 看《聊斋》,虽文章小品,而典丽风华,叙事亦简洁老到,寓劝惩于风月,诚小说中之不可多得者。 2. 看《聊斋》"连城篇",有"绣到鸳鸯魂欲断,暗停针线蹙双娥"句,凄绝愁绝,生以身报,女以魂报,一报于生前,一报于死后,可谓千古痴情。 3. 文情修艳,笔意超绝……洵是佳品
中国"新小说"	《续聊斋》	1908-08-17	1	卧看《续聊斋》,命意着笔,不如《聊斋》远甚。余意著书立说,当自树立,何必续人。续人之书,其志已卑,其品自下也
中国"新小说"	《无底洞》	1913-04-21	1	看《无底洞》小说一册,嫖客结果,总无下场
中国"新小说"	《极乐天》	1913-04-21	1	该书亦小说体,系何海鸣所编,中含社会主义
日本小说	《白鸟集》	1909-07-04, 1909-07-05, 1909-07-08, 1909-07-09	4	
日本小说	《不如归》	1909-07-04, 1909-07-16	2	看《不如归》,为日本最流行之小说。著者署名"芦花主人"。书中叙述一侯爵女,嫁一军人,夫妇感情素笃。中日甲午之战,夫出征在外,母不善此妇,欲出之。妇窥母意,写血书与其夫,书展转误期,母竟假妇以废疾而出之。待其夫见书归来,悉妇被出忧死,遂亦以身许国,战死沙场云云。书命意尚佳,其构造之精密,则远不如中国小说
日本小说	无名小说	1909-07-28, 1909-08-12, 1909-08-13, 1910-02-09, 1910-02-15, 1910-02-16, 1910-02-21, 1910-07-09, 1910-09-14	9	

续表

类别	名称	时间	次数	阅读心得
英小说	《梦》	1905-08-16, 1905-08-17, 1905-08-18, 1909-08-06, 1909-08-12	5	看《梦》二页,深有所感。谓"人生斯世,总是为爱情纠缠不清。若能断爱,则何事不成"。又谓"若人能割去他的爱情,即能征服他的仇敌"。言有至理
英小说	《加富尔传》	1905-08-16	1	加富尔,年七十而无妻,一生独居,人问之曰,君何不娶,彼答曰,意大利即吾妻也,其爱国之诚如是
英小说	《月光篇》	1911-01-02	1	
英小说	《鲁滨孙飘流记》	1912-12-21	1	读之,胸襟为之一阔。鲁君飘流孤岛,猛兽毒蛇困其前,土番袭其后,危险之情,胜我万倍,彼尚能战胜环境,我亦人也,小有挫折,即使悲观,何志行薄弱乃尔,思至此,精神为之一振
英小说	无名小说	1911-07-04, 1911-07-21, 1911-07-24	3	
无法归类小说	无名小说	1905-08-21, 1911-08-07, 1911-08-08, 1912-05-03, 1922-04-13, 1922-04-14, 1925-01-25, 1926-10-14, 1926-10-17, 1927-07-25, 1930-03-28	11	醒后阅报,篇末有小说一段,意在劝人戒烟,以烟为一种毒物,有碍卫生。余吃烟二十年,不知花了若干金钱,吃了几多毒物,在日本曾发愿数次,禁而复犯,今脑经得病,烟亦有力,自今日起,决不再吃

周作人说:"自己的书斋不可给人家看见,因为这是危险的事,怕被看去了自己的心思。"① 查看一个人的阅读情况可以观察到阅读人的知识体系及思想观念。换言之,想要了解一个人的思想观念,"最笨拙却也是最有效的方式,或许是从他读过的书——不论古今中外——入手,清理这些书在他精神生活中留下的'痕迹'"②。当然,不同的研究者从各自角度也许会得出不太一致的观点。有研究者认为,"黄尊三的文史阅读,比起外国书籍,更喜欢

---

① 周作人:《书房一角》,石家庄:河北教育出版社,2002年版,原序第2页。
② 袁一丹:《"书房一角":周作人阅读史初探》,《现代中文学刊》,2018年第6期,第71页。

中国书籍,表现为中国书籍阅读数量略多于外国书籍,中国书籍阅读认同度高于外国书籍"①。实际上,通过上表可以看出,黄尊三阅读外国小说要多于中国小说,阅读中国"新小说"、外国小说等现代小说数量要远远大于中国古典小说数量。黄尊三是1905年6月26日到达日本留学地的。阅读、评论《水浒传》《红楼梦》等传统小说主要是在出国前,到日本后阅读外国小说的数量大大增加了,其阅读空间也扩大了。

从上表看出,黄尊三阅读小说大都发生于日本早期留学期间,这一时期是近代中国思想观念变动最大的时期。黄尊三怀着到"蓬莱之岛求取神仙药"②的目的留学日本,留日期间触动于日本高度的现代化,积极学习日语等外语,以便汲取先进文化。由于当时中国发展缓慢,作为异域的漂泊者,弱国子民的屈辱感挥之不去。留日初期,知识分子的社会责任感使其阅读题材偏向爱国主题,内容逐渐由中国小说转向日、英等外国小说。正如阿英所说:"当时知识阶级受了西洋文化的影响,从社会意义上,认识了小说的重要性。"③在中、日对比的过程中,黄尊三心生挫败,于是,通过大量阅读日本小说、英小说④,了解异域文化,希望中国能够迎头赶上。

二、进步观念:从传统到现代

罗志田认为:"中国的近代真是一个'过渡时代'……从政治到社会,生活到心态,思想到学术,无不见证着并反映出某种半新半旧、亦新亦旧的状态,多元多歧,而又互渗互动。"⑤黄尊三的小说观念摇摆于传统与现代之间、处于新与旧之间。黄尊三早年熟读四书五经,后留学日本,积极主动地汲取西学知识,其阅读及思想观念呈现出"多元多歧"的"亦新亦旧的状态",但整体还是呈现"从传统到现代"的进步趋势。

近代知识分子很多受到严复翻译的《天演论》的影响,都有进化论思想,

---

① 李露:《黄尊三〈三十年日记〉研究》,湖南大学硕士论文,2019年,第25页。
② 严安生:《灵台无计逃神矢——近代中国人留日精神史》,北京:生活·读书·新知三联书店,2018年版,第42页。
③ 阿英:《晚清小说史》,北京:人民文学出版社,1980年版,第1页。
④ 这个"英小说"不知道是指英国小说还是指英文小说,通过日记中他对《英国文学史》及英国文学的兴趣及阅读可以看出,可能是指英国小说。
⑤ 罗志田:《经典淡出之后:过渡时代的读书人与学术思想》,《中华文史论丛》,2008年第4期,第152页。

第五章
文人日记中的湖湘文人与文学转型

这是一种进步。严复于1895年开始翻译《天演论》,1896年译成,1898年正式出版,从甲午惨败到戊戌变法的这3年时间,民族危机深重,寻求维新、进步的观念渐渐深入人心。梁启超说:"时独有侯官严复,先后译赫胥黎《天演论》……数种,皆名著也。虽半属旧籍,去时势颇远,然西洋留学生与本国思想界发生关系者,复其首也。"①以至于胡适称誉"严复是介绍西洋近世思想的第一人"②。事实上,到了戊戌维新时期,进步观念成了当时普遍的主流观念。正如孙宝瑄在光绪二十四年(1898年)七月初一日的日记中所写:"夫今日之人,特患无进步之权;使假其权,则无不日思进步者,且日进而无退矣。"③《天演论》及西方思想理论也影响了黄尊三,其在1906年7月22日的日记中写道:"译日本史一节……看严又陵所译《天演论》,文笔甚古,说生存竞争之理甚透,足起玩愒……继看《天演论》。"④黄尊三被《天演论》中"物竞天择"的进化观念吸引,却更欣赏其"文笔甚古"的传统笔法。

黄尊三在思想观念上确实是半新半旧的。1923年,黄尊三"与友偶谈及新旧家庭问题",他认为"旧家庭之缺点固多,比之新家庭,亦有优胜处。旧家庭固不免失之保守,若以消极的道德,消极的幸福言,有时比之新家庭,省事多多"。1925年,黄尊三知道章士钊主办的《甲寅》杂志代表传统思想,但他还是经常阅读,并赞誉《甲寅》杂志"文笔尚猷,论理亦透,代表旧思想,是其特色",并且,赞誉"行严为行政官,公务之外,尚能结文字缘,诚属难能"⑤。黄尊三的思想观念仍然处于新、旧之间。

黄尊三早年对传统小说较为痴迷,面对外国小说时有其保守性,不像梁启超、宋教仁等文人那样"全盘西化"。甚至,黄尊三偶尔也有"新书不如古书,外书不如中书"⑥的观念。1907年7月,黄尊三购日本小说《不如归》以消夏,读后评论:"书命意尚佳,其结构之精密,则远不如中国小说。"⑦黄尊三肯

---

① 梁启超:《清代学术概论》,《梁启超论清学史二种》,上海:复旦大学出版社,1985年版,第80页。
② 胡适:《五十年来中国之文学》,《胡适文集》(第3册),北京:北京大学出版社,1998年版,第211页。
③ 孙宝瑄:《忘山庐日记》,上海:上海人民出版社,2015年版,第235页。
④ 黄尊三:《黄尊三日记》,南京:凤凰出版社,2019年版,第50页。
⑤ 黄尊三:《黄尊三日记》,南京:凤凰出版社,2019年版,第557-558,511页。
⑥ 李在全:《"新人"如何练就:清末一位留日法科学生的阅读结构与日常生活》,《史林》,2016年第6期,第131页。
⑦ 黄尊三:《留学日记》,长沙:湖南印书馆,1933年版,第165页。

定了《不如归》的思想主题的进步性,但对小说的结构不太认同。《红楼梦》等中国古典小说都是经典作品,其结构自然高于当时流行的"新小说"。处于转型阶段的"新小说"结构不严谨,是因为:"西方写作模式对近代小说家的写作形成了压力,但同时他们对西方小说的倒叙等叙事手段还不习惯,从而插入大量的叙事进行干预以维持叙事的平衡,造成了小说结构的再空间化;市场下的小说家在小说中植入大量的轶闻趣事造成小说结构的再空间化;政治小说中的演说、辩论、报章、条例被植入小说,小说的'非情节化'使小说结构再空间化。"①黄尊三看到了晚清新小说结构的短板。另外,黄尊三对当时小说界续写、仿写《红楼梦》《聊斋》的做法提出了严厉的批判。他在日记中写道:

> 1909年4月3日,收拾书籍,得《花月痕》二册,随意翻阅,觉命意不高,多文人牢骚语,穿凿亦甚单简,不耐思味。②
>
> 1908年8月16日,看《聊斋》。文情修艳,笔意超绝……洵是佳品。
>
> 8月17日,卧看《续聊斋》,命意着笔,不如《聊斋》远甚。余意著书立说,当自树立,何必续人。续人之书,其志已卑,其品自下也。③

晚清时期,"《红楼梦》一书,海内风行,久已脍炙人口。诸家评者,前磨后续,然从无言其何为而发者。"④一时间,续写、仿写《红楼梦》蔚然成风,如《海上花列传》《花月痕》《海上尘天影》《绘芳录》《青楼梦》《品花宝鉴》《风月梦》等小说都是《红楼梦》的"仿作"⑤。黄尊三从新旧对比的角度对这一文学现象提出了批评:《花月痕》仿写《红楼梦》,其主题意义不高,且"穿凿亦甚单简",其缀段性结构不能耐人寻味;《续聊斋》"其志已卑,其品自下",毫无可取之处,最后提出"著书立说,当自树立",不必仿写、续写。

黄尊三等过渡时期的文人还没有完全从传统小说的影响中走出来,但

---

① 赵斌:《中国近现代小说中的时间问题研究》,上海:复旦大学出版社,2020年版,第53页。
② 黄尊三:《黄尊三日记》,南京:凤凰出版社,2019年版,第137页。
③ 黄尊三:《黄尊三日记》,南京:凤凰出版社,2019年版,第125页。
④ 王梦阮:《〈红楼梦〉索隐提要》,《二十世纪中国小说理论资料》(第一卷),北京:北京大学出版社,1997年版,第487页。
⑤ 一粟:《红楼梦书录》,上海:上海古籍出版社,1981年版,第142-152页。

他们必定积极接受新思想,其观念已有所革新。黄尊三刚刚到日本时,正是梁启超等维新派与宋教仁等革命派斗争激烈之时。从两派斗争态势来说,因为梁启超成名较早,且很快在日本办了期刊《新小说》《新民丛报》,所以早期维新派的影响高于革命派;但维新派作为保皇派,思想封建守旧,以至于革命派后来者居上,压倒了维新派的气势。黄尊三对两派都很关注,大量阅读他们创办的期刊:

> 1905年7月10日,取《新民丛报》阅之,报系梁启超主办,文字流畅,议论阔通,诚佳品也。
> 7月11日,看《新民丛报》。
> 11月29日,看《民报》。《民报》为宋邀初、汪精卫等所创办,鼓吹革命,提倡民族主义。文字颇佳,说理亦透,价值在《新民丛报》之上,盖革命党之机关报也。
> 1906年8月4日,至书店,买《民报》《复报》各一册,二书俱为革党机关报,专鼓吹革命,但《复报》为小品,不如《民报》材料之丰富,其价值亦远逊之。
> 8月5日,看《民报》。
> 8月6日,灯下看《民报》。
> 1909年9月10日,买《民报》一册而归,阅至十一时睡。
> 9月11日,看《民报》,有陈天华《绝命书》一篇,反复读之,不胜感慨。庸碌如余,对此只有抱愧,誓由下午二点二十五分钟起,从新为人。①

可以看出,随着时间的推移,黄尊三由崇拜梁启超等保皇派转向于宋教仁等革命派,其思想逐渐趋新,以至于想"从新为人"。其实,当时的维新派与革命派都看到了小说对"开发民智""鼓吹革命"的重要性,以至于革命派效仿梁启超而进行小说实践——孙中山、宋教仁、陈天华等创作、翻译小说。

近代启蒙思潮兴起,知识分子认识到小说开启民智的政治功能。新小说家意识到他们的小说观念优于古人,甚至把古代小说(旧小说)粗暴地判定为"诲淫诲盗"。梁启超认为中国旧小说"综其大较不出海盗海淫两端"②。

---

① 黄尊三:《黄尊三日记》,南京:凤凰出版社,2019年版,第12—161页。
② 梁启超:《译印政治小说序》,《清议报》,1898年第1册,第4页。

海淫有损民智,导致"惟以多情多感多愁多病为一大事业,儿女情多,风云气少,甚者为伤风败俗之行,毒遍社会"①。海天独啸子也说:"我国小说,汗牛充栋,而其尤者,莫如《水浒传》《红楼梦》二书。《红楼》善道儿女事,而婉转悱恻,柔人肝肠。读其书者,非入于厌世,即入于乐天,几将曰英雄气短,儿女情长矣。是书也,余不取之。"②黄尊三对梁启超等提出的"诲淫诲盗"论等"新小说"理论非常熟悉,但对梁启超等人提出的中国古典小说"诲淫诲盗"论持反对意见,其日记写道:

> 1905年6月8日,看《红楼梦》,《红楼》一书,世人不少批评,或称为言情小说,或称为家庭小说,或批为诲淫。然以余观之,《红楼》实可谓一部醒世小说,以佛之真理,揭人之妄情,始于至情,终于无情,如太虚幻境之游梦,灵通宝石之示迹,宝玉之续《南华》,宝钗之述曲文,以及宝玉占偈,黛玉续偈,随看一章,无不含有佛理。

> 6月9日,看《红楼梦》,《红楼》而以梦名,可见人生如梦幻泡影。开辟鸿蒙,孰是情种,有情眷属,转眼分离,著者一肚子厌世思想,无处发泄,于是借《牡丹亭》之词,鲁智深之戏,庄子之文,六祖之偈,警惕自己,兼以唤醒世人,而人犹以《红楼》为言情,为诲淫,真误解也。③

从上文可以看出,黄尊三在留学日本前就看过梁启超等人关于《红楼梦》等古典小说的"诲淫诲盗"论,其通过研读《红楼梦》发现这是一个"误解",并进而挖掘《红楼梦》"唤醒世人"的现代启蒙意义。时人侠人也认为,《红楼梦》将家庭专制"一拳捶碎之,一脚踢翻之"④,具有重要的启蒙意义。梁启超等人从小说开启民智的政治功能出发,从"新旧对立"的立场来批判《红楼梦》等古典小说,有其时代局限性。随着小说革命的深入,"新小说"家们开始对将中国古典小说"一棍子打死"的做法进行反省。因为,"在一些趋新士人的有意努力之下,传统经典从人们的生活中淡出,从而引发一系列的

---

① 饮冰(梁启超):《论小说与群治之关系》,《二十世纪中国小说理论资料》(第一卷),北京:北京大学出版社,1997年版,第53页。
② 卧虎浪士(海天独啸子):《〈女娲石〉叙》,《二十世纪中国小说理论资料》(第一卷),北京:北京大学出版社,1997年版,第146-147页。
③ 黄尊三:《黄尊三日记》,南京:凤凰出版社,2019年版,第8页。
④ 侠人:《小说丛话》,《新小说》,1904年第12期,第9页。

问题"①。更为关键的是,"新小说阵营对古典小说的种种批评,今天看来有些过于吹毛求疵","晚清小说论者对'进步'的简单化理解,而不将反思的触角延伸到'进步'观念本身,是难以做出真正富有启发性的思考的"②。小说的"维新"之路还很长。

三、"小说兴国"观:从消遣到革命

晚清,在"开启民智"的时代召唤下,维新派、革命派对"新小说"(政治小说)极力推介,把小说的工具性推到了一个很高的政治层面,便有了所谓的"小说兴国"论。在当时看来,"小说兴国"论是建构民族国家的时代之需,因来源于古代的"文以载道"观念,而被赋予新的时代意义。一时间"小说兴国"论成了一个"美好神话",承载了先进知识分子对复兴民族大业的期望。有学者认为:"不论是西方还是中国,在特定历史时期内,小说的确都承担过'兴国''立国'的历史使命。"③近代知识分子从"文以载道"的传统观念出发,在新的社会条件下提倡以小说改良群治、拯救国家。

近代小说理论与国家、民族的命运前途密切相关。因为,"小说足以转移一国社会之风气"④,"假小说之能力……亦能浸淫脑筋……获一斑之智识,破遗传之迷信,改良思想"⑤,小说也可以"变迁民族运动之方针","国家亦赖以发达"⑥,一句话,"文学之中最具感化力者,莫如小说"⑦,小说开启民智最有效果。小说能够开启民智、传播知识、普及教化,"自今而往,为灌贯知识计,势将敝屣群书,而小说于社会上之位置,其将为文坛盟主哉"⑧。"小说兴国"论把小说的功能"窄化"了,并且把小说"娱情"功用看成传统的、落后的而摒弃了。实际上,就在今天,小说的"娱情"功用仍然存在。黄尊三也不能例外,其在日记中写道:

---

① 罗志田:《经典淡出之后:过渡时代的读书人与学术思想》,《中华文史论丛》,2008年第4期,第153页。
② 吴泽泉:《中国近代小说观念研究》,北京:中国社会科学出版社,2014年版,第102页。
③ 吴泽泉:《中国近代小说观念研究》,北京:中国社会科学出版社,2014年版,第73-74页。
④ 梁启超:《论小说与群治之关系》,《新小说》,1902年第1期,第6页。
⑤ 鲁迅:《月界旅行·辨言》《鲁迅全集》(第10卷),人民文学出版社2005年版,第164页。
⑥ 陶祐曾:《论小说之势力及其影响》《游戏世界》,1907年第10期,第12页。
⑦ 《浙江潮发刊词》,《浙江潮》,1903年第1期,第1页。
⑧ 老棣:《外书:文风之变迁与小说将来之位置》,《中外小说林》,1907年第6期,第13页。

1905年6月4日,看《西厢记》消遣。

6月7日,从友人借《红楼梦》消遣。

1907年2月12日,独坐书室,百感交集,看《红楼》消遣。

2月28日,下午无事,借《红楼》消遣。

1909年7月4日,去神田买英文小说一册,日本小说《白鸟集》《不如归》及杜诗各一部,拟借此消夏,购就。

7月17日,每当忧心如焚之时,即取古人格言,及佛氏经典,反复背诵,或借诗词小说以自遣。

1910年2月9日,在寓养病未出,仅看日报与小说消遣。

7月9日,看小说消遣。

1912年7月10日,午膳后,睡至二时起,看小说消遣。下午四时方醒,因天气阴凉,时间不早,故未入浴,静坐看小说消遣。夜膳后,看小说消遣。

1924年4月13日,轮严行,下水轮行更速,卧船看小说消遣。

4月14日,车上看小说消遣。

1926年10月14日,早起去病院,疮口奇痒,得药水一瓶洗之,服药毕,看小说消遣。

10月17日,卧床阅小说消遣。

1930年3月28日,从成生借小说阅之,以作消遣。①

从上文可以看出,黄尊三往往是在船上、车上等路途中阅读小说消遣,而病中阅读小说消遣的时间更多,甚至整天都看小说。黄尊三看《水浒传》《红楼梦》《聊斋》等中国传统小说也大多是"消遣"性阅读,他也读《续聊斋》《花月痕》等"新小说""消遣",甚至专门到"神田买英文小说"及"日本小说《白鸟集》《不如归》"以"消夏"。这样看来,黄尊三对小说还有很多传统观念,对小说的"革命"意义认识不足。为此他多次反省自己,为自己的"堕落"而"忏悔":"诗词小说,亦不宜多看,要看经世之书,不抛有用之岁月,不荒无益之光阴,去名取实,斯为上策。""余自初十以来,立志不看凄凉小说,唯取关于国家大事,及科学等书读之。三四日来,忧郁顿减,以后当勉力从事,庶

---

① 黄尊三:《黄尊三日记》,南京:凤凰出版社,2019年版,第8—874页。

第五章
文人日记中的湖湘文人与文学转型

可补救将来。"所以,其反思自己,"吾所最缺者,无阔大之眼界与胸襟","缺少刚勇多私欲","故吾人平日求学,要专在国家上设想,方为有用,不然,立念一私,所学皆伪也"①。这样,在实用主义阅读观念的影响下,黄尊三的日常阅读趣味逐渐由"消遣"偏向"革命"("小说兴国"观)。

相对保守一点的近代知识分子"在精神上需要小说,却不能在主流话语中表达出来,尽管对小说仍然是心照不宣地鄙视,但是,他们还是希望小说能通过某些方面的改变"②。这一看法说到黄尊三心里了。黄尊三一旦带有"革命"观念看小说,其眼中《红楼梦》就不再是言情小说,不再"诲淫",《红楼梦》成了"一部醒世小说";何海鸣所编的小说"《极乐天》……中含社会主义";《水浒传》中的"梁山泊上英雄",也并"非甘心作盗,实朝廷用人不当","《水浒》人物,进李逵而出宋江。以《水浒》之宋江,与《三国》之刘备,《红楼》之宝钗,《左传》之郑庄,为一流人物也"③。黄尊三广泛阅读古今中外小说,特别偏好爱国小说,于是梁山好汉成了"救国"英雄,在言情小说中也读到了"社会主义",真是难能可贵。吴趼人也认为:"《水浒传》,志盗之书也,而今人每每称其提倡平等主义,吾恐施耐庵当日断断不能作此理想,不过彼叙此一百八人,聚义梁山泊,恰似一平等社会现状耳。"④时人夸大《水浒传》的进步性,引起了吴趼人的不满。

一般来说,人们的小说观念的变迁与其成长环境息息相关。到日本之后,黄尊三并不能全身心安坐书斋。1905 年 11 月,日本文部省发布《关于准许清国人入学之公私立学校之规程》,侵犯了留学生的书信权等。黄尊三对此事件非常关注,多次向宋教仁打探消息,奔走西路同乡会,积极与他们商量应对之策。后来,陈天华跳海自杀给黄尊三带来了巨大震撼,黄尊三的政治立场逐渐转向了革命。黄尊三转向革命也与其接触宋教仁、孙中山、杨度等革命派人物有很大关系。其在日记中写道:

> 1905 年 7 月 9 日,开湖南同乡大会,到会约三百余人,杨度主席,演讲道德二字,至为动听。

---

① 黄尊三:《黄尊三日记》,南京:凤凰出版社,2019 年版,第 150、153、164、182 页。
② 梁爱民:《中国小说观念的嬗变及其文化精神》,北京:中国社会科学出版社,2010 年版,第 14 页。
③ 黄尊三:《黄尊三日记》,南京:凤凰出版社,2019 年版,第 7—8、368、126 页。
④ 吴趼人:《说小说·杂说》,《月月小说》,1907 年第 8 期,第 16 页。

1907年8月15日,访宋遯初,谈及国事,遯初言满清绝不知国家为何物,不革命无以救亡,而革命则端赖我辈,并劝余入同盟会。余谓革命余固赞成,但非空言所能成功,贵在实行。

1909年4月10日,中山先生来东,学界假神田锦辉馆开欢迎大会……先生登台,掌声如雷。先述革命经过,继言现在非革命不足以救国。滔滔而谈,精神焕发,目光四射。会场中秩序整齐,毫不凌乱。四时散会。余年来因课忙不尝赴会,兹慕先生之名,故特到会,接其颜色,聆其宏论,颇为感动。虽久立人丛中,不觉其苦,精神之作用然也。①

黄尊三于1905年5月抵达日本,这时留日学界已比较"革命化"了。在这样的政治环境中"耳濡目染",从杨度、宋教仁到孙中山,其革命激情越来越饱满。到1911年前后,随着国内外形势的变化,黄尊三革命思想越来越坚定。10月10日武昌起义爆发,黄尊三从报纸上获悉,"阅之,欣喜欲狂,绕室彷徨,不知所措"。第二天,"早起阅报,清廷以武昌失守,非常震恐,任荫昌、段祺瑞统大军南征,消息传来,同人之在东者,均为革命军虑,盖恐其不敌也。……革命党闻讯,纷纷归国,余思去武昌观看形势,友人多劝阻之。……晚,去外探听消息,十时返。"②此时,黄尊三的革命激情被武昌起义所点燃。以至于其1912年12月21日"取《鲁滨孙飘流记》读之,胸襟为之一阔。鲁君飘流孤岛,猛兽毒蛇困其前,土蕃袭其后,危险之情,胜我万倍,彼尚能战胜环境,我亦人也,小有挫折,即使悲观,何志行薄弱乃尔,思至此,精神为之一振"③。此时,黄尊三深切体会到"开启民智"必要性,体会到了"小说兴国"的重要性。

四、结语

刘晓军认为:"讨论现代小说观念的形成,通常有两种研究范式。一种是从理论入手,在小说思潮与文学运动中寻找理论资源,论述其对传统小说观念转变的推动作用。一般聚焦于晚清的小说界革命与民初的新文学运

---

① 黄尊三:《黄尊三日记》,南京:凤凰出版社,2019年版,第12、93、138页。
② 黄尊三:《黄尊三日记》,南京:凤凰出版社,2019年版,第299-300页。
③ 黄尊三:《黄尊三日记》,南京:凤凰出版社,2019年版,第351页。

动,主要在小说的属性与地位、价值与功能等方面区分小说的中西之别。另一种是从作品入手,在传统小说与域外小说之间发现文体差异,强调域外小说对现代小说创作的示范作用。"[①]本文不属于理论或作品的研究范式,而是从读者接受论和文人的小说阅读史里发现小说观念的变迁,通过把黄尊三日常的零碎的观念片段整合起来,复原一个从"娱情"到"革命"的近代小说观念嬗变史。当然,处于转型时期的黄尊三其小说观念是"多元多歧""半新半旧"的,但他最终认识到"革命""开启民智"的重要性。1916年9月1日,其日记写道:"我国民智日下,精神堕落,实缺乏教育之故,国民欲拥护共和,先在发展教育。"[②]后期的黄尊三认识到"开启民智"的重要性,倾向于"教育救国"论,从事了很多教育实践活动。

第三节 湖湘文人日记中的戏剧观念的变迁

文人观剧活动古已有之。到近代,随着社会的进步,文人思想有所变化,因文人思想的半新半旧,戏剧既保存了许多传统的内容,又发生了不少新变化。这在杨恩寿、曾纪泽等近代湖湘文人日记中有所呈示。

一、文人日记中的观剧

近代湖湘文人既受到传统文化的熏陶,又对新文化有一定程度的接触。观剧、评剧是近代湖湘文人精神生活重要的组成部分,这些在文人日记中都有较为生动的记载。

戏剧演出的场所一般有三种。一是私人戏场。曾纪泽相对喜欢这种比较安静优雅的私人堂会。曾纪泽的日记记道,同治九年(1870年)九月八日,"饭后出门,拜刘景韩观察,至赵家花园赴席,蒋养吾观察招饮也。屋宇多而陈设精,为此间第一富家。席中听人抚琴,又听一人唱戏。灯后席未终,余

---

① 刘晓军:《近代中学国文教育与现代小说观念的形成》,《文艺理论研究》,2022年第1期,第60-61页。
② 黄尊三:《黄尊三日记》,南京:凤凰出版社,2019年版,第410页。

先归"①。这种戏剧场所都是贵族大宅中的私家戏场,有的还配有专门的演出戏班。私家戏场布置优雅,富有个性色彩。而其戏曲演出人员相对较少,有时候"一人唱戏",剧种也取决于主人的偏好,不太丰富。私人戏场是亲朋好友聚会的地方。如曾纪泽同治十年(1871年)七月十七日的日记写道:"偕镜、健、松、栗及幕府诸君往叶亭家,赴汤饼会,听坐唱之戏,看戏法,酉初始归。"②私人戏场聚会有一定的规模,有时候也有一定的宴会主题,如"汤饼会"。

二是公共戏场。戏剧演出的最重要场所是公共戏场。到底是选择私人戏场还是公共戏场,会因人而异。曾纪泽相对喜欢私人戏场,有时候,朋友邀约也会出入公共戏场。他在同治九年(1870年)四月十一日的日记中记道:"云舲来谈,吕庭芷来谈。云舲请看戏,偕至劳怀卿处久坐,即至大栅栏观剧八出,出园已申正矣。"③大栅栏是公共戏场。文人观戏的喜好各不相同。如孙宝瑄最喜看京剧,尤其喜爱看"忠孝感人"的老生戏,其在1893年12月25日的日记中写道:"余素性好丝竹,虽非知音,而听之忘倦,最喜徽曲,尤爱其老生,谓其一唱三叹,有激扬慷慨、淋漓悲壮之致,若遇忠臣孝子事,则尤能感人。"④文人的观剧喜好与其家庭、经历等息息相关。

近代湘湘文人杨恩寿是一个戏迷,酷爱观剧,并且喜欢在公共戏场观剧。其对这些观剧活动有较为生动的详细的记录,摘录如下:

> 同治元年(1862年)三月初四日,早起探得财神殿演老天源部,午间遂独步河街,入宾日门,由集贤巷而至剧场,人海人山,万头攒动。……哗言万寿宫戏局绝佳,余亦随之而往。
>
> 三月十二日,泊西河口,距永兴二十余里。对岸人声腾沸,正唱花鼓词。……至则金鼓轰云,灯光如海,缚草为台,环以破布,台侧别有茅屋,盖妆束处也。妆毕缘梯而上。乡人争先睹以为快,咸伺于此,人数半于台下焉。……台下喝采之声,几盖钲鼓,掷金钱如雨。柳莺流目而笑,若默谢云。

---

① 刘志惠:《曾纪泽日记》,北京:中华书局,2013年版,第61页。
② 刘志惠:《曾纪泽日记》,北京:中华书局,2013年版,第148页。
③ 刘志惠:《曾纪泽日记》,北京:中华书局,2013年版,第28页。
④ 孙宝瑄:《忘山庐日记》,上海:上海人民出版社,2015年版,第7页。

第五章 文人日记中的湖湘文人与文学转型

三月廿二日,隔墙剧场笙歌腾沸,脱稿后急往观焉。更演清华部。

三月廿三日,郭廉丞崇焘广文过谭甚洽。邻寺又演清华,望之乃《南楼释犯》……

三月廿七日,(演出)《烈疯配》……台下有着单縠衫,持冰纨扇,或倚柱而听,或仰面而笑,皆赏鉴家也,明眸恒波及焉。

三月廿九日,午间闻吉祥已开戏,与诸友闲步出署,入庙瞻仰。立树下而观,大风吹柯,槐翠欲活。

五月十一日,在娘娘庙之西,仅一墙之隔,与州署相对焉。是日演吉祥班。厅侧有一小楼,凭阑而观,相去咫尺。演《天门阵》全围。

五月廿二日,闻城隍庙演《精忠传》大戏,粉黛如云,游人若蚁,署中幕丁趋之,几空署焉。余惮热未往。

六月七日,邻寺演吉祥部,芑江先于墙内大槐树下支床为台,余与小峰辈遂登眺焉,浓荫归凉,须眉皆绿。

同治二年(1863年)九月廿五日大雨竟日。嵇月生、周绍圊来谈。着屐偕绍圊观太和于天后宫,仅见《淤泥河》半出而戏场散矣。

九月廿六日观剧于祝融宫、天后宫两处,立少顷即去。对饮于疏灯人语。

九月廿九日晚偕锦泉观泰益于祝融宫,为《飘海》《反关》之剧。

同治三年(1864年)三月初八日,余与筱峰醵资在娘娘庙演戏酬神,点《借妻》《醉妃》《宛城》《龙棚》《火棍》各剧。

三月十二日晴,邻寺有戏。①

从上面的日记文献可以看到,财神殿、娘娘庙、城隍庙、祝融宫、天后宫等都是公共戏场,这种戏场特别热闹。从描述的场景来看,观剧活动特别热闹,"人海人山,万头攒动……人声腾沸……金鼓轰云,灯光如海……笙歌腾沸",以至于杨恩寿,无心做事情,"脱稿后急往观焉"。如果赶上"城隍庙演《精忠传》大戏",就好像看美国好莱坞大片一样,一时间"粉黛如云,游人若

---

① 杨恩寿:《杨恩寿集》,长沙:岳麓书社,2010年版,第4-65页。

蚁,署中幕丁趋之,几空署焉"。杨恩寿对台下观众的观剧情态描绘逼真生动,如:"台下喝采之声,几盖钲鼓,掷金钱如雨。柳莺流目而笑,若默谢云……台下有着单縠衫,持冰纨扇,或倚柱而听,或仰面而笑,皆赏鉴家也,明眸恒波及焉。"

三是会馆酒馆戏场。如杨恩寿的日记中记载:

> 同治二年(1863年)十月初一日,观泰益于楚北馆,为《回营见母》观太和于西关圣殿。
>
> 同治三年(1864年)十二月初一日,随三兄赴粤东馆观演《困曹》一出。
>
> 同治五年(1866年)正月初二日,往粤东馆观剧,乃乐升平部也。戏演《还阳配》,系粤东土戏,吾省所无也。
>
> 正月初六日,余随三兄观剧于粤东馆,乃《龙棚》《刺梁》各出。
>
> 正月初八日,宾兴馆众绅士张乐置酒,招六兄及吾辈同饮,演《困曹》《庙会》诸戏。
>
> 同治十三年(1874年)二月廿日,合尊招同张鹤帆、熊敬生、龙里千、蔡与循,在安徽馆歌宴,为四喜班。余到颇迟,仅见《戏凤》……①

在上文日记条文中可见,楚北馆、粤东馆、安徽馆等是地方会馆,设有地方戏班,丰富了戏剧演出的多元性,并且相对专业一点,且具有职业化特点。当然,更专业的是梨园、戏园。如,杨恩寿同治十三年(1874年)二月廿二日的日记写道:"魏温云招饮于同升堂,凡四四席。酒罢,偕往戏园,观四喜部,乃《扫雪》也。"②在皮锡瑞日记中也有相似记录:光绪十八年(1892年)四月初二日,"汪柳门师请湖南会馆音尊,系小荣春班《新编儿女英雄传》,戏颇耐看,作十三妹为庄儿";四月十四日,"两周君约同往琉璃厂,并至戏园听戏"③。当然,还有一种在酒馆、茶馆可以随时点唱的戏剧活动。如,在曾纪泽日记中,同治十年(1871年)七月廿八日,"在欧阳晓岑丈处坐甚久。同出,至妙相庵赴席,主人为王霞轩、何镜海二人。酒阑,晓岑丈命一黄姓都司歌

---

① 杨恩寿:《坦园日记》,上海:上海古籍出版社,1983年版,第42、119、122、123、378页。
② 杨恩寿:《坦园日记》,上海:上海古籍出版社,1983年版,第378页。
③ 吴仰湘:《皮锡瑞全集》(第9册),北京:中华书局,2015年版,第43、46页。

唱,此人随戈登在外国数年,能唱洋戏,又能唱中国二黄西皮小出,又能弹琵琶,真多技也"①。从曾纪泽日记可以看出,近代戏剧已经出现了中西融合的发展趋势。

二、文人日记中的评剧

一般来说,文人都有观剧癖好,但在日记中记录得不多。杨恩寿是个超级戏迷。但其也有缺席的时候。杨恩寿怕热,上文提到,"城隍庙演《精忠传》大戏",观者如潮,但杨氏"惮热未往"。另外,在杨恩寿同治元年(1862年)四月十六日的日记中也记道:"廉丞招去观剧,因惮热辞之。"②说明杨恩寿最怕热,同时郭嵩焘也经常观剧,但这一天的日记没有记录什么观剧活动,其整本日记此类记录也很少,说明文人日记的记录有着个人喜好,文人对记录事件的选择因人而异,差别很大。

虽然近代湖湘文人日记中的观剧活动记录不多,但现有的文献还是记录了《赵宏观榜》《沙桥饯别》《斩黄袍》《生祭》《刺梁》《三官堂》《整鞋》《金莲调叔》《卖肉打线》《法门寺》《阳五雷》《芦花河》《南楼释犯》《李密降唐》《生祭》《重台》《烤火》《殷家庄》《程咬金庆百岁》《黑松林》《春生投江》《活捉》《打棍开箱》《一品忠》《披发祖师得道》《空城计》《木门道》《烈疯配》《永乐观灯》《湘江大会》《水擒庞德》《王公子嫖院》《天门阵》《精忠传》《金马门》《闹金阶》《取洛阳》《打金镯》《金阶》《淤泥河》《飘海》《反关》《青石岭》《十八扯》《打鱼》《访袍》《打围》《戏凤》《红泥关》《祭江》《空城计》《打雁》《扫雪》《困曹》《打辰州擂》《还阳配》《问卜》《沙陀》《捡柴》《龙棚》《庙会》《望儿楼》《双带箭》《金沙滩》《回营见母》《桂枝写状》《借妻》《醉妃》《宛城》《火棍》《造八珍汤》《文武升》《三打蔡伯喈》《写状》《满床笏》等剧目,还比较丰富。

伴随着戏曲观念的变化,近代湖湘文人对于戏曲给予多种多样的评价。杨恩寿日记中的评剧记录如下:

> 同治元年(1862年)三月初四日,《沙桥饯别》,殊冷落也。……排场忽换为《斩黄袍》之戏,生旦净丑颇佳,韩素梅风神甚隽,稍嫌环肥耳。演《生祭》,一声泪落,千古心酸,虽玉貌稍斑,而珠喉最

---

① 刘志惠:《曾纪泽日记》,北京:中华书局,2013年版,第164页。
② 杨恩寿:《杨恩寿集》,长沙:岳麓书社,2010年版,第22页。

脆,盖衡郡之鞠部班头也……《三官堂》全围。偌个负情侬,余所素恶。

三月十二日,正演次出之半,不识其名。有书生留柳莺婢于室,甫目成而书僮至,仓卒匿案下。书生与僮语,辄目注案下,案下人亦送盼焉。僮觉,执婢,书生羞而遁。僮、婢相调,极诸冶态。次出闻系《整鞋》。始出丑演张三,次出旦演金氏,为嫂叔称。三鞋破,倩金针纫。金始绩而缝之,纺车线筐,神在个中。缝毕,三、金唱歌以娱,此倡彼答,裹不耐闻。其排场合《金莲调叔》及《卖肉打线》为一。时斗柄欲东,露浓湿帽,余遂呼榉返。

三月廿三日,《南楼释犯》,粗劣不堪。……连演《李密降唐》《生祭》《重台》三出。平阳公主频陷头童,果饮青锋,亦不足惜。

三月廿七日,《披发祖师得道》,观音化身矮而黎,声亦不扬。《空城计》迄《木门道》,卧龙先生情态逼真,不稍疏懈。

三月廿八日,《望儿楼》全围,迄《双带箭》而止,平阳公主即张郎也。视廿三日之频陷头童者,相去径庭。吉祥部信佳。

三月廿九日,《金沙滩》全本,智多星、玉麒麟工力悉敌,贾氏与燕青调情及一丈青等打花鼓入城,尤为艳绝。

五月十一日,《天门阵》全围,穆娃者明瑞也。俄打围,俄招亲,俄投营,俄破阵,刀光如雪,雉尾飘风,奇观哉!

五月十三日,小峰邀同岂江往石理堂署楼观剧。演《孙膑下山》全围,牛鬼蛇神,不足观也。

五月十五日,演《桂枝写状》及《放告团圆》,明瑞绛服乌纱,赫然按院,对之颇忆旧游焉。歌板甫阑,月轮旋上,彳亍而返,兴致萧然。廉丞座上晤友舲、竹铃昆仲、柯聘梅,并初晤朱蕙南。

六月初七日,《金阶》乃余初到此间第一寓目之剧也。数月后重见妙容,如好书正不妨百读耳。

同治四年(1866年)十二月初三日,粤俗出场必演天姬送子故事,出宫妆天女凡七,各献舞态;其宫妆里外异色,当场翻转,睹之如彩云万道,仿佛天花乱落也。

同治五年(1866年)正月初二日,《还阳配》,系粤东土戏,吾省所无也。夜演《问卜》《沙陀》《检柴》三出。四更始回。粤俗:日间演大套,乃土戏,谓之"内江戏";夜间演常见之戏,凡三出,谓之"外江戏"①。

文人观剧有自己的喜好,杨恩寿喜欢悲情的正剧,对邪恶剧种特别厌恶。如,《生祭》"一声泪落,千古心酸",让杨氏甚为感动;《三官堂》"偌个负情侬",他"所素恶",特别不喜欢。近代文人比较喜欢热闹的剧种,如,"演《天门阵》……刀光如雪,雉尾飘风,奇观哉!"。

三、文人日记中的戏曲艺人

观剧者与戏曲艺人交往古已有之,并且衍生出很多浪漫故事。就如同今天的追星一样,文人观剧也会有自己喜爱的戏曲艺人,也会生出暧昧的情愫。1862年三月初四日,杨恩寿评价《斩黄袍》的"韩素梅风神甚隽,稍嫌环肥耳",感觉美中不足,而评《生祭》的角色"虽玉貌稍斑,而珠喉最脆,盖衡郡之鞠部班头也"②,被鞠部班头的声音感动。文人在观剧活动中往往会喜新厌旧。1862年三月廿一日,杨恩寿观看《闹金阶》时被戏曲艺人感动:"曹妹宛转生姿,莺声呀呀。省中珠喉之脆,首推咏仙,以此较之,始叹从前所见之陋。闻此地有班凡三,曹妹为翘楚云。"同时,感觉"春桃玉容太瘦,银海甚宽,对之生厌"③。杨恩寿爱憎分明。第二天,杨氏对《芦花河》的玉娇也没有什么好感,认为玉娇"莲面皆斑,柳腰如铁,其余等诸自桧以下矣。不及吉祥,似悬霄壤"④。杨恩寿认识曹妹之后,感觉以前所见都是错误的,有种相见恨晚的感觉。但曹妹声价高,不能接近。他在日记中写道:"《烈疯配》之桃婢,即曹妹也。询之,张其姓,明瑞其名,声价甚高。"⑤说明杨氏确实把曹妹放在心上,甚至想一亲芳泽。

过了几天,杨恩寿看《生祭》认识了杏姐,为之倾倒,他在日记中记道:

> 同治元年(1862年)三月廿三日,杏姐风度甚佳,冶容瓣客。画工但知写艳,诗人不解言愁。此出用违其才,未尽其妙。有人见其

---

① 杨恩寿:《坦园日记》,上海:上海古籍出版社,1983年,第5—122页。
② 杨恩寿:《坦园日记》,上海:上海古籍出版社,1983年版,第4页。
③ 杨恩寿:《坦园日记》,上海:上海古籍出版社,1983年版,第13页。
④ 杨恩寿:《坦园日记》,上海:上海古籍出版社,1983年版,第13页。
⑤ 杨恩寿:《坦园日记》,上海:上海古籍出版社,1983年版,第15页。

演《烤火》者,尝啧啧焉。花烛光中,销金帐里,千娇百媚,可想而知。①

三月廿四日,《殷家庄》一出。请看今日之殷妃,固是昨朝之杏姐。②

三月廿五日,演《活捉》而散。阎惜娇即殷妃,杏姐化身也。是部贴旦数人,此为特出,声容凄楚,曲尽其妙;拟访问其名,以标殊尤焉。③

杨恩寿对杏姐风度、才华等特别推崇,以至于有"花烛光中,销金帐里,千娇百媚"的臆想,想入非非。并且他把评剧评人结合起来,戏里戏外的人物分不清,融为一体,可以想象角色的演技之高超,以至于杨恩寿怦然心动,打算探访之。至于有没有实现心愿,不得而知,日记没有记录。而很快他认识了何亚莲,1862 年三月廿六日,"《打棍开箱》及《一品忠》等剧。所谓殊尤者,名亚莲,姓何。粤人辄以'亚'命名,郴与粤相毗连,故沿其习。不图莲貌,竟染梅疮,弗敢近也"④。如果没有"梅疮"会是什么结局呢?

早期的近代湖湘文人都还是"风流才子"心理。1862 年五月五日,杨恩寿在日记中写道:"早间接见郭廉丞,其余官绅,悉辞不见。午刻,居停招同狄小峰、刘桐轩、吴西园、沈晓楼、汪少轩小饮。晚来对烛独坐,记频年端阳在省之游,其乐何似,而同游诸友,云散风流。胜境则易过而难留,良朋则难聚而易散,行乐贵能及时,古人良有以也。但不知省城诸友,登天心阁,访荷花池,观竞渡之龙舟,觅芳街之佳丽,亦曾念及千里外尚有蓬海否?"⑤说明也是"觅芳街之佳丽"的"风流才子",但杨恩寿对此矢口否认,他在 1862 年五月廿九日的日记中写道:"客有约访女伶秀英者,余婉谢之,客颇怫然。平生不好狎邪之游,而又无头巾气;'外圆内方'四字,虽不能至,不敢不勉。"⑥杨恩寿可能把艺妓与女伶加以区别,撇清自己"平生不好狎邪之游"。

事实并不像他标榜的这样,他不愿意随"客""约访女伶秀英"的真正原

---

① 杨恩寿:《坦园日记》,上海:上海古籍出版社,1983 年版,第 13 页。
② 杨恩寿:《坦园日记》,上海:上海古籍出版社,1983 年版,第 14 页。
③ 杨恩寿:《坦园日记》,上海:上海古籍出版社,1983 年版,第 14 页。
④ 杨恩寿:《坦园日记》,上海:上海古籍出版社,1983 年版,第 15 页。
⑤ 杨恩寿:《坦园日记》,上海:上海古籍出版社,1983 年版,第 23 页。
⑥ 杨恩寿:《坦园日记》,上海:上海古籍出版社,1983 年版,第 29 页。

第五章
文人日记中的湖湘文人与文学转型

因是不喜欢女伶秀英,正如他 20 天以前的日记中所写:1862 年五月九日,"余偕小峰及刘桐轩、石理堂饮吴西园宅。女伶名秀英者,甫自省来,西园召以侑酒。粉痕狼藉,莲面微斑,非佳品也"①。秀英"莲面微斑,非佳品",这是他没有兴致"约访"的原因。1862 年五月十三日,杨氏在日记中记道:"小峰邀同岂江往石理堂署楼观剧。演《孙膑下山》全围,牛鬼蛇神,不足观也。歇戏后访刘桐轩,谈少许。剧场有丽者名桂——昔年青楼翘楚也,近从良人,屏绝旧好,无赖子尚垂涎焉——着云蓝縠衣,藕红纱裤,持芭蕉扇,镯串铮铮云。面瘦而不削,秋水盈盈,光射出眶外尺许,准隆唇朱,眉弯如月,肤如凝脂,明润绝腻,却嫌脂粉,本色文章也。如此佳丽,省中亦罕。余平章花色,眼力太高,数年来绝无人盼者;如桂娘者,颇在赏鉴中焉。"②对青楼翘楚的佳丽特别推崇。1870 年四月二十九日,杨氏也在日记中写道:"唁廓[郭]筠仙中承如君之丧……王石铭召同陈杏生、戴煦卿饮于女伶云秀宅,并召王、廖诸伶侑酒。云秀似吾一故人,见之增虎贲中郎之感。"③这进一步说明杨氏确实说谎了,非常虚伪。相对而言,杨恩寿的戏剧观相对还是比较传统的,而曾纪泽等后来的湖湘文人的戏剧观相对现代一些。曾纪泽在 1871 年七月二十八日的日记中写道:"在欧阳晓岑丈处坐甚久。同出,至妙相庵赴席,主人为王霞轩、何镜海二人。酒阑,晓岑丈命一黄姓都司歌唱,此人随戈登在外国数年,能唱洋戏,又能唱中国二黄西皮小出,又能弹琵琶,真多技也。"④洋戏已经进入文人的日常生活中了,这应该是"五四"时期戏剧革新的先声,对现代戏剧的创演和传播都产生一定影响。

---

① 杨恩寿:《坦园日记》,上海:上海古籍出版社,1983 年版,第 24 页。
② 杨恩寿:《杨恩寿集》,长沙:岳麓书社,2010 年版,第 22 页。
③ 杨恩寿:《坦园日记》,上海:上海古籍出版社,1983 年版,第 353 页。
④ 刘志惠:《曾纪泽日记》,北京:中华书局,2013 年版,第 164 页。

第六章
文人日记中的船山学文献汇编

据现有资料,曾国藩、王闿运、郭嵩焘、张文虎、赵烈文、孙宝瑄、宋恕、张謇、夏敦复、刘人熙、文廷式、蔡克猷、谭献、罗文彬、姚永概、姚锡光、刘绍宽、朱峙三、翁同龢、王文韶、管庭芬、袁昶、周腾虎、莫友芝、林传甲、江瀚、缪荃孙、皮锡瑞、何绍基、李星沅、曾纪泽、叶昌炽、李棠阶、潘祖荫等文人日记都有阅读、评议王船山的相关记录,这些记录多达 1000 多条,有 5 万多字。这些看似零星的繁多的片段记录,能够从一个侧面反映晚清文人的王船山阅读接受历程,能够投射出晚清几代文人的思想变化。所以有必要按照近代文人日记中的船山学文献资料、现代文人日记中的船山学文献资料、当代文人日记中的船山学文献资料进行分门别类的汇编。

第一节 近代文人日记中的船山学文献汇编

李星沅日记[①]

1841 年 9 月 28 日,明日即入陕境,栈云往复,心写后期,船山诗所云"磨驴步步皆陈迹,官柳条条绾别愁"也。

李棠阶日记[②]

1846 年 11 月 18 日,看王而农、胡石庄、张武承《学案》。

[①] 袁英光、童浩:《李星沅日记》,北京:中华书局,1987 年版。
[②] 李棠阶:《李文清公日记》,长沙:岳麓书社,2010 年版。

第六章
文人日记中的船山学文献汇编

何绍基日记[①]

1851年11月13日,周莲丞来辞行,廿六日走。宽夫买船山书二部,托伊带去。

曾国藩日记[②]

1862年10月1日,午刻小睡。阅王而农《庄子解》。

12月1日,二更……四点入内室,阅王而农所注张子《正蒙》,于尽性知命之旨,略有所会。盖尽其所可知者,于己,性也;听其不可知者,于天,命也。《易·系辞》"尺蠖之屈"八句,尽性也;"过此以往"四句,知命也。农夫之服田力穑,勤者有秋,隋〔惰〕者歉收,性也;为稼汤世,终归焦烂,命也。爱人、治人、礼人,性也;爱之而不亲,治之而不治,礼之而不答,命也。圣人之不可及处,在尽性以至于命。尽性犹下学之事,至于命则上达矣。当尽性之时,功力已至十分,而效验或有应有不应,圣人于此淡然泊然。若知之若不知之,若着力若不着力,此中消息最难体验。若于性分当尽之事,百倍其功以赴之,而俟命之学,则以淡如泊如为宗,庶几其近道乎!

12月18日,二更三点入内室,阅王而农先生《通鉴论》数首,论先主、武侯、鲁子敬诸人者。

12月19日,二更三点入内室,阅王而农《通鉴论》杨仪、孙资诸篇。

12月20日,二更四点入内室,阅《通鉴论》何晏等篇。

12月21日,二更三点入内室,阅《通鉴论》数首。

12月25日,夜……阅《通鉴论》数首。

12月26日,二更末阅《通〈鉴〉论》。

12月27日,二更三点阅《通鉴论》三首。

12月28日,二更……三点入内室,阅《通鉴论》。

1863年1月1日,二更后……阅《通鉴论》数首。

1月2日,夜……阅《通鉴论》数首

1月5日,二更三点……阅《通鉴论》。

[①] 近墨堂书法研究基金会:《何绍基日记》,北京:国家图书馆出版社,2019年版。
[②] 曾国藩:《曾国藩日记》,长沙:岳麓书社,2015年版。

1月17日,二更三点入内室,阅《通鉴论》汉武、李陵等数篇。

1月18日,阅《通鉴论》赵充国、贡禹、匡衡数首。

7月9日,邓小芸送其叔父湘皋先生书各种,内有《沅湘耆旧集》二百卷。余因取王而农、郭皆庵、陶密庵诸家一阅。

1864年5月11日,傍夕,欧阳小岑来谈刻书之事。

5月18日,早饭后……又至欧阳小岑书局一坐,午初归。

1865年9月23日,中饭后清理文件。折弁呈出京信京报等件……阅新自京城抄回之王而农《书经稗疏》。

1866年3月14日,阅王而农《宋论》《通鉴论》。

6月15日,早饭后……阅王而农先生《礼记章句》二十叶。先生著书三百余卷。道光庚子、辛丑间,其裔孙王半帆刻二百余卷,邓湘皋、邹叔绩经纪其事。咸丰四年贼破湘潭,板毁无存。同治二年,沅甫弟捐资,全数刊刻,开局于安庆,三年移于金陵,欧阳小岑经纪其事。四年冬毕工刷样本,来请予作序。余以《礼记章句》为先生说经之最精者,拟细看一遍,以便作序,因以考校对者之有无错误。旋……至幕府一谈,又阅《礼记》十叶。

6月16日,早饭后……阅《礼记章句》十叶。……中饭后阅《礼记》十五叶。

6月17日,早间……阅《礼记章句》十五叶。……中饭……再阅《礼记》十叶,微加批识。

6月18日,早饭后……阅《礼记》二十六叶。

6月19日,早饭后……阅《礼记·檀弓》二十一叶,酌加批识。

6月20日,早饭后……阅《礼记章句》二十五叶,《檀弓上》毕。

6月21日,早饭后……阅《礼记》十五叶……又阅二十叶。

6月22日,早饭后……阅《礼记》二十一叶,《檀弓》阅毕。

6月23日,早饭后……阅《礼记章句》十七叶。

6月24日,早饭后……阅《礼记》廿四叶,中饭后酌加批识。

6月25日,早饭后……阅《礼记》二十叶,《王制》毕。……中饭后又阅《中庸》二十叶。船山先生《大学》《中庸》皆全录朱注,而以己说衍之,仍第于《礼记》中,以还四十九篇之旧。余因先生说《礼》多通于性命之原,故急取《中庸》阅之。

6月26日,早饭后……阅《王制》二十叶。

6月27日,早……饭后……阅《月令》廿五叶。

6月28日,早饭后……阅《王制》毕,阅《曾子问》五叶。

6月29日,早饭后……阅《曾子问》二十叶。

6月30日,早饭后……阅《曾子问》《文王世子》二十叶。

7月1日,午正阅《文王世子》八叶,于"庶子之正于公族"章,探索良久。中饭后……阅《礼运》廿二叶。

7月2日,午刻阅《礼运》十六叶。中饭后阅《礼器》八叶。

7月3日,午刻阅《礼器》二十叶,中饭后又阅八叶。

7月4日,巳正阅《郊特牲》二十二叶。

7月5日,早饭后……阅《郊特牲》《内则》共二十二叶。中饭后,将朴目记录少许。

7月6日,早饭后……阅《内则》十叶……旋又阅十二叶。

7月7日,早饭后……阅《内则》十二叶。

7月8日,早饭后……阅《玉藻》十六叶。……中饭后……杂记朴目约五百余字。

7月9日,早饭后……阅《玉藻》二十二叶,于古人衣冠铧笏之制若有所会。

7月10日,早饭后……阅《明堂位》《丧服小记》二十叶。……中饭后……录朴目约三百余字。

7月11日,早饭后……阅《丧服小制(记)》《大传》二十五叶。

7月12日,早饭后……阅《大传》《少仪》二十三叶。

7月13日,早饭后……阅《学记》《乐记》三十叶……写朴目杂记。

7月14日,巳、午两时阅《乐记》三十叶。

7月15日,早饭后……阅《乐记》《杂记》二十余叶。……中饭(后)散步……记录朴目。

7月16日,早饭后……阅《杂记》二十二叶。

7月17日,午正散步始毕……阅《杂记》二十二叶。

7月18日,辰正,由济宁起程至嘉祥县……在舆中阅《杂记》《丧大记》二十五叶。中饭后……记录朴目。……傍夕……再问(阅)王氏《礼记章句》,温近日所已看者。

7月19日,是日在舆中阅《丧大记》《祭法》二十五叶。

7月20日，是日天气郁热异常，在舆中有似釜甑炊爨之时。阅《祭法》《祭义》三十叶，盖不看书则心无所寄而愈热也。

7月21日，辰正三刻归……阅《祭义》《祭统》二十叶。中饭后……又阅书五叶。

7月22日，早饭后……阅《祭统》《经解》《哀公问》。……中饭后……将五日内所阅之书酌加批识，记录朴目。

7月23日，早饭后……阅《仲尼燕居》《孔子闲居》《坊记》二十五叶。

7月24日，早饭后……阅《坊记》《中庸》三十叶。

7月25日，早饭后……阅《中庸》二十二叶。

7月26日，申刻至赵村……即在赵村泊宿。阅《中庸》《表记》三十叶。

7月27日，早饭后……阅《表记》《缁衣》三十叶。

7月28日，早饭后……阅《缁衣》《奔丧》《问丧》二十六叶，至为正乃毕。中饭后……将近三日所看书酌加批识，抄录朴目。

7月29日，早饭后……阅《服问》《间传》《三年问》《深衣》，共二十六叶。

7月30日，阅书，大雨入窗，打湿所看之书，日记则透湿如渍矣。少停一响。旋阅《儒行》《大学》《冠义》……中饭后……又阅《昏义》，共阅四十七叶。

7月31日，阅《乡饮酒义》《射义》《燕义》《聘义》。中饭后阅《丧服四制》，又补阅《投壶》，因昨日打湿晒干也，凡四十七叶。船山先生《礼记章句》校读毕。未刻……将近三日所看之书酌加批识，兼录朴目。……夜又批《礼记》二条。余阅此书，本为校对讹字，以便修板再行刷印，乃复查全书，辨论经义者半，校出错讹者半。盖非校雠家之体例，然其中亦微有可存者，若前数年在安庆、金陵时，则反不能如此之精勤。

8月1日，早饭后……阅王船山先生《四书稗疏》二十二叶。中饭后……阅《船山文集》中《先世行述》《九昭》等，约四十叶，又阅《六十自定稿》，约三十叶，涉猎而已。

8月2日，巳刻阅《四书稗疏》二十三叶。

8月3日，巳正二刻开船……阅船山《四书稗疏》《诗经稗疏》三十叶，至申刻毕。

8月4日，早饭后……阅《诗经稗疏》，陆续三十八叶，天气奇热，心不能入，涉猎而已。

8月5日，是日巳刻……阅《诗经稗疏》三十叶。

8月6日,早饭后……阅《诗经稗疏》二十七叶,申刻始完。

8月7日,早饭后……阅《诗经稗疏》,屡次共四十七叶。天气奇热,心绪烦躁,不能仔细,聊一涉猎而已。

8月8日,早饭后……阅《周易稗疏》,陆续四十五叶,至酉刻阅毕……将连日所阅《稗疏》检点一过。

8月9日,早饭后……阅王船山所注《张子正蒙》三卷五十八叶。船山氏最推重《正蒙》一书,以余观之,亦艰深而不能显豁。其参两篇,言天地日月五行之理数,尤多障碍。……酉初阅书毕。

8月10日,阅《张子正蒙注》《神化篇》《动物篇》……七篇,酉刻始毕。

8月11日,阅《张子正蒙注·诚明篇》。

8月12日,阅《正蒙注·至当篇》。作……续阅五十一页,至申刻止。

8月13日,《大易篇》毕,《乐器篇》阅二叶。

8月14日,《王禘篇》《乾称篇》上、下,陆续阅五……十八卷,至是校阅完竣……过不能细也。

8月15日,《周易内传》,王氏说"理"之书,每失之艰……蒙注相同,因不果阅,改阅《读通鉴论》……五十叶,每段为之标题。

8月16日,阅《读通鉴论》,陆续看四十叶,至二更始毕。

8月18日,阅《读通鉴论·东汉》,陆续看五十叶。

8月19日,阅《读通鉴论·东汉》,凡六十叶,陆续阅至未初毕。

8月20日,阅《读通鉴论》东汉、三国。

8月21日,阅《读通鉴论》。

8月22日,阅《读通鉴论》东晋、宋,陆续看六十三叶,至酉初毕。

8月23日,阅《读通鉴论》。

8月26日,阅《读通鉴论》隋、唐三十叶。

8月28日,阅《读通鉴论》唐。

8月29日,阅《读通鉴论》唐三十六叶,至未正毕。……五月以来,阅王船山之书较平日稍多,以后……减耳。

8月30日,早饭后……阅《读通鉴论》三十三叶。

8月31日,早饭后……阅《读通鉴论》三十五叶,陆续看至申刻毕。

9月1日,早饭后……阅《读通鉴论》唐德宗以下三十三叶,陆续看至申正止。

9月2日,早起……常在床上敧枕小睡,体气甚觉不适。阅《读通鉴论》,陆续看四十叶,至申刻止。枕边倦眼,病中朦胧,不甚清晰,涉猎而已。

9月3日,午刻……阅《读通鉴论》唐末廿叶,至未正毕。

9月6日,辰刻登舟开行……阅《读通鉴论》十余叶。

9月7日,在舟中上半日甚爽适,阅《读通鉴论》十六叶。

9月8日,是日阅《读通鉴论》唐末、五代,凡三十叶,未初毕。

9月9日,巳刻……阅《读通鉴论》三十叶。

9月10日,辰刻……阅《读通鉴论》三十八叶,陆续看至午正止。

9月11日,早饭后……阅《读通鉴论》二十五叶。凡三十卷阅毕。酷热之后,继以疾病,涉猎一过,校出错字甚少。阅《宋论》十二叶,陆续看至未初毕。

9月12日,巳刻……阅《读通鉴论》五十二叶,陆续看至未初止。

9月13日,午刻回船,阅《宋论》四十二叶,至未正毕。

9月14日,早饭后卯正自亳州起行……在舆中阅《宋论》四十二叶。

9月15日,早饭后行……在肩舆中阅《宋论》四十三叶。

9月16日,早饭后起行……在舆阅《宋论·高宗》四十四叶。

9月17日,早饭后起行……在舆阅《宋论》四十七叶。

9月18日,早饭后……阅《宋论》二十八叶。《宋论》十五卷阅毕。

10月19日,早饭后……阅王船山《叶韵辨》。

10月23日,二更后阅王船山文集,三点睡。

10月25日,夜作《王船山全书序》,约二百余字,未毕。

10月26日,早饭后……作《船山遗书序》,申正毕,约六百余字。

12月4日,二更后,不作一事,在室间偃仰闲适。阅王船山《诗经稗疏》"裦将""黄流在中"等条,心折者久之。

1868年9月7日,将沅弟所分送各友之《船山全书》三十部派人分送。

1871年1月11日,夜……阅王船山《杂著》。

1月15日,夜……阅王船山《杂著》。

1882年2月27日,夜阅刘伯山所撰《王船山年谱》。

第六章
文人日记中的船山学文献汇编

赵烈文日记[①]

1859年1月12日，在殁甫处读王夫之而农《读通鉴论》。为书三十卷，沉雄博大，识超千古。王，明季遗民，入清隐居而终。

9月8日，《读通鉴论》，明衡阳王夫之而农著，阅卷一。此书议论精深，博大其中，切理厌心者不可胜录。是时至十一月，吾读之二过未终，为金眉生借去。

1860年3月10日，王夫之《读通鉴论》言向极谏封事，不当言援近宗室，类自为谋，授人以隙。窃以向睹王氏之强，思树宗室以为援，系悃至诚为社稷计利害，何暇避嫌，此论褊矣。

9月8日，广简易不用部曲，盖以军行绝漠，士卒劳苦，可以休息，使士气常逸，此亦兵家宜有。然所以能如此者，以斥候远、耳目明耳。程不识所行，自是将军常法。此各有所见，所谓运用之妙，存于一心，难以优劣论之。明人王而农以为李攻兵而程守兵，甚非。

1861年11月22日，王夫之《书经稗疏》卷一。虞书："鸟兽跄跄，凤凰来仪，百兽率舞。"疏曰："圣人尽鸟兽之性，亦惟使安于自然而已。"飞鸣攫絮之物翔舞于庙堂，是物违其性，为妖为怪而不得其顺矣。以为皆韶乐之舞容，其言虽据臆不经，而理则胜。《四库提要》非之，盖循旧说而已。

11月23日，王夫之《书经稗疏》卷一。以中江既入震泽之后，下流东北入海之娄江。当中江东南入海之东江，当南江（即今黄浦江）。而废南江自池州分派之说。以分江当今运河言，《汉志》之丹阳郡石城分江水，另受江东至余姚入海。其石城，即今石头城。九江孔殷，《水经》《山海经》皆属之洞庭，《史记》《汉书·地理志》似皆属之彭蠡。《太康地记》载刘歆说，则明言湖汉九水入彭蠡泽。《寻阳地记》等则以为始于鄂陵，终于江口，凡江南北之水有九，并列其名。郑注则言从山溪所出，其孔众多，言治之难也；似又专指一水，而非九水。王氏不察，以马、班、郑皆主江南北支水，而实之以江南之隽、漻、涂、富四水，江北之举、浠、蕲、刊五水当之。其说虽可附丽，而终不免武断。

王夫之《书经稗疏》卷二。据范史《西羌传》以为三危在于析支，复凭应

[①] 赵烈文：《能静居日记》，长沙：岳麓书社，2013年版。

勘说,以为析支在河关西千余里,因以为三危山东与岷山西倾连脉,而在积石西南七百余里,鸟鼠西南二千二三百里,与旧在今敦煌关外废沙州卫地者,南北相去不止千里矣。其为此说者,盖以黑水不得南北交贯河源,故移三危于河源之南,而后可以大金沙江当黑水也。按大金沙江上源与河源及小金沙江源俱发青海境内,河源在东,小金沙上源之木鲁乌苏在西,大金沙上源之沙克河更在西,无论其去雍州之境三四千里,雍州界不当舍河源而取此水。且去积石山亦二三千里,就使三危诚在积石西南七百余里,此水又何从得而过之邪?

11月24日,王夫之《思问录内外篇》二卷。吾儒为学不可不博,不博则陋;而所守不可不约,不约则荒。王氏之学,精微博大者已炳炳矣,又取工技小术以核论之,凡事务求其异,如言岐黄而以大黄、芩、连为火齐,言堪舆而以山脉为无来去,皆其荒也。尧舜之智而不遍物,吾愿学者知所取舍而已。

辨五味为五行之发用,而非五行之固有。论五行生克,乃言其气之变通、性之互成耳,非生者果如父母,克者果如仇敌。又云先天而天弗违,先音霰。以圣人之德业,而言非天有先后。又辨张子之言天左旋而日月皆随之,以为阳当速而阴当迟,然五星不当先日月,其说不可通。议《月令》位土于季夏,不可有十三律而别建黄钟之宫,使林钟不能全应一月,其义为卤莽,及明堂之说之烦冗。复疑吹律之不可以定宫商,言吹之者气之洪纤疾徐不同,吹之有清浊,不尽因乎管。其说皆精卓,不为古所迷。

议明时开中之非策,以为商不可使之农,不如徙民之为愈。夫徙民上世亦行之矣,法者无定而各当于一时;或为徙民,或为开中,皆事之偶然耳。使有善者行之,不必何者为善,何者为不善也。其言开中之弊,亦勉强不切。

全书精理甚多,而茸细之谭亦不少,岂非订定之本,后人荟萃邪?抑为先生固自喜其泛滥邪?则背乎平素立言之旨矣。

《宋论》卷十二。光宗朝,朱子请定经界,卒不能行。论以为商周之天下侯国,提封止于万井,长民之吏,皆百里之内,耳目相习,利病周知。今则四海一王,九州殊壤,邑郡邑之长迁徙无恒,乃欲悬一式以驱民,力必不任。在天则南北寒燠之异候,在地则肥瘠高下之异势,在百谷则疏数稚壮之异种,在疆界则陂陀欹整之异形,在人民则强弱勤惰之异质,在民情则愿朴诡谲之异情。此之所利,于彼为病。一乡之善政,不可行之一邑;一邑之善政,不可行之一州;一州之善政,不可行之四海。约略其凡,无所大损于民,而天下固

第六章
文人日记中的船山学文献汇编

已大均矣。

读此而知治地之理，不可以一概为之。物之不齐，物之情也，而欲规画九州，使之如一，虽伯禹不能。然则，均田终不可乎？曰：胡不可也！重长吏之权，使自为治，则郡县之天下，固隐然侯国也。狭其疆宇而小之，则耳目无不给也；登其土著而官之，则利病无不知也；久其官守而任之，则政教无不恒也。适其南北寒燠之所宜而授之，则天同；计其肥瘠高下之所入而等之，则地同；量其疏数稚壮之所实而平之，则谷同；算其陂陀欹整之所占而合之，则疆界同。以不齐齐之，未尝不可均也。至于民俗之异，则责在司徒，既富后教，非治地者所宜虑也。故欲由今之治以通古，不可也；欲执一之规以齐万，不可也。无私心，无成见，举天下之治，以任天下之人，量民生之用，以定民生之产，何不可之有哉！

卷十四。论刑具之残酷，仁人之言也。然后世之所以有此残刑者，风俗不厚，而人多不忍其胸臆也。惟君子为能得喜怒之平，故狱得其情，则哀矜向弗喜其心，固哀之、闵之而无愤之志也。苟怒矣，则口之詈骂，手之掷扬，推而至于刑之、杀之，无所不至。皆惟此一怒之淫威，而民之骈仆于笔墨口舌之下者，不可胜数矣。夫怒者其本，刑者其用，君子惟抑其愤盈之气而已，其爱民之防，不在于刑法之疏求也。使不平其请，则怒于言而为毒詈，怒于事而为残刑。受之者虽殊，而乖于温厚之旨，其源本一也。

吾尝读先生之书，其非贬古人当矣，而所以贬之者多穷其恶而极其诛，毋亦不忍胸臆，以闲其之喜怒之情者乎？推此以论，使先生而临民，殆未必尽平恕之理也。不尽平恕之理，而徒求之刑罚之具，虽轻械薄杖，逞威怒喝，极之，岂不足以贱民哉？不然，先王之肉刑也，亦既憯矣，而三代不废者，固以为祥刑之实在此而不在彼也。

11月25日，出城访王君半溪，世全。而农先生族孙也。而农先生，明之遗臣，革鼎之初，语多愤激，属子孙藏其书，言二百年后乃可出，故文字之祸不及焉。半溪既刊其书，而燬于甲寅之乱，今复有重锓之志，此骛学者有所乐闻也。在半溪处饭。

11月28日，《宋论》卷一。言宋祖受命，素无功德，为天之曲佑民，于无可付讬之中而行其权，于受命之后不测之神震动其惧心，而使之保世滋大。呜呼！此言殆非儒者之言矣。天之鉴观四方，求民之莫，夫莫民者固在于人，而后用其求也。使人之能莫与否，上帝可以神威震动，改易其素衷，则人孰不可以为君,而又安用求?且后世昏德之君,上帝又何不默相其衷,而任其败度以取覆亡?谓天之不仁,一至此哉!为此说者,近于今之西人之邪教。故夫儒者立言当守约,不当务多。极其泛滥之辞,何往而不轶于闲矩,不能不重为先生惜也。

《宋论》卷二。论太宗收唐、蜀降臣以修书册,为善用人材,而非忌亡国之士。以为中原数乱,文学散亡殆尽,唯彼二土兵革不兴,文献犹存,因推论元朝人据中国,而三吴两浙文章盛于天下。此言信为允当。

《尚书引义》卷二。论《禹贡·河水》,以为禹时中国之土不至河朔,故禹之治河仅始龙门。使有土如汉唐,吾知其建万世无疆之休,绝漠而东,放河流于奉圣川、鸳鸯泊以入于鸭绿,夷狄之害,夷狄受之。夫言之不思,率然出之若此,不谋于先生之书得之也。按天山南干东入中国为关陇诸山,为中国之北戒;天山北干行塞外以迄辽东,为兴安诸岭。河行其间,而北高南下,故河得逾而南,不得逾而北,此定势也。为此言者,汉齐人延年已有之。其或未至其地,不知地形,可弗论矣。独不思河之所以泛滥者,以挟并、雍二州之水,千流百派,以成其盛耳。使河而北行,亦将尽中国北方之水皆疏导而从之乎?不然,吾见龙门以下之滔天如故,未必火敦一脉足以溢兖、豫而灾冀、青也。且先生言黑水之界,以三危当积石之南矣,何以征贺蓝之独非乎?雍州之域,何以南北如此其狭,而东西如此其褒?考古笺经,一任笔墨之纵横资其武断,后之人将以为诟病,先生之道废矣。尊先生者辨而去之,善于曲而护之也。

1863年7月22日,中丞来谭良久,允出资全刻王船山遗书。写欧易晓岑信,告知中丞刊书之说。缘此事须费四千金,晓岑属余怂恿中丞为之倡,乃中丞不独能独力举办,并许多出千金,为加工精刻之费,其好学乐善如此。即日发交王惕来。

12月26日,接孟辛六月三十日信,寄还远镜带钩,又赠《宋论》一部。

1864年1月15日,胡藻庭来。湘潭人,欧阳晓岑之戚,来因刊书事。接欧阳晓岑十一月二十六日信。

4月14日,接……孟甥二月十一、廿一、廿二日信,已同衣谷挪入行台,刻《船山遗书》编校。

1867年8月19日,沅帅寄赠《船山全书》一部,涤师又再赠一部。每部工本须十余金,厚惠也。

8月21日,王船山《识小录》一卷:录明时掌故之不著于官文书者。又《噩梦》一卷:论时事利弊,以己意变通之,俨然一王之制。其精当者固不少,而武断、孟浪处亦多。

8月22日,王船山《黄书》一卷七篇:黄者,中也。基言尊中国,攘夷狄,盖亡国之痛激于中而然。首篇《原极》,言自古中国必先自卫其同类。次篇《大仪》,言夷狄之祸始于罢封建,而成于赵宋之释兵权,语多过当。三篇《宰制》,分天下为十使,又边境为七使,各设帅臣主兵,而仍十五布政司主民。其武断灭裂,纯乎客气。四篇《慎选》、五篇《任官》,语亦未纯。

9月6日,写朴臣信,十三日发交其子。寄赠《船山遗书》一部。王船山《永历实录》二十六卷。

9月14日,写龚孝拱信,寄去《船山遗书》一部。即日发七侄带交紫卿兄转寄。

9月25日,师复留久谭……余又问:"王船山议论,戛戛独造,破自古悠谬之谭,使得位乘时,其有康济之效乎?"师曰:"殆不然。船山之说,信为宏深精至,而嫌褊刻。使处国事,天下岂尚有可用之人? 世人聪明才力,不甚相悬,此暗则彼明,此长则彼短,在用人者审量其宜而已。山不能为大匠别生奇木,天亦不能为贤主更出异人。"语未竟,余推手曰:"大哉宰相之言!"师掩面大笑曰:"足下奈何掩人不备如此。"

1885年1月28日,晚闻汤衣谷之丧。衣谷心地坦白无城府,为朋好中罕见,姿性尤聪颖过人,惜荏弱不能自立。同治元年,余挈之至皖,榻余家中,为设程课。居一年,闻望颇起。荐之老友欧阳晓岑,助校《王船山全集》,稍获廪糈。昔在家时,本好食洋烟。余痛斥之始止。比余在金陵军中,离索数月,遽为恶友所诱,日夜呼吸,遂成瘾不可复戒。……今年夏,余谒沅帅至秣,得与相晤,羸瘠无复人状。知其不久,临别颇为黯然。别半载而讣至,抚今念昔,虽不自振奋,咎由己取,然不能早为将护,屏绝杂流,慎简师友,是吾之过亦未可尽诿也。怅惘之余,弥以自悔。

张文虎日记①

1865年4月11日,校王船山《礼记章句》新刊样本竟。拟作归装,而晓

---

① 陈大康:《张文虎日记》,上海:上海书店出版社,2009年版。

岑意欲再留。

5月31日,连日于刼刚处借王石臞《读书杂志》中《史记》一种较(校)评林本,甫毕,接校王船山《读四书大全》。

6月11日,校王船山《读四书大全》竟。辨析性理处,颇有发宋儒所未发者,而好恶任情,诋韩、欧、苏、曾为乡愿,至谓子路、子张为气质粗疏,不足与入圣贤之域,则不知其自居何等也?

6月12日,晓岑以王船山所选《历代诗评》属校,首为绪论一卷,古乐府歌行一卷,古诗四言一卷,古诗小诗一卷,古诗五言二卷,古诗近体一卷,唐诗五言古一卷,唐诗乐府歌行一卷,唐诗五言绝句一卷,七言绝句一卷,五言律一卷,五言排律一卷,七言律一卷,明诗乐府一卷,明诗四言一卷,明诗歌行一卷,五言古一卷,五言绝句一卷,七言绝句一卷,五言律一卷,七言律一卷,共二十二卷。予以卷峡太繁,而其诗大都家弦户诵,今欲大工急竣,拟仿郭白庵《诗评》例,只刊其评,或并存其目,晓岑以为然。

6月13日,晓岑以刻工急于接手,不及整顿,遂定全刻《历代诗评》,随校随发写。

6月14日,从芋仙借《诗纪》校王船山《古诗评》。

6月15日,校《古诗评》竟。复从芋仙借《全唐诗》校《唐诗评》。

7月1日,复校王船山《读通鉴论》竟。

7月4日,校王船山《诗经稗疏》。

7月6日,校《诗经稗疏》竟。

7月12日,灯下校王船山《宋论》竟。

8月8日,校王船山《噩梦》,所言皆经国治民之事,大都据其时目见而言,补偏救弊,虽卑无高论,而多中肯綮,较他著述为平正,凡一卷。

8月15日,校王船山《春秋世论》。

8月16日,校《春秋世论》。

8月17日,校《春秋世论》竟。凡六卷,持论尚平正,惟痛诋晋悼、赵武,未免深文。

1866年11月26日,节相寄示所撰《王船山遗书》序,从容详赡,复简洁不支,固是南丰世家。

1867年4月16日,与壬叔、子高、端甫、孟舆谒节相。节相言前刊《王船山书》,中间从《说文》之字,皆邹叔绩所改,其文亦多改窜,非原本。曾致书

第六章
文人日记中的船山学文献汇编

净之,不听。乃恍然前为沅帅重校付刊时,于此等处疑是船山原本如此,故不敢轻改,今已刊成,无及矣。

8月20日,节相送《王船山遗书》,沅帅寄来也。

12月4日,与唐端甫谒节署。节相欲以《读书杂志》中《汉书》四卷附刊《汉书》之后,予谓不如全刻《读书杂志》单行,而刊钱可庐《两汉辨》,拟于《两汉书》后。又请于《王船山遗书》内别印《易》《书》《诗》《春秋》四书,《稗疏》为一帙,《礼记》《章句》为一帙,《通鉴论》《宋论》为一帙,《庄子解》为一帙,《楚词(辞)通释》为一帙,《思问录》内外篇、《俟解》《噩梦》《黄书》各一帙。各帙单行,可分可合,俾寒士易于购买,而书亦易于行远广传。节相以为然。此议前寄沅浦中丞书中亦曾及之,复信亦以为是。

1868年7月5日,阅王船山《易·大象解》,谓《象传》乃孔子学《易》之书,不与彖、文诸传同,甚是。其所著《周易内外传》,大都本伊川、横渠之说而畅发之,净扫汉儒及陈、邵之陋,而独取周子《太极图》,不知楚固失之而齐亦未为得也。

王闿运日记①

1869年2月27日,点《汉书》一卷。王章上书攻王凤,而欲立定陶王,逢帝一时,终犯其忌,其死非不幸。赵合德自杀,不对状,后乃诬成其杀子,非信史也。王船山以耿育所奏为非,谬矣。船山论史,徒欲好人所恶,恶人所好,自诡特识,而蔽于宋、元、明来鄙陋之学,以为中庸圣道,适足为时文中巨手,而非著述之才矣。

3月11日,晚坐观船山杂说及其所作北曲,书谢小娥事,凄怆悲怀。

3月17日,检《王船山遗书》,校其目录,舛误者数处。沅浦请诸名人校书,而开卷缪误,故知著述非名士之事也。船山学在毛西河伯仲之间,尚不及阎伯诗、顾亭林也,于湖南为得风气之先耳。明学至陋,故至兵起,八股废,而后学人稍出。至康、乾时经学大盛,人人通博,而其所得者或未能沈至也。

3月20日,阅《晋志》三卷,《律历》不能明也。王船山讥陈卧子三月而毕二十四史,以为置诸志不观,宜其迅疾。虽然,不明占候推步,则观之三年亦

---

① 王闿运:《湘绮楼日记》,长沙:岳麓书社,1997年版。

犹一览耳。诚早通之,何不可一日而了?故知船山语似精而粗。

4月4日,水艾,余家旧以清明上冢采归,和糯为糕,或相赠遗。王船山谓之鼠耳,云《诗》卷耳也。鼠耳又曰鼠茸,与水艾声相近。然古人未宜采此至弱小之草,今仍乡人名之。

1870年5月19日,翻王船山《永历实记》及《莲峰志》《文集》,欲作《传》,颇倦而罢。

5月20日,作《船山传》。

5月21日,作《志传》,阅船山《黄书》,其见未卓。

5月22日,作《志传》,阅张子厚《正蒙》十八篇。

10月30日,览辛眉《井言》,上下古今,多取少弃,志为博通之儒,盖宪章《志林》《日知录》而作;颇好程、朱,近王船山。然余于船山薄其陋,而不欲深非《井言》,则以船山已成之书自为一家,听其生灭可也。辛眉之学无师,而亦屡变,会当有精通时,此时不可与争也。王、邓皆豪杰之士,一则为宋后义理所锢,一则为宋后议论所淆;要之两人诚宋后通儒,与马贵与、顾亭林伯仲乎。

11月5日,筠仙言:"船山书精华在《读性理大全》。"吾闻之一惊,惊其一语道破,诚非通王学,熟读全书者,不能道此语……此与黎先生笺注《千家诗》同科,观其书名,知其浅陋,而筠仙力推船山,真可怪也。船山生陋时,宜服膺《大全》。筠仙生今世,亲见通人,而犹曰《大全》《大全》,不重可哀耶?要之,论船山者必于大全推之,然后为知船山。片言居要,吾推筠老。

1871年8月17日,莲生出示牟庭所著书目,乾、嘉时,栖霞诸生乡中议论甚多。独考定《易林》为崔篆作,非焦氏。焦学传与京房,主占候,梁人。而今《易林》题"建信天水",乃"建信大尹"之讹,"建信"即"建新"。其说甚佳。……牟氏终身著书,皆骋己说,又不如王夫之,然其佳者胜之。考据长于王,时为之也。

1872年6月29日,阅王船山永历事记及列传。

11月27日,翻船山《愚鼓词》,定为神仙金丹家言,非诗词之类也。《柳岸吟》《遣兴诗》《洞庭秋》亦禅家言。《落花诗》则无可附。《伊山诗》:心识回峦外,沿溪曲径深。云烟开绿宙,金碧动青林。香篆迎风入,钟声过鸟寻。萧清初觉好,风雨更幽岑。又败叶庐侧有梅冢,船山七岁女瘗焉。

1875年8月18日,登舟将发,忽有二妇人附舟,一跃而登,禁之不可。

因思王船山讥庄定山不宜与俗子同舟,当自顾船。余亦自顾船而遇此,船山又何以处我?

1876年12月1日,得筠仙公启,言王船山从祀事。

1877年4月17日,翻王夫之《礼记注》,亦有可采者,而大段不可观,乃知著作之难。

1878年4月4日,阅王夫之《中庸衍》,竖儒浅陋可闵。

1881年4月16日,看焦竑所序李贽选《东坡集》十三卷及附录三卷,殊不解其去取,但不选一诗为异耳。苏以程正叔为奸,可谓纵恣,则其平生悟入语皆狂慧也。正叔、东坡俱世俗中人,末学肤受,亦何至深诋乃尔。彼尚与章惇游,岂不能容正叔?吾以此疑其心术矣,盖求宠于司光而妒生也。古来文士,无此披昌,虽家雯亦不至此;盖枭韩、富之首可也,以之为奸不可也,枭之者以行吾法,诋之者以要吾利,此论家船山未之及。

1882年6月2日,夜月当门。念今年月月月佳,殊为罕事。岂愁人见月常多耶?王船山痛恨夜明,盖为此也。

11月11日,出至衡阳县署,访文心久谈,多及船山书院事。

1883年2月9日,王船山:江谢遗音久未闻,王何二李徒纷纷。船山一卷存高韵,长伴沅湘兰芷芬。

3月17日,房妪晨诉,告半山令遣之,大有难色,且出怨言。禁之不止,携纨避楼上,不觉胜怒;既而自笑,何轻发于鼷鼠,看船山《悼亡诗》,又不觉大笑,彼何其不打自招也。故知颦笑从容,未易合法,况云道乎!

1888年3月19日,衡道吉庆殂,船山书院自此当复少窒碍矣。

3月24日,刘定甫来言船山书院事,百说不了。

3月29日,晨昇入馆;馆中起学。监院周铣诒荔樵中书来,旋出。朱文通、郭庆藩、陈海鹏、杨鹏海、陶少云、俞锡爵来送学。久待筠仙不至,未初始行礼:先谒船山,次求阙。鹏海指视王三叩而曾六叩,云京师昭忠祠礼也。余心疑焉:我非地方官,何为而行官礼?以宾礼主度,依而行之。

1889年3月18日,夜停镇江,夏生来。有五尼自芜湖来,睡我房外。夜又二湘人来,睡门外。此亦无礼。于船山论,当究己不自顾船。余以前年遇盗,有戒心,故贪海便。若于礼当追究,咎携女出之未合,又近于宋学拘迂,直以未能早坑故耳。

6月16日,湘洲文学,盛于汉清。故自唐宋至明,诗人万家,湘不得一二。最后乃得衡阳船山：其初博览慎取，具有功力；晚年贪多好奇，遂至失格。及近岁，闿运稍与武冈二邓，探风人之旨，竟七子之业。海内知者，不复以复古为病。于是衡山陈怀庭相节推之。陈君少游吴蜀，藻思逸材，冠绝流辈，所为诗已骎骎驾王朱。及倦游还乡，见大邓及闿运，旋复官浙，与二邓及溆浦严子同幕府三年，诗律大变，具在集中，可览而知也。船山不善变，然已为湘洲千年之后。怀庭善变，而诗名顾不逮，闿运耻焉，数数与书曾左，推怀庭政事，因其文过闿运远甚。时曾左操东南进退人材之权，雅信用闿运言，独于怀庭泛泛赏之，竟绝不与论诗。左不喜文，不足怪；曾于文事最心好，独失怀庭，可惜也。怀庭屡补剧令，治民得法外意，宽猛唯所施；又屡为同考官，衡鉴在骊黄之外。俗吏亦泛遇之，不知其文理也。坎坷孤吟，篇章益工；又屈柔六朝高澹冲远之韵，为七律诗，自唐以来所未有。世人但目为诗人才人，何足知其人与诗哉？所最不平者，以闿运为胜怀庭，几欲使我同巴人下里之流。每一思之，又大噱也。虽然，怀庭精信释典，知名实皆有因缘。今其子鼎官翰林，亦藉藉与俗忤，不遽大显。君诗诚恐久即佚散，非仅泪没是惧，爰依定本，编为之集。以闿运能知君，故为之序，不及诗之所以工，而直尊君以配船山。于船山有贬词，于君无誉词。可知矣。

1891年4月13日，船山族孙来见。

8月24日，为尹生题船山遗稿，写字数纸。

1892年1月9日，看镜初《春秋笺记》，犹嫌夹入《左传》议论，已为杰作，与船山可抗行。

4月18日，看船山诗话，甚诋子建，可云有胆，然知其诗境不能高也，不离乎空灵妙寂而已，又何以赏"远犹辰告"之句？

10月20日，至程家，遇笃生，乃知明日船山生日，有祭。

10月21日，因祀船山，不点名。拟祭礼：既非释尊，又非馈食，当用乡饮。飨礼未遑改定，姑依俗三献行之。诸生无衣冠者，大半手足无措；再演，略胜跪拜耳，已至夕矣。

1894年6月30日，附舟还衡……有飘江来附舟者，伧夫也，乃闻吾名。老仆呼君实；宋人气度，亦殊不易及。若船山，定当力拒之。余处马、王之间。

1895年7月15日，王生来，言吴抚将游黑沙潭，王船山所谓目光如炬时也。余亦欲去，而无游资，少辽缓之。

第六章
文人日记中的船山学文献汇编

1896年10月7日，雨，遂深秋。暴起暴下，似不能出观礼。闻杀牲甚早，以为当行事。出视院中，均未起，唯斋房有明灯，厨中人喧耳。将午，始祭船山以乡贤之礼。兴此六年，今稍习矣。

1898年5月23日，至刘省卿斋，萧、朱均在，更有曾生，邵阳人，藏船山惜发赋者也。

1899年10月3日，夜肄秋祭船山仪。

10月4日，晨起庀具，巳初释奠，实用时制秋祭礼而小变之，未为合礼。当直行乡饮，而先释奠，则庶几成理。斟酌古今，良不易起。

1900年10月23日，晨辨色起待事。监院迟到。巳初献；谭香荄来，便请摄事。萧教授来，事毕矣。首事遂不至。设面为船山作生日，午散。

1901年7月26日，日初出，步溪桥益西，寻山径向黑沙潭。未半里，恐有豺虎，仍返。携童东出，山大要高深幽奇俱过灵隐，而实山峡，非灵境也，亦不足置精舍、辟书堂，游者强称之耳。五十年未识真面，今乃可品题之。"屈曲五峰间，盘桓一径通。出入迷往来，翠壁萝蒙茸。条薛万古绿，安知夏与冬。峡溪唯一源，滩瀑百不穷。琪花润鲜芳，仙药秀青红。樵童不解采，覆荫三潭龙。叶深十里寒，荒翳千年踪。寄言青云客，翔栖谁与同"。《天柱道中》。"林田万绿侵，暑日自然阴。古道沿溪曲，幽崖见屋深。南台迷石记，西峒踏雷音。薄暮空潭黑，曾劳冒雨寻"。彭簪明末来游，犹见唐宋人题名，今皆蒙翳矣。或彭亦例语，不然，何不闻王夫之记录也。

1902年1月27日，赵景午来，言张司空有书来，言船山书院属抚台保护。余云：吹皱一池春水，非管学及巡抚所宜留心也。

5月4日，陈伯屏来，谈京中事：夷人开一门，金锁彻明，而我夹其间，启闭甚严。掩目捕雀，未至如此，此自欺之至诣也。杨生来，欣欣治装，予亦自欺云，各从其志而已。王船山丑诋犬羊，而其子求试焉，三徐不似舅，有何可叹？

10月2日，例祭船山，未辨色即起待事。陈驯已起，执礼者犹睡未醒。以须略待监院，故迟至食时。排班三献亦复秩秩。陈生云不必牲牢，亦正论也，然诸儒甘心冷猪肉，则未可废。先已朝食，事毕，更设汤饼。客俱未至，且或已去，监院乃来，面无作容，人所难而彼所优也。

1905年7月15日，看船山讲义，村塾师可怜，吾知免矣。王、顾并称，湖南定不及江南也。

1906年3月12日,得湘孙书,云洋人尚无着落。鬼蒉亦入学堂矣,未死已见披昌,所谓永绝书香者耶?抑船山、王敌之类耶?芝兰生于阶庭,荆棘丛于卧榻,有何欣戚?不独韩湘子看破红尘,韩文公亦了悟矣。

1907年3月18日,周生亦上省,午去。顷之,复与廖倬夫同来。廖云:奔驰苦矣,又不识道,得遇周,如空谷足音也。留宿一房,谈船山事,云搜集随笔,名曰《王志》,以拟《郑志》也。

10月16日,议船山生日祭,当令其族孙典祀,余不主之遣斋长代行礼。每岁支十二千,今费不足,以豚代豕。夜看肆仪,祭器服皆假办,宜自备也。

10月18日,早起催办。喻生赞仪,斋长初献,收支亚献,齐七为宾长。余于入门时亦先行香,在室为赞,未遍旅而先退。

1911年5月9日,王夫之史论,似甚可厌,不知近人何以赏之?

9月12日,与书教习,论船山经费。既石(名)船山,即当归王氏,亦如曲阜钱粮也。

10月5日,王绍先来,船山后裔,从我廿年,入学老矣,耻事谢、谭,亦求教员。与书斋长论之。

1912年2月19日,见电报,清帝逊位,袁世凯为总统,不肯来南,定为共和民国,以免立宪无程度也。清廷遂以儿戏自亡,殊为可骇,又补廿四史所未及防之事变,以天下为神器者,可以爽然。萧鹤祥来,极颂袁公,亦船山史论外别有见解者。

1915年11月18日,王生请作谱序,为书一纸,言船山学派刘、王之谬。

叶昌炽日记①

1885年3月24日,衡阳王夫之《读通鉴》论汴宋之陷,专归罪于李伯纪"君死社稷"之说,谓二圣北狩,网实罪魁,则痛于甲申之变,有激言也。

1911年8月2日,焕彬自长沙来信,极论湘学渊源,上自船山,下逮曾文正、郭筠仙、今之湘绮、葵园,皆有微词,而归宿于诸家一无师承。大言炎炎,洋洋十余钱。此亦学中之强项也。

---

① 叶昌炽:《缘督庐日记》,南京:江苏古籍出版社,2002年版。

第六章
文人日记中的船山学文献汇编

夏敦复日记[①]

1899年9月2日,阅王船山通鉴论。

1902年7月15日,阅通鉴宋末元初。阅之不胜慨叹。王夫之通鉴论。神宗、哲宗、徽宗。

7月17日,阅通鉴论。

8月4日,在家阅通鉴论。

1904年11月20日,铎言读通鉴时以王船山读通论对阅,并翻证王论所征引者,庶鉴事日熟矣。……阅船山通鉴论。宋太祖。

11月22日,阅读通鉴论。

11月23日,阅通鉴论。

11月24日,阅通鉴论。

12月11日,阅通鉴及王船山论。

刘人熙日记[②]

1879年11月29日,易之道大也！船山之旨博矣！百物不废,惧以始终。君子之于易也,终身焉而已。

1882年11月8日,读内则,为之坠泪。太恭人在时,此礼多缺。礼之缺,心之疏也。船山说,真抉先圣之藏。船山之章句,即朱子学庸之章句也,他日并重学宫可也。

1883年1月20日,丧大记所记丧礼大备,经船山次序,井然不紊。其闻节目,皆天理烂熟,所为礼非圣人不能制也。

5月18日,或问王子而农。曰:自孟子以来,未有盛于王子者也。

5月26日,仲尼没而微言绝,七十子没而大义乖。正大义者,代有人焉。续微言者,子思子之后孟子,孟子之后程朱。自程朱以来,未有盛于衡阳王子者也。

6月1日,仆于《大学》《中庸》得学问之门径,于"必有事焉而勿正,心勿忘,勿助长",得学问之节奏。虽气质驽下,罪过深重,犹冀生理之常伸,而不

[①] 王夫之:《船山全书》(第16册),长沙:岳麓书社,1996年版。
[②] 王夫之:《船山全书》(第16册),长沙:岳麓书社,1996年版。

与草木同腐。衡阳王子诗云:"彻骨疗沈疴,焉得辞老丑。"况世之贤者哉!

6月2日,自廿七岁读程朱书,亦尝攻苦而有志于道矣,而不甚长进,半由助长,至今日而始知孟夫子所言"天下之不助长者寡矣"之言。呜呼!考亭朱子、船山王子,贶我深矣。

6月6日,见得圣学门径,只是仁不能守,若不从此力行,则虽知之,终非我有,终为下民,负朱子王子之诲多矣,可惧可愧。书此自讼,以警将来。

7月28日,每日不为人欲所归,必有一时儳焉之气乘之,此船山先生所谓人欲已去、天理未充候也。十年来未能免此,但分数较减耳。

9月13日,船山,二程也。后世孰为朱紫阳耶?船山自言五百年后吾道大行,知其时必有名世生也。

1884年7月28日,自验心病甚多,不能如舍人之浩落。船山云:"彻骨疗沈疴,焉得辞老丑。"忆此语,为之竦然。

12月28日,明之永历,其当观之世乎!船山其当剥之世乎!观阴长而九五尚据尊位,剥阴长而上九已处困穷。然顺而止之,亦有观象。

1885年2月14日,《书》曰:"非知之艰,行之维艰。"子曰:"知及之,仁不能守,虽得之,必失之。"船山先生曰:"知不澈者不足以行,行不澈者不足以知。"此二圣一贤之言,皆千秋金鉴也。"草木有气而无情,禽兽有情而无理。兼情与理而合为一致,乃成乎人之生。"船山语。

4月15日,读船山书如观海,酌之而不尽也,望之而无涯也。洞心骇目,若雷霆之震于春夏而万类昭苏;切理餍心,若日月之照乎万物而群邪匿影。盛德大业,至亦哉!沿濂洛以达洙泗,非夫子吾谁与归?读"养气"章训义偶记。

5月30日,"专心于事则纷杂之念不生而清明自启,执持之已定则惰归之气不乘而强固日生,况乎学问之益其见闻,而修能之利乎进取哉!"人道之大,与天道互相为功。精极粹极,百读不厌。

7月23日,余以丧礼传二卷呈翁尚书,翁公曰善,随开卷,见引"衡阳王子"之言,曰:"是船山先生耶?"答曰然。

8月10日,"夫人居之于心以为功用之本,念起而实理见端,物至而实理有象。及夫念之已终,物之已隐,则实理不著,而心之所存亦即是而止。如是者,其心常有所息也。"船山老叟。

1886年2月5日,船山先生《礼记章句》,因《大学》《中庸》有朱子章句而作也。四十九篇,皆以《学庸》为例,而《学庸》两篇则仍朱子之旧,略伸朱旨,名之曰"衍",示朱子所注已造其极,毋庸饶舌云尔。此书取注疏之长而去其短,驾陈云壮而上之,他日当有列之学宫以代云壮书者。

2月6日,子细推勘,富贵利达之心不去,则必有时为物曲,难言浩然之气也。船山先生自信无和峤癖,庶几乎道矣。高山仰止,岂易言哉!书三贤赞。

3月23日,船山诗云:"朝市令人昏,山林令人傲。谁知昏傲两俱非,漫说山林成高蹈。"此中庸之学也。

3月24日,重温祀子书为急。《四书训义》《读四书大全说》二种。

8月28日,王子曰:"不以道用其耳目口体之能,而从嗜欲以沈溺不反,从记诵以玩物丧志,心尽于形器之中,小人之所以卑也。"

9月9日,船山说孔子乐处云:天不我违而何不适,物皆我备而何不遂,心之自得而何自逆吾心,道之不达而何所疑于道,诚乐矣。是摹绘日月语。

11月25日,衡阳王子真天人,遗书万卷妙入神。自诡五百生名世,可有三千拜后尘。王子县人祝澹溪进士述王子之言曰:五百年后吾道大昌。

1887年1月20日,曾沅甫爵帅馈炭敬十二金,不能辞也。此公曾有书牍往还之素曾有一书劝其补刊训义,未复,故不愿受其馈也。和平之敝适以召物之轻,权宜之说且以乱吾之守。无浩然之弊则如此,非和平、权宜为不好也。姜齐讲义语。

3月1日,船山云:道之兴衰,天也。勋名之在当世,非于我有加损也。

3月5日,熟读船山书,方知圣贤言学言治,真是金丹入口,凡骨皆仙,惜解人难索耳。

4月8日,《四书训义》《读四书大全说》,又粗读一过毕。

4月24日,子贡货殖,先贤谓少留情丰约之间耳。方外高僧谓不受钱者为船山一汉,船山甡之,则亚不少留情丰约之间矣,庶几颜子矣。吾辈不贪非义之富贵,而于可得者未忘焉,信乎船山之卓力千古不易及也。见同官得优差,此心稍动,故记此自警。若白沙、一峰于四十时已无微波矣。

6月30日,每日均以校《四书训义》自课。

8月25日,船山说孔颜乐处云:"道之无穷,即为心之无穷;理之无碍,即为情之无碍。"可味也。

9月10日,作家书,封寄字一卷,扇二柄,《四书训义》一部。

1888年3月30日,船山先生尝言:三代立法,是立得人之法,故简;后代立法,是立不得人之法,故繁。

8月26日,前数日访伯翰。伯翰谓予船山训义序,推船山濂溪后一人为不谬。

1891年9月19日,训义中如"一贯"章、"莫我知"等章,真乾坤绝顶文字,嘉惠后学至矣,惜能读者甚是少。

1895年2月17日,在家与焦生解船山"季路问事鬼神"一章经义。形以外明有神,理之中明有化。上句是从有形推到无形,费而隐也;下句是从无形推到有形,隐而费也。焦生首肯。

1910年12月19日,张横渠《太和篇》,横绝古今;王船山发挥,流动充满。后生何幸而得此洙泗之津梁也。

1911年2月2日,夜为儿辈说船山《愚鼓辞》大意。

1912年12月9日,叶知事芳赠船山先生画像,将来祠堂成,即可放大供奉。上有郭筠仙侍郎题,湘中文学之先辈也。

1914年1月2日,是日早起,王君廷赞派名传芝字重璋来晤,船山先生之裔孙也。余急搜求船山遗稿,今幸见重璋,云藏稿皆在,心甚欣悦。以约游时近,未及长谈,订后会而别。

1月3日,访王重璋未遇。

1月13日,又晤王重璋,询其家世甚悉,船山之七世孙也。其曾祖某,为搜集船山遗书,至倾其万金之产。而前清乾隆时,吕留良之书既毁,次及于船山,至以兵围其宅而搜索之,仅得稗疏数种,余皆藏匿以免。船山子孙皆农民,恐以书买祸,仅取焚之。适其曾祖至,已将先世遗著付之灰烬矣,船山所著书尚存,其曾祖遂悉取藏之家,曰:"有祸我当之,不与汝辈相涉。"姑至今犹存。而《相宗络索》一书,则于刘氏别峰庵楼上旧帙中得之。其言甚悉,不能尽记,拟异日再与细谈。重璋,清季诸生。且约学社校书,必来相助。

1月24日,招王重璋饮广和居。

10月8日,具公文呈大总统,请颁船山学社匾额。

12月5日,九月戊申朔,船山先生生朝。学社同人于上午十点钟齐集行礼,分韵赋诗,诚一时盛会。

1917年6月22日,王船山先生八世孙鹤仙来见,其人年五十,较之仲璋尤为明了,言其家尚存《礼记章句》手稿,皆未定之本,且多残阙。询其本支子孙丁殆百人,合族人口达五百人也。

蔡克猷日记[①]

1859年9月9日,阅学案。张蒿庵、王而农、胡石庄、张武承四子之学,以武承为最。其《王学质疑》,有功正学,洵吾道干城。蒿庵《释迦院记》作佛氏语,又有《老子说略》,皆未醇,视船山之衍《大学补传》、衍《中庸》,不及远矣。石壮之学,多陈言而少心得,不知镜海何所取也。

9月22日,玩船山史论。船山责鲁两生宜出为高祖兴礼制乐。呜呼!高祖果足以有为耶?韩信被诛,萧何下狱,张良知其忌刻,引而去之,后世以为高。如两生者,智足以知高祖,正张良之俦耳。船山非之,吾不知其用意所在矣。

9月23日,旋见祖庙旁有联书"闭户自知精力减,藏书还望子孙贤",又书"云轩自署"四字。书法极精妙,而联语尤笃实,宜其生吾夏子而为一代之大贤也。船山论苏轼习于父仪封鞅、斯之邪说,遂欲以搅天下,持论最透。

9月25日,船山痛论士大夫之无廉耻极透,曰萧何出狱而仍相,周勃出狱而仍侯;不能禁上之不以囚隶加己,而何不可禁己之无侯以相也?北寺之狱,廷杖之辱,死净之臣弗避焉,忠也;免于狱,不死于杖,沾沾然自以为荣,而他日复端笏垂绅于堂陛,是亦不可以已乎?痛快哉船山之论,从无人及此者也。又论杀人自告得减免,为教鼠为虎,亦当。

宋恕日记[②]

1897年3月4日,始见《黄书》《噩梦》。

1902年3月16日,上半天在介处借胡承诺(石庄)《绎志》一阅(石庄,明季举人),入国朝曾谒选,旋以老辞归,此本李兆洛所表章付刊、浙江书局重刻者。胡,竟陵人也,其书平正通达,如驳封建、井田、肉刑之不宜复,又论正统之不必争,虽尊程朱而不中其毒者也。然无卓绝之识议,不能与王船山比也。

[①] 王夫之:《船山全书》(第16册),长沙:岳麓书社,1996年版。
[②] 胡珠生:《宋恕集》,北京:中华书局,1993年版。

谭献日记[①]

1867年,阅王船山《噩梦》《黄书》,皆与梨洲《待访录》相出入。

1867年,阅船山《读通鉴论》五代二册。又阅《绎志》十二篇,至《辨奸》,凡三卷。如王氏之骏厉,胡氏之温醇,固楚学之大宗也。

1868年,阅王船山《宋论》,醇实闳远,殆无疵瑕。论赵普、韩琦、司马光、李纲、秦桧、岳飞,精扁不可易,垂百代之龟鉴。

1876年,阅王船山《说文广义》。专门之学未开,极有明通之论。较然先觉,足与黄白谷《字诂》并。王氏有见于时师传习谬分体用动静,一字每发数声之陋。然明季小鲜师说,说文无完书。王氏精力绝人,而迂曲武断在所不免,于古籍中声转假借、舍子用母之例,皆有不瞭。志在截断众流,尚非洞精古学。

1876年,阅王船山《读通鉴论》三十卷。王氏持论以仁心为宗旨,而重有见于天位天禄之分,不以古治为悉可法,不以后王为皆不闻道。封建、郡县之天下,各有主治。寓兵于农之迂论,不可复用。相臣以亮天工,而枢密可别付大僚。谏官以匡君德而弹劾自在考绩。又言武功不可废,文人多失行,皆与经训表里。胡石庄之论性学,章实斋之论著书,先生之论治理,如山有乔岳,水有灵海,奉以为归而推求之,毕世不能尽也。

1876年,《国史儒林文苑传》刻本四卷,非阮文达原稿,而列《研经堂集》。《儒林传》序所言与书不相应。传本尚稀,录其目:顾炎武(张弨、吴任臣)、孙奇逢(耿介)、黄宗羲(弟宗炎、子百家)、李禺(王心敬、李因笃)、朱鹤龄。王夫之(陈大章、刘云鹏)。

1876年,阅王船山《宋论》,括以两言,曰仁心为质,曰设身处地,或者可读王氏之书。

1876年8月16日,阅船山《诗绎》《夕堂永日绪论》。语语精绝,叶星期《原诗》等书可废矣。

1877年2月15日,阅《宋论》十五卷卒业。王氏史识精确,不独强国之冠,即本朝儒者未有能洞达深至如先生者。《宋论》尤在《通鉴论》之上,予诵之几无一语虚设,不知何以印合如此。论赵普、韩、范、司马、苏氏、王安石、

[①] 范旭仑、牟晓明:《谭献日记》,北京:中华书局,2014年版。

蔡京，皆亘古不可磨灭。如此宅心宽平、持论朴实，而人以为苛，人以为创，何哉？

1887年，都昌李乘时秀峰《妙香室诗》才气亡前，奇情妙理，瓯北、船山能不却步！

1895年10月31日，笏山（易佩绅）游庐山回鄂，过之，长谈。游庐山新诗有绝佳者。携其《通鉴触绪》回。仅刻十三卷，终于建安。持论行文不让船山。其论井田，颇可为《衡论》做笺。

罗文彬日记[①]

1875年4月16日，仲芳送来《皇清经解》十二套，因上局约銮哥来看，少谈，仍回局。銮哥因取日记看，以规过为约，以慎言为先。同读王船山先生《俟解》。

5月3日，衡师言，王船山《稗疏考据》最精确，又《诗广传》亦宜看。

1877年8月12日，复笏山信，作致仲芳函为文山言事，取《船山遗书》来（由雪丞处），检取文集一本、《莲峰志》一本并纂案六本寄笏山。

1878年12月17日，取王船山《礼记章句》校之，觉寥寥数语转觉易解者，当再绎一过。

姚永概日记[②]

1884年3月18日，看《国朝名儒事略》三十页。吾于本朝最服膺王船山先生，以其贞晦得遗臣之道，而所托甚正，又非逃于禅酒者可比也。拟别号为"佩船"云。

1887年3月22日，校《读书偶识》五十二页。看王船山《读通鉴论》十二页。

3月23日，看《读通鉴论》四十页。……王船山责鲁两生不以先王之道与汉高相更始，徒责叔孙通兴礼乐于死者未葬、伤者未起之余，则其所谓礼乐者，乃其文，非其实也。嗟呼，是岂知两生之心哉。彼汉高者以诈力而得天下，其心固久已与礼乐之大本相去远矣，又况日暮涂远，告之以先王制礼

[①] 贵阳市志办《金筑丛书》编辑室：《清末四人日记》，贵阳：贵州教育出版社，1998年版。
[②] 姚永概：《慎宜轩日记》，合肥：黄山书社，2010年版。

作乐之精意,彼必迁之而不行。叔孙通之兴礼乐,不过假之为进身之阶耳。其君如此,其臣如此,两生者尚不知几而冒然自进,抑何其太不知也。且两生所谓百年后兴者,正深知礼乐不徒有其文也,必其上下之间含濡薰染于仁义之中,而后始有真礼乐也。船山又谓:卫辄之立,子曰:"礼乐不兴,则刑罚不中,民无所措手足。"辄可兴,高帝何不可兴也。是又不知夫子之言也。夫子曰:"必也正名乎。"又曰:"名不正则言不顺,言不顺则事不成,事不成则礼乐不兴,礼乐不兴则刑罚不中,刑罚不中则民无所措手足。"夫子之意,固首重在正名也,是深拒辄也,岂许辄可兴礼乐哉。船山又曰:武王克殷,驾甫脱而息贯革之射,修种祀之典,成象武之乐。受命已未,制作未备,周公成其德,不曰我休息之,以待百年也。是又不知周、汉之不可同日语也。周自太王、王季,文王继圣而作,已百余载矣。武王伐殷,倒戈而走,未尝有血战数十年之久也。血流漂杵,孟子已驳之矣。是则殷平则天下一统。武王、周公以圣人继圣人,以圣人辅圣人,制礼作乐奚不可者?而汉非其伦也。汉承秦之敝,秦承六国、春秋之敝,民之凋残甚矣,俗之败坏甚矣,圣人之不作久矣。高祖岂武王,叔孙通岂周公耶!如此而曰兴礼乐者,不过尊君抑臣、壮观瞻而已耳。若礼乐之实,固非改弦更张不可也。吾尝论之,汉高固聪明雄奇之主,惜其熟于诈力而不闻先王之道;叔孙通、娄敬之徒又不足语此。而两生者抱圣人之道,又不可以干时者也。使叔孙通闻两生之言,反告高祖卑礼厚币迎两生,而叩以礼乐之原,庶乎高祖闻而自兴乎?然而高祖年已老矣,外而疆藩之患未尽除,内而吕后之患且方起,安得从容布置,以复三代之隆哉?可叹也夫!可叹也夫!汲黯曰:"陛下内多欲而外施仁义,奈何欲效唐、虞之治乎?"船山先生曰:黯之言异端贼道之说也。黯自为治,一以黄、老为师,而佐以傲忽之气,其曰"奈何欲效唐、虞",则是直以唐、虞为不必效,而废礼乐文章,苟且与民相安而已。嗟呼,是不深味黯之言而漫以责之也。黯之意以为,唐、虞之治非多欲之人所可效也,仁义者非多欲之人所可假也,岂谓唐、虞不必效哉!船山又曰:"内多欲则仁义不能行。"固也。乃匹夫欲窒其欲而无仁义以为之主,则愈窒而发愈骤。吾不知船山所谓仁义为主者,其实也,抑其名也?如其实也,则汉武固未尝行之矣;如其行之,何其封禅夷狄、峻法聚敛若是之纷纷乎?然则黯之责之者,正谓其不能行仁义之实。故多欲若是,乃假袭仁义之迹,于以效唐、虞,不能也。船山不体其意,而遽责之曰"挟其左道,非侮尧、舜,胁其君以从己,而毁先王仅存之懿典,曰'仁义者乃唐虞三代已衰之德'",其亦近于锻炼也哉？屈其道以与天下,靡利在而害亦伏。以其道而与天下亢,身危而道亦不竞。君子之道储天下之用,而不求用于天下。知者知之,不知者以为无用而已矣。故曰：其愚不可及也。以上船山先生之言,即船山先生之立身见焉矣。三复斯言,为之自振。

3月24日,看《读通鉴论》十二页。

3月25日,看《读通鉴论》十页。

3月26日,看《读通鉴论》三十三页。

3月27日,看《读通鉴论》十九页。王嘉在诏狱,卬（仰）天叹曰："幸得充备宰相,不能进贤退不肖,官是负国死有余责。"吏问贤、不肖主名,嘉以孔光、何武、董贤对。然考嘉初得罪时,孔光、公孙禄、王安、马宫、龚胜皆劾嘉迷国罔上不道。嗟呼,嘉知光矣,光乃不知嘉耶？非也,畏上谴、保禄位耳,而不知王嘉之死,汉廷真无人矣。丁明素重嘉而怜之,孔光负盛名于当时,顾尚不及一明耶？可哀也矣。夕看《板桥家书》,其中多恻隐之言,真能体恤人情到隐微之地。昔人称板桥及李复堂辈为扬州十怪,以吾观之,板桥不过性好疏散耳,并不怪也。

3月28日,看《读通鉴论》十四页。

3月29日,看《读通鉴论》十八页。

3月30日,看《读通鉴论》五十四页。又求邵位西先生《古文尚书》注本于萧丈。船山先生谓明德马后好名而巧于言；且言章帝之封诸舅为阳违后旨,实不获已,以徇母之私也。嗟呼斯言也,不几近于锻炼也乎！后之让封见于明文者如此卓卓也,乃因章帝之封而逆测为窥后之心,君子之论人不应如是之刻矣。船山又谓：后没未几,奏马防兄弟奢侈逾僭,悉免就国,有死于拷掠。同此有司,与大旱请封之奏逈不相蒙。则昔之请封,为后之所欲；后之劾治,为章帝之所积懑而欲逞,明矣。是不然,人情反复,作云作雨,不可定矣。此正可责有司之不能全上渭阳之恩,而于后何预焉？至帝之退诸马也,则为进诸阴故也。进妻党而杀母党,此正帝之不孝,于后又何预焉？船山先生至斥为袭元后之故智,欲移汉祚于马氏,而目之为哲妇,是诚何心乎？乃颠倒黑白,一至此哉！盖船山先生深恨外戚之祸人家国,故不觉有言之过当者,而此抑何过当之甚也？

3月31日,看《读通鉴论》五十六页。

4月1日,看《读通鉴论》四十二页。

4月2日，看《读通鉴论》三十二页。

4月4日，看《读通鉴论》四十四页。

4月6日，看《读通鉴论》二十一页。苏峻之乱，建业残敝，廷议迁都，王导独持不可；李、郭之乱，曹操弃洛阳，迁献帝于许。船山先生于王导也则许之，于曹操也则讥之，是也；乃其于李纲之守汴京也，若深恶其不早迁都，以致二帝蒙尘者，何也？盖明末光侍御谏阻南迁，而后有煤山之祸，一时遗老争归咎于光，且诬其降贼，列之于六等案中，遂使光公以忠义洁白之心，反招降贼附逆之诬，亦可哀矣。尝考光公之于城陷也，投城不死，又投水，为老仆所救，其时公已死，气未绝耳。比行一日，雇舟南下而公苏，则去京远矣，于是公慷慨思归起义。将及淮阳，为刘泽清所获。泽清承阮大铖旨，阮盖深恨公劾阉事，遂与降贼之周钟同日斩于南京。今其供词里中尚有存者，然皆责其谏南迁为词，无一言及降贼。使其果降，阮何不直斥为降贼而诛之，乃借阻南迁为名乎？其后唐王时，御史方士圭奏其冤，黄忠端方在政府，许之。使其降贼，岂有忠端尚许复其原职、官其一子乎？至于南迁之说，则又不足为公病者。何也？李贼之逼京畿也，其势汹矣。使果天子挟百官以走，则人无固志，其败愈速，轻骑几昼夜可追及禽之耳；使其成禽之后，天下必追咎当时南迁之时，无一人以固守血战为言者。今不幸而光公首谏止之，又不幸而国亡自随之，于是一二遗老抱愤怨之心，执口舌笔墨以诛其后，且加之以诬罔之词，殊不深察情事，而轻施从逆之名于伉直之臣。至于船山先生者，且并责李忠定之守汴京，而不责当时之不专任李忠定，故卒蒙尘也。甚矣哉，心不平者之不可与论世也。

4月9日，看《读通鉴论》六十页。

4月10日，看《读通鉴论》五十五页。

4月11日，校《释服》二十页、《轮舆私笺》二十二页。出门小游，到英济王庙，中奉张睢阳像，两旁一白面者南将军，一黑面者雷将军也，拜焉。转至书店小坐，遂回。近日大人在京，不知江西文书已到京否，选缺事能顺利否，颇望来信也。船山先生曰："死生，人道之大也，卬（仰）而父母，俯而妻子，病而不忍其死，则调持之而已耳。乃从而卜筮之，其凶也，将遂置之而废药食耶；[其吉也，将遂慰焉]而疏侍省耶？委巷之人，以此而妨孝慈以致之死，追悔弗及矣。"予谓船山以言卜筮之惑世可耳，若谓父子之疾则卜筮庸何伤焉？孝慈之心，望之深切而不能预知也，则决于卜筮以自慰，吉则喜，其有可愈之机,而倍加省视,又何至废药食而疏省侍耶?凶则忧,其无可愈之时,而更切调护,又何至委之天命而听其自然耶?设使世果有听卜筮而不尽人事之父若子,则狂妄之人耳,禽兽之人耳,其天性本与人殊,岂可归咎于卜筮哉。卜筮者,正为此等事用也。若并此而禁其用,则卜筮永无可用之事矣。看《读通鉴论》三十八页。

4月12日,校《诗古微》二十九页、《轮舆私笺》二十五页。看《读通鉴论》三十四页。

4月13日,看《读通鉴论》九十四页。

4月14日,看《读通鉴论》二十七页。

4月16日,看《读通鉴论》六十七页。

4月17日,校《诗古微》十二页、《尔雅匡名》十二页。看《读通鉴论》六十二页。

4月18日,校《诗古微》二十九页、《尔雅匡名》十一页。

4月20日,看《读通鉴论》三十页。

4月21日,看《读通鉴论》八十页。

4月22日,看《读通鉴论》四十六页。

4月23日,看《读通鉴论》三十页,毕。是书虽间有过激之语,然言处乱世之道独为切至,至于国家大政,亦能通达利弊之原,不矜矜于小惠者,可谓大儒矣。

5月5日,看《宋论》四十页。

5月6日,看《宋论》四十五页。

5月7日,看《宋论》五十页。夕与邵君论世之毁宋儒者,大争。于此,予亦大有过焉,气不自降,徒逞言词以御人,其何益之有?要当躬行实践,始足以感人耳。既散,又与王君久谈,月下对立,清风满襟,又一乐也。王君劝予钞先茸坞公笔记内《左传》一种送东家,可刊入《续经解》中,予拟归即办之。

5月8日,看《宋论》三十页。

5月9日,校《诗古微》二十二页。

5月11日,王君赠予《习学记言》五十卷、叶水心著《思问录》二卷、王船山著《说文解字双声叠韵谱》一卷,邓崛筠著予亦许将植之先生书与之。

11月30日,予思著数书,聊记之于后:《桐城遗书志》《桐城山水志》、仿《水经注》《明论》、仿王船山《读通鉴论》而加以考证《惜抱诗笺注》,仿施注苏诗,惟《桐城遗书志》始思仿晁公武《读书志》,似觉简当,今思彼之所录皆天下之书,故可从略。今一乡之书,外间多有未知者,不得不加详博,则仿竹垞《经义考》体例为宜。

12月27日,舟中阅《识斋文集》,乐安李焕章著,国初遗老也。文笔甚畅,议论有近于偏激处,是其境使然,但颇以名自喜,则不及王船山矣。此书孙佩翁所赠者,山东李氏家本也。

1888年1月22日,看《南史》。古人最重犯讳,或因成隙,或遂报复,或下床跣走,《南史》所载甚夥。独子孙有与祖宗同名者又不为怪,抑何也?即如王氏一门,羲之、献之俨若同行。僧达、僧虔、僧绰,从父兄弟,同以僧名矣。而僧达兄锡子僧亮、僧衍,亦同名僧,尤可怪者。王休元丞相曾孙与王虞曾孙弘之为祖免兄弟而同名。王彬与王导从父兄弟,导下五世至思文亦名彬,岂其禁人犯,不禁己犯乎?不可解矣。王船山《读通鉴论》谓谢出晚年之诣阙,自陈为其子弟所逼,因叹人子孙之累甚大。船山借以立论可耳,其实不然。《南史》出本传:"建武四年,征为侍中、中书令,不应遣。诸子还都,独与母留,筑室郡之西郭。"梁武"即位,诏征出为侍中、左光禄大夫、开府仪同三司",又不屈。"仍遣领军司马王果敦譬出。脑谋于何胤,胤欲独高其节,给曰:'兴王之世,安可久处。'明年六月,出轻出"云云。则是出之出,子弟既不在前,为何胤所给耳,未可厚诬其子弟也。王僧虔《诫子书》归宿在"各自努力"四字,言词凄切,读之心酸。方植翁《感应篇畅隐》论子孙兴衰一段,即本于此。僧虔论书云:"宋文帝书,自言可比王子敬。时议者云,天然胜羊欣,功夫少于欣。王平南[廙],右军叔,过江,右军之前以为最。亡曾祖领军,王洽中领军右军云:'弟书遂不减吾。'变古制,今惟右军。领军不尔,至今犹法钟、张。亡从祖中书令书,子敬云:'弟书如骑骡,骎骎恒欲度骅骝前。'庾征西翼书,少时与右军齐名。右军后进,庾犹不分,在荆州与都下人书云:'小儿辈贱家鸡,皆学逸少书,须吾下当比之。'张翼,王右军自书表,晋穆帝令翼写题后答,右军当时不别,久后方悟云:'小人几欲乱真。'张芝、索靖、韦诞、钟会、二卫,并得名前代,无以辨其优劣,唯见其笔力惊异耳。张澄当时亦呼有意。郗愔章草亚于右军。郗嘉宾草亚于二王,紧媚其父。桓玄自谓右军之流,论者以比孔琳之。谢安亦入能书录,亦自重,为子敬书嵇康诗。羊欣书见重一时,亲受子敬,行书尤善,正乃不称名。孔琳之书天然纵放,极有笔力,规矩恐在羊欣后。丘道护与羊欣俱面受子敬,故当在欣后。

范晔与萧思话同师羊欣,后小叛,既失故步,为复小有意耳。萧思话书,羊欣之影,风流趋好,殆当不减,笔力恨弱。谢综书,其舅云紧生起,是得赏也,恨少媚好。谢灵运书乃不伦,遇其合时,亦得入流。概案,《谢瞻传》:尝作《喜霁》诗,灵运写之,琨咏之。王弘在坐,以为三绝。又《灵运传》:灵运诗书皆兼独绝,每文竟,手自写之,文帝称为二宝。则是久为当时所重贺道力书亚丘道护。庾昕学右军,亦欲乱真矣。"以上一篇,可见晋、宋、梁、齐书家大概,故备录之。僧虔又著有《书赋》,俭为注序,甚工。齐高帝示僧虔古迹十一卷,就求能书人名。僧虔得人间所有卷中所无者:吴大皇帝、景帝、归命侯书,桓玄书,及王丞相导、领军洽、中书令珉、张芝、索靖、卫伯儒、张翼十一卷,奏之。又上羊欣所撰《能书人名》一卷。

1911年10月3日,仙舟赠船山及曾文正全书。

1915年12月1日,选船山《通鉴论》。

姚锡光日记①

1895年12月25日,范肯堂来。而俞〔喻〕庶三水部亦来住是寓,一见倾谈颇得。知为余乙酉拔贡同年名兆蕃,乙酉举人,己丑庶常,改工部,江西萍乡县北乡清溪镇人,颇磊落。纵论当世人材,庶三盛称候补道黄公度、蔡和甫办洋务才具。并言,有罗正钧者号顺循,湘潭人,乙酉举人,现在湖南陈右帅幕府,最称气节,著有《船山师友录》,王壮武、左文襄《年谱》。余亦告庶三以吾乡陈善馀同年博通载籍,明达时局,实为通才,李曜溪映庚同年海州人,进士。有文武才,皆极一时之选。

1896年5月10日,读《船山诗卷》。

张謇日记②

1885年12月1日,得彦升讯、《王船山遗书》。

1900年10月21日,课题:《使先觉觉后觉》;《船山亭林梨洲学术同异论》。

1904年2月11日,复试。止试国文二题:《问中国言师范最详者何书?

---

① 姚锡光:《姚锡光江鄂日记:外二种》,北京:中华书局,2010年版。
② 李明勋、尤世玮:《张謇日记》,上海:上海辞书出版社,2017年版。

各国师范学校最多者何国？师范与国家关系者何事？诸生来学所志望者何的？各举所知，畅言以对》；《黄梨洲、顾亭林、王船山志业与田子泰孰近论》。限三小时交卷。

1906年2月28日，考阳明、梨洲、亭林、船山生年。阳明，成化八年壬辰九月三十日丁亥生。梨洲长船山九年，长亭林三年，万历三十八年庚戌八月八日戌时生。亭林，万历四十一年癸丑五月二十八日生。船山，万历四十七年己未九月初一日子时生。船山之祖，扬州高邮州人。

1919年4月1日，眉录：湖南刘艮生挽联："船山不死社犹存，讲学得贤，宁非效者；湘水无情波尚沸，归丧靡所，谁之咎欤。"

刘绍宽日记①

1895年2月19日，湖北学政孔祥霖奏请王夫之从祀文庙。

1898年8月14日，宋燕生先生来……本朝经济家言，惟黄梨洲之《明夷待访录》、王船山之《黄书》、颜习斋之《学记》、唐甄之《潜书》最佳，若合四书而尽通之，西学具赅于是矣。论字，则分南北两宗：钟，北宗也；王，南宗也。颜、柳，北宗；赵、董，南宗。两派未易优劣。近人不敢诋王，而独诋赵、董，实非通论。苏字源于徐会稽，而加以纵肆。曾涤帅、孙太仆则兼苏、赵，大抵曾、孙学问皆师生一气，惟书法孙较胜，以孙用羊毫，曾用紫颖也。陶溶宣学魏，丑拙到家，与袁爽秋之诗可为匹偶。

1932年5月27日，偶阅郭春榆曾圻《楼居偶录》一卷，所录方望溪《原人论》、顾亭林《日知录》、姚姬传《李斯论》、王伦表《巢许论》、王船山《通鉴论》、曾文正《原才》、潘四农《养一斋集》、陆桴亭《思辨录》、赵执叔《造化经纶图》、张杨园集、王阳明《传习录》、刘蕺山《语录》、吕叔简《呻吟语》。

1941年5月16日，今《越缦日记》引王夫之《永历日录》，有叛臣传陈邦傅，乃浙江绍兴人，于是其疑始释。《日记》第五册第七十五页。

朱峙三日记②

1907年11月6日，以顾炎武、王夫之、黄梨洲三大儒从祀孔子庙。闻太

---

① 温州市图书馆：《刘绍宽日记》，北京：中华书局，2018年版。
② 胡香生、严昌洪：《朱峙三日记（1893—1919）》，武汉：华中师范大学出版社，2011年版。

后先不悦,因黄著《明夷待访录》有《原君》一篇故。

1911年12月5日,默记湖堂未携出之书,有《船山遗书》四种,《读通鉴论》一套,《草字汇》大板的一套。

翁同龢日记①

1864年2月18日,购得王夫之《读通鉴论》,此书求之数年矣。

1866年3月2日,过厂肆,欲购王船山《子评五种》,未果也。

1868年7月18日,读国初贺子翼先生(名贻孙,江西永新人,明孝廉)。《激书》,笔势与王船山极相似,大都全生远官,与老庄为近。

1877年4月1日,读王船山《通鉴论》,如对故人。

1878年9月1日,是日巳刻内阁会议张伯行、王夫之从祀庙廷,张清恪准,王船山驳,皆礼部主稿,余与子松退直后至,阒无人矣。驳稿略抚《四库提要存目》中语,断为不足羽翼圣经,继承道统。画稿而出。分三日考军机章京,自是日起。

1881年11月24日,明日送礼,受《船山集》《望山集》共一匣。

1893年10月1日,皇太后万寿节,特传于丰泽园听戏七日,赐观龙镫。以王夫之《读通鉴论》进呈。派充查仓大臣,此差无事,几成具文。

1895年8月5日,巳初上诣西苑皇太后前请安。至内阁大堂会议从祀两庑:吕与叔、王船山。吕准王驳。

王文韶日记②

1867年9月7日,九帅赠《船山遗集》全部共八套,以经史子分编,船山先生姓王名夫之,号姜斋,湖南衡阳人,崇祯年举人也。

1876年1月28日,竟日无事,阅王船山《读通鉴论》三卷。

1月29日,阅王船山史论三卷。

1月30日,阅王船山史论一卷。

1月31日,阅史论一卷。

2月2日,阅史论一卷。

---

① 翁同龢:《翁同龢日记》,上海:中西书局,2012年。
② 袁英光、胡逢祥:《王文韶日记》,北京:中华书局,1989年版。

2月10日,阅史论一卷。

2月15日,阅史论十页。刘宋文帝止。

2月19日,阅史论二十页。

2月20日,阅史论二十页。

2月22日,阅史论十七卷毕。梁敬帝止。

2月25日,阅史论第十九卷。隋炀帝止。

2月26日,阅史论二十页。唐高祖止。

2月27日,阅史论第二十卷毕。唐太宗止。

2月28日,阅史论第二十一卷。唐中宗止。

3月1日,阅史论第二十二卷。唐玄宗止。

3月2日,阅史论第二十三卷。唐代宗止。

3月4日,阅史论四十二页。

3月5日,阅史论二十四五卷毕。唐宪宗止。

3月6日,阅史论第二十六卷。唐宣宗止。

3月7日,阅史论第二十七卷,唐昭宣帝止。

3月14日,阅史论第二十八卷,五代上。

3月16日,阅史论第二十九卷。五代中。

3月17日,阅史论第三十卷五代下。并卷末。叙论四又一段。

3月18日,阅王船山《宋论》第一卷。太祖。

3月19日,阅《宋论》第二卷。太宗。

3月21日,阅《宋论》第三卷。真宗。

3月24日,阅史论第四卷。仁宗。

4月1日,阅《宋论》第五卷英宗,第六卷神宗。

4月3日,阅史论第七、八、九三卷。哲宗、徽宗、钦宗。

4月30日阅《宋论》第十一卷。孝宗。

5月1日,阅《宋论》十二卷光宗,十三卷宁宗。

5月3日,阅史论十四卷宋理宗、十五卷度宗、恭宗、瑞宗、祥兴帝全卷毕。

1878年9月1日,已刻赴内阁会议王夫之、张伯行请从祀文庙折,张准王驳。

第六章
文人日记中的船山学文献汇编

潘祖荫日记[①]

1888年11月9日,寄胡云楣书二种(《探路》、王夫之《四书讲[训]义》)、拓三种(文湖州、东坡竹题跋),交眉伯。

管庭芬日记[②]

1820年12月23日,胡蕉窗遣一价来,邀晨往蕉窗处,午后以近得方兰如天青纸泥金花卉幅及旧抄王夫之《七经稗疏》十二册、旧抄《徐霞客游记》十册、原印汲古阁《六十家词》三十册见视。

袁昶日记[③]

1881年三月,《鸿范》而邦其昌,箕子不臣周,故不为周讳。古者入门问讳,武王访道于胥馀,是未尝入新朝之门也。其词灏灏,与《周书》有别。今亭林、夏峰、梨洲、二曲、船山编入国史《儒林传》,亦从《鸿范》次于《周书》之例。圣祖尝欲召用孙、黄、李三先生,叹息以为憾不得见,命所司存问敬礼。然则诸老高《明夷》之节,圣主有访畴之雅,不亦两美乎?伪《太誓》,亶聪明,是时古公尚在四亲庙之列,未祧当讳而否焉,斯作伪者之纰漏矣。

1882年九月,访六希,案上有《明史略论》,湖南彭氏著。诸生,忘其名字。文体仿张溥《通鉴论》及王船山先生《宋论》,其论阳明王公谪龙场及以逆濠付张永事,见地甚卓。

1895年八月,谒见督部南皮师,饭于煦园西小阁中。饭后侍公杖履,遍游池东西两岸诸胜,水木明瑟,中有石船,师言此船终古不行。寻大令下一转语,予对言:"已到彼岸,永离尘劳,故湛然不动而常住也。"湘西有石船山,王而农行人所隐,想曾湘乡创建此署时所布置,以象船山邪?未可知也。对岸疏篱古木中有鹤三四,饮啄自如。大鱼拨剌自跃水面。荆公诗所谓"跳鳞出重锦,舞羽堕软玉"也。壁尚有朱文定士彦、潘文恭世恩题陶文毅"印心石屋"刻石。凭栏眺望,有濠濮间意。于时秋也,故景气明远而萧爽,重台木芙

---

① 苏州博物馆:《潘祖荫日记》,上海:上海古籍出版社,2022年版。
② 管庭芬:《管庭芬日记》,北京:中华书局,2013年版。
③ 袁昶:《袁昶日记》,南京:凤凰出版社,2018年版。

蓉盛开。论《易》消息,时运无常,诎亦无常伸之理。论《恒卦》,戒求深,至人不凝滞于物。故曾公持敬养气,日课力戒,文字不可一味耽著,若有意求深,便是徇人。论救时以务本、节用、爱用、爱惜物力为先,培养人才、教炼士气为急。

1896年十一月,周柱坤,字卓群,湖南宁乡附生,年三十游闽、蓟、析津回。王逸梧祭酒弟子也。以笔记来,见其人,气静神怡,可与学道。与之言立身,自以朱子之学行为根柢,于君乡先辈,远则宜宗王船山,近则取法曾文正,此乃为学康庄大道。三不朽事业,立德立言,皆自己做得主,可勉为之。立功,则消息听之天命,机会关乎人事。安守素位,一任遇合之自至可也;言无文则不克行远,创意造言,有序有物,亦要用功,根基既立,推而行之四海而准,能言忠信、行笃敬,虽蛮貊之邦,行矣仁,远乎哉!周君颇虚心,剧可喜,赆以二十番。

1897年十月,王船山诗笔净秀严丽,亚于石斋黄公,故当出张苍水、金道隐之右,黄公行气浑灏无涯,如渤凝之岛,间见琪花瑶草,不可名状,备天地四时之气,非同时他高手可及。阅《王船山先生集》,末《龙舟会传奇》讥宏光耽女乐邪,臣尽作谯周一流,毫无殉君父之意也。吟讽一过,涕泪交下。赏犒筑堤之保卫勇泉布九十千;哨官刘用和马褂料一件,钢刀两口。衡情为高宰平先生之从孙,宰老石门校官,有学行,风节凝然,年垂八十余。豁庐近奉北洋委育才馆总办,故一时不得脱身南归。学生五十名,教习夏瑞卿大令。

周腾虎日记①

1859年1月6日,因眉翁、伯翁均有应酬,尚须迟留,余特先开舟。辰刻,移舟阊门,至朱春舫馆中,候太夫人起居。春舫尚在江北德帅处也。是日北风,舟行甚迟,昏后始抵望亭。余阅魏默深先生所撰《诗古微》,始识王夫之之学问。《古微》后所引其说深远,非浅学者所能。后至曾公营中,询郭筠仙嵩焘。太史,始悉夫之之为人。急欲得其书,遍求不得。此来与左太守仁。往来,伊家有其书,因假得之。六经、四书皆有讲义,通会汉、宋,而出以己见,实名世大儒也。其《〔读〕通鉴论》,尤明通有特识。篷窗无事,翻阅殆遍。王夫之论贾谊、陆贽、苏轼,虽有深义,然诋苏过甚,非笃论也。苏恺弟

---

① 周腾虎:《周腾虎日记》,南京:凤凰出版社,2019年版。

爱人，惟学识浅薄，未能免俗耳。假使秉政，可与韩、范、富、欧为伍，不为王荆公也。荆公气悍而不晓事，固执而不回，所以成其败。轼知变通，若使当局，亦不过因世随时，无能为大功业耳。若如夫之所言，则几如小人之尤，何至是耶？学者论古人，往往失其平放，不能餍服千古耳。

1月7日，经日阅王夫之《读通鉴论》，持论明通，庶为知言。言匹王佐之才，世不多见，可尚也。

8月8日，舟中携王而农说经诸书。阅之，新义颇多。其明通之处，实足辨古证今，为群经之蠹。其《书经稗疏》，引据精核，而《四库全书提要》谓"其间有失之太凿者。如谓《虞书》自'戛击鸣球'以下至'庶尹允谐'，皆韶乐之谱；'以咏'二字贯下'祖考来格'三句为升歌，以配笙瑟之诗；'鸟兽跄跄'，为下管之所舞；'凤凰来仪'，为第九成吹箫之所舞；'百兽率舞，庶尹允谐'为乐终击磬之所舞。又谓'作歌''赓歌'即大韶、升歌之遗音，夔以被之管弦者，故系之'庶尹允谐'之后。前数语不用韵，如乐府之有艳、有和、有唱；其三句一韵者，如乐府之有辞。其说附会支离，全无文义"云云。《提要》讥之如此，考其原文，至为辨晰，似未可讥呵也。案：其原文"'戛击鸣球'以下至'庶尹允谐'，皆韶乐之谱也。"略如《提要》所引，而云先儒以格祖礼宾、群让鸟跄、兽舞凤仪，尹谐为乐之应。夫祖考之格与否，既非人所知。虞宾则固已在位，不因乐感庙中群后。各以其事为序，无所于争，则亦无所于让，不待闻乐而始加谦挹。若圣人画鸟兽之性，亦唯使安于自然而已，以飞鸣攫拿之物宜在郊野者，一旦翔舞于庙堂，是物违其性，亦为妖、为怪，而不得为顺矣。匏巴鼓瑟，游鱼出听；师旷奏清角，元鹤来集；南卓羯鼓，群羊踯躅。言出稗官，不报而亡。实即令有之，一技之士固能之，而何待舜、夔荐？淫夫酣歌于室而鹁鸠不翔，凶人狂哮于衢而虎狼不至，何徒《韶》奏于廷能动兽心而不丧耶？凤凰感德而至，和之所致，祥理有然者。乃谓其来，在作乐之顷，则彼凤凰者，非素止于百里之内，安能遗飞速集而不丧其期耶？孔子作《春秋》而"西狩获麟"，获之于郊也。固不追随于子之室，而睥睨简册之间，则凤亦安能爱止于夔之侧，而错综于干羽之列邪？若庶尹之谐，自舜之德教使然，尤不在作乐之。一曰："使待乐作而乃谐也"，又曰："童子新端行。"徐之说亦出秦汉所传，不足深信。童子之智不应贤于魏文侯，古乐不能警文侯之非，敬仲所传之《韶》，其能感童子之眸乎？《韶》之为《韶》，非仲尼、季札有不能尽知者。汉儒好为瑞应之言，宋儒乐道天人之际，惟怪与神，"子所不语"，学者所不当信也。其言于理甚确,未可以好异訾之。夫子说经,颇与鄙意符合,如河水不信"北载高地"之言,生民不信"大人迹"。郑注之诞,皆鄙言也。暇当取此类,一一录之。

1861年11月12日,本朝宁人之博赡,冠绝一时,而衡山王而农先生尤觉横绝百代,几欲直接孟子。世无孔孟,即有高识绝学。世无知者,类多沉沦于残篇断简之中,可慨也。

11月17日,昔伯厚尝与余论臧豪之事,以为不当仕乱世,故有此伤心之事。及阅王而农《读通鉴论》,亦反复责苞轻仕乱世,无以自全,蹈亲不测。其议与伯厚正同。余尝疑之而未有决也。今见此议,提周墟而论,则苞失显然矣。苞母既为贼得,只可返城邑于朝,委之于令长,而身入贼中,请母之命,是亦仁至义尽,仁孝之举矣。父母在虎口而犹进兵,以促亲之死,何以自安哉?君、父并在危险,尚当先亲后君,况城邑失而可复得,母命一死不生,以此易彼,亦几于见利忘义矣。由未能精义入神,蹈小谅而忘大权,卒之,虽死而无所逃罪也。

莫友芝日记[①]

1867年9月6日,遣致湘乡属寄船山书于丁方伯。又有寄郭中丞及俞荫甫者。腹疾不能亲往,并托方伯转致之。

林传甲日记[②]

1900年8月24日,顾亭林、黄梨洲所以名重于世者,不事二姓也。王船山、魏叔子亦然。彼明之奸臣如马、阮,贰臣如吴、耿、尚,终婴诛戮。

9月5日,顾亭林考据深于性理,黄梨洲性理深于考据。张杨园《备忘录》论治,已极言世弊,盖由黄梨洲之《明夷待访录》、王船山《黄书》《噩梦》推阐之。

8月29日,《周易》惟卦象指物陈事,于先王之善政、君子之躬修囊括。王船山著《周易大象解》,发挥治乱圣狂之理,非寻常演图说谶所能知。

8月30日,王船山言先天观梅之术,言赜言动,而不察物宜、不循典礼,

---

① 莫友芝:《莫友芝日记》,南京:凤凰出版社,2014年版。
② 况正兵、解旬灵:《林传甲日记》,北京:中华书局,2014年版。

屠贩盗贼皆可以问,是训天下以乱,而可恶甚矣。

8月31日,王船山言朱子师孔子,表章六艺,于《易》显背圣教。崇朱子者,当舍其《易》。朱子等《易》于大(旬灵按:原文如是。此处当作"火"。后附《勘误表》第二十三条)珠林之列,王安石屏《易》于三经之外。秦始皇未焚者,汉、宋诸儒竟乱之,居心何忍?宋之包拯、明之海瑞,今之妇孺皆知。循吏者,辣手能办事也。王船山深识其酷。

9月1日,王船山谓后稷生于帝执无道、诸侯叛乱之时,故置之隘巷,人有送之平林者。平林国名,见《逸周书》。平林又被侵伐,而置之寒冰。非故意弃之也。旧说几以后稷无父,岂非千古之疑?

9月2日,陈游《礼记集说》用朱子《大学》《中庸》章句,坊本遂删去二章,以读《礼》者必先读《四书》也。王船山《礼记章句》,《学》《庸》皆尊朱注,而以己意衍之。不然,则读者并不知《礼记》之有《学》《庸》也。

周之戎,如今之土司,参错于郡县。观追戎于济西,则去曹近而去徐远。杜预谓,陈留、济阳,东有戎城。王船山谓,戎专指徐戎。非是。

船山《春秋稗说》,向未刊行。故子纠之说,梁锡玷据为新义;翚不书族定姒非谥,叶西据为新义。

《穀梁》谓,王者朝日,日出而有亏伤之象,故知其食于夜。王船山言,足令人姗笑。历家无夜食之法,殆未深究带食之理耳。

杜注谓,子纠为桓公庶兄,本之荀卿。程子谓为桓公弟,本之薄昭《与淮南王书》。《史记》谓皆僖公子,程子谓皆襄公子。王船山断小白为襄公弟,纠为襄公子,颇为创解。

王船山《读左氏博议·士文伯日食篇》(旬灵按:原文如是。考王夫之有《续春秋左氏传博议》,其书卷下有《士文伯论日食》),灼然于后世历家之学,不为古人设辞所惑。《春秋稗疏》于日食,亦有考辨。

《读通鉴论》,何承天始得天一行守皆踵之,尤为卓识。所著《噩梦》,欲废历之宜忌建除,广解缙之说,与梅定九《历学疑问》合。所著《通问录》(旬灵按:原文如是。或当系《思问录》之误),言张子左旋之非,皆可采也。

9月3日,金仁山解千秋日至,言苟求已往日至之数,则将来可坐而致。王船山言,言仁山之论历,犹安石之回河。可谓名言。官场俗用"准""验"等字,易以"凖""騐",则以为不合例。市侩俗用"圣吴""观亭"等字亦然。

9月10日,读王船山《永历实录》,见监国之初,苏观生与丁魁初不和;招降献党之后,孙可望与李定国不和。桂藩跳踉十六年,屡蹶屡起,岂无人乎?不和则亡,岂非殷鉴。

《永历实录》载:董御史按江西,索王得仁歌妓,不与,得仁固劝金声桓反。呜呼!以女色之柔,鸷悍之夫一怒而为之死,不独吴三桂之于圆圆也。李成栋妾,亦松江妓,劝成栋反、事桂藩事,尤相类。

《莲峰志》:嘉会堂为朱、张二夫子会林择之处。择之讳用中,闽之三山人。在峰头唱和。官爵无考。今朱、张祠,林择之配享。

9月11日,王船山《黄书》一卷,《原极》《古仪》《宰制》《慎选》《任官》《大正》《离合》,凡七篇,亦经济家言。惜贺氏《文编》不及见而采之。

9月12日,王船山《石崖先生传》言,万历末,时文日变,始承禅学之余,继以庄、列、管、韩之阴涩,已乃效苏、曾而流于浮冗,后则齐梁浮艳,徒趋淫曼。吁!时文至此,真可废矣。陈大士自云三月而遍读廿一史,目力之胜可知。王船山讥其历法粗率,且未晓了。想其读史时,历志无能晓处,便掷向一壁去。以此推之,大士于史,地理、职官、兵刑、赋等志,俱不蒙眛眛。此言深中后人读史之弊。

9月20日,王应麟《玉海》,马端临《通考》,皆成于入元以后,亭林、梨洲、船山之流欤?

10月8日,王船山《龙舟会》词曲,其事本唐王恽《幽怪录》。此老一生无一字无来历,《幽怪录》以为手刃其仇,《龙舟会》则以为告于州获,亦略有小异。

10月11日,王船山著作等身,其兄王介之《易本义质》,篇帙无多,而多所发明。

江瀚日记①

1895年12月3日,甲申以王而农《读通鉴论》交费绍麟寄傅生。

缪荃孙日记②

1899年3月5日,读王船山《通鉴论》。

---

① 江瀚:《江瀚日记》,南京:凤凰出版社,2017年版。
② 缪荃孙:《缪荃孙全集·日记》,江苏:凤凰出版社,2014年版。

1890年10月4日,出拜樊云门、庞绷堂、李莼客。赠莼客新刻书《王船山年谱》《通义堂集》。

皮锡瑞日记[①]

1898年3月11日,开讲拟增入数语云……圣门四子侍座,夫子问何以酬知,子路、冉有等答以兵农礼乐。丘山言志,子路、子贡亦各举所长。足见孔门不讳言富强,谓重心性而轻事功,乃后儒之误解。诸葛武侯隆中问答,已定三分之策。范文正公为秀才时,以天下为己任。世言儒者迂疏寡效,岂知真儒必不迂疏,其迂疏者乃叔孙通所谓鄙儒,不知时变者耳。粤匪之乱,中兴将相多出湖南。曾文正与唐确慎讲学,一出而戡大乱。罗忠节与弟子讲学,一出即为名将。左文襄讲舆地之学,一出而戡定东南余孽,辟地西北数万里。乡先生流泽未远,学者当闻风兴起。即事权不属如王船山先生,抗论古今;魏默深先生,纵谈海国,著书传世,亦足以教后学。今倡立南学会,愿与诸君发明大义,先在读书穷理,将圣贤义蕴了然于胸中;古今事变,中外形势,亦期讲明切究,庶几有体有用,不为空谈。将来风气大开,使我湖南再见曾文正、罗忠节、左文襄之伟人,再闻王船山、魏默深之伟论,乃不负今日创立学会之盛意。

4月13日,拟作下次讲义云……国朝通儒,如亭林、梨洲、船山,惩明末心学之空疏,而欲救之以实,其学并非专主训诂、考据,凡德行、言语、政事、文学四科宗旨,无不讲求,规模甚阔,体用兼备,可为师法。乾、嘉以后,乃专主国初训诂考据之学,引而申之,精益求精,于是标举汉学之名,以别异于宋学;训诂考据,精于国初诸儒,实不如国初诸儒规模之大,较有实用。

12月17日,阅《明夷待访录》,其论多与近人言时务相合,足见先后一揆,英雄所见略同。予少服膺亭林、梨洲、船山诸老之书,以为其学有体有用,非乾、嘉以后稗贩古董无用之比。今年讲学,即举昔日所得者言之,非傅会近人议论也。而鼠目寸光之徒闻间而吠声,并集矢于梨洲诸老,可谓怒其室而作色于父矣。顾、黄、王诸老之学,实非斗方名士、古董汉学所能梦见,何论时文鬼乎?

1902年1月15日,居停言壬老已辞船山,不知来者为谁。此间将请黄

[①] 皮锡瑞:《皮锡瑞全集》,北京:中华书局,2015年版。

敬舆,大约仍须八股大卷人充之,不用我辈。

1902年6月6日,阅《船山遗书》,将皮熊一传录出。此吾宗之忠义士也。

孙宝瑄日记①

1897年9月14日,览船山先生《黄书》。先生悲封建之亡,以为衣冠之国沦为异域,自秦开之,而成于宋,无藩蔽也。与余意略相似。而吾重在君民之隔,船山重在夷夏之失防。

9月16日,仍观船山先生《黄书》。

9月17日,览《黄书》终卷。船山、梨洲诸老多持慎选举、易防闲及兴学校诸论,诚治世之良法也。然而秦以后皆盗贼盘据之天下,彼所立法皆不出愚民防民之计,而无丝毫之为民。今二公之所窃窃然忧者,因民之苦,欲易良法,是直以法为民而立也,与立法之人初意大相悖矣。故吾谓,苟非圣人出御世,为民立良法,则必俟变君民共主之局,而法始渐渐臻于美善。舍是二者,无望焉。船山先生有离合之说云:辅其自然故合,循其不得已故离。至哉言乎! 余谓据乱之世,离焉而后能合,故先王分疆画井,建国树长,使各君其土,各子其民,然而朝聘以时,币飨不绝,离而能合者也。秦汉而后,缀天下于一人之襟,强合所不能合者,驯至上下相蒙相弃,人人离心,第制于法而不敢动耳。其为离也,大矣。是故天下有以离为合者,唐、虞三代是也。合而愈离者,自秦以下是也。

9月18日,览船山先生《识小录》。

11月3日,观明遗老夏峰、梨洲、二曲、亭林、船山诸人事略。国初硕儒,无不读破万卷,力矫前人之疏陋,而励风节,尚躬行,犹存故国遗风焉。雍、乾而下,杰起者甚多,始多溺于音训名物,考据琐碎,而无余事。

1898年5月19日,国朝经世硕学,前有亭林、梨洲、船山、习斋、铸万,后有慎伯瑟人、默深、树滨、实斋,十先生之书,皆不可不深究也。

6月22日,舟中览《盐铁论》。秦、汉而降,边有胡番之患,腹地有寇贼之虞,其故皆由封建之废。封建破坏,则天下荡然无限,而失藩篱。王船山先生尝言之矣。三代而上,非无戎翟、俨狁,然命师出征,平之甚速,非若后世之耗竭海内以从事边防也。虽有萑蒲之盗,取之亦易,非若后世黄巢、闯、献

---
① 孙宝瑄:《忘山庐日记》,上海:上海人民出版社,2015年版。

第六章
文人日记中的船山学文献汇编

之流蔓衍而不可收拾也。得失之由,瞭然明矣。世运不日进则日退。西人日进,故多是今而非古;中人日退,故多尊古而卑今。

7月8日,长素又以《公羊》有大一统之说,而李斯佐秦定一统,罢侯置守,以是谓其传儒术。不知《公羊》大统句下,何休注云:王者始受命改制,布政施教于天下,自公侯至于庶人,自山川至于草木昆虫,莫不一一系于正月,故云政教之始。据是,可见三代圣王受命,皆称大一统。所谓通三统也。但有王二月、王三月之分耳,且非废诸侯乃称大一统。一统云者,自公侯至于庶人,自山川至于草木昆虫,莫不统于王也。今必执罢侯置守而后为大一统,抑何谬耶?三代以下之为乱世,皆李斯置诸侯不便一语酿成之。王船山曾有此意,余复畅发之,详于前矣。使孔子所谓大一统,果志在罢侯置守,如李斯之言,则孔子为二千年之罪人矣,乌得为教主哉?

1901年7月10日,观《王船山遗书》。船山,名夫之,湖南衡阳人,明举人。张献忠陷衡州,设伪官招之,船山走匿南岳。贼执其父为质,船山引刀自刺肢体,舁往易父。贼见其创也,免之,父子俱得脱归。居石船山,杜门著书,有《易》《诗》《书》《春秋》诸经裨疏,《通鉴论》《宋论》《张子正蒙注》《黄书》《噩梦》等书四十余种,为国初大儒。

1903年3月20日,读船山诗。船山长于古风,五言尤佳。律诗锻铸太工,反失神韵。

3月23日,余素恶王安石、张居正皆祖申、商之言,其学术卑卑不足道,而世无以余言为然者。船山竟先得我心,其《通鉴论》曰:申、商者,乍劳长逸之术也。无其心而用其术,孔明也;用其实而讳其名者,介甫也,况令狐绹、张居正之挟权势者哉!又云:申、商家不容掩之藏,李斯发之矣。李斯曰:行督责之术,然后绝谏争之路。申不害曰:有天下而不恣睢,命之曰以天下为桎梏。此皆法家之宗旨也。又云:任法,则人主劳而天下困;任道,则天下逸而人主劳。

3月26日,观《汉书》及《通鉴论》。船山当明末,深恶满人入主中国,故于夷夏之种界辨之甚严,而痛诋娄敬教高帝遣女嫁匈奴,谓自是内地女子妇于胡者多矣,乱夷夏之种,罪不容诛。又云:胡雏杂母之气而狎其言语,骜戾如其父,慧巧如其母,益其所不足,以佐其所有余。故刘渊、石勒、高欢、宇文黑獭之流,其狡狯乃凌操、懿而驾其上,亦归罪于娄敬。论颇新。

3月28日,观皇侃《论语疏》及《通鉴论》。自来论盐法者,莫不谓天下皆私盐。天下无公盐矣,故盐宜听民之自煮、自取、自为卖买,公家但收其税而不必专其利。此论盐之最高等者也。船山之意,独不然之,彼谓弃盐利以予百姓,名至美也,实则为豪民富户所擅夺垄断而已。贫者之沾其利,亦仅矣。利归私室,反不如在公家也。公家取其利,尚可以佐军旅、教育及一切行政之需,稍稍有益于众百姓,非一人一家之私利也。使为豪富所垄断,则反是。忘山曰:所见不为无识。

3月29日,读《通鉴》。

3月30日,读《通鉴》。

4月10日,读《通鉴》。

5月22日,读船山《通鉴论》。船山于唐魏玄同之请复辟召、杨绾之请复孝廉,皆痛斥之,以为断非三代以下所能行。如欲行之,必反封建之天下而后可。其识可谓伟矣。船山曰:穷则变,未有既变可使复穷者。然哉!

5月23日,船山云:言者所以正人,非所以正己。己有余而不忍物之不足,则出其聪明,以启迪天下之昏瞀,而矫之以正。子不忍于父,臣不忍于君,士不忍于友,圣人君子道不行而不忍于天下后世。忘山曰:然哉!邃古之时,道而已矣。人游于道中而相忘也,自道衰而德见。盖名之曰德,以有不德者与之相形也。不德者多而天下乱,于是圣人不得已出而救民之危,于是有功。不德者多而斯民愚,圣人不得已出而辟民之聪,于是有言。由是观之,立功、立言,皆出于不得已也。出于不忍,非好为之也。使天下无功可建,无言可说,圣人求之不得矣。

5月28日,船山论第五琦、刘晏二人,专竭东南以供西北,于是东南民力日困,垂千年未纾,而养成西北游惰之性,以致沟洫不修,蚕桑不事云云。是说也,亦不尽然。盖刘晏等当日所供之财赋,皆以给官府以养群吏,以赡国用,西北之百姓固未尝享其利也。即百姓亦待养于东南,必出财以易之而后可。然财力有尽,岂能持久?吾见西北之人多俭朴无华,衣帛食麦皆仰土产,其餐稻被丝者盖少,似未尝有赖于东南。至其安于固陋,由风气未开,国家无以提倡之,曷尝因东南者足以骄之耶?谓东南民力之殚,固矣,然数千年来饿死之人多在西北。东南虽纳重赋,而衣食赡足者尚多,实未尝因之而困也。是何也?税敛愈重,愈足导民于勤,民勤则富,赋虽重无所苦。船山论事,仍不免文家积习,非精确之语也。

5月30日,船山先生云:三代以下,选举渐变,而科目专以文取士,亦不得已之故也。盖谓以文取士,而得伪饰之文;以行取士,而得伪饰之行。然而伪行之害甚于伪文。且设科以取士,必授之以式,文者言治而要之事,言道而要之理。即至骈偶声韵之文,亦必裁之章程可式者也。行而务为之成法,则孝何据以为孝之程?廉何据以为廉之则?不问其心,而但求其外,非枭獍皆可言孝,非盗贼皆可云廉。极其弊,委之守令,而奔走于守令之门;临以刺史,而奔走于刺史之门。以声誉相奖,以攀援相竞,乃至以贿赂相要。以行取人之收效,不到此地位不止,不如以文取士之为得也。抑非谓以文取即可得真士也,设取士之科,止以别君子野人而止耳。虽有知人之哲,不能于始进而早辨其贤奸也。取之以文,正以觇其读书与否而已。文学既优,虽其心不可知,终胜于野人。迨至明试以功,论定后官,而贤不肖、智愚、勤惰忠佞、贪廉,自有秉宪者执法以议其后,但有明君在上,严其赏罚,精其察别,何患?不患不能得人。船山之意如此,亦可谓有闳识矣。

6月1日,船山云:人之善疑也,盖有二种:一刚而责物已甚则疑,一柔而自信无据则疑。两者异趋同归,以召败亡,一也。刚不以决邪正,而以行猜忮;柔不安善类,而以听谗诱。是为两失。

郭嵩焘日记①

1858年9月3日,雪帆、子箴两前辈邀至文昌馆午酌。席间晤徐彝舟(鼒)前辈,言旧著有《小腆纪年》二十四卷,皆胜国遗黎也,欲得王船山先生传补入之。予谓船山苦节,当时无及者。而吾楚诸贤,足与斯选,犹不下三数十人,当觅《沅湘耆旧集》一奉览耳。乙舟因述往岁为袁漱六撰船山祠联云:痛哭西台,当时水殿仓皇,知己犹余瞿相国;栖迟南岳,此后名山著述,比肩惟有顾亭林。

11月29日,作梅见示《易钞》一本,盖合程子《易传》、来矣鲜《周易集注》、王而农《周易内传》三书,约文申义,断以己意,其指陈事理。尤多精到之论。

1861年4月23日,船山先生云:"气之……如老疾者之喘息,本不盛而出反促也。"明以来之所谓气节也,皆气之消也。非知道之君子,谁与辨之。

5月14日,船山之论老子曰:"天下之言道者,激俗而故反之则不公,偶

---

① 郭嵩焘:《郭嵩焘日记》,长沙:湖南人民出版社,1981—1983年版。

见而乐持之则不经,凿慧而数扬之则不祥。三者之失,老子兼之。然其为道,无为自化,清静自正。文、景踵起而汔升平,张子房、孙仲和异尚而远危殆,用是物也。"

5月21日,船山云:"末俗有习气,无性气。其见为必然而必为,见为不可而不为,以婞婞然自任者,何一而果其自好自恶者哉?皆习闻习见而据之,气遂为之使者也。习之中于气,如瘴之中人,中于所不及知。而其发也,血气皆为之澎涌。故气质之偏,可致曲也,嗜欲之动,可推以及人也;惟习气移人,为不可复施斤削。"以此观天下之人才,考求士大夫之议论,其超出习气之外者,能几人哉?

8月15日,罗麓山言:"'东汇泽为彭蠡',有以巢湘当彭蠡者;汉水东会彭蠡,水道地势皆不合宜,朱子竟欲去此二语也。"予谓圣人之书,语简而意包。玩此二节,而东南诸大水无不包括。北条之水河为大,南条之水江为大,人皆知之矣。而汉水之源远流长,实足与江相抗,江、汉合而江不得专主其名,故以汉水为北江。入江之水,大川三。其一汉水,其次湖南之洞庭,其次江西之彭蠡。禹贡导江之文,于湖南之水括之曰:"至于澧,过九江,至于东陵,东迤而北会汉水,以达于汇。"汇者,彭蠡之水出会江汉为南条之水一大汇也。而于导汉之文,疏之曰:"南入于江,乃东而达于汇。"此所汇之泽,乃彭蠡之水所注也。两"汇"字遥相照应,而于汉水疏明之,何得牵入巢湘一水以当彭蠡也?王船山以今扬子江为北江;而谓江水自当涂以达高淳,入太湖为吴淞江者,即《禹贡》之中江;其分流为今东江即《禹贡》之南江;以证《禹贡》"三江"之文,引据明畅,旷越前贤。独谓九江为江南北两岸之水,起巂〔嶲〕水以达巴河,以证《禹贡》"九江"之文,则牵引附会,证以《禹贡》"过九江至于东陵"一语,已不能通矣。

8月25日,景老述悉衡州之驱逐夷人,及省城会议不准夷人入城,以为士气。吾谓夷人顷所争,利耳,并无致死于我之心。诸公所谓士气,乃以速祸而召殃者也。……嚣嚣一哄之气君子之所甚忧也。船山云:"末俗有习气,无性气。其见以为必然而必为,见以为不可而不为,以悻悻然自任者,何一而果其自好自恶者哉?由习闻习见而据之,气遂为之使者也。习之中于气,如瘴之中人,中于所不及知。而其发也,血气皆为之澎涌。是故气质之偏,可曲致也,嗜欲之动,可推以及人也;惟习气之中人,为不可复施斤削。"伟哉言也!自汉以来,惟宋人道学之禁,由小人狎侮君子,然害不及于其身,

第六章
文人日记中的船山学文献汇编

而道益明,君子无损也。汉人则多尚气节而不明理,而其气之盛,自足以贯金石、感鬼神,而不可磨灭。明人多托以为名,而气嚣焉,其反也而馁。以至今日,朝廷之上,靡焉气尽,而为士者习闻汉、明以来之气节而浮慕之,乃以其随波而靡者谓之士气。言者悻然,闻者莆然,问以事之本末,理之是非得失,茫然莫能知也。庄生之言曰:与物相刃相靡,其行尽如驰而莫之能止,可不谓大哀耶?君子辨乎此,而后可与论事,可与论道。

9月9日,景乔言:《顾亭林诗》卷五,有楚僧元瑛谈湖南三十年来事,作四绝句:"共对禅灯说《楚词》,《国殇》《山鬼》不胜悲。伤心南岳祠前路,如见唐臣痛哭时。""孤坟一径楚山尖,铁石心肝老孝廉。流落他方余惠远,抚琴无语忆陶潜。(先兄同年友长沙陶君汝鼐。)""督师公子竟头陀,诗笔峥嵘浩气多。两世心情知不遂,待谁更奋鲁阳戈。(武陵杨公子小松。)""梦到江头橘柚林,衲衣桑下惬同心。不知今日沧浪叟,鼓枻江潭何处深。"惟首尾二首不著名,首诗乃谓王而农,末诗谓郭些庵也。而农先生时隐南岳之石船山,故其诗云然。

9月19日,其自序读《易》,取汉宋诸家讲注,旁及《参同契》及《黄庭经》《悟真篇》诸书,久之见其精妙之处,实有独见。又取所谓《敲爻歌》《四百字碑》《无根树唱道真言》读之,因诸书注家援引《老子》,遂致力于《老子》,而悟邵子称《老子》得《易》之体,实合宣圣以约鲜失之旨。案王弼注《易》,多取老氏之意,晋室清谈所由尚也。然大约宗尚虚无,而取其元之又元,众妙之门,以为谈旨而已,于老氏征实处,所谓欲取固与、欲翕固张者,晋人皆得之以为奔竞功名之资,其于所谓虽有荣观,宴处超然,恐未之有得也。船山论老子,谓天下之言道者,激俗而故反之则不公,偶见而乐持之则不经,凿慧而数扬之则不祥,三者之失,老子兼之。镜海生平亦坐三者之失,宜于老氏之言有深好也。

12月29日,入江大川三:曰汉;曰洞庭,汇湖南诸水注之江;曰彭蠡,汇江西诸水注之江。《禹贡》导江导汉两条,互文见义……《禹贡》于此两条,但标北江、中江之名,不曰三江也。其曰"三江既入,震泽底定",则顾夷《吴地记》所谓松江之三江口,北为娄江,南为东江也。《周礼》职方氏"其川三江",则诸家所谓扬子江、吴淞江、浙江也。诸儒之说,聚讼纷纭,执北江、中江一语,合《禹贡》《周礼》之所谓三江者而疏证之,宜其不能通矣。船山王氏谓大江正流为北江,其由芜湖入高淳以注太湖为松江;而分流东北入海者为娄江,即《禹贡》之中江;东南纳蚬湖水入海者为东江(今东江已湮)。即《禹贡》之南江。一江而分为三,较胜诸儒之说。然芜湖之鲁港口,入江者数源。其出旌德、太平、石埭诸县之水,合为鲁阳江。其出宁国,北流至当涂者为水阳江。其出广德,北过溧阳、高淳,会石白湖水者为塘沟河。汇而入江,并非大江之支津也。太湖自受宜兴之荆溪、湖州之苕溪诸水以注吴松,亦不与江通。自东坝筑而荆溪百渎之水可疏入江,不得据六国时楚灭越塞濑湖之文,遂谓高淳、溧阳之水抵宜兴者,即为大江之正流也。

1862年1月22日,意城信言,内江事宜稿失之激切。据其事,言其理,欲不激切而不得也。王船山云:"天下千条万绪之恶,不堪涵泳。故天下之恶,以不闻为幸。闻之而知恶之,亦是误嚼乌喙,未尝不染其毒。"生衰世,处污俗,见见闻闻,大率如此。君子潜身伏处,远昏浊以惬其淡定之心,不为愤世嫉俗,以养其和平之气。故曰:无道则隐。隐者,非以避世全身而已,所以养德也。乱世之是非得失,以身与焉,而与争屈伸之数,非君子之所尚,明矣。

2月4日,景老以虞宾在位问其幼子壬叟、丁叟,皆对曰丹朱。按船山《书经稗疏》,禹之戒舜,已言丹朱殄世,此虞宾非丹朱也。丹朱不道,尧处之于丹渊,而尧之别子,如孟子所谓九男者,自绍唐封于平阳,以奉尧祀。丹朱不独不有其天下,亦不得有其故国也。范宣子言,自虞以上为陶唐氏,在夏为御龙氏,在商为豕韦氏,在周为彭杜氏,为范氏,皆别子之分封者,非虞宾之嫡裔相承如是。旧注以虞宾为丹朱,误也。

5月9日,"必有忍,其乃有济。有容,德乃大。有者,实有之,而非老氏欲张固翕、欲取固与之谓也。君子所以贞天下之变,利害名实皆无与于其心。不足于物,有余于己,不足于身,有余于心,乃以出入乎险阻,而自蓄其德。"读船山之论,两年阅历,曲尽形容,使此心为之爽然。

5月19日,读船山《诗广传》,摘其语之精者录之。

1863年3月16日,邀集郁泰峰、李绍周、王敬亭、杨艺芳、周桂午小酌。泰峰求《观通鉴论》,因言嘉定严永思衍著有通鉴补正一书,至今未刊行也。

1865年6月6日,与澄帅论事不合,至加以觝排攘斥。褊性如此,不宜仕宦允矣。横渠言:"士君子处治朝则德日进,处乱朝则德日退。"与诸公处,又安望德之进哉!船山先生曰:"君之举臣,士之交友,识暗而力柔者,绝之可也。"以徇私见好为局度,以冥行妄断为力量,急入于迷途而不知返,吾末

第六章
文人日记中的船山学文献汇编

如之何也已矣。

9月10日，督辕以鄙人出省御贼，大触忌讳，再四不可，议论离奇，司道等至传以为笑。船山先生有言："士之交友，识暗而力柔者，绝之可也。"识暗而情愈僻，力柔而毒愈深，澄老当之。

1867年1月15日，船山注《楚词哀郢》，谓为顷襄王迁陈而作。循此说求之，语语皆有归宿。惟查屈子生周显王之廿六年，当楚宣王之廿七年。后四年，成王立。十一年，怀王立。三十年，顷襄王立。后二十一年，秦拔郢，烧夷陵，顷襄王东北走陈，屈子于时年六十六岁。太史公不载屈子生卒年月，而叙述所为《离骚》专为怀王言之，突接令尹子兰闻之大怒。闻者，即闻其悲愤之言也，因遂谮而迁之。此当在顷襄王即位之初，不应二十一年迁陈时，屈子尚无恙也。此说尚待参详。

10月26日，接到意城及李湘甫信，略奚瑞澄泉、蒋湘泉相构情形，所列各款中有广东欠解广西协饷，与藩司郭毓六提拨划还蒋君前在广西随征亲兵口粮。蒋君胆大包天，此其惯技。毓六何所利而为之？船山之言曰："士之交友，君之举臣，识暗而力柔者，绝之可也。"毓六力附蒋君以畔我，非有他故，无识无力而已矣。而终以自累，即亦何辞以解于天下耶？

1868年4月27日，遣杨升赴省，以立簾约其今日到省。顺致曾沅甫一信，并致刷书价交黄少昆刷《船山遗书》二部。

6月7日，遣杨升赴省运《船山遗书》送县。

1870年11月2日，妙高峰立船山先生祠，丁濬卿倡言阻之。成静斋、龙裕亭、罗小垣竟因其言停工，亦并不一告知。经问及小垣，乃稍言其略。吾以山长创建船山先生祠，一二无识之议论屈挠之有余。不知周、程、朱、张之祭，皆由其门弟子奉祀于学以为之基，朱子文集亦屡及之。楚人好议论，而学识猥陋大率如此，可笑可叹。

11月14日，玩圣人"吾非斯人之徒与而谁与"一言，有多少包涵、多少运量，使人褊急狭隘之心，至此全无所容。船山处乱世，几欲离人而立于独，气象又别。师船山之言以立身，体圣贤之心以应物，其庶几乎。

12月3日，诣船山先生祠，悬所撰祠联。

1871年1月13日，拟王船山先生安位文一通并谢土神告文二通，送罗小垣。

1月14日，诣城南书院船山王先生祠安立神位，并奠谢书院及妙高峰两处土神,因留饭。

1月20日,为船山祠及书院名宦祠碑记二通。

3月11日,张力臣、王壬秋同过谈。壬秋见示所注《庄子》,极有见解,看得《庄子》处处皆有实际,足与船山注相辅而行。

5月24日,意城来此补书船山祠碑。

1874年3月24日,《曾文正公年》〔脱"谱"字〕载有著书目,……曰《礼记章句校评》。

1876年10月3日,具奏王船山先生宜从祀文庙,奉旨交礼部议奏。

10月9日,寄省城自徐云渠以下公信一函,述悉二十日奏请船山先生从祀文庙一节。

1879年8月14日,生平所至,提奖湖南人不遗余力,湖南人所以报之,亦诟毁不遗余力。乃至具奏王船山先生崇祀文庙两庑,自揣所言不足取信朝廷,政府诸公视王夔石文章道德百倍胜于鄙人,特请饬湖南巡抚开具事实册,咨送其遗书。礼部以一书托之。省城诸公凡三十余人,无一回信者。顷归家询之,则李辅堂一人实倡其议,谓船山不足入两庑。诸人嗫不敢声。其待二百年前乡先达理学名儒如此,于并世之人何有哉!

9月12日,接杨性农信,并寄《古文正的》一部。……《古文正的》五卷,起顾炎武,终姚湛。吾楚如王船山、陈沧州、陶云汀、贺耦耕、周半帆、孙芝房皆不与,而末附生存者二人,则孙琴西及性农各得一卷。

10月30日,于桐轩再至,为语所交涉诸事,一意置身事外,为透过于人之计,而不知其适足以自累也。船山之言曰:"士之交友,君之使臣,识暗而力柔者,绝之可也。"如此等议论,真所谓识暗力柔者也。

1880年3月21日,刘伯固过谈,属书其尊人霞仙中丞集联云:有猷有为,经世之略;时行时止,至人无心。因稍以持家处身之道戒谕之。盖孔子曰:"以约失之者鲜矣。"君子无入不自得,惟其约也。无在不亏累,则亦无在而能自得矣。许鲁斋言:学者以读书明道为第一义,即当以治生为第二义。船山非之,以为尽天下之人营营焉以治生为急,无待垂训也。要之此语亦自分浅深,"以约失之者鲜矣",亦即鲁斋治生之旨也。

5月21日,饶葆丞告知:光绪五年梅小岩奏请以宋儒辅广从祀两庑,应补入祀典……因忆及光绪二年署礼部左侍郎,奏请王船山先生从祀两庑,而请饬南抚查开其事迹并其遗书。寓书乡人,属具呈另行题奏,而为李辅堂所持,事寝不行。徐桐〔荫〕轩方任礼部尚书,立意议驳。船山之学,胜于庆源奚止百倍,即王夔石之声光,亦百倍胜于梅小岩。吾楚人不务表章先达,竟无一能主其事者。闻浙抚此奏,为之垂涕竟日。

10月4日,九月初一日丙寅,为去岁开立禁烟公社之期,会集曾文正祠之浩园,公祭王船山先生。

1881年4月12日,张笠臣见示朱禹田信,请定二十日为王船山先生安座思贤讲舍。笠臣欲并于廿六日举行。蒙以禹田之言为允,以廿六日开讲,兼禁烟公社会讲,安座一节,先期举行为宜也。

4月24日,思贤讲舍开馆。朱禹田、李次青、张笠臣及意城先至,监院陆恒斋,同诣船山先生祠行礼,诸生至者十五人。

5月2日,李杜生见示夏时济所得船山遗诗钞本,盖己酉、庚戌、辛亥、壬子、癸丑五年之作。己酉为康熙之八年,船山年五十一岁。检查船山《六十自定稿》,多已选刻;其未刻者,必船山所自删汰者也。惟拟阮嗣宗《咏怀诗》,仅刻三之一,自"元云覆千里"下五十余章未刻,此为遗漏无疑,宜补入集中。

9月19日,朱次江治《礼记》,乞予批点船山《礼记章句》及《质疑》一书。

10月23日,致祭王船山先生,以是日为船山生辰,讲舍岁一致祭。……是午禁烟公社会讲,集者十六人……大概言禁烟公社与思贤讲舍相附丽。初定章程岁凡四集,以屈子、周子及船山先生及曾文正公生日,略志景仰先贤之意。今岁开立思贤讲舍,专祀船山先生,即日开馆,及九月朔日祭期,为春秋两次会讲,以后当遂为定例。

1882年1月20日,通计已入国史者,《儒林》八十七人(江苏廿九人,浙江廿三人,直隶五人,河南二人,陕西三人,湖南一人,湖北三人,江西三人,山西三人,山东五人,福建三人,安徽七人),文苑七十四人(直隶五人,山东六人,安徽十一人,江西三人,江苏廿二人,浙江十八人;陕西二人,山西二人,湖北二人,福建一人,贵州一人,汉军一人),循吏三十六人(奉天三人,山西六人,顺天一人,浙江二人,汉军一人,河南一人,陕西二人,直隶二人,安徽二人,山东一人,江苏二人,湖南二人,福建四人,云南二人,江西二人,广东二人,贵州一人),通一百九十七人。湖南儒林列入王船山(夫之),循吏列入严乐园(如煜)、钟云卿(谦钧)。其实应入列传者,固不乏人也。

1882年2月18日,元旦。两宅叩谒祖先,兼诣曾文正公祠及船山祠行礼。

7月23日,张文心送到遗著四种,曰《病枕忆得》,盖六十八岁时追录少年所作诗,而自叙二十五岁时有《澉涛园初刻》,三十岁又编新作曰《买薇集》,抑何刻诗之早也?曰《姜斋诗分体稿》;曰《姜斋诗编年稿》;曰《龙源夜话》,所存四疏、两行状,及《斗蚁赋》《仿符命》杂文数篇而已,与所命名之意不符,然多可补入集中者。

10月12日,诣船山祠行礼,会者十一人。

1883年10月1日,是日致祭船山祠,就便一开社讲……嵩焘宣讲,言开设此会四年,以禁烟为名,亦期相与讲求持身涉世之方,亦明知其无益,姑存此规模,以待贤者之兴。

1884年10月18日,诣船山祠相视祭品。

10月19日,微雨,诣船山祠行礼。

1885年2月15日,率两宅家人奉谒祖先,并诣王船山先生祠、曾文正公祠行礼。

1886年3月18日,午刻,诣思贤讲舍开馆。监院李佐周,董事傅青余、俞鹤皋、杨鹏海、陈璞初、朱菊生及子潇毕集。诣船山祠、文正祠两处行礼。

4月2日,又致王雁峰、俞鹤皋、陈璞山、罗瀛桥四信,并以船山祠及城南书院名宦、院长二祠碑记石刻寄之。当接俞鹤皋信,以为必应嵌入祠壁。至是陈璞山始遣人舆致碑石城南。

4月6日,王雁峰邀同左逸仙、陈怡生、潘子珍、陈璞山、李芍臣、彭念苏会饮城南书院,为修禊之游,并约至妙高峰相度船山祠碑记,谋嵌之壁,皆为雨阻。

9月28日,早雨。日出郁热。致祭船山祠。首事傅青余、俞鹤皋、陈程初并早至。陶少云、朱次江亦至。午刻至者,张子容、熊鹤村、任禹田、曾重伯及子潇。通李佐周及吾,凡十二人。

1887年1月24日,每岁元旦谒船山祠、曾文正祠以为常,以雪凌过甚,夹道树株积冰下垂,塞出入途径,乘兴不能行,不及一玩。

3月23日,是日思贤讲舍开馆。诣船山祠及曾文正公祠行礼。首事惟傅青余、俞鹤皋二人及子潇及黄植奇先至,熊鹤村晚至与宴。是日上学者十六人。

10月11日,便道过子潇,及诣讲舍,示定九月朔船山祠祀事,举派首事四人:李登云、罗礨、黄鼎燮、凌恩凤。

10月17日,致祭船山祠。

1888年2月12日,雪寒。率两宅家人叩谒祖先,并诣广济真人殿、船山及曾文忠〔正〕公两祠行礼。

10月5日,雨。致祭船山祠,王壬秋已前赴湘潭,属为主祭。

1889年1月31日,元旦。雨,雪。率两宅家人敬谒祖先。随赴思贤讲舍,船山祠及曾文正公祠及附祀两龛行礼。

9月25日,是日船山祠、定王台两处祭祀,并诣行礼。

1890年1月21日,元旦。阴,暖。率两宅家人敬谒祖先,便诣曾文正公祠、船山祠行礼。

10月14日,是日致祭定王台及思贤讲舍致祭王船山先生,前诣行礼,即留讲舍早饭。

1891年2月9日,阴。率两宅家人叩谒祖先,并诣船山祠、曾文正公祠拈香。

曾纪泽日记①

1873年8月29日,看《先正事略》"孙奇逢、黄宗羲、李顺、顾炎武"等篇,饭后接看"王夫之、陆世仪、张履祥、张尔岐"等篇。

第二节　现代文人日记中的船山学文献汇编

杨昌济日记②

1914年3月18日,王船山读四书大全说,辨格物致知之甚详。船山时时辟象山阳明,而其所论致知之功夫,乃与陆王之说合,亦当注意之事也。

6月12日,胡子靖介绍余入船山学社,余颇为踧踖;因担任校功课颇无暇日,一切党会均不愿插身其间,因一入会即须费精神目力也。但第一次开

---

① 刘志惠:《曾纪泽日记》,北京:中华书局,2013年版。
② 杨昌济:《达化斋日记》,长沙:湖南人民出版社,1978年版。

讲,当往一亲刘先生之丰采耳。

6月15日,今日至船山学社,刘艮先生白须飘拂,唇红异常。

6月20日,船山读四书大全说曰:知善知恶是知,而善恶有在物者;如大恶人不可与交,观察他举动详细,则虽巧于藏奸而无不洞见。

6月24日,学社以船山为名,即当讲船山之学。船山一生卓绝之处在于主张民族主义,以汉族之受制于外来之民族为深耻极痛,此是船山之大节,吾辈所当知也。今者五族一家,船山所谓狭义之民族主义不复如前日之重要;然所谓外来民族如英法俄德美日者,其压迫之甚非仅如汉族前日之所经验,故吾辈不得以五族一家遂无须乎民族主义也。

6月25日,心近世如魏默深、曾涤生、郭筠轩、刘霞仙,皆有此迷信;船山独卓然不惑,力排五行术数之说,此其所以为卓绝也。

7月29日,王船山论刑罚中有凌迟处死,太惨酷非人道,良然。船山又论张巡杀爱妾以享士之非,亦可谓能见其大。

8月18日,在家常不外出,客至者亦甚稀,静中滋味甚长也。黄梨洲讥侯朝宗之不耐寂寞,盖不耐寂寞者,无自得之乐而有荣华之慕者也。王船山诗广传引申哲人之愚之义,而论魏无忌、阮嗣宗诸人之不能自安其心,正得此意。

9月11日,余拟择二十四史中名人列传读之,日阅一二人,用墨笔点一过,其嘉言懿行可为修身科之材料者,则录登此本,或有所感触亦记之于此本。裴行俭乃唐代之班超。裴行俭狄仁杰皆山西人,足征山西古来之多人才。狄仁杰为来俊臣所拘,其属王德寿以情。谓曰:我意求少迁,公为我引杨执柔为党,公且免死。仁杰叹曰:皇天后土,使仁杰为此乎?以首触柱,血流沫面,德寿惧而谢。其义烈殊可感矣。昔贼执王船山之父而胁之从逆,船山以刀自伤其肢体,异往易父,遂得俱免,亦其义烈足以感人也。

10月19日,阅熊萧二生日记,知船山学社切实讲船山所著之书,此事深惬意。刘艮老之结论亦甚平实,青年肯去听讲,必有益矣。今拟修身问题如下:王船山重个人之独立,能举其说与?

11月22日,王船山论项羽、李存勖,能言之与?

1915年3月17日,昨为生徒讲"以约失之者鲜矣",言余尝教人以有胜于无,动胜于静,乃是为太无作为之人而立论;其实有为固不易,有不为亦不易。社会时时要求我作事,欲拒斥其不合为者,非有十分之果断与定力不能。船山尝言:"动固动也,静亦动也;动则使静者动,静则使动者静,皆非用力不可。"此说正与力学惯性之法则相合;物之静止者非加以外力则永永静止而不能动,物之运动者非摄以外力则永永运动而不能静。人生世上能活动者几何,而应中立不动之时较多,故居静未易言也。孟子曰:"人有不为也而后可以有为。"常解有不为,多作有守解,如不要钱等事是。愚意有不为不但是是非上不当为者,兼含有选择比较上不当为者在内。

3月24日,昨日复读全祖望《经史问答》数则,其论《春秋》也,多论事之文,甚有可观,与船山之《春秋家说》《春秋世论》相似。

3月25日,昨复读惠栋《周易述》数页,多据虞氏之说,不甚了解,不如读船山之《周易内传》也。

4月12日,昨日为生徒言看鉴之法,如袁了凡纲鉴、纲鉴易知录皆可看,因本数较少,易于卒业也。单看学校用之历史教科书,难于得历史之观念,但此二书所附载之论说多迂腐,不可不知。御批通鉴辑览、资治通鉴较详,亦较雅;御批通达事理,较胜于前二书所载之论说,惟主张君权,专制太甚,不合于近世之政体,不可不知。余常教学生分类钞御批,又拟将资治通鉴之臣光曰录成一本,非独识议胜人,即文辞亦可读也。至船山之读通鉴宋论,则又胜于御批与司马氏之评论,此亦可以分类读之。余尝分读通鉴为三大类:一曰世界的理想,二曰国家的主义,三曰个人的精神。第一类又分二子目:曰世运,曰礼教。究古今之变,通天人之际也。第二类又分二子目:曰立法,曰行政。第三类又分二子目:曰启天良,曰练心才。余最重个人的精神,又重行政与世运因立法之事,今昔情势不同,船山所论多有已成明日黄花者。礼教之事,以今日之眼光观之,亦有不免属于迷信者,吾人当分别观之。

4月13日,昨日看斯宾塞尔感情论,又看默堂学案,豫章延平学案未完,又看惠士奇易说,春秋说,又看船山春秋家说。

4月14日,昨日看惠士奇易春秋传,以较船山之春秋家说,觉前者考据较详,后者议论较多。

4月15日,昨日看船山春秋家说,惠士奇春秋传,用朱笔点,加圈批标题。余总觉看此等书尚非正课,不遇因精神不甚爽。

4月16日,昨日读船山春秋家说,惠士奇春秋说,大中华杂志第二号第三号,译斯宾塞尔感情论。

4月17日,昨日读惠士奇春秋说完,思续看船山春秋家说、春秋世论,庄存与春秋正辞,毛奇龄春秋传,但恨未能专力于此,因尚须编译讲义也。

4月18日,新闻中之三面记事,往往多奸盗之记载,颇有害于风俗,正以暗示之力大也。船山言"使人闻恶事,而戒之曰:此不可为,犹使人服毒而旋加以解毒之药,毒虽解而元气已受伤矣。"可不慎哉!

5月20日,有财以分人,有力以助人,固仁爱之实事,然犹不若有道以教人之所及者远也。盖分财助力,虽与人以物质的幸福,以道教人,则与人以精神的幸福也。孟子亦曰:"分人以财谓之惠,教人以善谓之忠。"王船山曰:"天地既命我为人,寸心未死,亦必于饥不可得而食,寒不可得而衣者留吾意焉。"亦言人宜求精神的幸福,不当徒求物质的幸福也。方望溪谓:"朋友之道,以德业相劝,过失相规为第一义,而患难相助,有无相通,抑为其次。"正是此意。

1916年9月13日,游学王姓来,应之颇不疏慢;此等处若加忽略,便是不仁,大伤元气,自贼本根矣。以后解鉴,当于不嫌凌杂之中求一不杂之道;意欲将汉高帝、汉光武、唐太宗、宋太祖、明太祖五帝纪年中之事,依序细解一过,即取王船山读通鉴论、宋论中凡高帝、光武、太宗、太祖卷中者,亦依次细解一过;资治通鉴中司马光曰在汉唐三帝纪年中者,亦依次细解一过,是为提纲挈领。

9月21日,连日总不爽快,亦不过解诗经,解通鉴、写解诗经日记、写解通鉴日记、写日记五者为之祟耳。

10月20日,阅张子正蒙,毫无辛卯岁义理悦心之味,足以见嗜欲之纷心,而至道之难闻也;亦以精力已差,不及早数年精神之全耳。以我之素有心得者而犹如此,宜乎其劝笃生看宋信书而格乎不入也。为之三叹不已云。

1919年10月26日,余思本学年伦理学之教法,要与上学年不同。……本学年所讲不限于西洋之伦理学说,中国先儒如孔孟周程张朱陆王及船山之学说亦间取之,拟每次授语录一二条。又我之心得处,如《达化斋日记》及《论语类钞》等,亦不妨讲与学生听,又可取报章杂志中新思潮而批评之。如斯变更教授之方法,想较与学生有益。

郑孝胥日记[①]

1929年1月28日,朱谦之谓:孙文之"三民"者:民族之说出于王船山,

---

① 劳祖德:《郑孝胥日记》,北京:中华书局,1993年版。

民权之说出于黄梨洲,民生之说出于颜习斋、李刚主;孙文之"大同"说,出于《大学》修身、齐家、治国、平天下,从一人推至天下,故"大同"即王道,"小康"即霸道。其妄诞如此。

张元济日记①

1916 年 6 月 7 日,发行代售《船山学报》,告傅卿函询湘馆,总馆代印价已收足否。不登报无销路,催交报费方可代登。

符璋日记②

1907 年 5 月 12 日,连日耳朵作痛,烦闷不耐。翻《船山诗集》自遣。

1925 年 1 月 23 日,复阅《船山诗集》竟。

1 月 24 日,偶阅船山诗,天分高,工力薄,不甚惬吾意,无怪越缦以为讥也。

黄侃日记③

1921 年 12 月 20 日,又得贺利贝书,称衡州船山书院改为国学院,分为三科(声韵学、经学、史学),拟聘余讲声韵,岁奉铜币千贯,望覆信(前有一信,见去年十二月日记,以懒且病尚未覆),寄衡阳东乡冠市邮局,交张开泰号转交小江口贺璨章收。

刘承幹日记④

1925 年 2 月 6 日,阅《王船山年谱》。族裔王之春编。

徐兆玮日记⑤

1903 年 1 月 11 日,金亦闻赠《王船山年谱》二册。

1 月 13 日,读刘毓崧《王船山年谱》一卷。卷上。

---

① 张元济:《张元济全集·日记》(第六卷),北京:商务印书馆,2008 年版。
② 温州市图书馆:《符璋日记》,北京:中华书局,2018 年版。
③ 黄侃:《黄侃日记》,北京:中华书局,2007 版。
④ 刘承幹:《嘉业堂藏书日记抄》,南京:凤凰出版社,2016 年版。
⑤ 徐兆玮:《徐兆玮日记》,合肥:黄山书社,2013 年版。

1月14日,读刘毓崧《王船山年谱》一卷。卷下。

1907年1月29日,阅《亡国惨记》上卷,共八种,皆录自《荆驼逸史》、《明季稗史》,初无惊人之秘笈,而曰原本多得之日本图书馆,真目睫之见也,且鲁鱼亥豕,触目皆是。卷中附黄道周、王夫之文数篇,亦不知何所取义也。

1909年8月19日,至琉璃厂善成堂取《船山师友记》一部。

9月22日,阅罗正钧《船山师友记》三卷。卷首、一、二。

9月23日,阅罗正钧《船山师友记》四卷。卷三、四、五、六。

9月24日,《四书杂事诗》之一:天成比偶幻文心,经义雕镂百衲琴。翁丈独尊曹伯实,船山一老托知音。集句为诗文者多矣,未闻有施之四书文者,罗正钧《船山师友记》云,曹国光字伯实,耒阳明经,尝集汉、唐、宋人语作八股艺,比偶天成,如出己作。是经义亦有集句一体也,王船山集中称伯实为翁丈,其年辈盖长于船山矣。

阅罗正钧《船山师友记》五卷。卷七、八、九、十、十一。

9月25日,阅罗正钧《船山师友记》六卷。卷十二、十三、十四、十五、十六、十七。

1920年5月17日,《时报》载刘蔚庐先生人熙挽词:万方多难,此身阴系安危,临命语无私,沧海横流余隐恨;廿载论交,相见早谈改革,立言功不朽,船山学派有真传。庄蕴宽。义光华夏,学讲而农,一老愁遗,天竟不留宗国柱;策杖申江,瘁躬和局,万方多难,我来重吊楚骚魂。唐绍仪。名业蔚湘中,派衍船山闳治术;教泽半天下,世知仁学是薪传。朱启钤。方州重镇思陶侃,人谱宗风继念台。徐世昌。造湖湘数十辈英才,于曾左彭胡以还别开新派;继船山二百年绝学,自程朱陆王而后此是真儒。谢远涵。忧国侔贾谊,敷政类文翁,励节如赵忭,济世实资毅力,蔚然为百代儒宗,叹频年大局艰难,伫观一统车书,拯兹厄运;论学述船山,守正同漳浦,达变拟青田,救世须仗异才,问谁继千秋伟业,怅此日老成凋谢,愿祝再生申甫,保我黎民。沈铭昌。乱世才难用,先生老未归。章炳麟。

5月18日,王之春《椒生随笔》卷一第一条"戒子孙"云:予八世祖船山公讳夫之,戒子孙云:勿作赘婿,勿以子女出继异姓及为僧道,勿嫁女受财,或丧子嫁妇,尤不可受一丝,勿听瞽术人改葬,勿为讼者证佐,勿为人作呈诉及作歇保,勿为乡团之魁,勿作屠。此所戒皆船山公所深鄙者,若饮博狂荡自是不幸,而生此败类,无如之何?然其繇来皆自不守此戒,丧其恻隐羞恶之

第六章
文人日记中的船山学文献汇编

心耳。

1925年10月29日,阅《越缦堂日记》第九册,《受礼庐日记》中集。跋王夫之《永历实录》,摘其舛谬甚详。

1926年12月2日,录孙师郑诗。《长沙王绍荃次长文豹前日于湘友梁君寓斋相晤,畅论经训,关系之重颇多与鄙见相合,因赋七古十七韵赠之》:经训昭垂如日月,诗人夙夜怀明发。由此则治否则乱,烛照不爽毫与发。王君侃侃持正论,簪笔端书三尺笏。家族破坏国焉寄,吁嗟邪说腾蛇蝎。本根先拨枝叶凋,乃逸乃谚亡也忽。志在春秋行孝经,尼山度世中流筏。亲亲长长天下平,峄山至论探月窟。人禽生死此关头,天命圣言履不越。湖湘自昔多通儒,而农卓绝见风骨。船山经说夙瓣香,肥遁荒岩剧薇蕨。葵园江左育英才,翼教尊经严斧钺。南菁巨刻配仪征,学海探骊珠不竭。河汾教泽溯源同,屐齿追踪苔未没。彝伦攸叙日再中,会看爝火都消歇。鲰生有志苦未逮,蛰居人海疏干谒。应求差喜德不孤,新诗脱稿惭唐突。腐儒聚讼莫呶呶,但盼浇风挽城阙。

1927年11月6日,诂经学海蔚通儒,后起南菁步亦趋。削足于今求适履,讵知买椟竟还珠。嘉道以后,人才多出于书院。浙之诂经精舍、粤之学海堂皆阮文达所创建,英贤蔚起,炳耀儒林。余如湘之思贤讲舍、船山书院,蜀之尊经书院亦称盛焉。苏之南菁书院、鄂之两湖书院尤为人文渊薮。光、宣以来,有声于时者皆出其中,自改书院为学堂,遂有消歇之叹。张文襄任管学大臣时,奏派余为文科大学监督。余谓自高等学堂以上,宜略参书院遗意,延聘经史大师随时指导,为多士之模楷,不必拘定钟点,上堂授课,致贻削足适履之讥,文襄深然之。又拟令各省遍设存古学堂,后因文襄病逝,均不果行。

12月17日,程雍之寄来《李文正公年谱》一册、《王船山年谱》二册、《是仲明年谱》二册。李谱止三卷,盖佚其下册,卷一又缺二页。王谱予已有,止留《是仲明年谱》一种。前见中国书店有是谱,往购,已售去,今乃得之于苏肆,但沪肆价止四角,而程则索七角耳。

1928年2月27日,阅湘绮楼光绪三十年《甲辰》、三十一年《乙巳日记》一册。看船山讲义村塾师可怜,吾知免矣,王、顾并称湖南定不及江南也。

1935年6月16日,挽郭筠仙侍郎师,代俞恪士云:与文正首定盱谟,晚岁亦同膺世谤;继船山独明绝学,心源难遽觅知音。

日记中的船山学与湖湘文人—研究

　　1937年5月12日，陈登原《读〈清史稿〉偶记》，《国闻周报》十四卷十六期云：陆心源著《仪顾堂题跋记》，记中所记，记故书杂记之事耳。史稿《艺文志》第二已分史部为十六，而又踵前史之旧，以第十四为目录类，举陆书以入之，谁曰不当，乃入之艺术之属，艺术三。与论书画之书异类而同科，此则其叙记之戾之例一也。《大元海运》，记者胡敬辑自《永乐大典》，近世罗振玉收入《雪堂丛刻》者也。而史稿《艺文》二妄题曰胡敬撰，然而刘向《七略别录》则题曰马国翰辑。《艺文》二岂厚此而薄彼，将知彼而懵此，此则其叙记之戾之例二也。《艺文志》传记类云，《碑传集》一百六十卷，钱仪吉撰；《续碑传集》八十六卷，缪荃孙撰；《国朝先正事略》六十卷，李元度撰；《中兴将帅别传》三十卷，朱孔彰撰；《文献征存录》十卷，钱林撰。《艺文》二考林所撰《文献征存录》，即误章学诚为张学诚者。实即《李氏先正事略》之先身，其人为嘉庆初年之文人，非特早于元度，抑亦早于仪吉，以筚路蓝缕之作置之曾门弟子孔彰之后，能令读者之心服乎？不宁惟是，《艺文志》之著录清世名家之书画著述也，首录包世臣《艺舟双楫》九卷，而厉鹗《玉台新史》一卷反在其后，是于书法史之作者不知包氏之生在晚清，厉氏之生在乾、嘉也。以上《艺文》二。其录清世理学之作也，首录戴望《颜氏学记》十卷，而李塨《大学辨业》四卷反在其后，是不知望曾寄食于大盗曾氏之门，用章炳麟语。而琳为习斋薪尽火传之嫡弟，与颜氏合称颜李也。以上《艺文》三。他如船山史论之学，本一代之绝艺，先录其《通鉴论》三十卷，中间隔以纳兰常安之《明史评》、段玉裁之《明史十二论》。史稿《艺文》二作《明印十二论》。案：此书今存，《昭代丛书》第八十六册，印字误。而后录船山《宋论》十五卷，一人之作，同体之文，无端腰斩，能令读者之心服乎？陈氏纠《清史稿》之谬，分六类，摘录其有关于艺文者。

　　1937年5月16日，王船山谓，言兵者，道不足则倚谋，谋不足则倚勇，勇不足则倚地，地不足则倚天，天不足则倚鬼。道尽庸人症结，智若武乡，岂欺人以自欺哉？田单之获济，亦骑劫之无谋，司马宣王非其伦也。

胡适日记①

　　1922年，中国很少精心结构而有系统的著作。戏略举如下：

---

① 胡适：《胡适全集》，合肥：安徽教育出版社，2003年版。

(古代)

……

(中古)

……

(近古)

……

《明夷待访录》《黄书》。

1951年5月17日,新出的《中国新民主主义革命史》(胡华编,新华书店1950年4月初版,1950年10月修订再版)也说:

一九二〇年他(毛)回长沙,……组织了文化书社,青年图书馆,办船山学社,自修大学,湘江中学,组织马克思主义研究会。……

毛泽东依据了我在一九二〇年的"一个自修大学"的讲演,拟成"湖南第一自修大学章程",拿到我家来,要我审定改正。他说,他要回长沙去,用船山学社作为"自修大学"的地址。过了几天,他来我家取去章程改稿。不久他就南去了。"自修大学"见于记录,似只有这两处,故我记在这里。

黄炎培日记①

1929年1月22日,略读王船山《姜村诗文集》。

拟题新赁屋曰:黄顾颜李之堂。系以赞曰:

横横梨洲,兀兀亭林,道该体用,学贯古今。

正气助奸,悲怀济物,劳筋治生,殚精著述。

习斋恕谷,北方之学,天下自任,其道大毂。

实辟辟地,以觉后觉,方今革故,一新世运。

百家腾跃,无本曷建,反求诸己,与古为徒。

南通北朴,冶之一炉,精神若接,师乎师乎。

1930年1月26日,至中国书店购《大同书》,阅《王船山遗书》。

白坚武日记②

1917年12月20日,杜工部最能行诗,云:"此乡之人气量窄,误竞南风

---

① 黄炎培:《黄炎培日记》,北京:华文出版社,2008年版。
② 杜春和、耿来金:《白坚武日记》,南京:江苏古籍出版社,1992年版。

疏北客"。可以写出川人之面目,正不独王船山刻论蜀人已也。

1919年10月29日,王孝伯旅长请宴,为余饯行,赠《王船山遗集》1箱,送惺密电本,托交张秀溪函1件、洋300元,李倬章函1件。

徐旭生日记①

1917年5月22日,"陶潜不得之于雷周"(《诗广传》"匪舌是出"句),未知何处。起将八钟,祈祷,少看拉丁文,胸际作热,甚不适,置之,读船山《诗广传》。

6月3日,晚餐,少阅《诗广传》,海来谈,去,作不净观,寝十一钟。

6月9日,晚餐,少看《诗广传》,作日记,寝未十钟。

6月10日,昨晚在床上再看《诗广传》,寝将十一钟。

钱玄同日记②

1910年1月15日,正统之说,辩者纷如,因均无意识者。吾侪虽当据所南所云中国为正,夷狄为伪,故如三国及五代十国,止可如六国时并列(除后唐、晋、汉),无分正闰方合。若必欲强取以纪年者,则三国止可用魏,因其上承汉下启魏也。五代止可梁至周,因其五代相衔(唐、晋、汉夷狄,惟当改其称谓,直呼其名,至其上承梁下接周,固不可以其夷狄而去之,犹元、清之例矣),而上承唐下启宋也。温公用此以纪年甚是,朱子强欲帝蜀寇魏之说,则船山已驳之矣。朱子《纲目》实误学《春秋》者。《春秋》义已高深,而后人不能学之,以固非史也。至南北朝,固当如所南之说,专用南朝,隋文帝虽非承陈,而陈固其所灭者,以之继陈,当非蜀、晋之迥不相接者比也。要之,纪年自当用共和,惟当注历代帝王于下,云某朝某帝某年耳。若夷狄入主时无中国帝王者(如元等),则当云伪某某人某年,直呼其名耳。

1919年10月27日,五时在图书馆借得王船山书数种,做为编《学论》采取王氏学说之参考。六时访尹默,就在他家吃了饭。

1923年10月13日,午后二时至翙教寺平民中学,听梁文马公演讲黄梨洲、顾亭林、王船山、朱舜水、颜习斋学说之梗概,其实他只介绍了五人的

---

① 徐旭生:《徐旭生文集·日记》,北京:中华书局,2021年版。
② 杨天石:《钱玄同日记(整理本)》,北京:北京大学出版社,2014年版。

第六章 文人日记中的船山学文献汇编

人格。

1925年2月6日，下午逛厂甸，买了△部书：《南洋中学藏书目》，陈乃乾编，一元；《切韵考》，李邺（新出版），五角；《王船山年谱》，刘毓崧，二元；《音韵类要》，王鹤，一元五角。

1929年2月12日，前天看见一部癸卯《新民丛报汇刻》一巨册，尚系广智书局铅印本，惜已卖去。《黄帝魂》一角五分；《公车上书记》五分；《吴评诗经》七角；《中国之武士道》（原本）二角；《哲学》第五期（中有徐旭生的《王船山的道德进化论》）一角；《寒山拾得诗集》（《四部丛刊》本）二角；张鬋《礼议》第一期（十七年二月）二角；《校邠庐逸笺》三种二角。

2月14日，《仁学》（国民报社印本）一角；《孙明复小集》一元二角；《宋论》一元。

1930年2月8日，午后逛厂甸，风太大，站不住，摊亦多不摆，且二时许即渐渐收了。故仅在中枢一行，买了部《宋论》，一元二角；又买另种四：《俟解》《噩梦》《黄书》《思问录》《春秋经》附……，七角，而即归。

2月9日，《正蒙注》，一元（仍是昨日另种中者，有这样五种，于是船山之思想、哲学、政治备矣，将来若有机会印思想史料，则船山此五种，可即用作标点底本也）。晚写《船山遗书》封面。

1932年3月6日，晚阅王船山的诗。

3月11日，看船山《正蒙注》，胡适之谓船山是中国"ろイセ"，信然。

1933年1月16日，晚七时访建功，并晤乐夫[残]旭生，大谈学问，此为数年[残]见之事。他说他现在主张老子必在战国时，但春秋间或有周守藏室之史老聃其人，但决非做[残]。他说，王船山的书，以《春秋□□》《读通鉴论》《宋论》三书为最于[残]，以科举时以《鉴》、《宋》两论为免园册子而轻视之也。他说《春秋》三世乃事实，非假托之理想，齐桓以前为据乱，桓、文至宋之盟以前为时升平，宋之盟以后为太平。此论甚精。

2月1日，《船山学报》第一期，二角。

2月3日，灯下欲点阅船山《俟解》，以精神委顿，体乏手酸，咳呛大作而未完。

2月9日，午后逛（东亚），购得：《增订金壶字考》及《金壶字考二集》四元；《春秋世论》一元四角；《文变》二角；《补钞文澜阁四库阙简记录》二角七分；《龙龛手鉴》五元。五时至某海，即至北平研究院访徐旭生，日前闻其将至陕西发掘秦始皇墓,并谓本星期一已行,今知其未行,故往访之,他说拟后日(星六)行,先考古绩(迹)云。北平研究院中史学研究会的工作,因一月前告假,拟将其民国△年之《王船山△△△》印入《清代思想学术文选》中,他说拟再看一过,或须修改,故送去也。

2月10日,北大今日开学,我去上《说文》课,只有一位学生,恕不了。午回家。午后至北大圕(图书馆),拟借佳本《船山遗书》,检其各书之序所记年月,因后来印书往往缺序,或张冠李戴,而我的一部,黑色纸张虽非极劣,却也不甚好,意北大或有之。比往检卡目,则止有一部九十七本者。忆十余年前,不庵曾谓皆劣印且不全,配来配去,配成三部(?)皆九十几本者,此殆即其一也——但止有一部了,可怪!事不干我,我不管它。于是想还是检我自己的吧。

回孔德,忽思孔德之书虽闻已封存一年,姑问之,则云不过锁门而已,书仍在架上,借取尚便,因即圕取全部,一种一种地检其序目,有序者录出。而《俟解》之序,也是甲子而非△△。甲子序首行与板心均言"俟解题词",非"制义俟解"也。刘伯山殆〈贻〉误,但刘又谓"俟解题词"为年,则似应别有此一篇序,终疑莫能明也。《俟解》区区数页,是为船山堂堂巍巍之精神之结晶,似应为暮年之笔。甲子或嫌稍早,似以△△为宜。但此序竟在何处耶(又甲子之序不但首行与板心也,玩其口气实非指"制义"而言,或制义二字,此处不作八股解而应作"制春秋之义以俟后圣"解乎?凡此种种疑团,真要"俟解"矣)?

旭生谓《读通鉴论》与《宋论》见解最高明,当是暮年之作。我读其子之行述中,徐言甚信,但亦不详其年代也。

2月11日,上午电询师大,云学生甚少,故请假了。午回家。午后回孔德取《公羊经》中周鲁及诸侯各国之君之卒葬,分国录之,拟见与《史记》相校,看他缺了多少,已弄完。

2月12日,毕至直隶书局取《通鉴》附属之数种。

3月13日,九时归孔德,点完《姚江学案》。自思自家走后,将书箱整理完毕,务须将生活改良。我于衣食住行四事,衣住尚称能苟,食已太"布尔",行尤太腐败之至。以后当痛加改良,衣虽朴,但因懒,不穿短衣,虽不怕冷,而以痴肥之身,萎靡不振之精神而穿一件臃肿之棉袍,亦殊欠精神,以后当以渐穿土布学生装为是,穿皮鞋以期多走路。

3月14日,黄宗羲之弟子万斯同与李塨友。刘献廷之弟子黄曰瑚字宗夏,李塨集中有赠他的序。王夫之为刘献廷严事之友之一。顾炎武与黄宗

第六章
文人日记中的船山学文献汇编

羲通过信。黄宗羲弟子邵廷采与李塨通过信。

5月5日,在劭处见冯芝生《中哲史》汉至清三巨册,借归阅之,无甚精采,清儒中竟无黄梨洲与王船山,而有廖季平,岂不可怪!

1934年2月24日,下午逛,东路而西路、南路(只一摊),北路及中枢亦略巡,买到三书:《路史》(石印本),一元二角;《船山师友记》,四元;《辛壬春秋》,八元。

2月27日,七时回孔德,将《国故》一——四期之目录出,又写《船山师友记》之封面,惫甚,即睡。

9月21日,至邃雅斋,购王所著之《船山学谱》。

1935年1月3日,随意翻阅《困学记闻》。看《水心学案》中,水心之弟子有几位与龙川为近。昨与劭谈,宋之水心固非理学家,亦非事功家,实学问家,长于思辨,目光甚锐,与薛、陈不同。宋有叶,犹汉有王充,明季之王船山亦略似之。劭以为然。今日觉得水心之思辨,同甫之事功,实贤于薛、陈,因薛、陈多少有几分泥古,且尚不脱五霸之见也(故同甫贤于君举,其实同甫之说犹未彻底,三王何能比五霸,五伯何能比汉唐乎)。

1935年2月3日,九时回孔德,看傅山集,此君之学,向实不知,学术史上提到他者,惟梁任公在卅年前耳,然亦不过抄了全祖望之传几句而已。十余年来,虽购得此集,亦未注意,今日阅之,原来此公亦是宗仰王阳明者,而痛恨奴儒等,不辟二氏,且昌言《管子》等(再查),在清初实一大思想家也。顾、颜、黄都是辟异端。颜虽卓荦,而固执亦最甚,惟王夫之尚肯法"老""庄",解相宗,但究外之。黄虽出于阳明,且与僧往来,而终欲辟佛,其弟宗会皈心佛教,他便不以为然。惟刘继庄喜管子,喜庄子,亦不辟佛(且有好感),而傅则更昌言矣!此公实应表彰者也。会当细看之。又他的诗文不避白话,且不避方言,又其时用韵之处,不拘"诗韵",且有方音,亦可敬也。

1935年2月16日,四时顷逛东路,购得:《船山公年谱》,二元三角。《古桐书局续刻三种》,二元。《古文眉诠》,五元。《吴赤溟集(国粹)》,二角。《眉诠》还是髫龀时见先子常翻,且先子每取此中《史记抄》、《国策抄》等于灯下讲给我听,而冯师亦往往承先子命,于此中选唐宋人文,于灯下授我也。四十年前事,赌此如遇四十年前髫年旧伴侣,倍觉亲切有味也。《王谱》为王之春所作,在刘伯山后。在东安市场震华印字局印简体字表格(稿),五百张,价二元。日前叫黄某所抄商、中两家初小国语教科书之卡片均已送来。

灯下仅清理商第一册二百字,依国音次之,而脑胀眼花矣。噫!

1936年6月4日,今日上午校点刘氏《王船山史说申义》,忽觉此文是否申叔之作略有可疑,似忆三十年前《警钟日报》见之,然而误矣。因此文收入于《黄帝魂》,而此书系癸卯冬出板,而《警钟》则甲辰也。《俄事警闻》虽始于癸卯,但其中似不应有此文,意者其《国民日日报》乎?然总觉可疑,不入《外集》也好。(《黄帝纪年说》,其实亦略有可疑),因成于癸卯闰五月,不知原载何处?《苏报》似不像,而《国民日日报》则所用黄帝纪年与此说大异,因《攮书·胡史篇》中有言,而所用4614之数及"黄帝降生"字样悉同,故入之,亦借此以作一篇《读……书后》耳。《秋瑾集》中亦有此文,然似非秋所作,盖秋取用此文耳!)

11月17日,上午十一—十一师大。十一——十二,导师何贻琨来谈,彼欲做顾亭林研究也,因告以梁启超不以亭林经学即理学之说为然,实误解顾亭林也。亭林根本不承认"性""天"而注意事功,其对于《十三经》,实与《廿一史》同等,彼实与颜习斋、章实斋最为相近也,故彼所谓经学者,即文献耳(文献之内容为政治、经济等)。午后至某海,倦甚,多病。晚归家。看中岛竦之书,今晚又少睡。

1937年10月31日,明清间大学者(皆生于明,应称明儒)六人:

(1) 黄宗羲(八十六岁)

一六一〇年九月廿四日——一六九五年八月十二日。

明万历卅八年庚戌八月八日—清康熙卅四年乙亥七月三日。

(2) 顾炎武(七十)

一六一三年七月十五日——一六八二年二月十五日。

明万历四十一年癸丑五月廿八日—永历卅六年(清康熙廿一年)壬戌正月九日。

(3) 王夫之(七十四)

一六一九年十月七日——一六九二年二月十八日。

明万历四十七年己未九月一日—清康熙卅一年壬申正月二日。

(4) 唐甄(七十五)

一六三〇年四月十日——一七〇四年三月二十日。

明崇祯三年庚午二月廿八日—清康熙四十三年甲申二月十五日。

(5) 颜元(七十)

一六三五年四月廿七日——一七〇四年九月卅日。

明崇祯八年乙亥三月十一日—清康熙四十三年甲申九月二日。

(6) 刘献廷(四十六)

一六四八年九月十三日——一六九五年八月十五日。

明永历二年(清顺治五年)戊子七月廿六日——清康熙卅四年乙亥七月六日。

明季大儒,向称黄、顾、王三人,宋平子加颜为四人,梁任公加刘为五人,均有特见。吾意唐圃亭明君臣平等与黄同,更能明夫妻平等,亦当加入,共为六人。若费此度、傅青主、朱舜水、……诸君则为二等人物矣。

1938年2月25日,孔子之作《春秋》,其命意等于作史论,但其性质是王夫之之《读通鉴论》《宋论》而非吕东莱至张溥诸人之史论耳。

1939年1月13日,灯下广而翻□氏□年史之《船山》,又翻《黄书》。

张䌽日记①

1923年11月2日,昨赴章味三家观书,见其中堂左右大橱八个,橱门皆以玻璃嵌之,中储之书皆可一览而知。书皆是大版老版,闻系魏默深先生遗书,味三昔年在广东买来者,如《太平御览》《册府元龟》《皇清经解》《王船山遗书》《资治通鉴长编》《佩文韵府》等,均佳。而最佳者莫如光绪十年同文局石印之《廿二史》,版小字大,古色古香,又用十锦楠木箱皮之,真令人爱不释手也。味三言昔日买来只一百余金,近虽三四百金无从购此珍本矣。

1924年7月15日,下午,看章氏《文录》。章氏于清初大儒推服船山,而不满于梨洲,经学推许戴东原而斥常州刘氏公羊学,古文则赞曾文正、张廉卿,而极诋龚定庵,论皆平允有识,惜乎其文好用古训,故为生硬,未能如吾乡孙籀公之渊雅有味,然其才其学不可谓非民国之魁杰也。

7月18日,于舟中看《太炎文录》。其论佛学,主张大乘法相宗、华严宗及唯心唯识唯物,而鄙净土宗志气怯弱,近于俗谛,具见玄学根底。

郁达夫日记②

1936年4月4日,更在一家小摊上买得王夫之《黄书》一卷,读了两个

---

① 张䌽:《张䌽日记》,上海:上海社会科学院出版社,2003年版。
② 吴秀明:《郁达夫全集》(第五卷),浙江:浙江大学出版社,2007年版。

钟头,颇感兴奋。王夫之、顾炎武、黄梨洲的三人,真是并世的大才,可惜没有去从事实际的工作。

邵元冲日记①

1933年6月11日,晚阅船山《读通鉴论》。

7月6日,阅王船山《礼记集解》,于"知仁勇"三字之诠义谓,"用知不如用好学,用仁不如用力行,用勇不如用知耻"。又阅《思辨录》《俟解》诸书。

7月7日,阅船山《思问录》。

10月23日,癸酉季秋,默君初度,时典试京闱,寄诗祝之

霜飞大江秋,霞蔚钟陵树。锁院闷清严,济跄集鹓鹭。之子秉文钧,群才出陶铸。奎光夺紫微,明堂奏韶护。庆兹揽揆辰,秋色清且婷。金精可驻颜,繁英凝仙露。殷勤劝一觞,芳尊酒深注。九秋气之肃,景星萃天河。北江耀文采(洪北江诞于九月初三),莲峰激颓波(王船山初一)。龙川气岩岩(陈同甫初七),独漉节峨峨(二十五)。晦翁(十五)与阳明(三十),名德孰与多。一老文潞国(二十九),黄者朱颜酡。大哉古今彦,与君相应和。君其再晋觞,酌君金叵罗。晨起步东篱,秋英繁且好。持此岁寒心,与君恒相保。君才丽以则,君气清而灏。鸾皇翔高旻,文禽泛兰沼。刚健涵流利,新辞敦古抱。诒君黄金华,翠袂擎仙葆。鞠以引昌龄,诗以侑难老。劝子觞三多,祝子长寿考。

1934年8月8日,阅《王船山集》。

8月9日,午后及晚间阅《王船山集》。

8月10日,上午阅《王船山集》。午晚阅《王船山年谱》及湖南地志各书。

8月11日,阅《王船山集》。

8月15日,午后及晚间,阅《船山遗书》。至商务印书馆选购书籍数种。归阅船山著《黄书》。

谢觉哉日记②

1921年3月14日,午间赴曲宴,欢迎韩代表李熙春、黄××、李若松三

---

① 王仰清、许映湖:《邵元冲日记》,上海:上海人民出版社,1990年版。
② 谢觉哉:《谢觉哉日记》,北京:人民出版社,1984年版。

君,到者二十八人。席间,仇鳌、易培基致欢迎词,李熙春致答词。成立长沙中韩互助社,社址设在船山学社。晚六时,三代表在本所演说,李熙春演词最为沉痛恳挚。

5月16日,韩人李元益(临时政府特派员)在所演说,翻译韩人金一秉。金十九岁,举动温雅,心思温彻,可爱也。

5月17日,下午至船山学社,商议互助社进行。

6月12日,上午船山欢迎熊凤凰。

6月23日,午后至船山商议办报事,与会者叔衡、子异、润之、瑾巧。

1922年4月21日,午后至船山学社,推举社长姜咏洪先生。船山设有法文专修科,学生二十多人;瑾巧在那里当学监。

9月20日,午后三时至船山,知志忏已于晚八时搭车赴鄂,询之磊英亦不深悉其为何事云。

9月24日,至船山,会着志武,昨日自汉皋归。这次粤汉路罢工,其结果恐不甚佳,因工人乏领袖才,办事乏条理。

10月20日,今日为阴历九月初一日,船山先生三百〇五年纪念日,上午偕耻迂、远视、一凡赴祭,同时开会商议(一)仇总理辞职,一致挽留。(二)社长姜济寰辞职,代理社长方维夏亦不常到社,当推定何叔衡为社长。(三)上自修大学的预算的呈文。

11月21日,暑假时打补习学校的招牌的很多,而竟学生也很多长期补习的,如船山补习学校、大麓学校、鸿图学校……,学生都特发达。考其原因,系各属土匪滋扰,有几个钱的不能安居,都向省城跑,那些读子曰诗云的子弟,没有相当的读书场所,于是补习学校应运而起,补习教育发达乃与土匪有直接关系,真乃大奇!

金毓黻日记①

1925年11月14日,王船山先生曰:"诗入理语,惟西晋为剧,理亦非能为西晋累,彼自累耳。诗源情,理源性,斯二者岂分辕反驾者哉! 不因自得,则花鸟禽鱼累情尤甚,不徒理也。"又曰:"陶诗往往令人可喜。可喜一分,则减一分身分。此不但陶诗为然,凡才情用事者,以阉然媚世为大病,皆诗之

---

① 金毓黻:《静晤室日记》(第二册),沈阳:辽沈书社,1993年版。

贼也。"又总评小诗云:"小诗之制,盛于唐人,非唐人之独造也。汉、晋以来所可传者,迄于陈、隋,亦云富矣。世或谓之绝句,绝者,谓选句极简,必造其绝云尔。"不知何一老经生为之说云:"绝句绝去律诗之半也。或绝前四句,或绝后四句,或绝其首尾,或绝其中幅。"审尔,则是本有而绝之。鹤腹其可截乎?"当为小诗,更不知有近体,或以多为贵,或以少为贵,从乎气之所籁,因之一往,正自不得不极总其源流,固有自然之辙,要不可为鲜见而矜成法者道尔。"按以此为评四言古诗及小诗之语。

吴虞日记①

1924年5月30日,论文题目:

一、述王夫之的哲学。

二、黄宗羲对于宋明哲学史的见解大致以王学为立脚点。试举其偏见之大者。

三、试述颜元的实用主义。

四、试组成颜李学派的教育学说。

五、戴震说理为事物的条理,而他论求理的方法却有两种不同的说法。一面说以情挈情,一面说扩充心知之明,使他辨察事物无几微差失。这两种得失如何,试详说之。

六、试述清代学者对于戴震的思想的反动(如程晋芳、章学诚、方东树等)。

七、试述清代思想家的社会思想——自黄宗羲、毛奇龄以至俞正燮、李汝珍。

八、略述清代的今文运动。

九、试述章学诚在史学上的贡献。

十、试述崔述在史学上的贡献。

十一、试述袁枚的文学见解。

上清代思想史。完。

刘节日记②

1945年5月3日,晚〈阅〉读通鉴论二页。今日领到四月份薪水二万四

---

① 吴虞:《吴虞日记》(下册),成都:四川人民出版社,1986年版。
② 刘节:《刘节日记(1939—1977)》,郑州:大象出版社,2009年版。

第六章
文人日记中的船山学文献汇编

千余元。

5月6日,晚读通鉴论。所讲先秦民族与文化目次如下:第一章总论,第二章汉族来源蠡测,第三章氏族社会之分布及其关系,第四章士族兴起对于古代文化之影响,第五章孔子及其后学,第六章结论。

5月9日,晚间读通鉴论。其论谢安曰:夫君子之进也,有先之者;其退也有后之者。退而无以后之,则已成之绪与身俱没,而宗社生民不被其泽。既已为公辅,建不世之勋,则宗社生民即厥躬之休戚矣。又云:未退之日,而早为退之地,非树人其何以退乎?又云:养其刚烈之气,檃括以正之,崇其位望,以止其浮夸。此诸人者,固皆可用,用而皆可止者也。其论薛疆降姚兴而导之以取蒲阪云:虚名小利动不肖之心魂,而忘其祖父。彼先世英拔峻毅之气怨恫于幽,而子孙或且以为荣焉。有如是夫?

5月13日,晚读通鉴论。船山论刘裕曰:士当逆论垂亡,忧危沓至之日;诡随,则陷于恶;躁竞,则迷于所响;亦惟为其所可为,为其所得为。而定大谋,成大事者在此;全身保节,以不颠沛而逆行者亦在此。又云:英雄之略,君子有取焉。安其身而后动,定其交而后求。正用之,可以独立于天纲裂地维坼之日,而无疚愧矣。

5月14日,读通鉴论一页。船山曰:爱憎者,非以顺物,而求物之顺己也。——三代之王者,不立治天下之术,而急于学,克此心之爱憎而已矣。内求之好恶之萌以治其心,与天相顺,循物以信。法近义而非义,以妨仁;恩近仁而非仁,以害义。故履信思顺者,不求之物理,而但求之吾情。知吾情之非物理,而物理在矣。一心得御,而太和之气归之,贻尔后昆于无穷。

5月15日,晚读通鉴论。王船山曰:有一人之正义,有一时之大义,有古今之通义。三者有时而合。合则亘千古,通天下,而协于一人之正。则以一人之义裁之,而古今天下不能越。以绝禽于人,万世守之而不可易。义之确乎不拔而无可徙者也。

5月17日,晚读通鉴论。船山曰:君子之所贵于智者,自知也,知人也,知天也。至于知天而难矣!然非知天则不足以知人,非知人则不足以自知。事君交友,所以审用吾情,以顺吾性,而身之得失系焉。舍其祸福之理,而从其祸福之机禽也。非人矣!

5月18日,晚读通鉴论。船山曰:君子不入井以望人之从之。则不从井以救人。如求诸己而已矣!自强之计决,而不怨他人之不我恤,而后足以自立。又云：夫能用人者，太上以德，其次以信，又其次则惟其权耳。君子之于人也，无所傲，无所徇。风雷之变起于前，而自敦其敬信。贞敬信者，行乎生死之涂而自若。恂栗以居心，而外自和，初无与闲也。其于暴人也，远之已夙矣！不可远，而居正以自持。

5月19日，晚读通鉴论。

5月24日，晚读通鉴论。船山曰：天下以道而治，道以天子而明。及其衰，而帝王之统绝。儒者犹保其道以孤行，而无所待。以人存道，而道可不亡。非草窃一隅者能尊道也。儒者自立其纲维，而莫能乱也。一隅耳，而可以存天下之废绪；端居耳，而可以消百战之凶危；贱士耳，而可以折嗜杀横行之党类。是故儒者之统，孤行而无待者也。天下自无统，而儒者有统。道存乎人，而人不可以多得。有心者所重悲也！

5月27日，晚读通鉴论。船山曰：一动而不可止者，势也。太上以道，处势之先，而消其妄；静而自正也。

5月28日，晚读通鉴论。船山论沈庆之曰：抱孤志以质鬼神，六代之臣庆之一人而已。

6月4日，返舍读通鉴论。船山云：王者安天下而迪之以贞。

6月13日，返舍读通鉴论。船山曰：谦，德之柄也。君子以谦为柄而销天下之竞，岂失其柄以为谦，而召奸宄以得志乎？又曰：德立而后道随之，道立而后政随之，诚者德之本，欺者德之贼也。又云：一人风之而天下之心亦动。世局一迁而夫人不昧之天良乃以无所传染而孤露。惟简也划然立不可乱之法，于此则奸与无奸，如白黑之粲然，民易守也，官易察也。船山曰：君子有必去以全身，非但全其生之谓也，全其不辱之身也。宗国危而逡巡畏死以堕其忠孝，是懦夫也。

6月16日，读通鉴论。船山曰：苏绰以六条饬官常，首之以清心，次之以敷化，近乎道矣。又曰：文章之体自宋、齐以来，其滥极矣。人知其淫艳之可恶也，而不知相率为伪之尤可恶也。夫苟袭矣，则袭六经者亦未有以大愈于彼也。又曰：治道之裂，坏于无法，文章之敝，坏于有法。无法者，惟其私也，有法者，惟其伪也；私与伪横行，而乱恶乎讫！孰能挽苏洵、曾巩之流波者乎？俟之来哲。

6月17日，晚读通鉴论。船山曰：神智乘血气以盛衰，则自少而壮，自壮而老，凡三变而易其恒。贞于性者正，裕于学者正。则藏之密，植之固，而血气自盛,智不为荡;血气自衰,智不为耗。智者,非血气之有形者也。年愈迈,阅历愈深。情之顺逆,势之安危,尤轻车熟路之易为驰也。君子立本于仁义,而充之以学。年虽迈,死则死矣,智岂与之俱亡哉!

6月19日,晚读通鉴论。船山曰:贵生而后可以善其败;善其败,而后可以图成。又曰忠孝其性也。端凝尊重其道也。

7月10日,看笔记至下午。接中大聘书,作函寄顾一樵、张致远。晚读通鉴论。

7月12日,得喻传鉴复函,即作函寄周轼贤。看笔记。张致远送聘书来,加至伍百贰拾元。晚读通鉴论。

8月3日,读通鉴论至唐中宗。船山曰:忍者至刚之用以自强而持天下者也。忍可以观物情之变。忍可以挫奸邪之机。忍可以持刑赏之公。忍可以畜德威之固。惟闻言不信而制以心也,威行其中矣。下午吴传颐来谈。今日至校内一走。

8月8日,晚读通鉴论。

8月9日,下午读通鉴论四页。

8月10日,上午接仲博一函。下午读通鉴论。晚八时许得日本无条件投降消息,举世欢腾。计自卢沟桥事变以来适八年又一月又三天。

8月29日,下午作七绝一首"咏新荷":长夏高塘蝉噪新,藕花出水照芳尘。风光百计牵人恼,争奈清凉自在身。

8月31日,下午读〈通〉鉴论至卷终,此半年日课至是告一段落矣。

第三节　当代文人日记中的船山学文献汇编

吴宓日记[①]

1955年1月11日,宓即访史系主任孙培良,并副教授黎军围炉谈。宓述生平从未参加任何"政治"会议,思想改造虽勉为之,已极痛苦,但愿为教

---

① 吴宓:《吴宓日记续编》,北京:生活·读书·新知三联书店,2006年版。

师,安心苟活;若省政协之委员,傀儡鹦鹉,附和传声,宓实羞为之,且厌为之。故欲辞去委员之聘,不往成都云云。良曰,吾知公之性情及思想,惟顾亭林、王船山在今决不可为,计惟有随缘俯仰,遇事敷衍而已。公近来恒关闭在家,心情郁闷,且将此事视为到成都旅行游玩,自求愉乐,岂不美哉! 故良劝公断断不可辞却委员之聘,即明日之座谈会亦须到。至于公在系组所任职务,良可代办,考试亦求人代,俟归来后再评阅期考卷,并缓撰教学大纲补缴,学校必可谅解,云云。

1959年1月27日,下午读王船山《读通鉴论》。

1961年9月11日,叶同导访郑之蕃(桐荪,年七十五岁)于成府书铺胡同二号宅,须发皆长而华白,但瘦顾而老,相见甚欢。赠宓其所作油印诗稿一份;又借与宓其油印《杂著》二叠,命宓带回渝碚读毕寄来;复借与宓其诗稿一袋,约定在此读毕寄还。郑公谈其对李义山(恋爱非真,党争受屈枉)吴梅村诗(顺治出家,应是真事实,至少亦为明降臣中所共信而常谈之传说)之研究。柳亚子遗诗,今所刊行者仅1/3或1/4,大部分之稿在而未选入付刊。郑公发愿欲读毕二十四史,今已读至明初。又述治史之王赵钱氏要籍,尤重船山《读通鉴论》;又论中国史例之善,足见郑公史学用功之深且勤也!

张庚日记①

1961年7月28日,周扬讲话。无产阶级文艺运动,毛讲就是要解决些问题。1. 如何服务:写、演中心,对不对? 2. 内容形式如何统一。3. 世界观、立场、方法如何统一。……但会逐渐成长成熟。现在的问题是有些同志片面强调这一方面,而不在艺术上去追求,把他说成是高峰,那样就反而成长慢,甚至发展到政治即艺术。"不求艺术有功,但求政治无过"是错误的。没有艺术,政治教育也完不成,怎么说无过呢? 宋理学家周濂溪提出"文以载道",朱熹说:"文工则害道","玩物丧志"。王船山反对他们说他们"玩意丧志"。康老说:我们有些人是"玩志丧物"变成道学家了。

1990年5月4日,翻读蒋星煜《中国戏剧史探微》,蒋证实二事:一辽时已有杂剧,二吴炳死前投清。前一题,残唐时固已有杂剧之名,辽有之乃意中事,蒋考辽兴宗在后宫演杂剧,时年1031年,为宋仁宗时,其有杂剧固无足

---

① 张庚:《张庚日记》,北京:中国戏剧出版社,2017年版。

怪。后一题,谓吴炳英勇就义之说,于其作品观之,早令人生疑,今果然。王夫之《永历实录》有"炳素谐柔,好声色,茬苒无风骨"的论也。

爱新觉罗·溥仪日记①

1964年4月18日,申[伯纯]老、吴[群敢]主任视察南方中[间抽暇]来看我们并命影。上〈下〉午,参观清水塘(毛主席任省委书记办公处)、船山学社(毛主席青年时期进行革命活动之垫)。参观毛主席所办的"自修女学"(船山学社)旧址。

杨沫日记②

1956年10月15日,这次在家住了一周,却一天日记也没写。一回到这儿,心静得很,就总想做事。刚抄完《光明日报》上一点有关清朝王船山(夫之)的材料;上午还写了三封早该写的信。

1964年6月15日,我对清朝的王船山、顾炎武的为人很钦敬。虽然读他们的书不多。可是,偶一遇之,便想好好读读。偶尔也摘记一点其中好的东西。一九六四年,六月十四日的《光明日报》上有一篇《略论顾炎武诗》。

梁漱溟日记③

1973年6月9日,早起进食后随同人参观清水塘纪念馆自修大学(船山学社)。午后休息即参观第一师范。晚饭看花鼓戏,先归就寝。

1975年7月2日,阅王船山《庄子解》甚好。

1975年7月14日,阅船山《庄子解》甚好。

1977年2月9日,收维博寄来王船山《读四书大全说》二册。

何其芳日记④

1952年11月18日,抵长沙,到后参观毛主席过去在自修大学的船山学社,仅存小空场一处,以后修建的木板房一间。原来房屋现已属于一个女子

---

① 爱新觉罗·溥仪:《爱新觉罗·溥仪日记》,天津:天津人民出版社,1996年版。
② 杨沫:《自白——我的日记》,广州:花城出版社,1985年版。
③ 梁漱溟:《梁漱溟全集》(第八卷),济南:山东人民出版社,2005年版。
④ 何其芳:《何其芳全集》,石家庄:河北人民出版社,2000年版。

学校。接着参观清水塘,过去毛主席在长沙做地下工作时活动的办事机关,经过了修理,已和原来的面貌不同。

冰心日记①

1975年7月15日,晨起早餐后,8:10出发,先到自修大学,此系1914年所建,船山学院旧址。1921—[19]23年,毛主席在此创办了自修大学,1928年被毁,1954年重建起来,按原样修复的。1919年5月28日,在此有湖南省学联办公室,1950年毛主席题的字,后进有毛主席和何叔衡同志(时已50多岁)的办公室等。听完介绍就出来,到清水塘22号毛主席旧居,那本是城外居民密集的地方,便于隐蔽,有杨开惠[慧]同志及岸英([19]22年9月5日生)、岸青的相片,房子里有前后厅,右前后卧室(毛主席),左前右房(同志们住处及会议室),屋后右厨房、左堆房,堆房旁有厕所。现周围建了几处居民点,把周围开辟为纪念堂,并把22号重修起来。

赵景深日记②

1976年6月28日,许宗培到曙光医院取药粉(不再用消炎药水),我须十时方能大便,也就是要熬二小时,非常难过,只好看李贽诗四首和王夫之诗六首,又看《马恩列斯论历史》,又听半导体中《奇袭白虎团》等来磨延时间,总算熬过了。下午三时听过《三次钟声》后量体温,超过四分。陆树卷送来我的《鲁迅全集》出书计划表等,我也给了他石西民发言的简单记录,并将申请书给他看,证明我藏的几种《金瓶梅》均已上缴。

1976年8月2日,看《文学简史》王夫之章。看《中国文学简史》中《红楼梦》章三节,末节明天续看。

1976年8月16日,早饭后看了王季深谈王夫之对农民革命有一定的同情,称之为明代赖以不亡。

1976年9月3日,王季深来看我时,我就诊未回,他还来《简明中国文学史》下册打印稿,我写了一封信给他,称赞他论王夫之对农民革命有一定的同情甚好;唯龚自珍论文引文多误字。

---

① 冰心:《冰心日记》,北京:作家出版社,2018年版。
② 赵易林:《赵景深日记》,北京:新星出版社,2014年版。

1976年9月8日,写笔记需购之书十二种,都是我注释《中国小说史略》所缺的。大便稀薄而适量。超林洗涤后,我写信给王季深和孙其敏。沈龙法来,请他陪我到古籍书店去买了刘禹锡和魏源的集子以及王夫之的《读通鉴论》。

参考文献

一、著作

[1] 奥古斯丁.忏悔录[M].周士良,译.北京:商务印书馆,1963.

[2] 中共中央马克思恩格斯列宁斯大林著作编译局.马克思恩格斯全集[M].北京:人民出版社,1979.

[3] 福柯.知识考古学[M].谢强,马月,译.北京:生活·读书·新知三联书店,1998.

[4] 科恩.自我论:个人与个人自我意识[M].佟景韩,范国恩,许宏治,译.北京:生活·读书·新知三联书店,1986.

[5] 杜赞奇.从民族国家拯救历史:民族主义话语与中国现代史研究[M].王宪明,等译.南京:江苏人民出版社,2009.

[6] 安德森.想象的共同体:民族主义的起源与散布[M].吴叡人,译.上海:上海人民出版社,2005.

[7] 凯杜里.民族主义[M].张明明,译.北京:中央编译出版社,2002.

[8] 亨廷顿.变化社会中的政治秩序[M].王冠华,刘为,等译.北京:生活·读书·新知三联书店,1989.

[9] 黑尔德.时间现象学的基本概念[M].靳希平,等译.上海:上海译文出版社,2009.

[10] 施瓦友.中国的启蒙运动:知识分子与五四遗产[M].李国英,等译.太原:山西人民出版社,1989.

[11] 中国市场经济研究会学术部.进步的常识[M].北京:现代出版社,1999.

[12] 卡西尔.人论[M].甘阳,译.上海:上海译文出版社,1985.

[13] 英克尔斯,史密斯.从传统人到现代人:六个发展中国家中的个人变化[M].顾昕,译.北京:中国人民大学出版社,1992.

[14] 哈布瓦赫.论集体记忆[M].毕然,郭金华,译.上海:上海人民出版社,2002.

[15] 王夫之. 船山全书[M]. 长沙:岳麓书社,2011.

[16] 鲁迅. 鲁迅全集[M]. 北京:人民文学出版社,2005.

[17] 吴秀明. 郁达夫全集[M]. 杭州:浙江大学出版社,2007.

[18] 胡适. 胡适全集[M]. 合肥:安徽教育出版社,2003.

[19] 葛兆光. 禅宗与中国文化[M]. 上海:上海人民出版社,1986.

[20] 梁漱溟. 中国文化要义[M]. 上海:上海人民出版社,2005.

[21] 金耀基. 从传统到现代[M]. 北京:中国人民大学出版社,1999.

[22] 叶朗. 中国小说美学[M]. 北京:北京大学出版社,1982.

[23] 刘小枫. 现代性社会理论绪论:现代化与现代中国[M]. 上海:上海三联书店,1998.

[24] 张汝伦. 理性与良知:张东荪文选[M]. 上海:上海远东出版社,1995.

[25] 王晓明. 批评空间的开创:二十世纪中国文学研究[M]. 上海:东方出版中心,1998.

[26] 方志钦,王杰. 康有为与近代文化[M]. 开封:河南大学出版社,2006.

[27] 维之. 精神与自我现代观:精神哲学新体系[M]. 北京:社会科学文献出版社,2004.

[28] 熊月之. 西学东渐与晚清社会[M]. 修订版. 北京:中国人民大学出版社,2011.

[29] 陈子展. 中国近代文学之变迁[M]. 上海:中华书局,1929.

[30] 桑兵. 晚清学堂学生与社会变迁[M]. 上海:学林出版社,1995.

[31] 戈公振. 中国报学史[M]. 北京:生活·读书·新知三联书店,1955.

[32] 容闳. 西学东渐记[M]. 长沙:岳麓书社,2015.

[33] 包天笑. 钏影楼回忆录[M]. 北京:中国大百科全书出版社,2009.

[34] 汪民安. 文化研究关键词[M]. 南京:江苏人民出版社,2007.

[35] 鲍尔德温,朗赫斯特,麦克拉肯,等. 文化研究导论[M]. 修订版. 陈东风,等译. 北京:高等教育出版社,2004.

[36] 德波. 景观社会[M]. 王昭凤,译. 南京:南京大学出版社,2005.

[37] 倪伟. "民族"想象与国家统制:1928~1948年南京政府的文艺政

策及文学运动[M].上海:上海教育出版社,2003.

[38]帕克.地缘政治学:过去、现在和未来[M].北京:新华出版社,2003.

[39]汪晖.现代中国思想的兴起[M].北京:生活·读书·新知三联书店,2004.

[40]陈平原.中国小说叙事模式的转变[M].上海:上海人民出版社,1988.

[41]杨念群.再造"病人":中西医冲突下的空间政治(1832—1985)[M].北京:中国人民大学出版社,2006.

[42]程文超.一九○三:前夜的涌动[M].北京:中国社会科学出版社,2009.

[43]张均.中国现代文学与儒家传统(1917—1976)[M].长沙:岳麓书社,2007.

[44]陈左高.中国日记史略[M].北京:中国书籍出版社,2016.

[45]郑逸梅,陈左高.中国近代文学大系:书信日记集2[M].上海:上海书店,1993.

[46]古农.日记序跋[M].北京:人民日报出版社,2012.

[47]王国维.观堂集林(外二种)[M].石家庄:河北教育出版社,2003.

[48]赵斌.中国近现代小说中的时间问题研究[M].上海:复旦大学出版社,2020.

[49]邓显鹤.南村草堂文钞[M].长沙:岳麓书社,2008.

[50]江藩,方东树.国朝汉学师承记(外二种)[M].北京:生活·读书·新知三联书店,1998.

[51]沈善洪.黄宗羲全集:第十一册[M].杭州:浙江古籍出版社,2005.

[52]胡珠生.宋恕集[M].北京:中华书局,1993.

[53]康有为.长兴学记 桂学答问 万木草堂口说[M].北京:中华书局,1988.

[54]康有为.康有为全集[M].北京:中国人民大学出版社,2007.

[55]章太炎.章太炎全集[M].上海:上海人民出版社,1982.

[56]熊十力.十力语要[M].北京:中华书局,1996.

[57]蔡尚思,方行.谭嗣同全集:增订本[M].北京:中华书局,1981.

[58] 梁启超.饮冰室合集[M].上海:中华书局,1936.

[59] 张謇研究中心,南通市图书馆.张謇全集[M].南京:江苏古籍出版社,1994.

[60] 吴仰湘.皮锡瑞全集[M].北京:中华书局,2015.

[61] 中共中央马克思恩格斯列宁斯大林著作编译局研究室.五四时期期刊介绍[M].北京:生活·读书·新知三联书店,1959.

[62] 刘乃和.陈垣年谱[M].北京:北京师范大学出版社,2002.

[63] 杜国庠文集编辑小组.杜国庠文集[M].北京:人民出版社,1962.

[64] 王洲明,徐超.贾谊集校注[M].北京:人民文学出版社,1996.

[65] 宋小庄.读《读通鉴论》[M].昆明:云南人民出版社,1991.

[66] 嵇文甫.王船山学术论丛[M].北京:生活·读书·新知三联书店,1962.

[67] 侯外庐.船山学案[M].长沙:岳麓书社,1982.

[68] 黄明同,吕锡琛.王船山历史观与史论研究[M].长沙:湖南人民出版社,1986.

[69] 李瀚章.曾文正公全集[M].北京:中国书店,2011.

[70] 杨恩寿.杨恩寿集[M].长沙:岳麓书社,2010.

[71] 郭嵩焘.郭嵩焘全集[M].长沙:岳麓书社,2018.

[72] 曾国藩.曾国藩家书[M].南昌:江西人民出版社,2016.

[73] 吴敏树.吴敏树集[M].长沙:岳麓书社,2012.

[74] 曾国藩.曾国藩诗文集[M].上海:上海古籍出版社,2005.

[75] 张文虎.舒艺室诗存[M].台北:大华印书馆,1968.

[76] 严迪昌.清诗史[M].杭州:浙江古籍出版社,2002.

[77] 吴汝纶.吴汝纶文集[M].上海:上海古籍出版社,2017.

[78] 韦政通.中国十九世纪思想史[M].台北:台湾东大图书股份有限公司,1991.

[79] 赵尔巽,等.清史稿[M].北京:中华书局,1977.

[80] 王闿运.湘绮楼诗文集[M].长沙:岳麓书社,2008.

[81] 王闿运.湘军志[M].北京:朝华出版社,2018.

[82] 钱基博,李育聃.近百年湖南学风:湘学略[M].长沙:岳麓书社,1985.

[83] 蔡云万.蛰存斋笔记[M].上海:上海书店出版社,1997.

[84] 王兴国.郭嵩焘评传[M].南京:南京大学出版社,2011.

[85] 中共中央文献研究室,中共湖南省委《毛泽东早期文稿》编辑组.毛泽东早期文稿[M].长沙:湖南出版社,1990.

[86] 郭廷以.郭嵩焘先生年谱[M].台北:"中央研究院"近代研究所,1971.

[87] 杨坚.郭嵩焘诗文集[M].长沙:岳麓书社,1984.

[88] 湖南图书馆.湖南文献概论[M].长沙:岳麓书社,2016.

[89] 胡思敬.国闻备乘[M].北京:中华书局,2007.

[90] 张裕钊.张裕钊诗文集[M].上海:上海古籍出版社,2007.

[91] 潘光哲.晚清士人的西学阅读史:一八三三——一八九八[M].南京:凤凰出版社,2019.

[92] 王国维.红楼梦评论[M].长沙:岳麓书社,1999.

[93] 夏蒂埃.法国大革命的文化起源[M].洪庆明,译.南京:译林出版社,2015.

[94] 湖南省泸溪县志编纂委员会.泸溪县志[M].北京:社会科学文献出版社,1993.

[95] 吴泽泉.中国近代小说观念研究[M].北京:中国社会科学出版社,2014.

[96] 宁宗一.说不尽的《金瓶梅》[M].天津:天津社会科学院出版社,1990.

[97] 叶子铭.中国现代小说史:第一卷(1917—1927)[M].南京:南京大学出版社,1991.

[98] 梁爱民.中国小说观念的嬗变及其文化精神[M].北京:中国社会科学出版社,2010.

[99] 周作人.书房一角[M].石家庄:河北教育出版社,2002.

[100] 严安生.灵台无计逃神矢:近代中国人留日精神史[M].北京:生活·读书·新知三联书店,2018.

[101] 阿英.晚清小说史[M].北京:人民文学出版社,1980.

[102] 陈平原,夏晓虹.二十世纪中国小说理论资料:第一卷[M].北京:北京大学出版社,1997.

[103] 一粟.红楼梦书录[M].上海:上海古籍出版社,1981.

[104] 陈乃乾.陈乃乾文集[M].北京:国家图书馆出版社,2009.

[105] 许冠三.王船山的致知论[M].香港:中文大学出版社,1981.

[106] 周寅宾.刘人熙集[M].长沙:湖南人民出版社,2009.

[107] 梁漱溟.东西文化及其哲学[M].上海:上海人民出版社,2015.

[108] 马叙伦.我在六十岁以前[M].北京:生活·读书·新知三联书店,1983.

[109] 曹亚伯.武昌革命真史[M].上海:中华书局,1930.

[110] 章士钊.章士钊全集[M].上海:文汇出版社,2000.

[111] 施明,刘志盛.赵潏园集[M].长沙:岳麓书社,1992.

[112] 魏源.魏源全集[M].长沙:岳麓书社,2004.

[113] 方克立,陈代湘.湘学史[M].长沙:湖南人民出版社,2008.

[114] 欧阳兆熊,金安清.水窗春呓[M].北京:中华书局,1984.

[115] 张枬,王忍之.辛亥革命前十年间时论选集:第二卷[M].北京:生活·读书·新知三联书店,1963.

[116] 欧阳祖经.王船山黄书注[M].上海:中华书局,1936.

[117] 杨昌济.杨昌济集[M].长沙:湖南教育出版社,2008.

[118] 梁漱溟.梁漱溟全集:第八卷[M].2版.济南:山东人民出版社,2005.

[119] 何其芳.何其芳选集[M].成都:四川人民出版社,1979.

[120] 耿云志,欧阳哲生.胡适书信集[M].北京:北京大学出版社,1996.

[121] 徐旭生.徐旭生文集[M].北京:中华书局,2021.

二、日记

[1] 王闿运.湘绮楼日记[M].长沙:岳麓书社,1997.

[2] 杨昌济.达化斋日记[M].长沙:湖南人民出版社,1978.

[3] 李慈铭.越缦堂日记[M].扬州:广陵书社,2004.

[4] 黄侃.黄侃日记[M].北京:中华书局,2007.

[5] 朱希祖.朱希祖日记[M].北京:中华书局,2012.

[6] 赵烈文.能静居日记[M].长沙:岳麓书社,2013.

[7] 范旭仑,牟晓明.谭献日记[M].北京:中华书局,2013.

[8] 李棠阶.李文清公日记[M].长沙:岳麓书社,2010.

[9] 郭嵩焘.郭嵩焘日记:第一卷[M].长沙:湖南人民出版社,1981.

[10] 郭嵩焘.郭嵩焘日记:第二卷[M].长沙:湖南人民出版社,1981.

[11] 郭嵩焘.郭嵩焘日记:第三卷[M].长沙:湖南人民出版社,1982.

[12] 郭嵩焘.郭嵩焘日记:第四卷[M].长沙:湖南人民出版社,1983.

[13] 孙宝瑄.忘山庐日记[M].上海:上海人民出版社,2015.

[14] 恽毓鼎.澄斋日记[M].杭州:浙江古籍出版社,2004.

[15] 曾国藩.曾国藩日记:全本注释[M].天津:天津人民出版社,1995.

[16] 金毓黻.静晤室日记[M].沈阳:辽沈书社,1993.

[17] 北京市档案馆.杨度日记[M].北京:新华出版社,2001.

[18] 贺葆真.贺葆真日记[M].南京:凤凰出版社,2014.

[19] 廖一中,罗真容.李兴锐日记:增订本[M].北京:中华书局,2015.

[20] 劳祖德.郑孝胥日记[M].北京:中华书局,1993.

[21] 中国第二历史档案馆.冯玉祥日记[M].南京:江苏古籍出版社,1992.

[22] 赵易林.赵景深日记[M].北京:新星出版社,2014.

[23] 翁同龢.翁同龢日记[M].上海:中西书局,2012.

[24] 江瀚.江瀚日记[M].南京:凤凰出版社,2017.

[25] 胡香生,严昌洪.朱峙三日记(1893—1919)[M].武汉:华中师范大学出版社,2011.

[26] 袁英光,胡逢祥.王文韶日记[M].北京:中华书局,1989.

[27] 刘节.刘节日记(1939—1977)[M].郑州:大象出版社,2009.

[28] 周腾虎.周腾虎日记[M].南京:凤凰出版社,2019.

[29] 姚永概.慎宜轩日记[M].合肥:黄山书社,2010.

[30] 袁英光,童浩.李星沅日记[M].北京:中华书局,1987.

[31] 莫友芝.莫友芝日记[M].南京:凤凰出版社,2014.

[32] 陈大康.张文虎日记[M].上海:上海书店出版社,2009.

[33] 刘志惠.曾纪泽日记[M].北京:中华书局,2013.

[34] 温州市图书馆.符璋日记[M].北京:中华书局,2018.

[35] 陈乃乾.陈乃乾日记[M].北京:中华书局,2018.

[36] 李子然,李细珠.陆宝忠日记[M].北京:中华书局,2022.

[37] 郭嵩焘.伦敦与巴黎日记[M].长沙:岳麓书社,1984.

[38] 刘泱泱.宋教仁日记[M].北京:中华书局,2014.

[39] 黄尊三.黄尊三日记[M].南京:凤凰出版社,2019.

[40] 黄尊三.留学日记[M].长沙:湖南印书馆,1933.

[41] 袁昶.袁昶日记[M].南京:凤凰出版社,2018.

[42] 温州市图书馆.刘绍宽日记[M].北京:中华书局,2018.

[43] 苏州博物馆.潘祖荫日记[M].上海:上海古籍出版社,2022.

[44] 姚锡光.姚锡光江鄂日记(外二种)[M].北京:中华书局,2010.

[45] 管庭芬.管庭芬日记[M].北京:中华书局,2013.

[46] 叶昌炽.缘督庐日记[M].南京:江苏古籍出版社,2002.

[47] 况正兵,解旬灵.林传甲日记[M].北京:中华书局,2014.

[48] 李明勋,尤世珍.张謇日记[M].上海:上海辞书出版社,2017.

[49] 杨天石.钱玄同日记:整理本[M].北京:北京大学出版社,2014.

[50] 王仰清,许映清.邵元冲日记[M].上海:上海人民出版社,1990.

[51] 吴宓.吴宓日记续编[M].北京:生活·读书·新知三联书店,2006.

[52] 张庚.张庚日记[M].北京:中国戏剧出版社,2017.

[53] 爱新觉罗·溥仪.爱新觉罗·溥仪日记[M].天津:天津人民出版社,1996.

[54] 杨沫.自白:我的日记[M].广州:花城出版社,1985.

[55] 冰心.冰心日记[M].北京:作家出版社,2018.

[56] 徐兆玮.徐兆玮日记[M].合肥:黄山书社,2013.

[57] 张棡.张棡日记[M].上海:上海社会科学院出版社,2003.

[58] 刘承幹.嘉业堂藏书日记抄[M].南京:凤凰出版社,2016.

[59] 谢觉哉.谢觉哉日记[M].北京:人民出版社,1984.

[60] 张元济.张元济全集:第六卷 日记[M].北京:商务印书馆,2008.